普通高等教育“十三五”规划教材

经济数学——微积分

主　编　白云霄　蔺小林　谭宏武

中国轻工业出版社

图书在版编目（CIP）数据

经济数学．微积分/白云霄，蔺小林，谭宏武主编．—北京：中国轻工业出版社，2019.9

普通高等教育“十三五”规划教材

ISBN 978-7-5184-2546-4

Ⅰ.①经… Ⅱ.①白… ②蔺… ③谭… Ⅲ.①经济数学—高等学校—教材 ②微积分—高等学校—教材 Ⅳ.①F224.0 ②O172

中国版本图书馆 CIP 数据核字（2019）第 158475 号

责任编辑：张文佳　　责任终审：劳国强　　封面设计：锋尚设计
版式设计：砚祥志远　　责任校对：晋　洁　　责任监印：张　可

出版发行：中国轻工业出版社（北京东长安街 6 号，邮编：100740）
印　　刷：三河市国英印务有限公司
经　　销：各地新华书店
版　　次：2019 年 9 月第 1 版第 1 次印刷
开　　本：787×1092　1/16　印张：17.25
字　　数：390 千字
书　　号：ISBN 978-7-5184-2546-4　定价：45.00 元
邮购电话：010-65241695
发行电话：010-85119835　传真：85113293
网　　址：http://www.chlip.com.cn
Email：club@chlip.com.cn
如发现图书残缺请与我社邮购联系调换
181415J1X101ZBW

前　言

本书是为高等学校经管类专业《高等数学》课程编写的教材。全书共十章，包括：第一章 函数、极限与连续；第二章 导数与微分；第三章 微分中值定理与导数的应用；第四章 不定积分；第五章 定积分；第六章 定积分的应用；第七章 多元微分学；第八章 二重积分；第九章 无穷级数；第十章 微分方程与差分方程。第一章、第二章、第三章、第七章及附录部分由白云霄编写，第五章、第六章、第八章、第九章、第十章由谭宏武编写，第四章由藺小林编写。

我们在编写此书的过程中，本着“打好基础，注重应用，够用为度”的原则，着重讲解微积分的基本概念、基本理论及基本方法，培养学生的数学思维、数学方法及解决实际问题的能力。本教材有以下特点：

（1）密切结合经济类专业的实际需要，重视微积分在经济上的运用，注意与专业接轨。

（2）在质量上坚持高标准，对学生认真负责。结构严谨，逻辑清晰，叙述清楚，说明到位，行文流畅，例题典型，习题配备合理，可读性强。

（3）配套录制了所有章节的重点难点视频免费供学生使用，有利于学生自学和课后复习。

中国轻工业出版社、陕西科技大学教务处、陕西科技大学文理学院数学系对本书的出版给予了很大的支持和帮助，在此表示衷心的感谢！

由于我们经验不足，水平所限，书中缺点在所难免，敬请读者和教师批评指正。

编　者

2019 年 6 月

目 录

第一章　函数、极限与连续

函数是现代数学的基本概念之一，是微积分的主要研究对象。极限概念是微积分的理论基础，极限方法是微积分的基本分析方法。因此，掌握、运用好极限方法是学好微积分的关键。连续是函数的一个重要性态。本章将介绍函数、极限与连续的基本知识和有关的基本方法，为今后的学习打下必要的基础。

§1　函数

一、区间与邻域

区间是高等数学中常用的实数集，分为有限区间和无限区间。

有限区间

设 a, b 为两个实数，数集 $\{x|a<x<b\}$ 称为开区间，记作 (a, b)，即

$$(a, b)=\{x|a<x<b\}$$

类似地，有闭区间和半开半闭区间：

$$[a, b]=\{x|a\leqslant x\leqslant b\},\ [a, b)=\{x|a\leqslant x<b\},\ (a, b]=\{x|a<x\leqslant b\}$$

无限区间

引入记号 $+\infty$（读作"正无穷大"）及 $-\infty$（读作"负无穷大"），则类似地表示无穷区间。例如

$$[a, +\infty)=\{x|a\leqslant x\},\ (-\infty, b]=\{x|x\leqslant b\}$$

特别地，全体实数集 $\boldsymbol{R}$ 也可以表示为无限区间 $(-\infty, +\infty)$.

定义 1　设 a, δ 为两个实数，且 $\delta>0$，数集 $\{x|a-\delta<x<a+\delta\}$ 称为点 a 的 δ 邻域，记为

$$U(a, \delta)=\{x|a-\delta<x<a+\delta\}$$

其中 a 为该邻域的中心，δ 叫作该邻域的半径。

由于 $a-\delta<x<a+\delta$ 相当于 $|x-a|<\delta$，因此

$$U(a, \delta)=\{x||x-a|<\delta\}$$

若把邻域 $U(a, \delta)$ 的中心去掉，所得到的区间称为 a 的去心的 δ 邻域，记为 $\overset{o}{U}(a, \delta)$，即

$$\overset{o}{U}(a, \delta)=\{x|0<|x-a|<\delta\}$$

二、函数的定义

例 1　圆的面积 A 与它的半径 r 之间的相依关系由公式

$$A = \pi r^2$$

给出。当半径在区间 $(0, +\infty)$ 内任取一个数值时，由上式就可以确定圆面积的相应数值。

例 2 某厂生产某种电子产品，其固定成本为 C_0 元，每生产一件产品，成本增加 a 元，则生产 x 件产品的总成本 y 元与产品件数 x 之间的相依关系为

$$y = C_0 + ax$$

当产品件数确定之后，由上式就可以确定其总成本。

抽去上面两例中所考虑的量的实际意义，它们都表达了两个变量之间的相依关系；当一个变量在某数集内取定一个值，按照一定的规则，另一个变量有唯一的数值与之对应，根据这一事实，在数学上概括出了函数的概念。

定义 2 设 x 和 y 是两个变量，D 是一个给定的数集，如果对于 D 中的每一个 x，变量 y 按照一定的法则总有唯一的值与之对应，则称 y 是 x 的函数，记为 $y=f(x)$。数集 D 称为函数的定义域，x 称为自变量，y 称为因变量。

注：(1) 函数只与对应法则及定义域有关，而与变量及对应法则选取的字母无关。

(2) 两个函数相同 $\Leftrightarrow$ 定义域相同且对应法则相同。

关于函数的定义域，在实际问题中应根据实际意义具体确定。如果讨论的是纯数学问题，则往往取使函数表达式有意义的一切实数构成的集合作为该函数的定义域，这种定义域又称为函数的自然定义域。

例 3 求函数 $f(x) = \dfrac{\ln(x-1)}{\sqrt{x^2-1}}$ 的定义域。

分析 要使得 $f(x) = \dfrac{\ln(x-1)}{\sqrt{x^2-1}}$ 有意义，则 $x-1>0$，$x^2-1 \geqslant 0$，$x^2-1 \neq 0$.

解 解不等式 $\begin{cases} x-1>0 \\ x^2-1 \geqslant 0 \\ x^2-1 \neq 0 \end{cases}$，解得 $x>1$，所以定义域为 $(1, +\infty)$.

例 4 求函数 $f(x) = \dfrac{1}{\sqrt{x^2-2x-3}} + \arcsin\dfrac{x-1}{3}$ 的定义域。

分析 要使得 $f(x) = \dfrac{1}{\sqrt{x^2-2x-3}} + \arcsin\dfrac{x-1}{3}$ 有意义，

则 $x^2-2x-3 \geqslant 0$，$x^2-2x-3 \neq 0$，$-1 \leqslant \dfrac{x-1}{3} \leqslant 1$.

解 解不等式 $\begin{cases} x^2-2x-3 \geqslant 0 \\ x^2-2x-3 \neq 0 \\ -1 \leqslant \dfrac{x-1}{3} \leqslant 1 \end{cases}$

定义域为 $[-2, -1) \cup (3, 4]$.

例 5 判断下列函数是否相同？

(1) $f(x) = \sqrt[3]{x^4-x^3}$，$g(x) = x\sqrt[3]{x-1}$；(2) $f(x) = \lg x^2$，$g(x) = 2\lg x$.

分析 先求两个函数的定义域，再化简对应法则。

解　(1)两个函数的定义域都为$(-\infty, +\infty)$，对应法则$\sqrt[3]{x^4 - x^3} = x\sqrt[3]{x-1}$，所以$f(x)$与$g(x)$相同。

(2)$f(x) = \lg x^2$的定义域为$x \neq 0$，$g(x) = 2\lg x$的定义域为$x > 0$，定义域不同，所以$f(x)$与$g(x)$不相同。

函数常用的表示法：

(1)表格法　将自变量的值与对应的函数值列成表格的方法。

(2)图像法　在坐标系中用图形来表示函数关系的方法。

(3)公式法(解析法)　将自变量和因变量之间的关系用数学表达式(又称为解析表达式)来表示的方法。根据解析表达式的不同，函数一般可分为显函数、隐函数和分段函数。

显函数是指函数y由x的解析表达式直接表示。例如，$y = x^2$.

隐函数是指函数的自变量x与因变量y的对应关系由方程$F(x, y) = 0$确定。例如，$e^y + xy = 1$.

分段函数是指函数在其定义域的不同范围内，具有不同的解析表达式。以下是几个常见的分段函数。

例 6　绝对值函数

$$f(x) = |x| = \begin{cases} x, & x \geqslant 0, \\ -x, & x < 0. \end{cases}$$

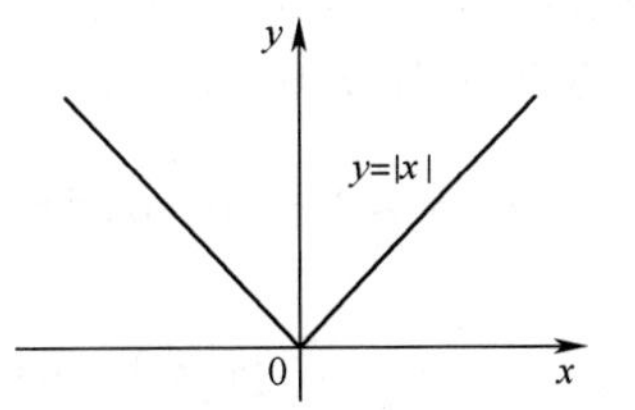

图 1-1

例 7　符号函数

$$f(x) = \operatorname{sgn} x = \begin{cases} 1, & x > 0, \\ 0, & x = 0, \\ -1, & x < 0. \end{cases}$$

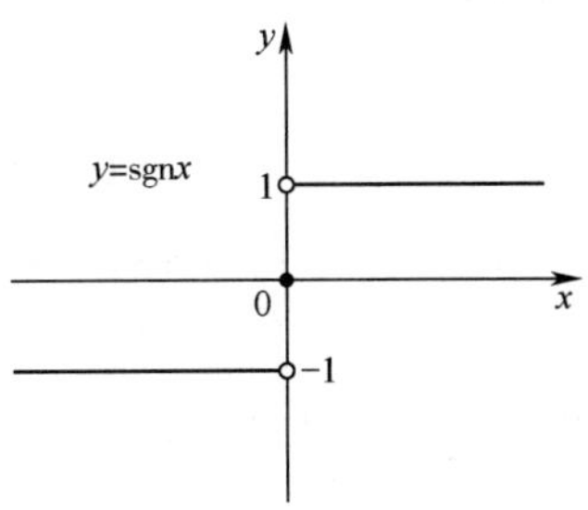

图 1-2

例 8 取整函数

$f(x)=[x]$ 表示不大于 x 的最大整数。

例如，$[\pi]=3$，$[-1.5]=-2$

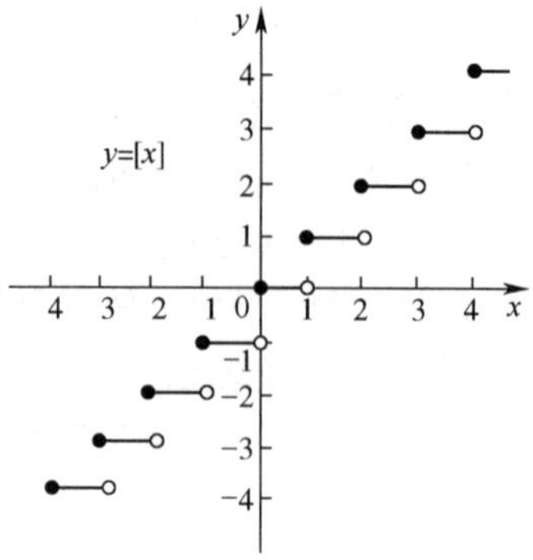

图 1-3

三、函数的四种特性

1. 函数的有界性

设函数 $f(x)$ 在区间 I 上有定义，如果 $\exists M>0$，使对 $\forall x\in I$ 都有 $|f(x)|\leqslant M$，则称 $f(x)$ 在区间 I 上有界；若不存在这样的 $M>0$，则称 $f(x)$ 在区间 I 上无界。常见的有界函数：$|\sin x|\leqslant 1$，$|\cos x|\leqslant 1$，$x\in(-\infty,+\infty)$；$|\arcsin x|\leqslant\dfrac{\pi}{2}$，$x\in[-1,1]$；$0\leqslant\arccos x\leqslant\pi$，$x\in[-1,1]$；$|\arctan x|<\dfrac{\pi}{2}$，$x\in(-\infty,+\infty)$；$0<\operatorname{arccot}x<\pi$，$x\in(-\infty,+\infty)$.

2. 函数的单调性

设函数 $f(x)$ 在区间 I 上有定义，如果对于 $\forall x_1, x_2$ 且 $x_1<x_2$ 时，恒有

$$f(x_1)<f(x_2)\ [\text{或} f(x_1)>f(x_2)],$$

则称函数 $f(x)$ 在区间 I 上是单调增加(减少)的。

例 9 判断函数 $f(x)=x^3-3x+1$ 在区间 $(-1,1)$ 上的单调性。

分析 在区间 $(-1,1)$ 上任取两点 x_1 及 x_2，比较 $f(x_1)$ 与 $f(x_2)$ 的大小。

解 设 $\forall x_1<x_2\in(-1,1)$，

$$\begin{aligned}f(x_1)-f(x_2)&=(x_1^3-3x_1+1)-(x_2^3-3x_2+1)\\&=x_1^3-x_2^3-3(x_1-x_2)\\&=(x_1-x_2)(x_1^2+x_2^2+x_1x_2-3)\end{aligned}$$

而 $x_1-x_2<0$，$x_1^2+x_2^2+x_1x_2-3=(x_1^2-1)+(x_2^2-1)+(x_1x_2-1)<0$

所以，$f(x_1)-f(x_2)>0$ 即 $f(x_1)>f(x_2)$

则函数 $f(x)=x^3-3x+1$ 在区间 $(-1,1)$ 上单调递减。

3. 函数的奇偶性

设函数 $f(x)$ 在区间 I 上有定义且 I 关于原点对称，若 $\forall x\in I$，有 $f(-x)=f(x)$

$[f(-x)=-f(x)]$，则称 $f(x)$ 为偶(奇)函数。偶函数的图像关于 y 轴对称，奇函数的图像关于原点对称。

奇偶函数的运算性质：

(1)奇函数的代数和仍为奇函数；偶函数的代数和仍为偶函数。

(2)偶数个奇(或偶)函数乘积为偶函数；奇数个奇函数乘积为奇函数。

(3)一个奇函数和一个偶函数乘积为奇函数。

(4)任何一个定义在对称区间上的函数都可表示为一个奇函数与一个偶函数的和，即

$$f(x)=\frac{f(x)+f(-x)}{2}+\frac{f(x)-f(-x)}{2}.$$

例 10　判断函数 $f(x)=\ln(x+\sqrt{x^2+1})$ 的奇偶性。

解　函数的定义域为 $(-\infty,+\infty)$，关于原点对称。

$$\begin{aligned}f(-x)&=\ln(-x+\sqrt{(-x)^2+1})\\&=\ln(\sqrt{x^2+1}-x)=\ln\left(\frac{1}{\sqrt{x^2+1}+x}\right)\\&=-\ln(\sqrt{x^2+1}+x)\\&=-f(x)\end{aligned}$$

所以函数 $f(x)=\ln(x+\sqrt{x^2+1})$ 为奇函数。

4. 函数的周期性

设函数 $f(x)$ 在区间 I 上有定义，如果存在一个正数 T，使得对于任一 $x\in I$，$x+T\in I$，都有 $f(x+T)=f(x)$，则称 $f(x)$ 是以 T 为周期的周期函数。

周期函数的运算性质：

(1)若 T 为 $f(x)$ 的周期，则 $f(ax+b)$ 的周期为 $\frac{T}{|a|}$.

(2)若 $f(x)$，$g(x)$ 均是以 T 为周期的函数，则 $f(x)\pm g(x)$ 也是以 T 为周期的函数。

(3)若 $f(x)$，$g(x)$ 分别是以 T_1，T_2 为周期的函数，则 $f(x)\pm g(x)$ 是以 T_1，T_2 的最小公倍数为周期的函数。例如 $y=2\cos3x+5\sin4x$ 的周期是 $T=2\pi$.

四、反函数与复合函数

1. 反函数

设函数 $y=f(x)$ 的定义域为 D_f，值域为 R_f，若对于每一个 $y\in R_f$，从关系式 $y=f(x)$ 中可以确定唯一的一个 x 值，则称变量 x 为变量 y 的函数，记为 $x=\varphi(y)$，$\varphi(y)$ 称为函数 $y=f(x)$ 的反函数，习惯上 $y=f(x)$ 的反函数记为 $y=f^{-1}(x)$.

注：(1) $y=f(x)$ 的图像与其反函数 $y=f^{-1}(x)$ 的图像关于直线 $y=x$ 对称。

(2)只有一一对应的函数才有反函数，特别地，单调函数存在反函数。

常见函数的反函数：

(1) $y=a^x$，$(a>0$，且 $a\neq1)$，$x\in(-\infty,+\infty)$ 的反函数为 $y=\log_a x$，$x\in(0,+\infty)$.

(2) $y=\sin x$，$x\in\left[-\frac{\pi}{2},\frac{\pi}{2}\right]$ 的反函数为 $y=\arcsin x$，$x\in[-1,1]$.

(3) $y=\cos x$, $x\in[0,\pi]$ 的反函数为 $y=\arccos x$, $x\in[-1,1]$.

(4) $y=\tan x$, $x\in\left(-\frac{\pi}{2},\frac{\pi}{2}\right)$ 的反函数为 $y=\arctan x$, $x\in(-\infty,+\infty)$.

(5) $y=\cot x$, $x\in(0,\pi)$ 的反函数为 $y=\text{arccot}x$, $x\in(-\infty,+\infty)$.

例 11 求 $y=\frac{2^x}{2^x+1}$ 的反函数。

分析 从函数表达式解出 $x=f^{-1}(y)$，再将 x 与 y 互换位置，则可求出其反函数。

解 由 $y=\frac{2^x}{2^x+1}$ 解得 $x=\log_2\frac{y}{1-y}$

所以反函数为 $y=\log_2\frac{x}{1-x}$.

2. 复合函数

定义 3 设函数 $y=f(u)$ 的定义域为 D_f，函数 $u=g(x)$ 的定义域为 D_g，且其值域为 R_g，若 $R_g\cap D_f\neq\varnothing$，则函数 $y=f[g(x)]$ 称为由函数 $u=g(x)$ 与函数 $y=f(u)$ 构成的复合函数，变量 u 称为中间变量。

由此可见，并非任意两个函数都能构成复合函数，两个函数构成复合函数要求内函数的值域与外函数的定义域交集非空。

例 12 设函数 $f(x)=\begin{cases}2^x, & x>1,\\ 2x, & x\leqslant 1,\end{cases}$ $g(x)=\begin{cases}\sin x, & x>0\\ x^2, & x\leqslant 0\end{cases}$，求 $f[g(x)]$。

分析 先写出 $f[g(x)]$ 关于 $g(x)$ 的函数，再写出各段的具体表达式。

解 $f[g(x)]=\begin{cases}2^{g(x)}, & g(x)>1\\ 2g(x), & g(x)\leqslant 1\end{cases}=\begin{cases}2^{x^2}, & x<-1\\ 2x^2, & -1\leqslant x\leqslant 0\\ 2\sin x, & x>0\end{cases}$

例 13 设 $f(x)$ 满足 $2f(x)+f(1-x)=x^2$，求 $f(x)$.

解 因为

$$2f(x)+f(1-x)=x^2,$$

所以

$$2f(1-x)+f(x)=(1-x)^2,$$

解得

$$f(x)=\frac{1}{3}(x^2+2x-1).$$

五、初等函数与分段函数

1. 基本初等函数

(1)幂函数：$y=x^\mu$（μ 是常数，$\mu\in R$），其定义域随 μ 不同而不同：

μ 值	函数	定义域 D	值域 R_f
1	$y=x$	$(-\infty,+\infty)$	$(-\infty,+\infty)$
2	$y=x^2$	$(-\infty,+\infty)$	$[0,+\infty)$
3	$y=x^3$	$(-\infty,+\infty)$	$(-\infty,+\infty)$
$\frac{1}{2}$	$y=\sqrt{x}$	$[0,+\infty)$	$[0,+\infty)$
-1	$y=\frac{1}{x}$	$(-\infty,0)\cup(0,+\infty)$	$(-\infty,0)\cup(0,+\infty)$

但无论 μ 为何值，幂函数 $y=x^\mu$ 都在 $(0,+\infty)$ 内有定义，且当 μ 为有理数 $\mu=\frac{p}{q}$ 时，若 p 为偶数时是偶函数，p，q 均为奇数时是奇函数。

当 $\mu=1, 2, 3, \frac{1}{2}, -1$ 时是最常见的幂函数。

(2)指数函数：$y=a^x$（$a>0$ 且 $a\neq1$），定义域 $D=(-\infty,+\infty)$．因 $\forall x\in R$，总有 $a^x>0$，因此值域 $R_f=(0,+\infty)$。又 $a^0=1$，故指数函数的图形总在 x 轴的上方，且过 $(0,1)$ 点。当 $a>1$ 时，$y=a^x$ 单调增加，当 $0<a<1$ 时，$y=a^x$ 单调减少。又 $y=\left(\frac{1}{a}\right)^x=a^{-x}$，故 $y=a^x$ 的图形与 $y=a^{-x}$ 的图形关于 y 轴对称。$y=\mathrm{e}^x$ 是常用的指数函数，其中 $\mathrm{e}=2.718281828\cdots$.

(3)对数函数：$y=\log_a x$（$a>0$ 且 $a\neq1$），定义域 $D=(0,+\infty)$，值域 $R_f=(-\infty,+\infty)$．它和指数函数 $y=a^x$ 互为反函数。$y=\log_a x$ 的图形总是在 y 轴的右方，且通过点 $(1,0)$．当 $a>1$ 时，函数单调增加，当 $0<a<1$ 时，函数单调减少。以 e 为底数的对数函数记作 $y=\ln x$.

(4)三角函数：

正弦函数：$y=\sin x$．定义域 $D=(-\infty,+\infty)$，值域 $R_f=[-1,1]$.

余弦函数：$y=\cos x$．定义域 $D=(-\infty,+\infty)$，值域 $R_f=[-1,1]$.

正切函数：$y=\tan x$．定义域 $D=\{x\mid x\neq k\pi+\frac{\pi}{2}\}$，值域 $R_f=(-\infty,+\infty)$.

余切函数：$y=\cot x$．定义域 $D=\{x\mid x\neq k\pi\}$，值域 $R_f=(-\infty,+\infty)$.

正割函数：$y=\sec x=\frac{1}{\cos x}$．定义域 $D=\{x\mid x\neq k\pi+\frac{\pi}{2}\}$，值域 $R_f=(-\infty,-1]\cup[1,+\infty)$.

余割函数：$y=\csc x=\frac{1}{\sin x}$．定义域 $D=\{x\mid x\neq k\pi\}$，值域 $R_f=(-\infty,-1]\cup[1,+\infty)$.

其中的自变量 x 都以弧度为单位来表示，因此是实数。

周期性：这六个三角函数都是周期函数，$y=\sin x$、$y=\cos x$、$y=\sec x$、$y=\csc x$ 都是以 2π 为周期的周期函数，$y=\tan x$ 和 $y=\cot x$ 都是以 π 为周期的周期函数。

奇偶性：$y=\sin x$、$y=\tan x$、$y=\cot x$、$y=\csc x$ 是奇函数，$y=\cos x$、$y=\sec x$ 是偶函数。

有界性：$y=\sin x$ 和 $y=\cos x$ 是有界函数，$|\sin x|\leqslant 1$，$|\cos x|\leqslant 1$. $y=\tan x$、$y=\cot x$、$y=\sec x$、$y=\csc x$ 是无界函数。

(5)反三角函数：三角函数的反函数称为反三角函数。$y=\sin x$、$y=\cos x$、$y=\tan x$、$y=\cot x$ 的反函数如下表：

名称	表示	定义域	值域	单调性	奇偶性
反正弦函数	$y=\arcsin x$	$[-1,1]$	$[-\frac{\pi}{2},\frac{\pi}{2}]$	增	奇
反余弦函数	$y=\arccos x$	$[-1,1]$	$[0,\pi]$	减	非奇非偶
反正切函数	$y=\arctan x$	$(-\infty,+\infty)$	$(-\frac{\pi}{2},\frac{\pi}{2})$	增	奇
反余切函数	$y=\operatorname{arccot} x$	$(-\infty,+\infty)$	$(0,\pi)$	减	非奇非偶

以上五类函数统称为基本初等函数。关于基本初等函数的概念、性质及其图像非常重要，影响深远。例如以后经常会用 $\lim\limits_{x\to+\infty}\arctan x$，$\lim\limits_{x\to-\infty}\arctan x$，$\lim\limits_{x\to0^+}e^{\frac{1}{x}}$，$\lim\limits_{x\to0^-}e^{\frac{1}{x}}$，$\lim\limits_{x\to0^+}\ln x$ 等，就需要对 $y=\arctan x$，$y=e^x$，$y=\ln x$ 的图像很清楚。

2. 初等函数

由常数和基本初等函数经过有限次的四则运算和有限步的函数复合步骤所构成并可用一个式子表示的函数，称为初等函数。例如 $y=\sqrt{1+x^2}$，$y=e^{\sin x}$ 都是初等函数。

§2　常用的经济函数

要解决实际问题，往往要将实际问题抽象成数学模型。本节通过对经济方面的数学模型进行讨论，给出一些常见的经济函数。

一、需求函数

设市场上某种商品的需求量为 q，一般地，需求量要受到价格和其他一些因素的影响，假如其他因素固定不变，需求量 q 就是价格 P 的函数，记为 $q=q(P)$.

例1　某地区某种品牌的自行车定价为300元时，销售量为10000部，价格每上涨20元，需求量就减少1000部，求需求函数。

解　设 q 为总销量，P 为价格，则 $P-300$ 为上涨价格，按每上涨20元销量减少1000

部的比例计算出价格为 P 时减少的销售量为

$$\frac{P-300}{20}\times 1000$$

价格为 P 时的销售量 q 为

$$q = 10000 - \frac{P-300}{20}\times 1000$$

整理得

$$q = -50P + 25000$$

这就是所求的函数，它的图形是一条斜率为-50 的直线，这叫线性需求函数。它是单调减函数，价格越高，需求量越低，当价格为零时，市场对该种手机的饱和需求量为 25000 部，当价格为 500 元时该种手机需求量为零，即价格的上限是 500 元，高于此价格就卖不出去了。

二、供给函数

我们考虑供应商品的一方。当商品提价时商品供应者会增加供应量，故供给量也是价格的函数。供给函数一般是单调增加函数。

例 2　在例 1 中，设价格每增加 20 元厂家可多提供 100 辆自行车，试求供应函数。

解　设 q 为供给量，P 为价格，则

$$q = 10000 + \frac{P-300}{20}\times 100 = 5P + 8500$$

在同一坐标系中做出例 1 和例 2 的函数图形（图 1-4），图像的交点（300，10000）叫作供求平衡点。其经济意义是：商品价格若低于 300 元，则求大于供；高于 300 元，则供大于求。

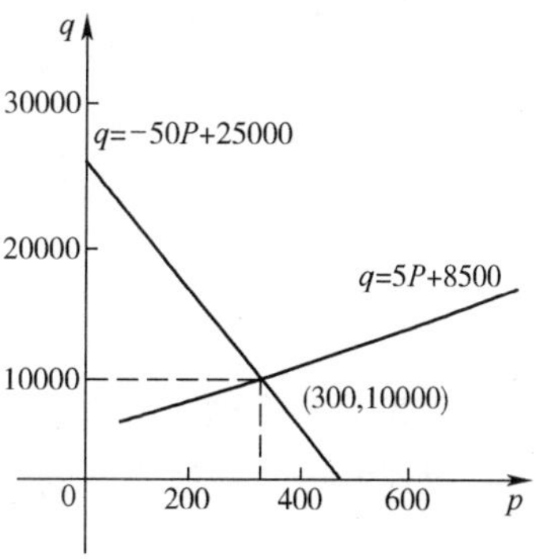

图 1-4

三、收益函数

销售量与价格的乘积就是收益。

设该商品的需求量为 q，价格函数 $P = P(q)$，收益用 R 表示，收益函数为

$$R = q\cdot P(q).$$

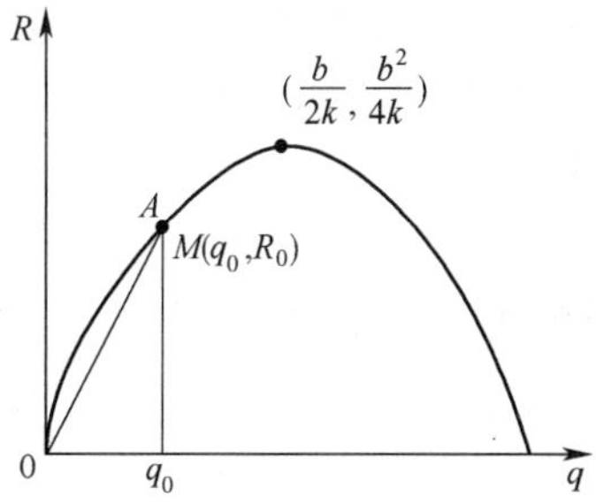

图 1-5

例 3　某商品的需求函数为 $q = \frac{1}{k}(b-P)\ (k>0,\ b>0)$，将总收益 R 表达成需求量为 q 的函数。

解　由已知得价格函数 $P = -kq + b$，则

$$R = q\cdot P(q) = -kq^2 + bq = -k\left(q - \frac{b}{2k}\right)^2 + \frac{b^2}{4k}$$

其图像是一条开口向下的抛物线（图 1-5），当需求量 $q = \frac{b}{2k}$ 时，总收益 R 达到最大值 $\frac{b^2}{4k}$.

四、成本函数

总成本包括固定成本和可变成本两部分，可变成本与产量有关。设产品的产量为 q ，可变成本表示为产量的函数 $C_1(q)$ ，用 C_0 表示固定成本，则总成本函数为

$$C = C_0 + C_1(q)$$

五、利润函数

收益函数与成本函数之差即为利润函数，记为 L ，则

$$L = R(q) - C(q)$$

例 4 某企业经销一种产品，设每年的固定成本为 90 万元，每件产品的可变成本平均为 50 元，销售价格为 100 元，若企业每年不亏不盈，则最低产量应该维持在什么水平？若企业现有生产能力为 2.4 万件，如生产能力全部发挥，每年能盈利多少？

解 设年产量为 q ，则总成本函数为 $C = 900000 + 50q$ ，总收益 $R = 100q$ ，则利润为

$$L = R - C = 100q - 900000 - 50q = 50q - 900000$$

若企业盈亏平衡，$L = 0$，即 $50q - 900000 = 0$，解得 $q = 18000$(件)

当 $q = 24000$ 时，$L = 50 \times 24000 - 900000 = 300000$(元)

所以，企业盈亏平衡的最低产量为 18000 件，每年生产 24000 件时，企业获利 300000 元。

§3 数列的极限

极限理论是整个微积分理论的基础及基本工具，贯穿于整个课程之中。在各种类型的极限中，数列的极限是最简单的。

一、数列的概念

极限的概念是由于求解某些实际问题的真值而产生的，如古代数学家刘徽的“割圆术”，就是极限思想在几何学上的应用。

在一个圆内，做一个内接正六边形，其面积为 A_1；再做一个内接正十二(6×2)边形，其面积为 A_2；再做一个内接正二十四(6×2^2)边形，其面积为 A_3；…；一般对于内接的正 $6 \times 2^{n-1}$ 边形，面积记作 A_n ($n \in N$)；得到一系列的内接正多边形的面积：A_1，A_2，$\cdots A_n$，…，形成一列有次序的数，而且 n 越大，即随着边数的无限增加，内接正多边形就无限地接近于圆，同时 A_n 就越接近某个定值，此定值即为圆的面积。

1. 数列的概念及表示

定义 1 按照一定的顺序排成的无穷多个数，称之为数列，可以记为

$$x_1, x_2, x_3, \cdots, x_n, \cdots \text{ 或 } \{x_n\}$$

其中 x_n 称为数列的一般项或通项。

若视数列为定义在自然数域 N 上的函数 $f(n)$ ，则 $x_n = f(n)$, $n \in N$. 数列的图示方法有两种，如图 1-6 和图 1-7 所示。

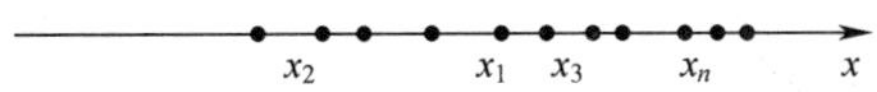

图 1-6

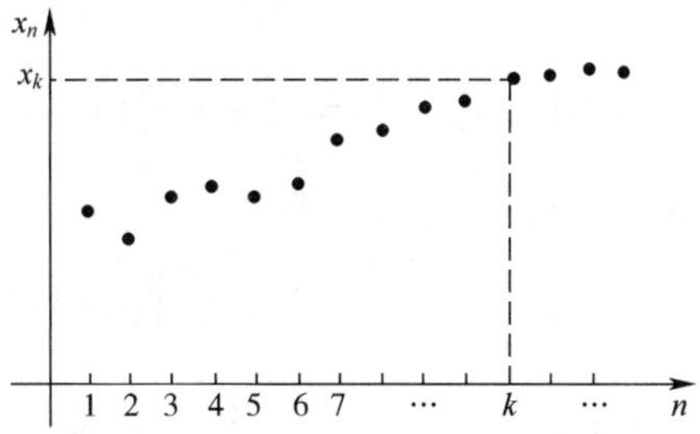

图 1-7

2. 数列的特性

(1)有界数列：$\exists M>0$，使 $|x_n|\leqslant M$ 对所有的 n 都成立，称数列 $\{x_n\}$ 为有界数列，其特点是所有的 x_n 都落在一条宽为 $2M$ 的带形区域中。

如数列 $\left\{\frac{1}{2^n}\right\}$，$\{(-1)^n\}$ 都是有界数列；数列 $\{n\}$，$\{(-1)^n n^2\}$ 则为无界数列。

注：有界数列的等价定义：存在常数 a，b，使得 $a\leqslant x_n\leqslant b$，$\forall n\in N$，其中 a 为下界，b 为上界。

(2)单调数列：　若 $x_1<x_2<x_3<\cdots<x_n<\cdots$　则 $\{x_n\}$ 为单调增加数列；

若 $x_1>x_2>x_3>\cdots>x_n>\cdots$ 则 $\{x_n\}$ 为单调减小数列。

数列 $\{\frac{1}{2^n}\}$：$\frac{1}{2},\frac{1}{4},\frac{1}{8},\cdots,\frac{1}{2^n},\cdots$ 为单减(有界)数列，$\{n\}$：$1,2,3,\cdots,n,\cdots$ 为单增(无上界)数列，而 $\{(-1)^n\}$：$-1,1,-1,1,\cdots$ 则为非单调(有界)数列。

二、数列的极限

观察下面数列当 n 无限增大时的变化趋势。

$1,\frac{1}{2},\frac{1}{4},\frac{1}{8},\cdots,\frac{1}{2^{n-1}},\cdots$　　　$x_n=\frac{1}{2^{n-1}}\to 0(n\to\infty)$

$\frac{1+1}{1},\frac{2+1}{2},\frac{3+1}{3},\cdots,\frac{n+1}{n},\cdots$　　　$x_n=\frac{n+1}{n}\to 1\quad(n\to\infty)$

$1,-\frac{1}{2},\frac{1}{3},-\frac{1}{4},\cdots,(-1)^{n-1}\frac{1}{n},\cdots$　　　$x_n=(-1)^{n-1}\frac{1}{n}\to 0\quad(n\to\infty)$

共同点：存在常数 a，当 n 无限增大时，x_n 无限接近于 a. 这一类数列统称为“收敛数列”，a 则为数列的极限。不具备这一条件的数列则为发散数列。如数列 $\{(-1)^n\}$，$\{n\}$ 均为发散数列。

定义 2　对于数列 $\{x_n\}$，当 $n\to\infty$ 时如果向某一确定的常数 a 无限逼近，则称 a 为数列 $\{x_n\}$ 的极限，或称数列 $\{x_n\}$ 收敛于 a，记作：$\lim\limits_{n\to\infty}x_n=a$.

问题：如何用数学的语言描述数列收敛呢?

对于收敛的数列 $\{x_n\}$，当 n 充分大时，x_n 充分接近于 a，即 $|x_n-a|$ 可以充分的小。

如数列 $\{1+(-1)^n\frac{1}{n}\}$ ，观察可得：$x_n=1+(-1)^n\frac{1}{n}\to 1\quad(n\to\infty)$ ，此时 $a=1$，即当 n 充分大时，$|x_n-1|=|1+(-1)^n\frac{1}{n}-1|=\frac{1}{n}$ 可以充分的小，或要使 $|x_n-1|=\frac{1}{n}$ 足够的小，只要让 n 充分大即可。

如要使 $|x_n-1|=\frac{1}{n}<0.1$，显然只要 $n>10$；如果要 $|x_n-1|=\frac{1}{n}<0.01$，只要 $n>100$；如果要求 $|x_n-1|=\frac{1}{n}<0.0001$，只要 $n>10000$，……

一般，对于任意小的正数 ε ，要使 $|x_n-1|=\frac{1}{n}<\varepsilon$ ，只要 $n>\frac{1}{\varepsilon}$ ，记 $N=[\frac{1}{\varepsilon}]$ ，则当 $n>N$ 时，必有 $n>\frac{1}{\varepsilon}$ ，从而有 $|x_n-1|=\frac{1}{n}<\varepsilon$.

即有，对于任意给定的正数 ε（不论它多么小），总可以找到正整数 N ，使得当 $n>N$ 时，恒有 $|x_n-1|<\varepsilon$.

受此启发，我们可以给出用数学语言表达的数列极限的定量描述。

定义 3　$\forall\varepsilon>0$，$\exists N>0$，当 $n>N$ 时，若有 $|x_n-a|<\varepsilon$ ，则称数列 $\{x_n\}$ 收敛，并且以 a 为极限，记作：$\lim\limits_{n\to\infty}x_n=a$（或 $x_n\to a$，$(n\to\infty)$）.

注：(1) ε 的任意小性，N 的存在性，且 $N=N(\varepsilon)$ 不是唯一的，一般 ε 越小，N 越大；

(2) $\lim\limits_{n\to\infty}x_n=a$ 的图示(图 1-8)：

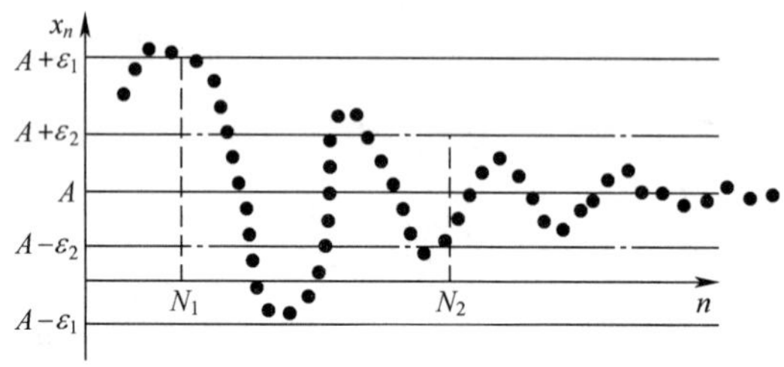

图 1-8

以上描述极限的方式称为 $\varepsilon-N$ 语言，是对数列极限的精确数学描述，有很高的理论价值，还可以用来讨论验证一些极限问题。

例 1　证明：$\lim\limits_{n\to\infty}\frac{n}{2n+1}=\frac{1}{2}$.

证明　$\forall\varepsilon>0$，欲使 $|\frac{n}{2n+1}-\frac{1}{2}|<\varepsilon$ ，只要 $|\frac{1}{2(2n+1)}|=\frac{1}{2}\cdot\frac{1}{2n+1}<\varepsilon$ ，即可解得 $n>\frac{1}{2}\cdot(\frac{1}{2\varepsilon}-1)$. 从而，存在 $N=[\frac{1}{2}\cdot(\frac{1}{2\varepsilon}-1)]$ ，当 $n>N$ ，即 $n>\frac{1}{2}\cdot(\frac{1}{2\varepsilon}-1)$ 时，有

$\left|\frac{1}{2(2n+1)}\right| = \frac{1}{2}\cdot\frac{1}{2n+1} < \frac{1}{2n+1} < \varepsilon$，即 $\left|\frac{n}{2n+1}-\frac{1}{2}\right| < \varepsilon$.

证得：$\lim\limits_{n\to\infty}\frac{n}{2n+1}=\frac{1}{2}$.

例 2　设 $|q|<1$，证明等比数列：$1, q, q^2, q^3, \cdots, q^n, \cdots$ 以 0 为极限。

证明　（证明 $\lim\limits_{n\to\infty}q^n=0$，即应证明：$\forall\varepsilon>0$，$\exists N$，$n>N$ 时，$|q^n-0|<\varepsilon$）

$\forall\varepsilon>0$，欲使 $|q^n-0|=|q|^n<\varepsilon$，只要 $n\ln|q|<\ln\varepsilon$，即 $n>\frac{\ln\varepsilon}{\ln|q|}$. 故取 $N=\left[\frac{\ln\varepsilon}{\ln|q|}\right]$，当 $n>N$，即 $n>\frac{\ln\varepsilon}{\ln|q|}$ 时，$|q^n|<\varepsilon$，即证得 $\lim\limits_{n\to\infty}q^n=0$.

注：(1) N 是不唯一的，例 1 中 $\forall\varepsilon>0$，欲使 $\left|\frac{n}{2n+1}-\frac{1}{2}\right|<\varepsilon$，只要

$$\left|\frac{1}{2n+1}-\frac{1}{2}\right|=\frac{1}{2(2n+1)}<\frac{1}{2n+1}<\frac{1}{n}<\varepsilon$$

即：$n>\frac{1}{\varepsilon}$，取 $N=\left[\frac{1}{\varepsilon}\right]$，当 $n>N=\left[\frac{1}{\varepsilon}\right]$ 时，必有 $n>\frac{1}{\varepsilon}$，则 $\left|\frac{n}{2n+1}-\frac{1}{2}\right|<\varepsilon$.

(2) 一般证明 $\lim\limits_{n\to\infty}x_n=a$ 的方法是：$\forall\varepsilon>0$，由 $|x_n-a|<\varepsilon$，或者由 $|x_n-a|<\cdots<\varepsilon$，解出 $n>n(\varepsilon)$，取 $N=[n(\varepsilon)]$ 即可。

三、收敛数列的性质

定理 1　（唯一性）若数列 $\{x_n\}$ 收敛，则其极限是唯一的。

证明　（反证法）假设，$\lim\limits_{n\to\infty}x_n=a$，$\lim\limits_{n\to\infty}x_n=b$，且 $a<b$，由定义

$$\begin{cases}\lim\limits_{n\to\infty}x_n=a\\ \lim\limits_{n\to\infty}x_n=b\end{cases}\quad 取\ \varepsilon=\frac{b-a}{2},\quad \begin{matrix}\exists N_1,\ n>N_1,\ |x_n-a|<\frac{b-a}{2}\\ \exists N_2,\ n>N_2,\ |x_n-b|<\frac{b-a}{2}\end{matrix}$$

取 $N=\max\{N_1, N_2\}$，当 $n>N$ 时，从而 $|x_n-a|<\frac{b-a}{2}$，与 $|x_n-b|<\frac{b-a}{2}$ 同时成立。即

$$\frac{b+a}{2}<x_n<\frac{b+a}{2}$$

此不等式矛盾，表明所作的假设不成立，从而只有 $a=b$，唯一性得证。

定理 2　（有界性）收敛的数列一定是有界的数列。

证明　设 $\lim\limits_{n\to\infty}x_n=a$，则 $\forall\varepsilon>0$，$\exists N$，当 $n>N$ 时，总有 $|x_n-a|<\varepsilon$. 由 ε 的任意小性，不妨设 $\varepsilon<1$，则当 $n>N$ 时，

$$|x_n|=|x_n-a+a|\leqslant|x_n-a|+|a|<|a|+\varepsilon<|a|+1$$

取 $M=\max\{|x_1|, |x_2|, \cdots, |x_N|, |a|+1\}$，则对于任意的 n，都有 $|x_n|\leqslant M$，即数列 $\{x_n\}$ 有界。

定理3 （保号性）若 $\lim\limits_{n\to\infty} x_n = a$，且 $a > 0$（或 $a < 0$），则存在正整数 N，当 $n > N$，恒有 $x_n > 0$。

证明 因为 $\lim\limits_{n\to\infty} x_n = a$，对于 $\varepsilon = \dfrac{a}{2}$，则存在正整数 N，当 $n > N$，$|x_n - a| < \dfrac{a}{2}$，

即
$$x_n > a - \frac{a}{2} = \frac{a}{2} > 0$$

定义4 在数列 $\{x_n\}$ 中任意抽取无限多项并保持这些项在原数列 $\{x_n\}$ 中的先后次序，这样得到的一个数列称为原数列 $\{x_n\}$ 的子数列(或子列)。

设在数列 $\{x_n\}$ 中，第一次抽取 x_{n_1}，第二次抽取 x_{n_2}，…，第 k 次抽取 x_{n_k}，如此抽取下去，就得到数列 $\{x_n\}$ 的一个子列 $\{x_{n_k}\}$，显然 $n_k \geqslant k$.

定理4 （收敛数列与其子列间的关系）如果数列 $\{x_n\}$ 收敛于 a，则其任意子列一定收敛且必收敛于 a.

证明 设数列 $\{x_{n_k}\}$ 是 $\{x_n\}$ 的一个子列

由于 $\lim\limits_{n\to\infty} x_n = a$，则 $\forall \varepsilon > 0$，$\exists N$，当 $n > N$ 时，恒有 $|x_n - a| < \varepsilon$，

取 $K = N$，则当 $k > K$ 时，$n_k > k > K = N$，于是 $|x_{n_k} - a| < \varepsilon$，

即 $\lim\limits_{k\to\infty} x_{n_k} = a$.

注：定理4表明，如果某数列的两个子列收敛于不同的值，则此数列一定发散。如 $\{(-1)^n\}$，$x_{2n+1} = -1 \to -1$，$x_{2n} = 1 \to 1$，故此数列发散。

例3 设数列 $\{x_n\}$ 有界，数列 $\{y_n\}$ 满足 $\lim\limits_{n\to\infty} y_n = 0$，证明：$\lim\limits_{n\to\infty} x_n y_n = 0$.

证明 由已知条件，数列 $\{x_n\}$ 有界，则存在正数 M，使得 $|x_n| \leqslant M$ 对所有的 n 成立；$\lim\limits_{n\to\infty} y_n = 0$，则 $\forall \varepsilon > 0$，$\exists N$，当 $n > N$ 时，$|y_n - 0| = |y_n| < \dfrac{\varepsilon}{M}$，从而 $\forall \varepsilon > 0$，$\exists N$，当 $n > N$ 时，$|x_n y_n| = |x_n| \cdot |y_n| < M \cdot \dfrac{\varepsilon}{M} = \varepsilon$，证得，$\lim\limits_{n\to\infty} x_n y_n = 0$.

§4 函数的极限

数列可看作自变量为正整数的函数：$x_n = f(n)$，数列的极限问题就是在自变量 $n \to \infty$ 时，对应的函数值 $f(n)$ 的变化趋势问题。下面我们来研究以连续变化的实数 x 作为自变量的函数 $f(x)$ 在自变量 x 的某种变化过程中，其对应的函数值 $f(x)$ 的变化趋势问题，即函数的极限问题。这一问题与自变量的变化过程密切相关，自变量的变化过程不同，函数极限就有不同的表现形式。本节分下列两种情况进行讨论：

- 自变量趋于无穷大时函数的极限；
- 自变量趋于有限值时函数的极限。

一、自变量趋于无穷大时函数的极限（$x \to \infty$，$f(x) \to A$）

定义1 设当 $|x|$ 大于某一正数时函数 $f(x)$ 有定义，$\forall \varepsilon > 0$，$\exists X > 0$，当 $|x| > X$ 时，$|f(x) - A| < \varepsilon$，称 A 为 $x \to \infty$ 时 $f(x)$ 的极限，记作 $\lim\limits_{x\to\infty} f(x) = A$，或 $f(x) \to A$，$(x \to \infty)$.

注：(1)描述极限 $\lim\limits_{x\to\infty}f(x)=A$ 的数学语言称为 $\varepsilon-X$ 语言。

(2) ε 的任意小性，$X=X(\varepsilon)$ 的存在性，一般 ε 越小，X 越大。

例 1　证明：$\lim\limits_{x\to\infty}\dfrac{\sin x}{x}=0$.

证明　(应证明，$\forall\varepsilon>0$，$\exists X>0$，当 $|x|>X$ 时，$\left|\dfrac{\sin x}{x}-0\right|=\dfrac{|\sin x|}{|x|}<\varepsilon$)

$\forall\varepsilon>0$，欲使 $\left|\dfrac{\sin x}{x}-0\right|=\dfrac{|\sin x|}{|x|}<\varepsilon$，因为 $\left|\dfrac{\sin x}{x}-0\right|=\dfrac{|\sin x|}{|x|}\leqslant\dfrac{1}{|x|}$，故只要 $\dfrac{1}{|x|}<\varepsilon$；即 $|x|>\dfrac{1}{\varepsilon}$. 取 $X=\dfrac{1}{\varepsilon}$，当 $|x|>X$，即 $|x|>\dfrac{1}{\varepsilon}$ 时，必有 $\left|\dfrac{\sin x}{x}-0\right|<\dfrac{1}{|x|}<\varepsilon$，证得：$\lim\limits_{x\to\infty}\dfrac{\sin x}{x}=0$.

二、自变量趋于有限值时函数的极限($f(x)\to A$, $x\to x_0$)

设函数 $f(x)=\dfrac{2(x^2-1)}{x-1}$，函数在 $x=1$ 无定义。但观察可得，当 x 充分接近于1，$f(x)$ 充分接近于4；或当 $|x-1|$ 充分小时，$|f(x)-4|$ 也充分小。

$$|f(x)-4|=\left|\frac{2(x^2-1)}{x-1}-4\right|=\left|\frac{2(x^2-1)-4(x-1)}{x-1}\right|=2|x-1|$$

若要求 $|f(x)-4|=2|x-1|<0.01$，即只要 $|x-1|<0.005$；若要求 $|f(x)-4|=2|x-1|<0.0001$，只要 $|x-1|<0.00005$；……；一般，对于可以任意小的正数 ε，若要求 $|f(x)-4|<\varepsilon$，只要有 $|x-1|<\dfrac{\varepsilon}{2}$，记 $\dfrac{\varepsilon}{2}=\delta$，即只要有 $|x-1|<\delta$；表明当 $0<|x-1|<\delta$ 时，就一定有 $|f(x)-4|<\varepsilon$.

定义 2　设函数 $f(x)$ 在点 x_0 的某一去心邻域内有定义，$\forall\varepsilon>0$，$\exists\delta>0$，当 $0<|x-x_0|<\delta$ 时，若有 $|f(x)-A|<\varepsilon$，则称当 $x\to x_0$ 时，函数 $f(x)$ 以 A 为极限，记作 $\lim\limits_{x\to x_0}f(x)=A$ 或 $f(x)\to A$ ($x\to x_0$).

注：(1)描述极限 $\lim\limits_{x\to x_0}f(x)=A$ 的数学语言称为 $\varepsilon-\delta$ 语言；

(2)注意定义中 ε 的任意小性，δ 的存在性，一般 ε 越小，δ 也越小；

(3)定义中 $0<|x-x_0|$，即 $x\neq x_0$，表明 $\lim\limits_{x\to x_0}f(x)$ 存在与否与函数 $f(x)$ 在 x_0 的状况无关，而与 $f(x)$ 在 x_0 邻域内的状况有关；

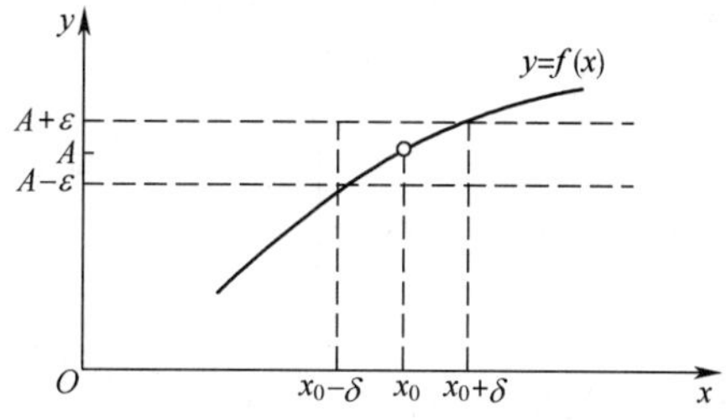

图 1-9

(4)图像上看(图 1-9)，当 x 落入 $(x_0-\delta,x_0+\delta)$ 时，函数 $f(x)$ 落入宽为 2ε 的带形区域 $(A-\varepsilon,A+\varepsilon)$ 中。

例 2 证明 $\lim\limits_{x \to x_0} C = C$（$C$ 为常数）.

证明 这里 $|f(x) - A| = |C - C| = 0$，$\forall \varepsilon > 0$，可以取任何正数为 δ，当 $0 < |x - x_0| < \delta$ 时，就有 $|f(x) - A| = |C - C| = 0 < \varepsilon$，所以，$\lim\limits_{x \to x_0} C = C$.

例 3 证明 $\lim\limits_{x \to x_0} x = x_0$.

证明 这里 $|f(x) - A| = |x - x_0|$，$\forall \varepsilon > 0$，可以取 $\delta = \varepsilon$，当 $0 < |x - x_0| < \delta$ 时，就有 $|f(x) - A| = |x - x_0| < \varepsilon$，所以，$\lim\limits_{x \to x_0} x = x_0$.

例 4 证明 $\lim\limits_{x \to 1} \dfrac{x^2 - 1}{x - 1} = 2$.

证明 这里 $|f(x) - A| = \left|\dfrac{x^2 - 1}{x - 1} - 2\right| = |x - 1|$，$\forall \varepsilon > 0$，可以取 $\delta = \varepsilon$，当 $0 < |x - 1| < \delta$ 时，就有 $|f(x) - A| = |x - 1| < \varepsilon$，所以，$\lim\limits_{x \to 1} \dfrac{x^2 - 1}{x - 1} = 2$.

三、左极限与右极限（单侧极限）

若 x 从 x_0 的左侧 $(x < x_0)$ 趋于 x_0 时，有 $f(x) \to A$，称 A 为函数 $f(x)$ 在 $x \to x_0$ 时的左极限，记作 $\lim\limits_{x \to x_0^-} f(x) = A$，或 $f(x_0 - 0) = \lim\limits_{x \to x_0^-} f(x) = A$.

若 x 从 x_0 的右侧 $(x > x_0)$ 趋于 x_0 时，有 $f(x) \to A$，称 A 为函数 $f(x)$ 在 $x \to x_0$ 时的右极限，记作 $\lim\limits_{x \to x_0^+} f(x) = A$，或 $f(x_0 + 0) = \lim\limits_{x \to x_0^+} f(x) = A$.

定理 函数在一点极限存在的充分必要条件是在这一点的左右极限存在并且相等，即

$$\lim_{x \to x_0} f(x) = A \Leftrightarrow \lim_{x \to x_0^+} f(x) = \lim_{x \to x_0^-} f(x) = A$$

例 5 设函数 $f(x) = \begin{cases} x - 1 & x < 0 \\ 0 & x = 0 \\ x + 1 & x > 0 \end{cases}$，试观察函数在 $x = 0$ 时的左、右极限，$\lim\limits_{x \to 0} f(x)$ 是否存在?

解 $f(0 - 0) = \lim\limits_{x \to 0^-} f(x) = \lim\limits_{x \to 0^-} (x - 1) = -1$，$f(0 + 0) = \lim\limits_{x \to 0^+} f(x) = \lim\limits_{x \to 0^+} (x + 1) = 1$，

很显然，$f(0 + 0) \neq f(0 - 0)$

所以 $\lim\limits_{x \to 0} f(x)$ 不存在。

例 6 设函数 $f(x) = \begin{cases} x + a & x \leqslant 1 \\ \dfrac{x^2 - 1}{x - 1} & x > 1 \end{cases}$，问 $\lim\limits_{x \to 1} f(x)$ 是否存在?

解 右极限：$\lim\limits_{x \to 1^+} f(x) = \lim\limits_{x \to 1^+} \dfrac{x^2 - 1}{x - 1} = \lim\limits_{x \to 1^+} x + 1 = 2$，

左极限：$\lim\limits_{x \to 1^-} f(x) = \lim\limits_{x \to 1^-} (x + a) = 1 + a$，

根据左右极限与函数极限的关系，只有当 $1 + a = 2$，即 $a = 1$ 时，极限存在，并且有 $\lim\limits_{x \to 1} f(x) = 2$；若 $a \neq 1$，极限则不存在。

四、函数极限的性质

性质 1　(唯一性)若 $\lim\limits_{x\to x_0}f(x)$ 存在，则其极限是唯一的。

性质 2　(局部有界性)若极限 $\lim\limits_{x\to x_0}f(x)=A$，则存在常数 $M>0$ 及 $\delta>0$，当 $0<|x-x_0|<\delta$ 时，$|f(x)|\leqslant M$.

性质 3　(局部保号性)若极限 $\lim\limits_{x\to x_0}f(x)=A>0(A<0)$，则存在 x_0 的一个 δ 去心邻域

$$\overset{o}{U}(x_0,\delta)，当 x\in\overset{o}{U}(x_0,\delta) 时，有 f(x)>0\ (f(x)<0).$$

证明　由于 $\lim\limits_{x\to x_0}f(x)=A>0$，由定义：$\forall\varepsilon>0$，$\exists\delta>0$，当 $0<|x-x_0|<\delta$ 时，$|f(x)-A|<\varepsilon$. 因为 ε 是任意小的正数，不妨设 $\varepsilon<A$，则当 $0<|x-x_0|<\delta$ 即 $x\in\overset{o}{U}(x_0,\delta)$ 时，有 $|f(x)-A|<\varepsilon$，即 $A-\varepsilon<f(x)<A+\varepsilon$；从而可以得到：$f(x)>A-\varepsilon>0$.

注：事实上取 $\varepsilon=\dfrac{|A|}{2}$，还可以得到更强的结论：若 $\lim\limits_{x\to x_0}f(x)=A\ (A\neq 0)$，则存在 x_0 的去心邻域 $\overset{o}{U}(x_0,\delta)$，当 $x\in\overset{o}{U}(x_0,\delta)$ 时，有 $|f(x)|>\dfrac{|A|}{2}$.

推论　对于某个 $\delta>0$，设当 $x\in\overset{o}{U}(x_0,\delta)$ 时，且有 $f(x)\geqslant 0(f(x)\leqslant 0)$，$\lim\limits_{x\to x_0}f(x)=A$，则必有 $A\geqslant 0$ (或 $A\leqslant 0$).

§5　无穷小与无穷大

一、无穷小

1. 无穷小的定义

定义 1　若 $\lim\limits_{x\to x_0}f(x)=0$(或 $\lim\limits_{x\to\infty}f(x)=0$)，那么称函数 $f(x)$ 为当 $x\to x_0$ (或 $x\to\infty$)时的无穷小。

注：(1) 按照极限的定义，$x\to x_0$ 时的无穷小的数学描述为：

$\lim\limits_{x\to x_0}f(x)=0\Leftrightarrow\forall\varepsilon>0$，$\exists\delta>0$，$0<|x-x_0|<\delta$ 时，$|f(x)|<\varepsilon$；

(2) $x\to\infty$ 时的无穷小的数学描述为：$\lim\limits_{x\to\infty}f(x)=0\Leftrightarrow\forall\varepsilon>0$，$\exists X$，当 $|x|>X$ 时，$|f(x)|<\varepsilon$；

(3) 无穷小不是指很小的数，而“零”是可以作为无穷小的唯一的数；

(4) $f(x)$ 是否为无穷小，取决于 x 如何变化，如 $f(x)=\dfrac{1}{1-x}$ 是 $x\to\infty$ 时的无穷小，但 $x\to 1$ 却不是无穷小。

2. 无穷小的性质

定理 1　有限个无穷小的和仍然是无穷小。

证明 只证两个无穷小的和的情形即可。考虑极限过程为 $x \to x_0$，

$\alpha(x)$ 是 $x \to x_0$ 时的无穷小，由定义，

$\lim\limits_{x \to x_0}\alpha(x) = 0 \Leftrightarrow \forall \varepsilon > 0, \exists \delta > 0, 0 < |x - x_0| < \delta_1$ 时，

$$|\alpha(x)| < \frac{\varepsilon}{2}$$

$\beta(x)$ 是 $x \to x_0$ 时的无穷小，由定义，

$\lim\limits_{x \to x_0}\beta(x) = 0 \Leftrightarrow \forall \varepsilon > 0, \exists \delta > 0, 0 < |x - x_0| < \delta_2$ 时，

$$|\beta(x)| < \frac{\varepsilon}{2}$$

取 $\delta = \min\{\delta_1, \delta_2\}$，当 $0 < |x - x_0| < \delta$ 时

$$|\alpha(x) + \beta(x)| \leqslant |\alpha(x)| + |\beta(x)| < \frac{\varepsilon}{2} + \frac{\varepsilon}{2} = \varepsilon$$

证得：$\lim\limits_{x \to x_0}(\alpha(x) + \beta(x)) = 0$.

定理 2 有界函数与无穷小之积仍然是无穷小。

证明 考虑极限过程为 $x \to x_0$，设 $\beta(x)$ 有界，则 $|\beta(x)| \leqslant M$；设 $\alpha(x)$ 是 $x \to x_0$ 时的无穷小，由定义，$\lim\limits_{x \to x_0}\alpha(x) = 0 \Leftrightarrow \forall \varepsilon > 0, \exists \delta > 0, 0 < |x - x_0| < \delta$ 时，$|\alpha(x)| < \dfrac{\varepsilon}{M}$；即 $\forall \varepsilon > 0, \exists \delta > 0, 0 < |x - x_0| < \delta$ 时，$|\alpha(x) \cdot \beta(x)| = |\alpha(x)| \cdot |\beta(x)| < \dfrac{\varepsilon}{M} \cdot M = \varepsilon$，

证得：$\lim\limits_{x \to x_0}\alpha(x) \cdot \beta(x) = 0$.

推论 1 常数与无穷小的乘积是无穷小。

推论 2 有限个无穷小之积仍然是无穷小。

定理 3 无穷小与函数极限的关系：$\lim\limits_{\substack{x \to x_0 \\ (x \to \infty)}} f(x) = A \Leftrightarrow f(x) = A + \alpha$，其中 α 是该极限过程中的无穷小。

证明 $\lim\limits_{\substack{x \to x_0 \\ (x \to \infty)}} f(x) = A \Leftrightarrow \lim\limits_{\substack{x \to x_0 \\ (x \to \infty)}} (f(x) - A) = 0 \Leftrightarrow f(x) - A = \alpha$

即 $f(x) = A + \alpha$，α 是无穷小。

例 求极限 $\lim\limits_{x \to \infty} \dfrac{\sqrt{1 + \cos x}}{x}$.

解 因为 $0 \leqslant \sqrt{1 + \cos x} \leqslant 2$，即 $\sqrt{1 + \cos x}$ 是有界函数；又 $\dfrac{1}{x} \to 0\ (x \to \infty)$ 即 $\dfrac{1}{x}$ 是 $x \to \infty$ 时的无穷小，由无穷小的性质，$\dfrac{\sqrt{1 + \cos x}}{x}$ 仍然是无穷小，从而有 $\lim\limits_{x \to \infty} \dfrac{\sqrt{1 + \cos x}}{x} = 0$.

二、无穷大

在 $x \to x_0$（或 $x \to \infty$）时，总有 $|f(x)|$ 无限增大，则称 $f(x)$ 为 $x \to x_0$（或 $x \to \infty$）时的无穷大，记以 $\lim\limits_{\substack{x \to x_0 \\ (x \to \infty)}} f(x) = \infty$.

如函数$f(x)=\dfrac{1}{x-1}$是$x\to 1$时的无穷大。因此，欲使$|f(x)|$充分大，只要x充分接近于1，即只要$|x-1|$充分小(可以不妨设$0<x<2$)。如$\left|\dfrac{1}{x-1}\right|>3$，只要$|x-1|<\dfrac{1}{3}$；$\left|\dfrac{1}{x-1}\right|>10^8$，只要$|x-1|<10^{-8}$；$\left|\dfrac{1}{x-1}\right|>10^{100}$，只要$|x-1|<10^{-100}$.

一般对于任意大的正数M，欲使$\left|\dfrac{1}{x-1}\right|>M$，只要$|x-1|<\dfrac{1}{M}$，记$\delta=\dfrac{1}{M}$，则有$|x-1|<\dfrac{1}{M}=\delta$时，$\left|\dfrac{1}{x-1}\right|>M$.

定义 2　$\forall M>0$，$\exists\delta>0$，当$0<|x-x_0|<\delta$时，若有$|f(x)|>M$，则称$f(x)$是$x\to x_0$时的无穷大，记作$\lim\limits_{x\to x_0}f(x)=\infty$.

定义 3　$\forall M>0$，$\exists X>0$，当$|x|>X$时，若有$|f(x)|>M$，则称$f(x)$是$x\to\infty$时的无穷大，记作$\lim\limits_{x\to x_\infty}f(x)=\infty$.

注：(1) M指任意大的正数，X，δ只具有存在性；一般M越大，X也越大，而δ则越小；

(2)若$\lim\limits_{x\to x_0}f(x)=\infty$，则曲线$y=f(x)$有一条垂直的渐近线：$x=x_0$；

(3) $\lim f(x)=\infty$属于极限不存在，因为其变化趋势是绝对值越来越大，故习惯上总称极限为无穷大。

三、无穷大与无穷小的关系

定理 4　在自变量的同一变化过程中，如果$f(x)$为无穷大，则$\dfrac{1}{f(x)}$必为无穷小；如果$f(x)$为无穷小，且$f(x)\neq 0$，则$\dfrac{1}{f(x)}$为无穷大。

证明　设$f(x)\neq 0$且$f(x)$是$x\to x_0$时的无穷小，即$\lim\limits_{x\to x_0}f(x)=0$，从而对于任意大的正数$M$，取$\varepsilon=\dfrac{1}{M}$，则$\exists\delta>0$，$0<|x-x_0|<\delta$时，$|f(x)|<\varepsilon$；即$\left|\dfrac{1}{f(x)}\right|>\dfrac{1}{\varepsilon}=M$，表明$\dfrac{1}{f(x)}$是$x\to x_0$时的无穷大。

§6　极限运算法则

本节要建立极限的四则运算法则和复合函数运算法则。在下面的讨论中，记号“lim”下面没有标明自变量的变化过程，是指对$x\to x_0$和$x\to\infty$以及单侧极限均成立。只证明$x\to x_0$的情形。

定理 1(极限的四则运算法则)　设$\lim f(x)=A$，$\lim g(x)=B$，则

(1) $\lim[f(x)\pm g(x)]=\lim f(x)\pm\lim g(x)=A\pm B$.

(2) $\lim[f(x)\cdot g(x)]=\lim f(x)\cdot\lim g(x)=A\cdot B$.

(3) $\lim \dfrac{f(x)}{g(x)} = \dfrac{\lim f(x)}{\lim g(x)} = \dfrac{A}{B}\ (B \neq 0)$.

证明 $\lim\limits_{x \to x_0} f(x) = A$，$\lim\limits_{x \to x_0} g(x) = B$，由函数及其极限的关系得：

$$f(x) = A + \alpha,\ g(x) = B + \beta(\alpha \to 0,\ \beta \to 0)$$

(1)由无穷小的运算性质

$$f(x) \pm g(x) = (A + \alpha) \pm (B + \beta) = (A \pm B) + (\alpha \pm \beta)$$

$$\alpha \pm \beta \to 0$$

所以，$\lim[f(x) + g(x)] = \lim f(x) \pm \lim g(x) = A \pm B$.

(2) 由无穷小的运算性质

$$f(x) \cdot g(x) = (A + \alpha) \cdot (B + \beta) = AB + A\beta + B\alpha + \alpha\beta$$

$$A\beta + B\alpha + \alpha\beta \to 0$$

所以，$\lim[f(x) \cdot g(x)] = AB$.

推论 (1) $\lim kf(x) = k\lim f(x)$（k 为常数）.

(2) $\lim [f(x)]^n = [\lim f(x)]^n$（其中 n 是非负整数）.

例 1 求极限 $\lim\limits_{x \to 1} \dfrac{x}{x+1}$.

解 $\lim\limits_{x \to 1} \dfrac{x}{x+1} = \dfrac{\lim\limits_{x \to 1} x}{\lim\limits_{x \to 1}(x+1)} = \dfrac{1}{\lim\limits_{x \to 1} x + 1} = \dfrac{1}{2}$.

例 2 求极限 $\lim\limits_{x \to 3} \dfrac{x-3}{x^2-9}$.

解 $\lim\limits_{x \to 3} \dfrac{x-3}{x^2-9} = \lim\limits_{x \to 3} \dfrac{x-3}{(x-3)(x+3)} = \lim\limits_{x \to 3} \dfrac{1}{x+3} = \dfrac{1}{6}$（$\dfrac{0}{0}$ 型，消除零因子）。

可以证明当 $x \to \infty$ 时，对于有理函数有如下结论（$a_0 \neq 0$，$b_0 \neq 0$）

$$\lim_{x \to \infty} \frac{a_0 x^n + a_1 x^{n-1} + \cdots + a_{n-1}x + a_n}{b_0 x^m + b_1 x^{m-1} + \cdots + b_{m-1}x + b_m} = \begin{cases} 0 & n < m \\ \dfrac{a_0}{b_0} & n = m \\ \infty & n > m \end{cases}$$

利用此结论，对于下面类型的极限，均可以直接写出结果，如

$$\lim_{x \to \infty} \frac{3x^3 + 3x^2 - 1}{x^5 + 3x^4 + x - 2} = 0 \qquad \lim_{x \to \infty} \frac{5x^5 + 3x^2 + 4x - 1}{3x^5 - 2x^4 + x^3 - 2} = \frac{5}{3} \qquad \lim_{x \to \infty} \frac{8x^7 + 3x^5 - 1}{4x^6 - 2x^4 - 2} = \infty.$$

例 3 求极限 $\lim\limits_{x \to \infty} \dfrac{(3x^4 + 2x^2 + x + 6)^3 (2x^2 - 3)^9}{(5x^6 - 4x^3 + 7)^4 (x^3 - 1)^2}$.

解 $\lim\limits_{x \to \infty} \dfrac{(3x^4 + 2x^2 + x + 6)^3 (2x^2 - 3)^9}{(5x^6 - 4x^3 + 7)^4 (x^3 - 1)^2} = \lim\limits_{x \to \infty} \dfrac{3^3 \cdot 2^9 \cdot x^{30} + \cdots}{5^4 \cdot x^{30} + \cdots} = \dfrac{3^3 \cdot 2^9}{5^4}$.

例 4 求极限 $\lim\limits_{n \to \infty} \left(\dfrac{1}{n^2} + \dfrac{2}{n^2} + \cdots + \dfrac{n}{n^2}\right)$.

解 $\lim\limits_{n \to \infty} \left(\dfrac{1}{n^2} + \dfrac{2}{n^2} + \cdots + \dfrac{n}{n^2}\right) = \lim\limits_{n \to \infty} \dfrac{\dfrac{1}{2}n(n+1)}{n^2} = \dfrac{1}{2}$.

定理 2(复合函数的极限运算法则)　设函数 $y=f(g(x))$ 是由函数 $y=f(u)$ 与函数 $u=g(x)$ 复合而成，$y=f(g(x))$ 在点 x_0 的某去心邻域有定义，若 $\lim\limits_{x\to x_0}g(x)=u_0$，$\lim\limits_{u\to u_0}f(u)=A$，且存在 $\delta_0>0$，当 $x\in \mathring{U}(x_0,\delta_0)$ 时，$g(x)\neq u_0$，则

$$\lim_{x\to x_0}f(g(x))=\lim_{u\to u_0}f(u)=A.$$

§7　极限存在准则　两个重要极限

一、夹逼准则

准则 1　设有数列 $\{x_n\}$，$\{y_n\}$，$\{z_n\}$ 满足

① $y_n\leqslant x_n\leqslant z_n$；② $\lim\limits_{n\to\infty}y_n=a$，$\lim\limits_{n\to\infty}z_n=a$；

则数列 $\{x_n\}$ 极限存在，且 $\lim\limits_{n\to\infty}x_n=a$.

证明　$\lim\limits_{n\to\infty}y_n=a$，$\forall\varepsilon>0$，$\exists N_1$，$n>N_1$，$|y_n-a|<\varepsilon$；

$\lim\limits_{n\to\infty}z_n=a$，对于上述 ε，$\exists N_2$，$n>N_2$，$|z_n-a|<\varepsilon$

即 $\forall\varepsilon>0$，$\exists N=\max\{N_1,N_2\}$，当 $n>N$ 时，$|y_n-a|<\varepsilon$，与 $|z_n-a|<\varepsilon$ 同时成立；即 $a-\varepsilon<y_n<a+\varepsilon$，$a-\varepsilon<z_n<a+\varepsilon$ 同时成立，则 $a-\varepsilon<y_n\leqslant x_n\leqslant z_n<a+\varepsilon$，从而有 $|x_n-a|<\varepsilon$，证得：$\lim\limits_{n\to\infty}x_n=a$.

这一数列极限存在准则可以推广到函数极限的情形：
在同一极限过程中，函数 $f(x)$，$g(x)$，$h(x)$ 满足

① $g(x)\leqslant f(x)\leqslant h(x)$；

② $\lim g(x)=A$，$\lim h(x)=A$；

则 $\lim f(x)$ 存在，且 $\lim f(x)=A$.

证明　考虑极限过程 $x\to x_0$，由 $\lim\limits_{x\to x_0}g(x)=A$，$\lim\limits_{x\to x_0}h(x)=A$ 有

$$\forall\varepsilon>0,\ \exists\delta_1>0,\ 当\ 0<|x-x_0|<\delta_1\ 时,\ |g(x)-A|<\varepsilon$$
$$\forall\varepsilon>0,\ \exists\delta_2>0,\ 当\ 0<|x-x_0|<\delta_2\ 时,\ |h(x)-A|<\varepsilon$$

取 $\delta=\min\{\delta_1,\delta_2\}$，则当 $0<|x-x_0|<\delta$ 时，$|g(x)-A|<\varepsilon$ 与 $|h(x)-A|<\varepsilon$ 同时成立，即同时有 $A-\varepsilon<g(x)<A+\varepsilon$ 和 $A-\varepsilon<h(x)<A+\varepsilon$，利用条件可得

$$A-\varepsilon<g(x)<f(x)<h(x)<A+\varepsilon$$

从而，$|f(x)-A|<\varepsilon$，证得 $\lim\limits_{x\to x_0}f(x)=A$.

注：利用夹逼准则求极限，关键是构造 y_n 和 z_n，并且 y_n 和 z_n 的极限相同且容易求得。

例 1　求极限 $\lim\limits_{n\to\infty}\left(\dfrac{1}{n^2+1}+\dfrac{2}{n^2+2}+\cdots+\dfrac{n}{n^2+n}\right)$.

解　设 $x_n=\dfrac{1}{n^2+1}+\dfrac{2}{n^2+2}+\cdots+\dfrac{n}{n^2+n}$，

则 $y_n=\dfrac{\frac{1}{2}n(n+1)}{n^2+n}\leqslant x_n\leqslant\dfrac{\frac{1}{2}n(n+1)}{n^2+1}=z_n$，

$$\lim_{n\to\infty} y_n = \lim_{n\to\infty}\frac{\frac{1}{2}n(n+1)}{n^2+n} = \frac{1}{2},\ \lim_{n\to\infty} z_n = \lim_{n\to\infty}\frac{\frac{1}{2}n(n+1)}{n^2+1} = \frac{1}{2},$$

根据夹逼准则，$\lim\limits_{n\to\infty} x_n = \frac{1}{2}$.

二、单调有界准则

准则 2 单调有界数列必有极限。

注：此准则的证明需要用到上、下确界的概念，可参考任何一本理科《数学分析》教材。

在这里我们不作证明，给出如下几何解释：从数轴上看，对应于单调数列的点 x_n 必向一个方向移动。这就只有两种情形：或者点 x_n 沿数轴移向无穷远；或者点 x_n 无限逼近于某一定点 A，由于 x_n 有界，故数列的点 x_n 都落在数轴上某个有限区间 $[-M, M]$ 内，那么第一种情形就不可能了，数列只能沿一个方向无限逼近于定点 A，A 就是数列的极限，A 的绝对值不超过 M.

例 2 设 $x_1 = 1$，$x_n = \sqrt{2x_{n-1}}$，$n = 2, 3, \cdots$，试证明 $\lim\limits_{n\to\infty} x_n$ 存在，并求出极限值。

证明 $x_1 = 1$，$x_2 = \sqrt{2}$，$x_3 = \sqrt{2x_2} = \sqrt{2\cdot\sqrt{2}} < \sqrt{2\cdot 2} = 2$

假设 $x_n < 2$，有 $x_{n+1} = \sqrt{2x_n} < \sqrt{2\cdot 2} = 2$，根据数学归纳法，$1 \leqslant x_n < 2$ 对所有的 n 成立，即数列 $\{x_n\}$ 有界；

又 $\frac{x_{n+1}}{x_n} = \frac{\sqrt{2x_n}}{x_n} = \sqrt{\frac{2}{x_n}} > 1$，即 $x_{n+1} > x_n$，表明数列 $\{x_n\}$ 单调递增；

根据极限存在准则，$\lim\limits_{n\to\infty} x_n$ 存在，设其为 l，则 $\lim\limits_{n\to\infty} x_n = l$.

利用等式 $x_n = \sqrt{2x_{n-1}}$ 两边取极限，可得：$l = \sqrt{2l}$，即 $l = 2$.

三、两个重要极限

1. $\lim\limits_{x\to 0}\frac{\sin x}{x} = 1$

证明 由于 $\frac{\sin x}{x}$ 为偶函数，故只需讨论 $x \to 0^+$ 的情况。

作单位圆如图 1-10 所示，对于 $0 < x < \frac{\pi}{2}$，面积之间有不等式：$S_{\Delta AOB} < S_{扇AOB} < S_{\Delta AOD}$

且由于 $S_{\Delta AOB} = \frac{1}{2}\sin x$，$S_{扇AOB} = \frac{1}{2}x$，$S_{\Delta AOD} = \frac{1}{2}\tan x$，则有

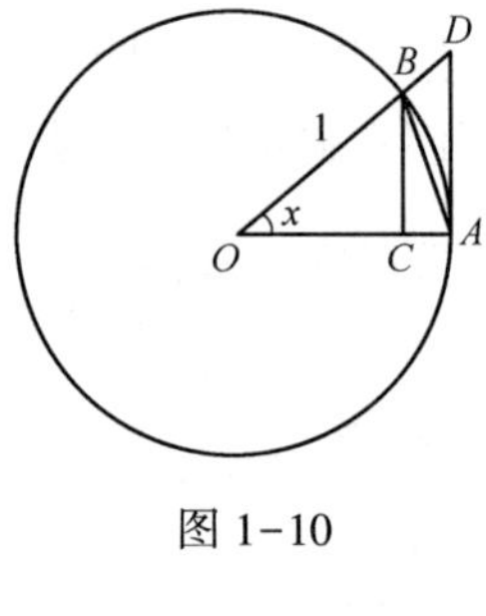

图 1-10

$$\frac{1}{2}\sin x < \frac{1}{2}x < \frac{1}{2}\tan x \qquad \sin x < x < \tan x$$

由 $\sin x > 0$，两端同时除以 $\sin x$，$1 < \frac{x}{\sin x} < \frac{1}{\cos x}$，或 $\cos x < \frac{\sin x}{x} < 1$. 上述不等式对 $-\frac{\pi}{2} < x < 0$ 也成立，即对 $0 < |x| < \frac{\pi}{2}$，均有 $\cos x < \frac{\sin x}{x} < 1$，且 $\lim\limits_{x\to 0}\cos x = 1$，$\lim\limits_{x\to 0} 1 = 1$，则由夹逼准则，可得 $\lim\limits_{x\to 0}\frac{\sin x}{x} = 1$.

例 3　求极限 $\lim\limits_{x\to 0}\frac{\tan x}{x}$.

解　$\lim\limits_{x\to 0}\frac{\tan x}{x} = \lim\limits_{x\to 0}\frac{1}{x}\cdot\frac{\sin x}{\cos x} = \lim\limits_{x\to 0}\frac{\sin x}{x}\cdot\frac{1}{\cos x} = 1.$

例 4　$\lim\limits_{x\to 0}\frac{1-\cos x}{x^2}$.

解　$\lim\limits_{x\to 0}\frac{1-\cos x}{x^2} = \lim\limits_{x\to 0}\frac{\sin^2 x}{x^2(1+\cos x)} = \lim\limits_{x\to 0}\left(\frac{\sin x}{x}\right)^2\cdot\frac{1}{1+\cos x} = \frac{1}{2}.$

2. $\lim\limits_{x\to\infty}(1+\frac{1}{x})^x = \mathrm{e}$

证明　先考虑 x 取正整数 n 且 $n\to+\infty$ 的情形。

设 $x_n = (1+\frac{1}{n})^n$ 下面先证明 $\{x_n\}$ 单调增加且有界。由牛顿二项定理得，

$$x_n = (1+\frac{1}{n})^n = 1 + \frac{n}{1!}\cdot\frac{1}{n} + \frac{n(n-1)}{2!}\cdot\frac{1}{n^2} + \frac{n(n-1)(n-2)}{3!}\cdot\frac{1}{n^3} + \cdots + \frac{n(n-1)\cdots(n-n+1)}{n!}\cdot\frac{1}{n^n}$$

$$= 1 + 1 + \frac{1}{2!}(1-\frac{1}{n}) + \frac{1}{3!}\cdot(1-\frac{1}{n})(1-\frac{2}{n}) + \cdots + \frac{1}{n!}(1-\frac{1}{n})(1-\frac{2}{n})\cdots(1-\frac{n-1}{n})$$

$$x_{n+1} = 1 + 1 + \frac{1}{2!}(1-\frac{1}{n+1}) + \frac{1}{3!}\cdot(1-\frac{1}{n+1})(1-\frac{2}{n+1}) + \cdots + \frac{1}{n!}(1-\frac{1}{n+1})(1-\frac{2}{n+1})\cdots(1-\frac{n-1}{n+1}) + \frac{1}{(n+1)!}(1-\frac{1}{n+1})(1-\frac{2}{n+1})\cdots(1-\frac{n}{n+1})$$

比较 x_{n+1} 和 x_n 的展开式的各项可知，除前两项相等外从第三项起 x_{n+1} 的各项都大于 x_n 的各对应项，而且 x_{n+1} 还多了最后一个正项，因而 $x_{n+1} > x_n$，数列 $\{x_n\}$ 单调增加。

再证 $\{x_n\}$ 有界，

$$x_n = 1 + 1 + \frac{1}{2!}(1-\frac{1}{n}) + \frac{1}{3!}\cdot(1-\frac{1}{n})(1-\frac{2}{n}) + \cdots + \frac{1}{n!}(1-\frac{1}{n})(1-\frac{2}{n})\cdots(1-\frac{n-1}{n})$$

$$< 1+1+\frac{1}{2!}+\frac{1}{3!}+\cdots+\frac{1}{n!} < 1+1+\frac{1}{2}+\frac{1}{2^2}+\cdots+\frac{1}{2^{n-1}} = 1+\frac{1-\frac{1}{2^n}}{1-\frac{1}{2}}$$

$$= 3-\frac{1}{2^{n-1}} < 3$$

故数列单调有上界，根据准则 2，数列 $\{x_n\}$ 有极限，用 e 表示这一极限值，则有 $\lim\limits_{n\to\infty}(1+\frac{1}{n})^n = e$. 利用这一结论，可以进一步证明重要极限：

$$\lim_{x\to\infty}(1+\frac{1}{x})^x = e \qquad 或 \lim_{x\to 0}(1+x)^{\frac{1}{x}} = e$$

例 5 求极限 $\lim\limits_{n\to\infty}(1-\frac{1}{n})^n$.

解 $\lim\limits_{n\to\infty}(1-\frac{1}{n})^n = \lim\limits_{n\to\infty}\left[(1-\frac{1}{n})^{-n}\right]^{-1} = \lim\limits_{n\to\infty}\left[(1+\frac{1}{-n})^{-n}\right]^{-1}$

$$= \lim_{n\to\infty}\frac{1}{(1+\frac{1}{-n})^{-n}} = \frac{1}{e}.$$

例 6 $\lim\limits_{x\to\infty}(1+\frac{k}{x})^x \ (k\neq 0)$.

解 $\lim\limits_{x\to\infty}(1+\frac{k}{x})^x = \lim\limits_{x\to\infty}[(1+\frac{k}{x})^{\frac{x}{k}}]^k = e^k$.

例 7 求极限 $\lim\limits_{x\to 0}(\cos x)^{\frac{1}{\sin^2 x}}$.

解 $\lim\limits_{x\to 0}(\cos x)^{\frac{1}{\sin^2 x}} = \lim\limits_{x\to 0}(\sqrt{1-\sin^2 x})^{\frac{1}{\sin^2 x}} = \lim\limits_{x\to 0}(1-\sin^2 x)^{\frac{1}{2\sin^2 x}}$

$$= \lim_{x\to 0}[(1-\sin^2 x)^{-\frac{1}{\sin^2 x}}]^{-\frac{1}{2}} = e^{-\frac{1}{2}}.$$

例 8 求极限 $\lim\limits_{x\to\infty}(\frac{x^2+1}{x^2+2})^{2x^2+1}$.

解 $\lim\limits_{x\to\infty}(\frac{x^2+1}{x^2+2})^{2x^2+1} = \lim\limits_{x\to\infty}(\frac{x^2+2-1}{x^2+2})^{2x^2+1} = \lim\limits_{x\to\infty}(1-\frac{1}{x^2+2})^{2x^2+4-3}$

$$= \lim_{x\to\infty}[(1-\frac{1}{x^2+2})^{-(x^2+2)}]^{-2}\cdot(1-\frac{1}{x^2+2})^{-3} = e^{-2}.$$

§8 无穷小的比较

一、无穷小比较的概念

观察 $x\to 0$ 时，函数 $\sin x$，x^2，$1-\cos x$ 均为无穷小。但是 $\lim\limits_{x\to 0}\frac{\sin x}{x^2}=\infty$；$\lim\limits_{x\to 0}\frac{1-\cos x}{x^2}=$

$\frac{1}{2}$；$\lim\limits_{x\to0}\frac{1-\cos x}{\sin x}=0$，反映了不同的无穷小趋向于零的“速度”有“快”“慢”之分。

定义　在同一极限过程中，设 $\alpha=\alpha(x)$，$\beta=\beta(x)$ 均为无穷小，且 $\alpha\neq0$，则

(1)如果 $\lim\frac{\beta}{\alpha}=0$，称 β 是比 α 高阶的无穷小；记作 $\beta=o(\alpha)$；或称 α 是比 β 低阶的无穷小；

(2)如果 $\lim\frac{\beta}{\alpha}=c\ (c\neq0)$，称 β 与 α 为同阶无穷小；

特别当 $c=1$ 时，即 $\lim\frac{\beta}{\alpha}=1$，称 β 与 α 为等价无穷小，记作 $\beta\sim\alpha$；

(3)如果 $\lim\frac{\beta}{\alpha^k}=c\ (c\neq0,\ k>0)$，称 β 是 α 的 k 阶无穷小。

因 $\lim\limits_{x\to0}\frac{\sin x}{x}=1$，根据定义，$\sin x$ 与 x 是 $x\to0$ 时的等价无穷小，即 $\sin x\sim x$；又 $\lim\limits_{x\to0}\frac{1-\cos x}{x^2}=\frac{1}{2}$，$1-\cos x$ 与 x^2 为同阶无穷小，或 $1-\cos x$ 是 x 的二阶无穷小；由 $\lim\limits_{x\to0}\frac{1-\cos x}{\sin x}=0$，$1-\cos x=o(\sin x)\ (x\to0)$.

二、等价无穷小

定理 1　设 α，α'，β，β' 是同一极限过程中的无穷小，且满足 $\alpha\sim\alpha'$，$\beta\sim\beta'$，及 $\lim\frac{\alpha'}{\beta'}$ 存在或为无穷大，则：$\lim\frac{\alpha}{\beta}=\lim\frac{\alpha'}{\beta'}$.

证明　$\lim\frac{\alpha}{\beta}=\lim\frac{\alpha}{\alpha'}\cdot\frac{\alpha'}{\beta'}\cdot\frac{\beta'}{\beta}=\lim\frac{\alpha}{\alpha'}\cdot\lim\frac{\alpha'}{\beta'}\cdot\lim\frac{\beta'}{\beta}=\lim\frac{\alpha'}{\beta'}$.

注：(1)利用定理 1，在求无穷小的商的极限时，可将分子、分母通过等价代换，将函数化简后再求极限；

(2)由上述定理的证明可得，对于加、减中的每一项不能分别作代换；

(3)常用的几个等价代换公式：当 $x\to0$ 时，

$\sin x\sim x$　$\tan x\sim x$　$\arcsin x\sim x$　$\arctan x\sim x$　$e^x-1\sim x$　$\ln(1+x)\sim x$

$1-\cos x\sim\frac{x^2}{2}$　$(1+x)^\alpha-1\sim\alpha x$.

例 1　求极限 $\lim\limits_{x\to0}\frac{\sin3x}{\tan2x}$.

解　当 $x\to0$ 时，$\sin3x\sim3x$，$\tan2x\sim2x$，从而：$\lim\limits_{x\to0}\frac{\sin3x}{\tan2x}=\lim\limits_{x\to0}\frac{3x}{2x}=\frac{3}{2}$.

例 2　求极限 $\lim\limits_{x\to0}\frac{\sqrt{1+\sin^2x}-1}{x^2}$.

解　利用等价代换公式，$\sqrt[n]{1+x}-1\sim\frac{x}{n}\ (x\to0)$，$\sqrt{1+\sin^2x}-1\sim\frac{\sin^2x}{2}$，

$$\lim_{x\to0}\frac{\sqrt{1+\sin^2x}-1}{x^2}=\lim_{x\to0}\frac{\sin^2x}{2x^2}=\frac{1}{2}.$$

例 3 求极限 $\lim\limits_{x\to0}\frac{\tan x-\sin x}{\sin^3x}$.

解 错误解法：$\lim\limits_{x\to0}\frac{\tan x-\sin x}{\sin^3x}=\lim\limits_{x\to0}\frac{x-x}{x^3}=0.$

（注意：加、减中每一项不能分别作代换，因为当 $x\to0$ 时，尽管有 $\tan x\sim x$ 以及 $\sin x\sim x$，但是 $\tan x-\sin x\sim0$ 显然不可能成立）

正确解法应该为：

$$\lim_{x\to0}\frac{\tan x-\sin x}{\sin^3x}=\lim_{x\to0}\frac{\tan x(1-\cos x)}{\sin^3x}=\lim_{x\to0}\frac{x\cdot\frac{x^2}{2}}{x^3}=\frac{1}{2}.$$

定理 2 设 α 与 β 均为无穷小，则 $\alpha\sim\beta\Leftrightarrow\beta=\alpha+o(\alpha)$.

证明 $\alpha\sim\beta\Leftrightarrow\lim\frac{\beta}{\alpha}=1\Leftrightarrow\lim\left(\frac{\beta}{\alpha}-1\right)=0\Leftrightarrow\lim\frac{\beta-\alpha}{\alpha}=0$

$$\Leftrightarrow\beta-\alpha=o(\alpha)\Leftrightarrow\beta=\alpha+o(\alpha).$$

§9 函数的连续性与间断点

一、连续的定义

自然界中，有许多现象都具有这样的特点：如人的身高随着时间的变化而变化，当时间的变化很微小时，人的身高变化也很微小；在一年中，温度随时间而变化，当时间变化很微小时，温度的变化也很微小。反映在数学上，其共同特点就是：自变量的变化很小时，函数值的变化也很小。

定义 设 $y=f(x)$ 在点 x_0 的某邻域 $U(x_0)$ 内有定义，给自变量 x 以改变量 Δx，$x_0+\Delta x\in U(x_0)$，称 $\Delta y=f(x_0+\Delta x)-f(x_0)$ 为函数的改变量，如果

$$\lim_{\Delta x\to0}\Delta y=\lim_{\Delta x\to0}[f(x_0+\Delta x)-f(x_0)]=0$$

则称函数 $f(x)$ 在 x_0 连续。

注：(1) Δx 也称为自变量的增量，Δy 则称为函数的增量；

(2) 函数 $f(x)$ 在 x_0 点连续 $\Leftrightarrow\lim\limits_{\Delta x\to0}\Delta y=0$（$\lim\limits_{\Delta x\to0}[f(x_0+\Delta x)-f(x_0)]=0$）；

(3) 若记 $x_0+\Delta x=x$，则函数 $f(x)$ 在 x_0 点连续的定义可以改写为：$\lim\limits_{x\to x_0}f(x)=f(x_0)$，即极限值等于该点的函数值；

(4) $\lim\limits_{x\to x_0}f(x)=f(x_0)$ 的数学描述为：$\forall\varepsilon>0$，$\exists\delta>0$，当 $|x-x_0|<\delta$ 时，$|f(x)-f(x_0)|<\varepsilon$；

(5) 连续函数的图像是一条连续的不间断的曲线。

左连续：$\lim\limits_{\Delta x\to0^-}\Delta y=0$ 或 $\lim\limits_{x\to x_0^-}f(x)=f(x_0)$；

右连续：$\lim\limits_{\Delta x\to 0^+}\Delta y=0$ 或 $\lim\limits_{x\to x_0^+}f(x)=f(x_0)$.

根据左右极限与函数极限的关系，不难推出：

定理　函数 $f(x)$ 在 x_0 点连续的充分必要条件：$f(x)$ 在 x_0 点既左连续也右连续。

注：(1)若函数 $f(x)$ 在 (a, b) 内每一点都连续，称 $f(x)$ 在开区间 (a, b) 内连续；

(2)若函数 $f(x)$ 在 (a, b) 内连续，在左端点 $x=a$ 右连续，且在右端点 $x=b$ 左连续，则称 $f(x)$ 在闭区间 $[a, b]$ 上连续。

例 1　证明函数 $f(x)=\sin x$ 在 $(-\infty, +\infty)$ 内连续。

证明　$\forall x_0\in(-\infty, +\infty)$，自变量的增量为 Δx，则

$$\Delta y=f(x_0+\Delta x)-f(x_0)=\sin(x_0+\Delta x)-\sin x_0=2\cos\frac{2x_0+\Delta x}{2}\cdot\sin\frac{\Delta x}{2}$$

$$0\leqslant|\Delta y|=2\left|\cos\frac{2x_0+\Delta x}{2}\right|\cdot\left|\sin\frac{\Delta x}{2}\right|\leqslant 2\cdot\left|\sin\frac{\Delta x}{2}\right|\leqslant|\Delta x|$$

由夹逼准则：$\lim\limits_{\Delta x\to 0}|\Delta y|=0$，即有 $\lim\limits_{\Delta x\to 0}\Delta y=0$. 表明函数在 $y=f(x)=\sin x$ 在 x_0 点连续，由 $x_0\in(-\infty, +\infty)$ 的任意性，$f(x)=\sin x$ 在 $(-\infty, +\infty)$ 内连续。同理可以证明，$f(x)=\cos x$ 在 $(-\infty, +\infty)$ 内也是处处连续。

例 2　讨论函数 $f(x)=\begin{cases}x+1 & x\leqslant 0\\ \cos x & x>0\end{cases}$ 在 $x=0$ 点的连续性。

解　一般地，若 x_0 是分段函数的分界点，且在点 x_0 的两侧函数有不同的表达式，讨论函数在 x_0 的连续性时，应求出右极限：$\lim\limits_{x\to x_0^+}f(x)$，左极限：$\lim\limits_{x\to x_0^-}f(x)$ 以及函数值 $f(x_0)$，三者相等，则函数在 x_0 点连续。

$$f(0)=1\qquad \lim_{x\to 0^-}f(x)=\lim_{x\to 0^-}(x+1)=1\qquad \lim_{x\to 0^+}f(x)=\lim_{x\to 0^+}\cos x=1$$

三者相等则函数 $f(x)$ 在 $x=0$ 连续。

例 3　欲使函数 $f(x)=\begin{cases}\dfrac{\sin 2x+e^{2ax}-1}{x}, & x\neq 0\\ a, & x=0\end{cases}$ 在 $x=0$ 点连续，问 a 如何取值?

解　$$\lim_{x\to 0}f(x)=\lim_{x\to 0}\frac{\sin 2x+e^{2ax}-1}{x}=\lim_{x\to 0}\left(\frac{\sin 2x}{x}+\frac{e^{2ax}-1}{x}\right)$$

$$=\lim_{x\to 0}\frac{\sin 2x}{x}+\lim_{x\to 0}\frac{e^{2ax}-1}{x}=\lim_{x\to 0}\frac{2x}{x}+\lim_{x\to 0}\frac{2ax}{x}=2+2a$$

$f(0)=a$，使 $f(x)$ 在 $x=0$ 点连续，即 $\lim\limits_{x\to 0}f(x)=f(0)$，$a=2+2a$，得 $a=-2$.

二、间断点及其分类

函数的不连续点称为函数的间断点。设函数 $f(x)$ 在 x_0 的某去心邻域内有定义，如果 $f(x)$ 符合下列条件之一，则 $f(x)$ 在 x_0 点不连续，称 x_0 为函数 $f(x)$ 的一个间断点。

(1) $f(x)$ 在 x_0 点无定义；

(2) $f(x)$ 在 x_0 点有定义，但极限 $\lim\limits_{x\to x_0}f(x)$ 不存在；

(3) $f(x)$ 在 x_0 点有定义，且极限 $\lim\limits_{x\to x_0}f(x)$ 也存在，但 $\lim\limits_{x\to x_0}f(x)\neq f(x_0)$.

函数的间断点常被分为下面两大类：

第一类间断点：左极限 $\lim\limits_{x \to x_0^-} f(x)$ 、右极限 $\lim\limits_{x \to x_0^+} f(x)$ 均存在的间断点称为第一类间断点。

第一类间断点包括以下两类。

1. 可去间断点

如果间断点处左、右极限存在并且相等，$\lim\limits_{x \to x_0^-} f(x) = \lim\limits_{x \to x_0^+} f(x)$ ，即极限 $\lim\limits_{x \to x_0} f(x)$ 存在，称 x_0 为可去间断点。

例 4 $y = \dfrac{x^2 - 1}{x - 1}$ 在 $x = 1$ 是否为函数的间断点？

解 $y = \dfrac{x^2 - 1}{x - 1}$ 在 $x = 1$ 无定义，故 $x = 1$ 是间断点，且由于 $\lim\limits_{x \to 1} \dfrac{x^2 - 1}{x - 1} = 2$ 即极限存在，从而 $x = 1$ 是函数 $y = \dfrac{x^2 - 1}{x - 1}$ 的可去间断点。

注：如果补充定义：$f(1) = 2$，则可以得到一个在点 $x = 1$ 处连续的函数，$F(x) = \begin{cases} \dfrac{x^2 - 1}{x - 1} & x \neq 1 \\ 2 & x = 1 \end{cases}$，使得 $F(x) = f(x)$ ，$x \neq 1$，$F(1) = \lim\limits_{x \to 2} f(x) = 2$；一般如果 x_0 是函数 $f(x)$ 的可去间断点，且 $\lim\limits_{x \to x_0} f(x) = A$ ，则可以补充定义得到在 x_0 连续的函数 $F(x)$ ，即 $F(x) = \begin{cases} f(x) & x \neq x_0 \\ A & x = x_0 \end{cases}$.

2. 跳跃间断点

如果左右极限存在但并不相等，即 $\lim\limits_{x \to x_0^-} f(x) \neq \lim\limits_{x \to x_0^+} f(x)$ ，称 x_0 为跳跃间断点。

例 5 $f(x) = \begin{cases} x - 1 & x \leqslant 1 \\ 3 - x & x > 1 \end{cases}$，讨论函数在点 $x = 1$ 的连续性。

解 $\lim\limits_{x \to 1^+} f(x) = \lim\limits_{x \to 1^+} (3 - x) = 2$ ，$\lim\limits_{x \to 1^-} f(x) = \lim\limits_{x \to 1^-} (x - 1) = 0$，

从而点 $x = 1$ 是函数的跳跃间断点，在 $x = 1$ 不连续。

第二类间断点：左极限 $\lim\limits_{x \to x_0^-} f(x)$ 、右极限 $\lim\limits_{x \to x_0^+} f(x)$ 至少有一个不存在，则 x_0 为第二类间断点。

第二类间断点包括以下两类。

1. 无穷间断点

如果 $\lim\limits_{x \to x_0} f(x) = \infty$ ，则 x_0 为函数 $f(x)$ 的无穷间断点。

如 $f(x) = \dfrac{1}{1 - x}$ ，$x = 1$ 是无穷间断点；$f(x) = \tan x$ ，$x = \dfrac{\pi}{2}$ 是无穷间断点。

2. 振荡间断点

如 $f(x) = \sin \dfrac{1}{x}$ ，$x = 0$ 是函数的振荡间断点，

$\lim\limits_{x \to 0} f(x) = \lim\limits_{x \to 0} \sin \dfrac{1}{x}$ 不存在，其图形如图 1-11 所示。

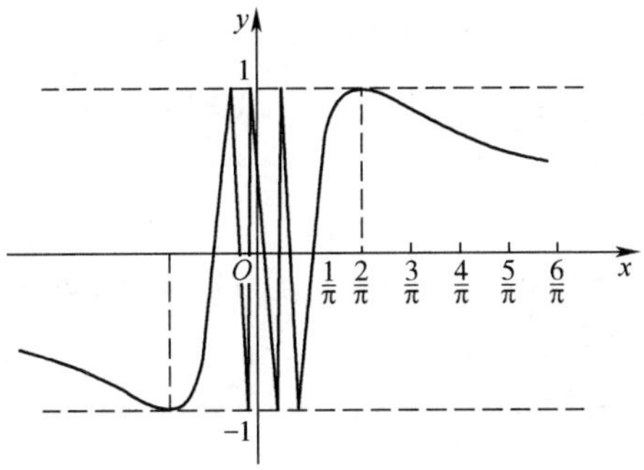

图 1-11

§10　初等函数的连续性

一、连续函数的和、差、积、商的连续性

定理 1　设 $\lim\limits_{x\to x_0}f(x)=f(x_0)$，且 $\lim\limits_{x\to x_0}g(x)=g(x_0)$.

①若 $F(x)=f(x)\pm g(x)$，则 $\lim\limits_{x\to x_0}F(x)=f(x_0)\pm g(x_0)=F(x_0)$；

②若 $F(x)=f(x)\cdot g(x)$，则 $\lim\limits_{x\to x_0}F(x)=f(x_0)\cdot g(x_0)=F(x_0)$；

③若 $F(x)=\dfrac{f(x)}{g(x)}$，则 $\lim\limits_{x\to x_0}F(x)=\dfrac{f(x_0)}{g(x_0)}=F(x_0)$，$g(x_0)\neq 0$;

即连续函数的和、差、积、商仍然连续。

证明　②利用极限运算的性质，

$$\lim_{x\to x_0}F(x)=\lim_{x\to x_0}[f(x)\cdot g(x)]=\lim_{x\to x_0}f(x)\cdot\lim_{x\to x_0}g(x)=f(x_0)\cdot g(x_0)=F(x_0)$$

二、反函数及复合函数的连续性

定理 2　如果函数 $y=f(x)$ 在 (a,b) 内单调连续，当 $x\in(a,b)$ 时，$y\in I$；则存在定义在区间 I 上的反函数 $y=f^{-1}(x)$，且反函数也是单调连续的，即单调连续函数存在单调连续的反函数。

定理 3　设 $u=\varphi(x)$，$\lim\limits_{x\to x_0}\varphi(x)=a$；$y=f(u)$ 在 $u=a$ 连续，即 $\lim\limits_{u\to a}f(u)=f(a)$，则对于复合函数 $y=f[\varphi(x)]$，有 $\lim\limits_{x\to x_0}f[\varphi(x)]=f(a)$.

证明　由 $y=f(u)$ 在 $u=a$ 点连续，即 $\lim\limits_{u\to a}f(u)=f(a)$，$\forall\varepsilon>0$，$\exists\delta^*>0$，当 $|u-a|<\delta^*$ 时，有

$$|f(u)-f(a)|<\varepsilon$$

由 $\lim\limits_{x\to x_0}\varphi(x)=a$，对于上面存在的 $\delta^*>0$，$\exists\delta>0$，当 $0<|x-x_0|<\delta$ 时，$|\varphi(x)-a|<\delta^*$，即 $|u-a|<\delta^*$.

综合以上两点，$\forall \varepsilon > 0$，$\exists \delta > 0$，当 $0 < |x - x_0| < \delta$ 时，$|f(u) - f(a)| < \varepsilon$，即 $|f[\varphi(x)] - a| < \varepsilon$，证得 $\lim\limits_{x \to x_0} f[\varphi(x)] = f(a)$.

注：(1) $\lim\limits_{x \to x_0} f[\varphi(x)] = f(a) = f[\lim\limits_{x \to x_0} \varphi(x)]$，表明连续函数的符号与极限运算符号可以交换；

如求极限 $\lim\limits_{x \to 0} \dfrac{\ln(1+x)}{x} = \lim\limits_{x \to 0} \ln(1+x)^{\frac{1}{x}}$，$f(u) = \ln u$，$\varphi(x) = (1+x)^{\frac{1}{x}}$，

$$\lim_{x \to 0} \frac{\ln(1+x)}{x} = \lim_{x \to 0} \ln(1+x)^{\frac{1}{x}} = \ln[\lim_{x \to 0}(1+x)^{\frac{1}{x}}] = \ln e = 1$$

(2) 如果将定理中的条件 $\lim\limits_{x \to x_0} \varphi(x) = a$ 换为 $\lim\limits_{x \to x_0} \varphi(x) = \varphi(x_0)$，即 $\varphi(x)$ 在 x_0 连续，并记 $F(x) = f[\varphi(x)]$，则 $\lim\limits_{x \to x_0} F(x) = \lim\limits_{x \to x_0} f[\varphi(x)] = f[\lim\limits_{x \to x_0} \varphi(x)] = f[\varphi(x_0)] = F(x_0)$，表明连续函数的复合函数仍然是连续函数；

(3) 用连续的定义不难证明，函数 x^α，a^x，$\sin x$，在其定义域内均连续；利用定理 2 可得：所有基本初等函数在其定义域内连续；再由定理 1，定理 3 可得：所有初等函数在定义区间内均为连续函数(定义区间是指包含在定义域内的区间)。

例 1 求极限 $\lim\limits_{x \to \infty} \left(1 + \dfrac{1}{x^2}\right)^x$.

解 利用换底公式：$a^b = e^{b\ln a}$，有

$$\lim_{x \to \infty}\left(1 + \frac{1}{x^2}\right)^x = \lim_{x \to \infty} e^{\ln\left(1+\frac{1}{x^2}\right)^x} = \lim_{x \to \infty} e^{\frac{1}{x}\ln\left(1+\frac{1}{x^2}\right)^{x^2}} = e^{\lim\limits_{x \to \infty}\frac{1}{x}\ln\left(1+\frac{1}{x^2}\right)^{x^2}}$$

$$= e^{\lim\limits_{x \to \infty}\frac{1}{x} \cdot \lim\limits_{x \to \infty}\ln\left(1+\frac{1}{x^2}\right)^{x^2}} = e^{0 \cdot 1} = 1.$$

注：以上求幂指函数的极限的方法称为对数求极限法，即对于幂指函数的极限 $\lim[\varphi(x)]^{f(x)}$，首先令 $y = [\varphi(x)]^{f(x)}$，则 $\ln y = f(x)\ln[\varphi(x)]$，求出极限 $\lim \ln y = \lim f(x)\ln[\varphi(x)] = A$，则原极限为：$\lim[\varphi(x)]^{f(x)} = e^A$.

例 2 设 $f(x) = \begin{cases} \dfrac{\sin 2x}{x} & x < 0 \\ 2 & x = 0 \\ 2(1-x^2) & 0 < x \leqslant 1 \\ \dfrac{\ln x}{1-x} & x > 1 \end{cases}$，研究 $f(x)$ 在其定义域内的连续性。

解 因为初等函数在其定义区间内连续，故 $f(x)$ 在 $(-\infty, 0)$，$(0, 1)$，$(1, +\infty)$ 连续，关键考察 $f(x)$ 在分界点 $x = 0$，$x = 1$ 的连续性。

$f(0) = 2$，$\lim\limits_{x \to 0^+} f(x) = 2$，$\lim\limits_{x \to 0^-} f(x) = 2$，所以 $f(x)$ 在 $x = 0$ 点连续；

$$f(1) = 0, \lim_{x \to 1^+} f(x) = \lim_{x \to 1^+} \frac{\ln x}{1-x} = \lim_{x \to 1^+} \frac{\ln[1+(x-1)]}{1-x} = -1, \lim_{x \to 1^-} f(x) = 0$$

所以 $x = 1$ 是跳跃间断点；函数 $f(x)$ 除 $x = 1$ 外，处处连续，即 $f(x)$ 的连续区间为 $(-\infty, 1] \cup (1, +\infty)$.

注意：分段函数的分界点不一定是间断点。

§11 闭区间上连续函数的性质

一、最大值、最小值定理

定义 设函数 $f(x)$，$x \in I$，对于 $x_0 \in I$，$\forall x \in I$，若 $f(x) \leqslant f(x_0)$，称 $f(x_0)$ 为 $f(x)$ 在区间 I 上的最大值，x_0 为最大值点；若 $f(x) \geqslant f(x_0)$，称 $f(x_0)$ 为 $f(x)$ 在区间 I 上的最小值，x_0 则称为最小值点。

如，$f(x)=\dfrac{1}{x}$，当 $x \in [\dfrac{1}{2}, 1]$ 时，最大值为 $M=f(\dfrac{1}{2})=2$，最小值为 $m=f(1)=1$；当 $x \in [1, 2]$ 时，最大值为 $M=f(1)=1$，最小值为 $m=f(2)=\dfrac{1}{2}$；而当 $x \in (0, 1]$ 时，$f(x)=\dfrac{1}{x}$ 在区间 $(0, 1]$ 上的最小值为 $m=f(1)=1$，但在区间 $(0, 1]$ 上不可能取得最大值。

定理 1 （最大最小值定理）闭区间 $[a, b]$ 上的连续函数可以在区间上取得最大值及最小值，即存在 $\alpha, \beta \in [a, b]$，使得 $\forall x \in [a, b]$，均有 $f(\alpha) \leqslant f(x) \leqslant f(\beta)$.（证明从略）

定理 2 （有界性定理）闭区间上的连续函数一定是区间上的有界函数。

证明 设函数 $f(x)$ 在闭区间 $[a, b]$ 上连续，由定理 1，$\exists \alpha, \beta \in [a, b]$，使得：$\forall x \in [a, b]$，都有：$f(\alpha) \leqslant f(x) \leqslant f(\beta)$，表明函数 $f(x)$ 在闭区间 $[a, b]$ 上有界。

例 1 函数 $f(x)$ 在 $(-\infty, +\infty)$ 上连续，且 $\lim\limits_{x\to\infty} f(x)=A$，证明 $f(x)$ 是 $(-\infty, +\infty)$ 上的有界函数。

证明 由条件 $\lim\limits_{x\to\infty} f(x)=A$，有 $\forall \varepsilon > 0$，$\exists X > 0$，当 $|x| > X$ 时，$|f(x)-A| < \varepsilon$；特别地，对于 $\varepsilon = 1$，$\exists X_1 > 0$，当 $|x| > X_1$ 时，$|f(x)-A| < 1$，即

$$|f(x)| < |f(x)-A+A| < |f(x)-A| + |A| < |A| + 1$$

因为 $f(x)$ 在 $(-\infty, +\infty)$ 上连续，$[-X, X] \subset (-\infty, +\infty)$，故 $f(x)$ 在 $[-X, X]$ 上连续，根据有界性定理，存在正数 M_0，当 $x \in [-X, X]$ 时，$|f(x)| \leqslant M_0$. 取 $M=\max\{M_0, |A|+1\}$，当 $x \in (-\infty, +\infty)$ 时，总有 $|f(x)| \leqslant M$，证得 $f(x)$ 是 $(-\infty, +\infty)$ 上的有界函数。

二、零点定理与介值定理

定理 3 （零点定理）设函数 $f(x)$ 在闭区间 $[a, b]$ 上连续，且 $f(a) \cdot f(b) < 0$，则至少存在一点 $\xi \in (a, b)$，使得 $f(\xi)=0$.

注：(1) 定理 3 表明，端点函数值异号的连续曲线与 x 轴至少有一个交点 $(\xi, 0)$；

(2) 定理 3 表明，函数 $f(x)$ 至少有一个零点 ξ，或方程 $f(x)=0$ 至少有一个实根 ξ，故定理 3 也称为零点定理或根的存在性定理。

定理 4 （介值定理）设 $f(x)$ 在 $[a, b]$ 上连续，且 $f(a) \neq f(b)$，则对介于 $f(a)$，$f(b)$ 之间的任意一个数 A，总存在 $\xi \in [a, b]$，使 $f(\xi)=A$.

证明 构造函数 $F(x)=f(x)-A$，则 $F(x)$ 在 $[a, b]$ 上也连续，且

$$F(a)=f(a)-A,$$

$$F(b)=f(b)-A,$$

如果 $F(a)=f(a)-A\neq 0$, $F(b)=f(b)-A\neq 0$, 又因为 A 介于 $f(a)$, $f(b)$ 之间, 故 $f(a)-A$ 与 $f(b)-A$ 必然异号, 即 $F(a)\cdot F(b)<0$, 由定理3, $\exists\xi\in(a,b)$, 使 $F(\xi)=0$, 即 $f(\xi)=A$;

如果 $F(a)=f(a)-A=0$ 或 $F(b)=f(b)-A=0$, 即有 $f(a)=A$ 或 $f(b)=A$, 则取 $\xi=a$ 或 $\xi=b$ 即可。

综上讨论, 总存在 $\xi\in[a,b]$, 使得 $f(\xi)=A$.

推论 闭区间上的连续函数一定可以取得介于最大值、最小值之间的任何值($\forall A$, $m\leqslant A\leqslant M$, $\exists\xi\in[a,b]$, 使得 $f(\xi)=A$).

例 2 证明方程 $x^3-4x^2+1=0$ 在区间 $(0,1)$ 内至少有一个实根。

证明 设 $f(x)=x^3-4x^2+1$, 则 $f(x)$ 在区间 $[0,1]$ 上连续, 且 $f(0)=1$, $f(1)=-2$, 即端点的函数值异号; 由定理3, $\exists\xi\in(0,1)$, 使 $f(\xi)=0$, 即 $\xi^3-4\xi^2+1=0$, 证得方程 $x^3-4x^2+1=0$ 在区间 $(0,1)$ 内至少有一个实根 ξ .

例 3 证明方程 $x=a\sin x+b$ ($a>0$, $b>0$)至少有一个不超过 $a+b$ 的正根。

证明 设 $f(x)=x-a\sin x-b$, 则 $f(x)$ 在闭区间 $[0,a+b]$ 上连续, 且

$$f(0)=-b<0 \qquad f(a+b)=a+b-a\sin(a+b)-b=a[1+\sin(a+b)]\geqslant 0$$

如果 $f(a+b)=a(1+\sin(a+b))>0$, 则 $f(a)\cdot f(b)<0$, 由定理3, $\exists\xi\in(0,a+b)$, 使得 $f(\xi)=0$; 如果 $f(a+b)=0$, ξ 就取 $a+b$,所以方程至少有一个不超过 $a+b$ 的正根。

例 4 若函数 $f(x)$ 在 $[a,b]$ 上连续, $a<x_1<x_2<\cdots<x_n<b$, 则在区间 $[x_1,x_n]$ 上至少有一点 ξ , 使得 $f(\xi)=\dfrac{f(x_1)+f(x_2)+\cdots+f(x_n)}{n}$.

证明 $[x_1,x_n]\subset[a,b]$, 故 $f(x)$ 在 $[x_1,x_n]$ 上连续, 设 $f(x)$ 在 $[x_1,x_n]$ 上的最大值、最小值分别为 M 、m , 则: $m=\dfrac{nm}{n}\leqslant\dfrac{f(x_1)+f(x_2)+\cdots+f(x_n)}{n}\leqslant\dfrac{nM}{n}=M$, 即 $\dfrac{f(x_1)+f(x_2)+\cdots+f(x_n)}{n}=A$ 介于最大值 M , 最小值 m 之间, 由推论, $\exists\xi\in[x_1,x_n]$, 使得 $f(\xi)=A$, 即

$$f(\xi)=\frac{f(x_1)+f(x_2)+\cdots+f(x_n)}{n}.$$

习题一

1. 求下列函数的定义域:

(1) $y=\dfrac{1}{\ln(1-x^2)}+\sqrt{x+1}$;

(2) $y=\dfrac{1}{[x+a]}$.

2. 讨论下列哪些函数相同:

(1) $2\ln x$ 与 $\ln x^2$; (2) $\sqrt{x^2}$ 与 x ;

(3) x 与 $x\operatorname{sgn}x$.

3. 讨论下列函数的奇偶性:

(1) $y=\ln(x+\sqrt{1+x^2})$;　　(2) $y=x^2e^{|x|}$.

4. (1) 设 $f(x+2)=x^2-2x+5$, 求 $f(x-2)$;

(2) 设 $f(e^x+1)=x$, 求 $f(x)$;

(3) 设 $f(x+\frac{1}{x})=x^2+\frac{1}{x^2}$, 求 $f(x)$.

5. 设 $f(x)=\begin{cases}1 & |x|<1\\ 0 & |x|=1\\ -1 & |x|>1\end{cases}$, $g(x)=e^x$, 求 $f[g(x)]$ 和 $g[f(x)]$ 并作出这两个函数的图形。

6. 利用定义证明极限:

(1) $\lim\limits_{n\to\infty}\frac{1}{n^2}=0$;　　(2) $\lim\limits_{n\to\infty}\frac{2n-1}{n+1}=2$;

(3) $\lim\limits_{x\to3}(3x-1)=8$;　　(4) $\lim\limits_{x\to2}(x^2+2)=6$;

(5) $\lim\limits_{x\to\infty}\frac{1+x^3}{2x^3}=\frac{1}{2}$;　　(6) $\lim\limits_{x\to+\infty}\frac{\sin x}{\sqrt{x}}=0$.

7. 计算下列各极限:

(1) $\lim\limits_{x\to3}\frac{x-5}{x+1}$;　　(2) $\lim\limits_{x\to3}\frac{x^2-5x+6}{x^2-8x+15}$;

(3) $\lim\limits_{h\to0}\frac{(x+h)^2-x^2}{h}$;　　(4) $\lim\limits_{x\to1}(\frac{3}{1-x^3}-\frac{1}{1-x})$;

(5) $\lim\limits_{x\to\infty}\frac{x^2-1}{2x^2-x-1}$;　　(6) $\lim\limits_{x\to\infty}\frac{x^2+x+1}{x+3}$;

(7) $\lim\limits_{x\to\infty}\frac{4x^2-3x+1}{7x^3+5x-1}$;　　(8) $\lim\limits_{x\to0}x^2\sin\frac{1}{x}$;

(9) $\lim\limits_{n\to\infty}\sum\limits_{k=1}^{n}\frac{k}{n^2}$;　　(10) $\lim\limits_{n\to\infty}(\frac{1}{1\cdot2}+\frac{1}{2\cdot3}+\cdots+\frac{1}{n(n+1)})$.

8. 计算下列各极限:

(1) $\lim\limits_{x\to\infty}\frac{(2x+5)^{50}}{(2x+1)^{30}(x+3)^{20}}$;　　(2) $\lim\limits_{x\to\infty}\frac{x-1}{x^2+1}\sin\frac{x^2+1}{x-1}$;

(3) $\lim\limits_{x\to-\infty}\frac{4x-3}{\sqrt{x^2+1}}$;　　(4) $\lim\limits_{x\to0}\frac{\sqrt{x+1}-x-1}{x}$;

(5) $\lim\limits_{t\to1}\frac{t^2-\sqrt{t}}{\sqrt{t}-1}$.

9. 如果 $\lim\limits_{x\to1}\frac{x^2+ax+b}{1-x}=5$, 求 a 与 b 的值。

10. 已知 $\lim\limits_{x\to\infty}(x+\frac{ax^3-bx^2-1}{1-x^2})=2$, 求 a 与 b 的值。

11. 计算下列极限：

(1) $\lim\limits_{x\to 0}\dfrac{\sin ax}{x}$； (2) $\lim\limits_{x\to 0}\dfrac{\tan 3x}{2x}$；

(3) $\lim\limits_{x\to a}\dfrac{\sin x-\sin a}{x-a}$； (4) $\lim\limits_{x\to 0}\dfrac{1-\cos 2x}{x^2}$；

(5) $\lim\limits_{n\to\infty}2^n\sin\dfrac{x}{2^n}$； (6) $\lim\limits_{x\to\pi}\dfrac{\sin x}{x-\pi}$.

12. 计算下列极限：

(1) $\lim\limits_{n\to\infty}\left(\dfrac{n}{n+1}\right)^n$； (2) $\lim\limits_{x\to\infty}\left(1-\dfrac{2}{x}\right)^x$；

(3) $\lim\limits_{x\to 0}(1+3x)^{\frac{2}{x}}$； (4) $\lim\limits_{n\to\infty}\left(\dfrac{2n+1}{2n+3}\right)^n$；

(5) $\lim\limits_{x\to 0}(\cos^2 x)^{\frac{1}{\sin^2 x}}$； (6) $\lim\limits_{x\to 0}(1+3x)^{\frac{2}{\sin x}}$.

13. 利用极限存在准则，证明下列极限：

(1) $\lim\limits_{n\to\infty}\underbrace{\sqrt{2+\sqrt{2+\sqrt{2+\cdots+\sqrt{2}}}}}_{n}=2$；

(2) $\lim\limits_{n\to\infty}\left(\dfrac{1}{\sqrt{n^2+1}}+\dfrac{1}{\sqrt{n^2+2}}+\cdots+\dfrac{1}{\sqrt{n^2+n}}\right)=1$；

(3) 设 $x_1=1$，$x_2=1+\dfrac{x_1}{1+x_1},\cdots$，$x_n=1+\dfrac{x_{n-1}}{1+x_{n-1}}$，证明：数列 $\{x_n\}$ 收敛，并求其极限。

14. 当 $x\to 0$ 时，如果以 x 为基本无穷小，指出下列各无穷小的阶，且找出等价无穷小：

(1) $\sin 2x$； (2) x^2-x^4；

(3) $1-\cos\sqrt[3]{x}$； (4) $\sqrt{x^2+1}-\sqrt{1-x^2}$；

(5) $\dfrac{1}{2}\ln(1+\sqrt[3]{x^2})$.

15. 利用等价无穷小代换求极限：

(1) $\lim\limits_{x\to 0}\dfrac{\tan 3x}{\tan 6x}$； (2) $\lim\limits_{x\to 0}\dfrac{a^{\sin x}-1}{e^x-1}$ $(a>0,\ a\neq 0)$；

(3) $\lim\limits_{x\to 0}\dfrac{e^x-e^{-x}}{1-\cos\sqrt{x}}$； (4) $\lim\limits_{x\to 1}\dfrac{1+\cos\pi x}{(1-x)^2}$；

(5) $\lim\limits_{x\to 0}\dfrac{x-x\cos x}{\sin x-\tan x}$； (6) $\lim\limits_{x\to 0}\dfrac{\sqrt{1+x\sin x}-1}{e^{x^2}-1}$；

(7) $\lim\limits_{x\to 1}\dfrac{\sin(1-x)}{\ln x}$.

16. 下列函数在哪些点处间断，说明这些间断点的类型。若是可去间断点，则重新定义函数在该点的值，使之连续。

(1) $f(x)=\dfrac{x-1}{x^2-1}$； (2) $f(x)=\dfrac{|x|}{x}$；

(3) $f(x)=\dfrac{\tan x}{x}$；　　(4) $f(x)=\dfrac{1}{1-e^{\frac{x}{1-x}}}$；

(5) $f(x)=\lim\limits_{n\to\infty}\dfrac{1-x^{2n}}{1+x^{2n}}x$.

17. 设$f(x)=\begin{cases}x\sin\dfrac{1}{x} & x>0\\ a+x^2 & x\leqslant 0\end{cases}$，要使$f(x)$在$(-\infty,+\infty)$内连续，应当怎样选择数$a$？

18. 确定a，b，使$f(x)=\begin{cases}x^2 & x\geqslant 1\\ ax+b & 0\leqslant x<1\\ e^x & x<0\end{cases}$在$(-\infty,+\infty)$内连续。

19. 设函数$f(x)=\begin{cases}\dfrac{\sin ax}{\sqrt{1-\cos x}} & x<0,\ x\neq -2k\pi(k\in N^*)\\ b & x=0\\ \dfrac{1}{x}[\ln x-\ln(x^2+x)] & x>0\end{cases}$，

问a，b为何值时，$f(x)$在它的定义域内的每点处连续。

20. 证明方程$x^5-3x=1$至少有一个根介于1和2之间。

21. 证明方程$x^3-4x^2+1=0$在区间$(0,1)$内至少有一个根。

22. 设$f(x)$在$[a,b]$上连续，且$a<x_1<x_2<\cdots<x_n<b$，$c_i(i=1,2,3,\cdots,n)$为任意正数，则在(a,b)内至少存在一个ξ，使$f(\xi)=\dfrac{c_1f(x_1)+c_2f(x_2)+\cdots+c_nf(x_n)}{c_1+c_2+\cdots+c_n}$.

23. 证明若$f(x)$在$(-\infty,+\infty)$内连续，且$\lim\limits_{x\to\infty}f(x)$存在，则$f(x)$在$(-\infty,+\infty)$内有界。

24. 若$f(x)$在闭区间$[a,b]$上连续，且$f(a)<a$，$f(b)>b$，证明在(a,b)内至少有一点ξ，使$f(\xi)=\xi$.

25. 设函数$f(x)$在闭区间$[0,2a]$上连续，且$f(0)=f(2a)$，证明在$[0,a]$上至少存在一点ξ，使$f(\xi)=f(\xi+a)$.

26. 函数$f(x)$在区间(a,b)内连续，并且$\lim\limits_{x\to a^+}f(x)=-\infty$，$\lim\limits_{x\to b^-}f(x)=+\infty$，证明$f(x)$在区间$(a,b)$内有零点。

第二章　导数与微分

§1　导数的概念

从 15 世纪初文艺复兴时期起，欧洲的工业、农业、航海事业与商贾贸易得到了较大规模的发展，形成了一个新的经济时代。而 16 世纪的欧洲，正处在资本主义萌芽时期，生产力得到了很大的发展。生产实践的发展对自然科学提出了新的课题，迫切要求力学、天文学等基础学科向前发展，而这些学科都深刻依赖于数学，因而其发展也推动了数学的发展。在各类学科对数学提出的种种要求中，下列三类问题导致了微分学的产生：

(1)求变速直线运动的瞬时速度；

(2)求曲线上某一点处切线的斜率；

(3)求最大值与最小值。

这三类实际问题的现实原形在数学上都可归纳为函数相对于自变量变化而变化的快慢程度，即变化率问题。牛顿从第一个问题出发，莱布尼茨从第二个问题出发，分别给出了导数的概念。

一、引例

1. 变速直线运动的瞬时速度问题

设 s 表示质点从某一时刻开始到时刻 t 所走过的路程，则 s 是 t 的函数，即路程函数为 $s=s(t)$，且是连续函数。考虑在时刻 t_0 时质点的瞬时速度。

基本想法是：整体来说速度是变的，但局部来说可以近似看成是不变的。即当时间间隔 Δt 很小时，认为从 t_0 到 $t_0+\Delta t$ 这段时间内，近似看成匀速运动，则在时间间隔 $[t_0, t_0+\Delta t]$ 内质点走过的路程为 $\Delta s=s(t_0+\Delta t)-s(t_0)$，在此间隔内的平均速度为：

$$\bar{v}=\frac{\Delta s}{\Delta t}=\frac{s(t_0+\Delta t)-s(t_0)}{\Delta t}$$

Δt 越小，平均速度越接近于时刻 t_0 的瞬时速度，自然得到：

$$v(t_0)=\lim_{\Delta t\to 0}\bar{v}=\lim_{\Delta t\to 0}\frac{\Delta s}{\Delta t}=\lim_{\Delta t\to 0}\frac{s(t_0+\Delta t)-s(t_0)}{\Delta t}$$

同理，平均加速度为 $\bar{a}=\dfrac{\Delta v}{\Delta t}=\dfrac{v(t_0+\Delta t)-v(t_0)}{\Delta t}$，如果极限存在，则质点在时刻 $t=t_0$ 时的瞬时加速度则为：$a(t_0)=\lim\limits_{\Delta t\to 0}\bar{a}=\lim\limits_{\Delta t\to 0}\dfrac{\Delta v}{\Delta t}=\lim\limits_{\Delta t\to 0}\dfrac{v(t_0+\Delta t)-v(t_0)}{\Delta t}$.

2. 平面曲线的切线斜率

设曲线方程为 $y=f(x)$，M、N 为曲线上的两点，且 $M[x_0, f(x_0)]$，$N[x_0+\Delta x, f(x_0+$

$\Delta x)]$，则过两点割线斜率

$$k_{MN}=\frac{f(x_0+\Delta x)-f(x_0)}{\Delta x}=\frac{\Delta y}{\Delta x}=\tan\varphi$$

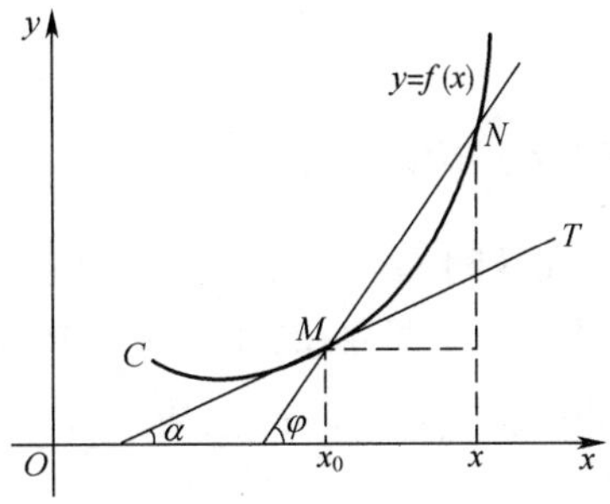

图 2-1

让点 N 沿曲线逼近点 M，则割线以 M 为定点旋转，当 N 与 M 最终重合时的割线到达了某个极限位置，称为曲线在点 M 的切线，且割线的倾角 φ 逼近于切线的倾角 α，如果极限存在，则切线斜率为

$$k=\tan\alpha=\lim_{\varphi\to\alpha}\tan\varphi=\lim_{\Delta x\to 0}\frac{\Delta y}{\Delta x}=\lim_{\Delta x\to 0}\frac{f(x_0+\Delta x)-f(x_0)}{\Delta x}.$$

3. 产品总成本的变化率(边际成本)

设某产品的总成本 C 是产量 x 的函数 $C=C(x)(x>0)$，如果产量由 x_0 变化到 $x_0+\Delta x$，则总成本相应的改变量为：$\Delta C=C(x_0+\Delta x)-C(x_0)$，此时

$$\frac{\Delta C}{\Delta x}=\frac{C(x_0+\Delta x)-C(x_0)}{\Delta x}$$

表示产量由 x_0 变化到 $x_0+\Delta x$ 时总成本的平均变化率。

如果极限

$$\lim_{\Delta x\to 0}\frac{\Delta C}{\Delta x}=\lim_{\Delta x\to 0}\frac{C(x_0+\Delta x)-C(x_0)}{\Delta x}$$

存在，则称此极限为产品总成本的变化率或称边际成本。

对以上三类问题的讨论，最终都归结为一种平均变化率的极限问题，统称为变化率问题，舍弃其实际背景抽出其共同的数学形式——变化率问题加以研究，就得到了导数的概念。

二、导数的定义

定义 1　设 $y=f(x)$ 在点 x_0 的某邻域 $U(x_0)$ 内有定义，$x_0+\Delta x\in U(x_0)$，对于函数的增量 $\Delta y=f(x_0+\Delta x)-f(x_0)$，如果极限

$$\lim_{\Delta x\to 0}\frac{\Delta y}{\Delta x}=\lim_{\Delta x\to 0}\frac{f(x_0+\Delta x)-f(x_0)}{\Delta x}$$

存在，称函数 $y=f(x)$ 在 x_0 点可导，并称极限值为 $y=f(x)$ 在 x_0 点的导数，记作 $\left.\frac{\mathrm{d}y}{\mathrm{d}x}\right|_{x=x_0}$，$\left.\frac{\mathrm{d}f}{\mathrm{d}x}\right|_{x=x_0}$，$f'(x_0)$，$y'(x_0)$.

注：(1) 导数定义的等价形式：$f'(x_0)=\lim\limits_{x\to x_0}\dfrac{f(x)-f(x_0)}{x-x_0}$；

(2) $\dfrac{\Delta y}{\Delta x}$ 是函数 $y=f(x)$ 在间隔 Δx 内的平均变化率，从而 $\lim\limits_{\Delta x\to 0}\dfrac{\Delta y}{\Delta x}$ 为函数在点 x_0 的变化率；

(3) 若极限 $\lim\limits_{\Delta x\to 0}\dfrac{\Delta y}{\Delta x}$ 不存在，称函数 $y=f(x)$ 在 x_0 点不可导；

(4) 如果函数 $y=f(x)$ 在区间 (a,b) 内每个点都可导，称 $y=f(x)$ 在区间 (a,b) 内可导，即 $\forall x\in(a,b)$，导数 $f'(x)$ 都存在，且是点 x 的函数，称 $f'(x)$ 为 $y=f(x)$ 的导函数，简称为导数，记作 $\dfrac{\mathrm{d}y}{\mathrm{d}x}$，$\dfrac{\mathrm{d}f}{\mathrm{d}x}$，$f'(x)$，$y'$，$\dfrac{\mathrm{d}y}{\mathrm{d}x}=\dfrac{\mathrm{d}f}{\mathrm{d}x}=y'=f'(x)=\lim\limits_{\Delta x\to 0}\dfrac{f(x+\Delta x)-f(x)}{\Delta x}$.

三、左导数与右导数

定义 2 若 $\lim\limits_{\Delta x\to 0^+}\dfrac{\Delta y}{\Delta x}=\lim\limits_{\Delta x\to 0^+}\dfrac{f(x_0+\Delta x)-f(x_0)}{\Delta x}$（$\lim\limits_{x\to x_0^+}\dfrac{f(x)-f(x_0)}{x-x_0}$）存在，称此极限值为函数 $y=f(x)$ 在 x_0 点的右导数，记作 $f'_+(x_0)$；

若 $\lim\limits_{\Delta x\to 0^-}\dfrac{\Delta y}{\Delta x}=\lim\limits_{\Delta x\to 0^-}\dfrac{f(x_0+\Delta x)-f(x_0)}{\Delta x}$（$\lim\limits_{x\to x_0^-}\dfrac{f(x)-f(x_0)}{x-x_0}$）存在，称极限值为函数 $y=f(x)$ 在 x_0 点的左导数，记作 $f'_-(x_0)$.

根据左、右极限与极限的关系，不难得出下面的定理。

定理 1 $y=f(x)$ 在 x_0 点可导的充分必要条件是 $y=f(x)$ 在 x_0 点的左、右导数存在并且相等。

例 1 研究函数 $f(x)=|x|$ 在点 $x=0$ 是否可导。

解 $\Delta y=f(0+\Delta x)-f(0)=f(\Delta x)=|\Delta x|$

$$f'_+(0)=\lim_{\Delta x\to 0^+}\frac{\Delta y}{\Delta x}=\lim_{\Delta x\to 0^+}\frac{|\Delta x|}{\Delta x}=1$$

$$f'_-(0)=\lim_{\Delta x\to 0^-}\frac{\Delta y}{\Delta x}=\lim_{\Delta x\to 0^-}\frac{|\Delta x|}{\Delta x}=-1$$

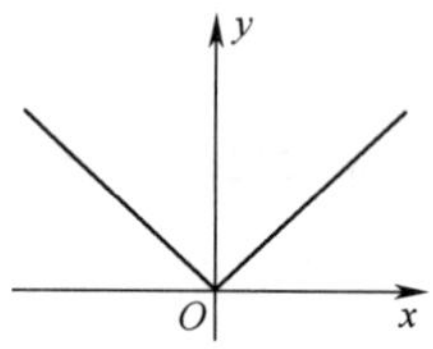

图 2-2

所以 $f(x)=|x|$ 在点 $x=0$ 不可导，或导数不存在。

四、几个基本初等函数的导数公式

例 2 用定义求函数 (1) $f(x)=C$，(2) $f(x)=\sin x$，(3) $f(x)=x^{\alpha}$，(4) $f(x)=a^x$ 的导数。

解 (1) $f'(x)=\lim\limits_{\Delta x\to 0}\dfrac{f(x+\Delta x)-f(x)}{\Delta x}=\lim\limits_{\Delta x\to 0}\dfrac{C-C}{\Delta x}=0.$

(2) $f'(x)=\lim\limits_{\Delta x\to 0}\dfrac{f(x+\Delta x)-f(x)}{\Delta x}=\lim\limits_{\Delta x\to 0}\dfrac{\sin(x+\Delta x)-\sin x}{\Delta x}$

$$=\lim_{\Delta x\to 0}\frac{1}{\Delta x}2\cos\left(x+\frac{\Delta x}{2}\right)\cdot\sin\frac{\Delta x}{2}=\cos x.$$

同理：$(\cos x)'=-\sin x$

$$(3)\ f'(x)=\lim_{\Delta x\to 0}\frac{f(x+\Delta x)-f(x)}{\Delta x}=\lim_{\Delta x\to 0}\frac{(x+\Delta x)^{\alpha}-x^{\alpha}}{\Delta x}$$

$$=\lim_{\Delta x\to 0}\frac{x^{\alpha}\left[\left(1+\dfrac{\Delta x}{x}\right)^{\alpha}-1\right]}{\Delta x}$$

$$=\lim_{\Delta x\to 0}\frac{x^{\alpha}\alpha\cdot\left(\dfrac{\Delta x}{x}\right)}{\Delta x}=\alpha x^{\alpha-1}.$$

$$(4)\ f'(x)=\lim_{\Delta x\to 0}\frac{f(x+\Delta x)-f(x)}{\Delta x}=\lim_{\Delta x\to 0}\frac{a^{x+\Delta x}-a^{x}}{\Delta x}=a^{x}\lim_{\Delta x\to 0}\frac{a^{\Delta x}-1}{\Delta x}$$

$$=a^{x}\lim_{\Delta x\to 0}\frac{\Delta x\ln a}{\Delta x}=a^{x}\ln a.$$

即 $(a^x)'=a^x\ln a$，当 $a=\mathrm{e}$ 时，$(\mathrm{e}^x)'=\mathrm{e}^x$

用定义还可以证明：$(\ln x)'=\dfrac{1}{x}$.

常见的基本初等函数导数公式为：

$(c)'=0$　　$(x^{\alpha})'=\alpha x^{\alpha-1}$　　$(\sin x)'=\cos x$　　$(\cos x)'=-\sin x$

$(a^x)'=a^x\ln a$　　$(\mathrm{e}^x)'=\mathrm{e}^x$　　$(\log_a x)'=\dfrac{1}{x\ln a}$　　$(\ln x)'=\dfrac{1}{x}$

五、导数的几何意义

函数在 x_0 点可导，即 $\lim\limits_{\Delta x\to 0}\dfrac{\Delta y}{\Delta x}$存在。由引例2，在曲线 $y=f(x)$ 上点 $(x_0,f(x_0))$ 处切线的斜率 $k=f'(x_0)=\lim\limits_{\Delta x\to 0}\dfrac{\Delta y}{\Delta x}$.

$\lim\limits_{\Delta x\to 0}\dfrac{\Delta y}{\Delta x}=\infty$ 时，函数 $y=f(x)$ 在 x_0 点不可导，但是曲线在点 $(x_0,f(x_0))$ 处仍然有竖直切线。

例 3　求曲线 $y=\sqrt{x}$ 在点 (4, 2) 的切线及法线方程。

解　$y'=\dfrac{1}{2\sqrt{x}}$，根据导数的几何意义，在点 (4, 2) 切线斜率为 $k_{切}=\dfrac{1}{4}$，$k_{法}=-4$；

切线方程：$y-2=\dfrac{1}{4}(x-4)$，$y=\dfrac{1}{4}x+1$；

法线方程：$y-2=-4(x-4)$，$y=-4x+18$.

六、可导与连续

由例 1 可以看出，连续不一定可导；但如果函数 $y=f(x)$ 在 x_0 点可导，则 $\lim\limits_{\Delta x\to 0}\dfrac{\Delta y}{\Delta x}=f'(x_0)$，根据函数极限与无穷小的关系，有 $\dfrac{\Delta y}{\Delta x}=f'(x_0)+\alpha$，也可以写作

$\Delta y = f'(x_0)\cdot\Delta x + \alpha\cdot\Delta x$，易知，$\lim\limits_{\Delta x\to 0}\Delta y = 0$，即函数 $y=f(x)$ 在 x_0 点连续。

定理 2 若函数 $y=f(x)$ 在 x_0 点可导，则必然在 x_0 点连续。

注：可导必然连续，但连续未必可导；如果函数在某一点不连续，则在该点一定不可导，可导是连续的充分条件，而连续则是可导的必要条件。

例 4 已知 $f(x)=\begin{cases} e^x & x\geqslant 0 \\ \cos x & x<0 \end{cases}$，试讨论在 $x=0$ 的可导性。

解 $f'_+(0)=\lim\limits_{\Delta x\to 0^+}\dfrac{f(0+\Delta x)-f(0)}{\Delta x}=\lim\limits_{\Delta x\to 0^+}\dfrac{e^{\Delta x}-e^0}{\Delta x}=\lim\limits_{\Delta x\to 0^+}\dfrac{e^{\Delta x}-1}{\Delta x}=\lim\limits_{\Delta x\to 0^+}\dfrac{\Delta x}{\Delta x}=1$

$$f'_-(0)=\lim_{\Delta x\to 0^-}\frac{f(0+\Delta x)-f(0)}{\Delta x}=\lim_{\Delta x\to 0^-}\frac{\cos\Delta x-e^0}{\Delta x}=\lim_{\Delta x\to 0^-}\frac{-\dfrac{(\Delta x)^2}{2}}{\Delta x}=0$$

因为 $f'_+(0)\neq f'_-(0)$，故 $f(x)$ 在 $x=0$ 不可导。

例 5 设 $f(x)=\begin{cases} \sin x & x\leqslant 0 \\ x & x>0 \end{cases}$，试求 $f'(0)$ 以及 $f'(x)$.

解 当 $x<0$ 时，$f'(x)=(\sin x)'=\cos x$；当 $x>0$ 时，$f'(x)=(x)'=1$；对于分段函数的分界点，$x=0$，$f(0)=\sin 0=0$，

$$f'_+(0)=\lim_{x\to 1^+}\frac{f(x)-f(0)}{x-0}=\lim_{x\to 1^+}\frac{x-0}{x}=1$$

$$f'_-(0)=\lim_{x\to 0^-}\frac{f(x)-f(0)}{x-0}=\lim_{x\to 0^-}\frac{\sin x-0}{x}=1$$

所以，$f'(0)=1$，综上讨论，有：$f'(x)=\begin{cases} \cos x & x<0 \\ 1 & x=0 \\ 1 & x>0 \end{cases}=\begin{cases} \cos x & x<0 \\ 1 & x\geqslant 0 \end{cases}$

注：如果求分段函数的导数应考虑两部分内容：其一，函数在每一个子区间内的导数（用导数公式，或导数运算法则）；其二，在分界点处的导数由定义讨论。

§2 求导法则

一、导数的四则运算法则

定理 1 设 $u=u(x)$，$v=v(x)$ 均在点 x 处可导，则

(1) $[u(x)\pm v(x)]'=u'(x)\pm v'(x)$；

(2) $[u(x)\cdot v(x)]'=u'(x)v(x)+u(x)v'(x)$；

(3) $\left[\dfrac{u(x)}{v(x)}\right]'=\dfrac{u'(x)v(x)-u(x)v'(x)}{v^2(x)}$，$(v(x)\neq 0)$.

证明 设 $F(x)=u(x)v(x)$，利用导数的定义，

$$F'(x)=\lim_{\Delta x\to 0}\frac{F(x+\Delta x)-F(x)}{\Delta x}=\lim_{\Delta x\to 0}\frac{u(x+\Delta x)v(x+\Delta x)-u(x)v(x)}{\Delta x}$$

$$=\lim_{\Delta x\to 0}\frac{1}{\Delta x}[u(x+\Delta x)v(x+\Delta x)-u(x)v(x+\Delta x)+u(x)v(x+\Delta x)-u(x)v(x)]$$

$$=\lim_{\Delta x\to 0}[\frac{u(x+\Delta x)-u(x)}{\Delta x}v(x+\Delta x)+u(x)\frac{v(x+\Delta x)-v(x)}{\Delta x}]=u'(x)v(x)+u(x)v'(x)$$

即 $F'(x)=u'(x)v(x)+u(x)v'(x)$，证得：$[u(x)v(x)]'=u'(x)v(x)+u(x)v'(x)$.

注：(1)不难推出，若 c 是常数，则：$(cu(x))'=cu'(x)$；

(2)此法则可以推广到有限个函数的积的导数，如

$$[u(x)v(x)w(x)]'=u'(x)v(x)w(x)+u(x)v'(x)w(x)+u(x)v(x)w'(x)$$

利用法则和已有的导数公式，就可以进行简单的求导运算。

例 1 设 $f(x)=\sqrt{x}\sin x+\tan\frac{\pi}{8}$，求 $f'(1)$.

解 $f'(x)=(\sqrt{x}\sin x)'+(\tan\frac{\pi}{8})'=(\sqrt{x})'\sin x+\sqrt{x}(\sin x)'=\frac{1}{2\sqrt{x}}\sin x+\sqrt{x}\cos x$，

$f'(1)=\frac{1}{2}\sin 1+\cos 1$

注：$\tan\frac{\pi}{8}$ 是常数，其导数等于零；$f'(1)\neq\{f(1)\}'$.

例 2 设 $f(x)=\tan x$，求 $f'(x)$ 及 $f'(\frac{\pi}{4})$.

解 $f'(x)=(\tan x)'=(\frac{\sin x}{\cos x})'=\frac{(\sin x)'\cos x-\sin x(\cos x)'}{\cos^2x}=\frac{\cos^2x+\sin^2x}{\cos^2x}=\sec^2x$

$f'(\frac{\pi}{4})=2$

即 $(\tan x)'=\sec^2x$，同理可得，$(\cot x)'=-\csc^2x$.

例 3 证明导数公式：$(\sec x)'=\sec x\tan x$ 及 $(\csc x)'=-\csc x\cot x$.

证明 $(\sec x)'=(\frac{1}{\cos x})'=\frac{(1)'\cos x-1\cdot(\cos x)'}{\cos^2x}=\frac{\sin x}{\cos^2x}=\sec x\tan x$

同理可得：$(\csc x)'=-\csc x\cot x$

例 4 设 $f(x)=\sqrt{x}\tan x$，求 $f'(x)$.

解 $f'(x)=(\sqrt{x}\tan x)'=(\sqrt{x})'\tan x+\sqrt{x}(\tan x)'=\frac{\tan x}{2\sqrt{x}}+\sqrt{x}\sec^2x.$

例 5 设 $f(x)=x^{\frac{2}{3}}\sec x$，求 $f'(x)$.

解 $f'(x)=(x^{\frac{2}{3}}\sec x)'=\frac{2}{3}x^{-\frac{1}{3}}\sec x+x^{\frac{2}{3}}\sec x\tan x=\frac{\sec x}{3\sqrt[3]{x}}(2+3x\tan x).$

例 6 设 $f(x)=\frac{\ln x}{x}$，求 $f'(x)$.

解 $f'(x)=(\frac{\ln x}{x})'=\frac{1-\ln x}{x^2}.$

例 7 设 $s(t)=e^t\sqrt{t}\sec t$，求 $s'(t)$.

解 $s'(t)=e^t\sqrt{t}\sec t+\dfrac{e^t}{2\sqrt{t}}\sec t+e^t\sqrt{t}\sec t\tan t$.

二、反函数的求导法则

定理 2 设 $x=\varphi(y)$ 单调、连续、可导，且 $\varphi'(y)\neq 0$，则其反函数 $y=f(x)$ 存在且可导，有：$\dfrac{dy}{dx}=\dfrac{1}{\frac{dx}{dy}}$，或 $f'(x)=\dfrac{1}{\varphi'(y)}$.

证明 对于反函数 $y=f(x)$ 的自变量的增量 Δx，由函数的单调性，当 $\Delta x\neq 0$ 时，$\Delta y\neq 0$，由反函数的连续性可知，当 $\Delta x\to 0$ 时，$\Delta y\to 0$，再利用 $x=\varphi(y)$ 可导，有

$$\frac{dy}{dx}=\lim_{\Delta x\to 0}\frac{\Delta y}{\Delta x}=\lim_{\Delta x\to 0}\frac{1}{\frac{\Delta x}{\Delta y}}=\frac{1}{\lim\limits_{\Delta y\to 0}\frac{\Delta x}{\Delta y}}=\frac{1}{\frac{dx}{dy}}$$

例 8 设函数 $y=\arcsin x$，$x\in[-1,1]$，求 y'.

解 $y=\arcsin x$，$[-1,1]$ 是函数 $x=\sin y$ 在 $\left[-\dfrac{\pi}{2},\dfrac{\pi}{2}\right]$ 上的单调连续的反函数，且 $x=\sin y$ 的导数在 $\left(-\dfrac{\pi}{2},\dfrac{\pi}{2}\right)$ 内不为零，由定理 2 的条件，则：

$$\frac{dy}{dx}=\frac{1}{\frac{dx}{dy}}=\frac{1}{(\sin y)'}=\frac{1}{\cos y}=\frac{1}{\sqrt{1-\sin^2 y}}=\frac{1}{\sqrt{1-x^2}}$$

即 $(\arcsin x)'=\dfrac{1}{\sqrt{1-x^2}}$.

同理可得：$(\arccos x)'=-\dfrac{1}{\sqrt{1-x^2}}$.

例 9 证明：$(\arctan x)'=\dfrac{1}{1+x^2}$，$(-\infty,+\infty)$.

证明 $y=\arctan x$，$x\in(-\infty,+\infty)$ 是函数 $x=\tan y$ 在 $y\in\left(-\dfrac{\pi}{2},\dfrac{\pi}{2}\right)$ 上的单调连续的反函数，故

$$\frac{dy}{dx}=\frac{1}{\frac{dx}{dy}}=\frac{1}{(\tan y)'}=\frac{1}{\sec^2 y}=\frac{1}{1+\tan^2 y}=\frac{1}{1+x^2}$$

即：$(\arctan x)'=\dfrac{1}{1+x^2}$，$(-\infty,+\infty)$

同理可得：$(\text{arccot}\,x)'=-\dfrac{1}{1+x^2}$，$(-\infty,+\infty)$.

注：至此，所有基本初等函数的导数公式已全部推出：

幂函数：$(x^\alpha)'=\alpha x^{\alpha-1}$；

对数、指数函数：$(\log_a x)' = \dfrac{1}{x\ln a}$　$(\ln x)' = \dfrac{1}{x}$　$(a^x)' = a^x \ln a$　$(e^x)' = e^x$

三角、反三角函数：$(\sin x)' = \cos x$　$(\cos x)' = -\sin x$　$(\tan x)' = \sec^2 x$

$(\cot x)' = -\csc^2 x$　$(\sec x)' = \sec x\tan x$　$(\csc x)' = -\csc x\cot x$

$(\arcsin x)' = \dfrac{1}{\sqrt{1-x^2}}$　$(\arccos x)' = -\dfrac{1}{\sqrt{1-x^2}}$

$(\arctan x)' = \dfrac{1}{1+x^2}$　$(\text{arccot}\, x)' = -\dfrac{1}{1+x^2}$

三、复合函数求导

定理 3　如果函数 $u=\varphi(x)$ 在点 x 可导，函数 $y=f(u)$ 在相应的点 u 可导，则复合函数 $y=f[\varphi(x)]$ 在点 x 可导，且

$$\frac{dy}{dx} = \frac{dy}{du}\cdot\frac{du}{dx} \qquad \frac{dy}{dx} = f'(u)\cdot\varphi'(x)$$

证明　因为 $u=\varphi(x)$ 可导，则对于 $\Delta x \neq 0$，有函数的改变量 Δu，且有 $\lim\limits_{\Delta x\to 0}\dfrac{\Delta u}{\Delta x} = \varphi'(x)$；

如果 $\Delta u \neq 0$，对于函数 $y=f(u)$ 有相应的改变量 Δy，由于函数 $y=f(u)$ 在 u 点可导，则 $\lim\limits_{\Delta u\to 0}\dfrac{\Delta y}{\Delta u} = f'(u)$；根据函数与极限的关系，

$$\frac{\Delta y}{\Delta u} = f'(u) + \alpha \ (\alpha\to 0,\ \Delta u\to 0)$$

$$\Delta y = f'(u)\Delta u + \alpha\Delta u$$

则

$$\frac{\Delta y}{\Delta x} = f'(u)\frac{\Delta u}{\Delta x} + \alpha\frac{\Delta u}{\Delta x}$$

$$\frac{dy}{dx} = \lim_{\Delta x\to 0}\frac{\Delta y}{\Delta x} = \lim_{\Delta x\to 0}\left\{f'(u)\frac{\Delta u}{\Delta x} + \alpha\frac{\Delta u}{\Delta x}\right\} = f'(u)\cdot\varphi'(x)$$

注：(1) 如果 $\Delta u=0$，规定 $\alpha=0$，则 $\Delta y=0$，$\Delta y = f'(u)\Delta u + \alpha\Delta u$ 仍成立。

(2) $\dfrac{dy}{dx} = f'(u)\cdot\varphi'(x)$ 中，$\dfrac{dy}{dx}$ 表示复合函数 $y=f[\varphi(x)]$ 对其自变量 x 求导数，故可以写为：$\dfrac{dy}{dx} = \{f[\varphi(x)]\}'$，又 $f'(u)=f'[\varphi(x)]$，所以 $\{f[\varphi(x)]\}' = f'(u)\cdot\varphi'(x) = f'[\varphi(x)]\cdot\varphi'(x)$

(3) $\{f[\varphi(x)]\}'$ 表示复合函数对自变量 x 求导；而 $f'[\varphi(x)]=f'(u)$ 则表示函数 $y=f(u)$ 对中间变量 u 求导。

例 10　求复合函数 $y=\sin x^2$ 的导数。

解　$y=\sin x^2$：$y=\sin u$，$u=x^2$，则

$$\frac{dy}{dx} = \frac{dy}{du}\cdot\frac{du}{dx} = (\sin u)'\cdot(x^2)' = \cos u\cdot 2x = 2x\cos x^2$$

也可以写作：$(\sin x^2)' = (\sin u)' \cdot (x^2)' = \cos u \cdot 2x = 2x\cos x^2$.

例 11 求复合函数 $y = 2^{-2x^2-x+1}$ 的导数。

解 $y = 2^{-2x^2-x+1}$ ：$y = 2^u$ ，$u = -2x^2 - x + 1$，故

$$\frac{dy}{dx} = (2^u)' \cdot (-2x^2 - x + 1)' = 2^u \ln 2 \cdot (-2x^2 - x + 1)'$$
$$= 2^{-2x^2-x+1}\ln 2 \cdot (-2x^2 - x + 1)' = -(4x + 1)2^{-2x^2-x+1}\ln 2.$$

注：上面的定理的结论可以推广到有限个函数构成的复合函数，如果可导函数 $y = f(u)$ ，$u = g(v)$ ，$v = \varphi(x)$ 构成复合函数：$y = f\{g[\varphi(x)]\}$

$$\frac{dy}{dx} = \frac{dy}{du} \cdot \frac{du}{dv} \cdot \frac{dv}{dx} = f'(u) \cdot g'(v) \cdot \varphi'(x)$$

例 12 求复合函数 $y = [\arctan(\sqrt{x})]^2$ 的导数。

解 $y = [\arctan(\sqrt{x})]^2$：$y = u^2$，$u = \arctan v$ ，$v = \sqrt{x}$ ，则

$$\frac{dy}{dx} = \frac{dy}{du} \cdot \frac{du}{dv} \cdot \frac{dv}{dx} = 2u \cdot \frac{1}{1 + v^2} \cdot \frac{1}{2\sqrt{x}} = \frac{\arctan\sqrt{x}}{(1 + x)\sqrt{x}}.$$

注：对复合函数进行分解时，一般要求分解为一些基本初等函数或基本初等函数的四则运算的形式即可。对复合函数分解比较熟练后，就不必再写出中间变量。

例 13 求函数 $y = \ln\ln\ln x$.

解 $y = \ln\ln\ln x$ ：$y = \ln u$ ，$u = \ln\ln x$ ，则

$$\frac{dy}{dx} = \frac{dy}{dx} \cdot \frac{du}{dx} = (\ln u)'(\ln\ln x)' = \frac{1}{u}(\ln\ln x)' = \frac{1}{\ln\ln x}(\ln\ln x)'$$

$$y' = \{\ln(\ln\ln x)\}' = \frac{1}{\ln\ln x} \cdot (\ln\ln x)' = \frac{1}{\ln\ln x} \cdot \frac{1}{\ln x} \cdot (\ln x)' = \frac{1}{\ln\ln x} \cdot \frac{1}{\ln x} \cdot \frac{1}{x}.$$

例 14 求函数 $y = \ln(x + \sqrt{1 + x^2})$ 的导数。

解 $y' = \dfrac{1}{x + \sqrt{1 + x^2}} \cdot (1 + \dfrac{2x}{2\sqrt{1 + x^2}}) = \dfrac{1}{x + \sqrt{1 + x^2}} \cdot (\dfrac{\sqrt{1 + x^2} + x}{\sqrt{1 + x^2}}) = \dfrac{1}{\sqrt{1 + x^2}}.$

§3 高阶导数

设变速直线运动的质点的路程函数为 $s = s(t)$ ，则速度为

$$v(t) = s'(t) = \lim_{\Delta t \to 0} \frac{s(t + \Delta t) - s(t)}{\Delta t}$$

加速度 $a(t) = \lim\limits_{\Delta t \to 0} \dfrac{\Delta v}{\Delta t} = \lim\limits_{\Delta t \to 0} \dfrac{v(t + \Delta t) - v(t)}{\Delta t}$ ，即 $a(t) = v'(t) = [s'(t)]'$.

定义 设函数 $y = f(x)$ 在点 x 的邻域内一阶导数 $f'(x)$ 存在，如果极限

$$\lim_{\Delta x \to 0} \frac{f'(x + \Delta x) - f'(x)}{\Delta x}$$

存在，称函数 $y = f(x)$ 在点 x 二阶可导，并称此极限值为 $y = f(x)$ 在点 x 的二阶导数，

记作：$\frac{d^2y}{dx^2}=\frac{d}{dx}\left(\frac{dy}{dx}\right)$ ，$\frac{d^2f}{dx^2}$ ，$f''(x)$ 或 y''．

同理，如果将二阶导数 $f''(x)$ 作为函数，可以定义出三阶导数：

$$\frac{d^3y}{dx^3}=\lim_{\Delta x\to 0}\frac{f''(x+\Delta x)-f''(x)}{\Delta x}$$

记作：$\frac{d^3y}{dx^3}=\frac{d}{dx}\left(\frac{d^2y}{dx^2}\right)$ ，$\frac{d^3f}{dx^3}$ ，y''' 或 $f'''(x)$ ；一般利用函数 $y=f(x)$ 的 $n-1$ 阶导数 $\frac{d^{n-1}y}{dx^{n-1}}$ ，可以定义出 n 阶导数：$\frac{d^ny}{dx^n}=\lim\limits_{\Delta x\to 0}\frac{f^{(n-1)}(x+\Delta x)-f^{(n-1)}(x)}{\Delta x}$ ；并记为：$y^{(n)}$ ，$\frac{d^ny}{dx^n}$ 等；称函数的二阶及其以上阶的导数为高阶导数。通常记作：y' ，y'' ，y''' ，$y^{(4)}$ ，$y^{(5)}$ ，…，$y^{(n)}$ ，… .

由此定义，质点的加速度可以写作：$a(t)=s''(t)=\frac{d^2s}{dt^2}$.

例 1　设函数 $y=\sin x^2$，求 y''.

解　$y'=2x\cos x^2$，

$y''=2(x\cos x^2)'=2(\cos x^2+x(-2x\sin x^2))=2\cos x^2-4x^2\sin x^2$.

例 2　求函数 $y=\ln(x+\sqrt{1+x^2})$ 的二阶导数。

解　$y'=\frac{1}{x+\sqrt{1+x^2}}\cdot\left(1+\frac{2x}{2\sqrt{1+x^2}}\right)=\frac{1}{\sqrt{1+x^2}}$

$y''=(y')'=\left(\frac{1}{\sqrt{1+x^2}}\right)'=-\frac{1}{2}(1+x^2)^{-\frac{3}{2}}\cdot 2x=-\frac{x}{(1+x^2)^{\frac{3}{2}}}$.

注：求二阶导数之前，应该将一阶导数作适当的化简、整理。

例 3　求函数 $y=f(x^2)$ 的二阶导数，其中 f 二阶可导。

解　$\frac{dy}{dx}=2xf'(x^2)$

$\frac{d^2y}{dx^2}=2\{xf'(x^2)\}'=2\{f'(x^2)+2x^2f''(x^2)\}$.

例 4　试求下列函数的 n 阶导数：(1) x^α ，(2) a^x ，(3) $\sin x$ ，(4) $\frac{1}{a+x}$.

解　(1) x^α ：$(x^\alpha)'=\alpha x^{\alpha-1}$ ，$(x^\alpha)''=\alpha(\alpha-1)x^{\alpha-2}$ ，…，

$(x^\alpha)^{(n)}=\alpha(\alpha-1)\cdots(\alpha-n+1)x^{\alpha-n}$ ；

特别当 $\alpha=n$ 时，$(x^n)^{(n)}=n(n-1)(n-2)\cdots(n-n+1)x^{n-n}=n!$，

从而不难推出重要结论：$(x^n)^{(n)}=n!$ ，$(x^n)^{(m)}=0(m>n)$（m，n 均为自然数）。

$(x^5)^{(5)}=5!=120$，而 $(x^5)^{(6)}=0$，$[(3x^5+2x^3+1)^{10}]^{(50)}=3^{10}\cdot(50)!$.

(2) a^x ：$(a^x)'=a^x\ln a$ ，$(a^x)''=a^x(\ln a)^2$，…，$(a^x)^{(n)}=a^x(\ln a)^n$ ，

特别地，$(e^x)^{(n)}=e^x$

(3) $\sin x$ ：$(\sin x)'=\cos x=\sin\left(x+\frac{\pi}{2}\right)$ ，

$(\sin x)''=\cos\left(x+\frac{\pi}{2}\right)=\sin\left(x+\frac{2\pi}{2}\right)$ ，

$(\sin x)''' = \cos(x + \frac{2\pi}{2}) = \sin(x + \frac{3\pi}{2})$, …,

$(\sin x)^{(n)} = \sin(x + \frac{n\pi}{2})$ ；同理 $(\cos x)^{(n)} = \cos(x + \frac{n\pi}{2})$

可以推出，$(\sin ax)^{(n)} = a^n\sin(ax + \frac{n\pi}{2})$ ，$(\cos ax)^{(n)} = a^n\cos(ax + \frac{n\pi}{2})$.

(4) $\frac{1}{a+x}$: $(\frac{1}{a+x})' = -\frac{1}{(a+x)^2}$, $(\frac{1}{a+x})'' = \frac{2}{(a+x)^3}$,

$(\frac{1}{a+x})^{(3)} = -\frac{2\cdot 3}{(a+x)^4} = -\frac{3!}{(a+x)^4}$, $\left(\frac{1}{a+x}\right)^{(4)} = \frac{4!}{(a+x)^5}$, …,

$(\frac{1}{a+x})^{(n)} = \frac{(-1)^n n!}{(a+x)^{n+1}}$

例 5 利用上面的高阶导数公式，求下列函数的高阶导数：

$(\sin(2x+3))^{(10)}$ ；$(\frac{1}{2x+1})^{(5)}$ ；$(\frac{1}{x^2-2x-3})^{(4)}$ ；$[\ln(1+x)]^{(n)}$.

解 $(\sin(2x+3))^{(10)} = 2^{10}\sin(2x+3+\frac{10\pi}{2}) = -2^{10}\sin(2x+3)$.

$(\frac{1}{2x+1})^{(5)} = \frac{1}{2}(\frac{1}{x+\frac{1}{2}})^{(5)} = \frac{1}{2}\frac{(-1)^5 5!}{(x+\frac{1}{2})^6} = -\frac{1}{2}\cdot\frac{5!}{(2x+1)^6}\cdot 2^6 = -\frac{2^5\cdot 5!}{(2x+1)^6}$.

$$(\frac{1}{x^2-2x-3})^{(4)} = \frac{1}{4}(\frac{1}{(x-3)(x+1)})^{(4)} = \frac{1}{4}(\frac{1}{(x-3)} - \frac{1}{(x+1)})^{(4)}$$

$$= \frac{1}{4}(\frac{1}{x-3})^{(4)} - \frac{1}{4}(\frac{1}{x+1})^{(4)} = \frac{1}{4}\frac{(-1)^4 4!}{(x-3)^5} - \frac{1}{4}\frac{(-1)^4 4!}{(x+1)^5}$$

$$= \frac{3!}{(x-3)^5} - \frac{3!}{(x+1)^5}.$$

$(\ln(1+x))' = \frac{1}{1+x}$, $(\ln(1+x))^{(n)} = (\frac{1}{1+x})^{(n-1)} = \frac{(-1)^{n-1}(n-1)!}{(1+x)^n}$

例 6 设 $y = u(x)\cdot v(x)$ ，其中 $u(x)$ ，$v(x)$ 均 n 阶可导，求 $(u\cdot v)^{(n)}$.

解 $(u\cdot v)' = u'v + uv'$ $\quad(u\cdot v)'' = (u'v+uv')' = u''v + 2u'v' + uv''$

$(u\cdot v)^{(3)} = (u'v+uv')' = u'''v + 3u''v' + 3u'v'' + uv'''$, …

用数学归纳法，可得

$$(u\cdot v)^{(n)} = c_n^0 u^{(n)}v + c_n^1 u^{(n-1)}v' + c_n^2 u^{(n-2)}v'' + \cdots + c_n^{n-1}u'v^{(n-1)} + c_n^n uv^{(n)}$$

其中，$c_n^k = \frac{n(n-1)\cdots(n-k+1)}{k!} = \frac{n!}{k!\cdot(n-k)!}$ ；若记 $u = u^{(0)}$ ，$v = v^{(0)}$ ，则有求两个函数乘积的高阶导数公式——莱布尼茨公式：$(u\cdot v)^{(n)} = \sum_{k=0}^{n} c_n^k u^{(n-k)}v^{(k)}$. 利用此公式可以解决某些乘积的高阶导数问题。

例 7 设 $y = x^2\sin 2x$ ，求 $y^{(10)}$.

解 注意到，$(x^2)' = 2x$ ，$(x^2)'' = 2$，$(x^2)^{(k)} = 0(k\geqslant 3)$，故取 $v = x^2$，$u = \sin 2x$ ，利用

公式，

$$
\begin{aligned}
y^{(10)} &= (x^2\sin2x)^{(10)} = c_{10}^0(\sin2x)^{(10)}x^2 + c_{10}^1(\sin2x)^{(9)}(x^2)' + c_{10}^2(\sin2x)^{(8)}(x^2)'' + 0 \\
&= -2^{10}x^2\sin2x + 10\cdot2^9\cdot2x\cdot\cos2x + 45\cdot2\cdot2^8\sin2x \\
&= -2^{10}x^2\sin2x + 10\cdot2^{10}x\cos2x + 45\cdot2^9\sin2x.
\end{aligned}
$$

§4　隐函数的导数及由参数方程所确定的函数的导数

一、隐函数的导数

二元函数方程 $F(x, y)=0$ 如果满足一定的条件，其中便隐含了一个函数关系：$y=y(x)$. 如果能由方程 $F(x, y)=0$ 解出 $y=y(x)$，则函数关系已经明显化，其求导问题已解决；如果只知 $y=y(x)$ 的存在性，但无法解出 $y=y(x)$ 的解析表达式时，如何求导数？以下通过例子介绍隐函数求导的方法。

关键：方程两端对自变量 x 求导，而视 y 为 x 的函数 $y=y(x)$.

例 1　设 $y=y(x)$ 由方程 $y^3+3x^2y+x=1$ 所确定，求 y'，$y'(0)$.

解　注意到 $y=y(x)$，代入方程，则：$y^3(x)+3x^2y(x)+x=1$. 两端对 x 求导，得

$$3y^2(x)\cdot y'(x)+3[x^2y'(x)+2xy(x)]+1=0$$

解出 y'：$y'(x)=-\dfrac{1+6xy(x)}{3x^2+3y^2(x)}$. 一般可以写作 $y'=-\dfrac{1+6xy}{3x^2+3y^2}$.

当 $x=0$ 时，$y=1$，从而 $y'(0)=-\dfrac{1}{3}$.

例 2　求曲线 $x^{\frac{2}{3}}+y^{\frac{2}{3}}=a^{\frac{2}{3}}$ 上 $P_0(\frac{\sqrt{2}}{4}a, \frac{\sqrt{2}}{4}a)$ 点处的切线方程。

解　$\dfrac{2}{3}x^{-\frac{1}{3}}+\dfrac{2}{3}y^{-\frac{1}{3}}y'=0$，$y'=-\sqrt[3]{\dfrac{y}{x}}$；在 $P_0(\frac{\sqrt{2}}{4}a, \frac{\sqrt{2}}{4}a)$ 点切线斜率为：$k=y'|_{P_0}=-1$，

故切线方程为：$y-\dfrac{\sqrt{2}}{4}a=-1\cdot(x-\dfrac{\sqrt{2}}{4}a)$，或 $y=-x+\dfrac{\sqrt{2}}{2}a$.

例 3　设 $y=y(x)$ 由方程 $y=\tan(x+y)$ 所确定，求 y''.

解　方程 $y=\tan(x+y)$ 两端对 x 求导，得

$$y'=\sec^2(x+y)\cdot(1+y')$$

$$(1-\sec^2(x+y))y'=\sec^2(x+y)$$

$$y'=-\csc^2(x+y)$$

$$
\begin{aligned}
y'' &= 2\csc(x+y)\cdot\csc(x+y)\cot(x+y)(1+y') \\
&= 2\csc^2(x+y)\cdot\cot(x+y)\cdot(1-\csc^2(x+y)) \\
&= -2\csc^2(x+y)\cdot\cot^3(x+y).
\end{aligned}
$$

注：求二阶导数之前，一阶导函数一定要经过适当的化简、整理。

二、对数求导法

对数求导法主要用于幂指函数、积商型函数求导。

1. 幂指函数 $y=[f(x)]^{\varphi(x)}$ 的导数

两边取对数：$\ln y=\varphi(x)\ln f(x)$ 为隐函数方程，两端关于 x 求导

$$\frac{1}{y}\cdot y'=\varphi'(x)\ln f(x)+\varphi(x)\cdot\frac{f'(x)}{f(x)}$$

所以，$y'=y[\varphi'(x)\ln f(x)+\varphi(x)\cdot\frac{f'(x)}{f(x)}]$

$$=[f(x)]^{\varphi(x)}\left[\varphi'(x)\ln f(x)+\varphi(x)\cdot\frac{f'(x)}{f(x)}\right].$$

例 4 求函数 $y=x^x$ 的导数。

解 取对数，$\ln y=x\ln x$，两边关于 x 求导：

$$\frac{1}{y}y'=\ln x+1$$

即：$y'=x^x\cdot(\ln x+1)$

也可以利用换底公式，$[f(x)]^{\varphi(x)}=e^{\varphi(x)\ln f(x)}$，然后再求导数

$$y'=(x^x)'=(e^{x\ln x})'=e^{x\ln x}\cdot(\ln x+1)=x^x\cdot(\ln x+1).$$

例 5 设 $y=(\frac{x^2}{1+x})^x$，求 y'.

解 取对数，$\ln y=x\ln\frac{x^2}{1+x}=x[2\ln x-\ln(1+x)]$，两边关于 x 求导：

$$\frac{1}{y}y'=\ln\frac{x^2}{1+x}+x[\frac{2}{x}-\frac{1}{1+x}]$$

即：$y'=(\frac{x^2}{1+x})^x\{\ln\frac{x^2}{1+x}+x[\frac{2}{x}-\frac{1}{1+x}]\}=(\frac{x^2}{1+x})^x(\ln\frac{x^2}{1+x}+2-\frac{x}{1+x})$.

例 6 求函数 $y=(\frac{1+x}{1-x})^x$ 的导数。

解 $y'=(e^{x\ln\frac{1+x}{1-x}})'=e^{x\ln\frac{1+x}{1-x}}\cdot[x\ln\frac{1+x}{1-x}]'=e^{x\ln\frac{1+x}{1-x}}\cdot[\ln\frac{1+x}{1-x}+x(\ln(1+x)-\ln(1-x))']$

$$=e^{x\ln\frac{1+x}{1-x}}\cdot[\ln\frac{1+x}{1-x}+x(\frac{1}{1+x}+\frac{1}{1-x})]=(\frac{1+x}{1-x})^x\cdot[\ln\frac{1+x}{1-x}+\frac{2x}{1-x^2})].$$

2. 积、商型函数的导数

例 7 设 $y=\sqrt{\sin x\cdot x^3\cdot\sqrt{1-x^2}}$，求 y'.

解 取对数：$\ln y=\frac{1}{2}[\ln\sin x+3\ln x+\frac{1}{2}\ln(1-x^2)]$，求导得

$$\frac{1}{y}y'=\frac{1}{2}[\frac{\cos x}{\sin x}+\frac{3}{x}+\frac{1}{2}(\frac{-2x}{1-x^2})]=\frac{1}{2}[\cot x+\frac{3}{x}-\frac{x}{1-x^2}]$$

$$y'=y\cdot\frac{1}{2}[\cot x+\frac{3}{x}-\frac{x}{1-x^2}]=\frac{1}{2}\sqrt{\sin x\cdot x^3\cdot\sqrt{1-x^2}}\cdot[\cot x+\frac{3}{x}-\frac{x}{1-x^2}].$$

三、参数方程所确定得函数的导数

定理　设参数方程 $\begin{cases} x=\varphi(t) \\ y=\psi(t) \end{cases}$，$\alpha \leqslant t \leqslant \beta$；$\varphi(t)$，$\psi(t)$ 均可导，且 $x=\varphi(t)$ 严格单调，$\varphi'(t) \neq 0$，则有：$\dfrac{\mathrm{d}y}{\mathrm{d}x}=\dfrac{\psi'(t)}{\varphi'(t)}$，或 $\dfrac{\mathrm{d}y}{\mathrm{d}x}=\dfrac{\frac{\mathrm{d}y}{\mathrm{d}t}}{\frac{\mathrm{d}x}{\mathrm{d}t}}$.

因 $x=\varphi(t)$ 单调，则反函数 $t=t(x)$ 存在；又因为 $x=\varphi(t)$ 可导及 $\varphi'(t) \neq 0$，故 $t=t(x)$ 也可导，且有 $\dfrac{\mathrm{d}t}{\mathrm{d}x}=\dfrac{1}{\varphi'(t)}$；对于复合函数 $y=\psi(t)=\psi[t(x)]$，有

$$\frac{\mathrm{d}y}{\mathrm{d}x}=\frac{\mathrm{d}y}{\mathrm{d}t} \cdot \frac{\mathrm{d}t}{\mathrm{d}x}=\frac{\frac{\mathrm{d}y}{\mathrm{d}t}}{\frac{\mathrm{d}x}{\mathrm{d}t}}=\frac{\psi'(t)}{\varphi'(t)}$$

例 8　设 $\begin{cases} x=\ln(1+t^2) \\ y=t-\arctan t \end{cases}$，求 $\dfrac{\mathrm{d}y}{\mathrm{d}x}$.

解　$\dfrac{\mathrm{d}y}{\mathrm{d}t}=1-\dfrac{1}{1+t^2}=\dfrac{t^2}{1+t^2}$，$\dfrac{\mathrm{d}x}{\mathrm{d}t}=\dfrac{2t}{1+t^2}$，所以，$\dfrac{\mathrm{d}y}{\mathrm{d}x}=\dfrac{\frac{\mathrm{d}y}{\mathrm{d}t}}{\frac{\mathrm{d}x}{\mathrm{d}t}}=\dfrac{t^2}{2t}=\dfrac{t}{2}$.

例 9　设 $\begin{cases} x=2(1-\cos\theta) \\ y=4\sin\theta \end{cases}$，求 $\dfrac{\mathrm{d}y}{\mathrm{d}x}$ 及 $\left.\dfrac{\mathrm{d}y}{\mathrm{d}x}\right|_{\theta=\frac{\pi}{4}}$，并写出曲线在 $\theta=\dfrac{\pi}{4}$ 处的切线方程。

解　因为 $\dfrac{\mathrm{d}y}{\mathrm{d}\theta}=4\cos\theta$，$\dfrac{\mathrm{d}x}{\mathrm{d}\theta}=2\sin\theta$，故 $\dfrac{\mathrm{d}y}{\mathrm{d}x}=\dfrac{4\cos\theta}{2\sin\theta}=2\cot\theta$，

$$\left.\frac{\mathrm{d}y}{\mathrm{d}x}\right|_{\theta=\frac{\pi}{4}}=2\cot\frac{\pi}{4}=2$$

$\theta=\dfrac{\pi}{4}$ 对应切点 $(2-\sqrt{2},\ 2\sqrt{2})$，切线的斜率为 $k=\left.\dfrac{\mathrm{d}y}{\mathrm{d}x}\right|_{\theta=\frac{\pi}{4}}=2$，

故切线方程为：

$$y-2\sqrt{2}=2(x-2+\sqrt{2}) \text{ 或 } y=2x-4+4\sqrt{2}.$$

已知参数方程为 $\begin{cases} x=\varphi(t) \\ y=\psi(t) \end{cases}$，$\varphi(t)$、$\psi(t)$ 二阶可导，$\varphi'(t) \neq 0$，则已有 $\dfrac{\mathrm{d}y}{\mathrm{d}x}=\dfrac{\psi'(t)}{\varphi'(t)}$，可以进一步求 $\dfrac{\mathrm{d}^2y}{\mathrm{d}x^2}$.

$$\frac{\mathrm{d}^2y}{\mathrm{d}x^2}=\frac{\mathrm{d}}{\mathrm{d}x}\left(\frac{\mathrm{d}y}{\mathrm{d}x}\right)=\frac{\mathrm{d}}{\mathrm{d}x}\left(\frac{\psi'(t)}{\varphi'(t)}\right)=\frac{\mathrm{d}}{\mathrm{d}t}\left(\frac{\psi'(t)}{\varphi'(t)}\right) \cdot \frac{\mathrm{d}t}{\mathrm{d}x}=\frac{\psi''(t)\varphi'(t)-\psi'(t)\varphi''(t)}{[\varphi'(t)]^2} \cdot \frac{1}{\varphi'(t)}$$

$$\frac{\mathrm{d}^2y}{\mathrm{d}x^2}=\frac{\psi''(t)\varphi'(t)-\psi'(t)\varphi''(t)}{[\varphi'(t)]^3}$$

或构造参数方程：$\begin{cases} x=\varphi(t) \\ Y=\dfrac{dy}{dx}=\dfrac{\psi'(t)}{\varphi'(t)} \end{cases}$，根据已有的参数方程的导数公式：

$$\frac{dY}{dx}=\frac{\frac{dY}{dt}}{\frac{dx}{dt}}=\frac{\left(\frac{\psi'(t)}{\varphi'(t)}\right)'}{\frac{dx}{dt}}=\frac{\psi''(t)\varphi'(t)-\psi'(t)\varphi''(t)}{[\varphi'(t)]^3}$$

又，$\dfrac{dY}{dx}=\dfrac{d}{dx}\left(\dfrac{dy}{dx}\right)=\dfrac{d^2y}{dx^2}$，即 $\dfrac{d^2y}{dx^2}=\dfrac{\psi''(t)\varphi'(t)-\psi'(t)\varphi''(t)}{[\varphi'(t)]^3}$.

例 10 设 $\begin{cases} x=\ln(1+t^2) \\ y=t-\arctan t \end{cases}$，求 $\dfrac{d^2y}{dx^2}$.

解 由例 7，$\dfrac{dy}{dx}=\dfrac{t}{2}$，为求 $\dfrac{d^2y}{dx^2}$，构造参数方程：$\begin{cases} x=\ln(1+t^2) \\ Y=\dfrac{t}{2} \end{cases}$，则

$$\frac{dY}{dt}=\frac{1}{2} \qquad \frac{dx}{dt}=\frac{2t}{1+t^2} \qquad \frac{d^2y}{dx^2}=\frac{dY}{dx}=\frac{\frac{dY}{dt}}{\frac{dx}{dt}}=\frac{1+t^2}{4t}=\frac{1}{4}\left(t+\frac{1}{t}\right).$$

例 11 设 $\begin{cases} x=f'(t) \\ y=tf'(t)-f(t) \end{cases}$，其中 $f(t)$ 二阶可导，求 $\dfrac{d^2y}{dx^2}$.

解 $$\frac{dy}{dx}=\frac{\frac{dy}{dt}}{\frac{dx}{dt}}=\frac{f'(t)+tf''(t)-f'(t)}{f''(t)}=t$$

$$\begin{cases} x=f'(t) \\ Y=\dfrac{dy}{dx}=t \end{cases}, \qquad \frac{d^2y}{dx^2}=\frac{dY}{dx}=\frac{\frac{dY}{dt}}{\frac{dx}{dt}}=\frac{1}{f''(t)}.$$

四、相关变化率

如果函数 $x=x(t)$、$y=y(t)$ 可导，变量 x，y 之间存在某种关系，则其导数 $\dfrac{dx}{dt}$、$\dfrac{dy}{dt}$ 之间必然具有某种关系。此类问题称为相关变化率，求解此类问题一般分作三步：

(1) 首先找出函数 $x=x(t)$，$y=y(t)$ 之间的关系；

(2) 求导后，得到导数之间的关系；

(3) 利用已知函数的导数，确定未知函数的导数。

例 12 梯长 10m，上端靠墙，下端置地。当梯的下端位于离墙 6m 处以速度 2m/min 离开墙时，问上端沿墙下降的速度是多少？

解 图中上端 $A(0, y)$，下端 $B(x, 0)$，由图可知，当梯子下滑时，x，y 均为时间 t 的函数，即：$x=x(t)$，$y=y(t)$.

因为 A,B 两点的距离保持不变，即等于梯长，故有：

$x^2(t)+y^2(t)=10^2$，两边关于时间 t 求导数：

$2x(t)x'(t)+2y(t)y'(t)=0$，即 $y'(t)=-\dfrac{x(t)}{y(t)}x'(t)=$

$-\dfrac{x(t)x'(t)}{\sqrt{100-x^2(t)}}$；

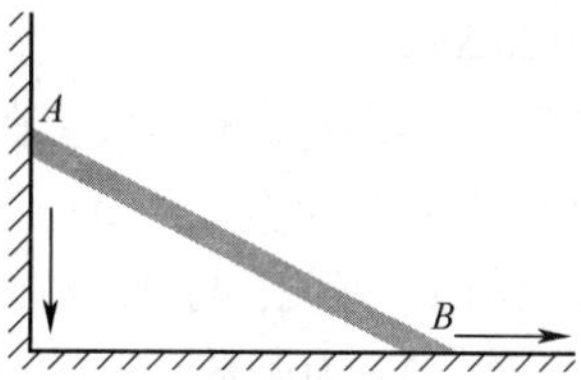

图 2-3

根据题意，当 $x(t)=6,\ x'(t)=2$ 时，则

$$y'(t)=-\left.\frac{x(t)x'(t)}{\sqrt{100-x^2(t)}}\right|_{x=6\quad x'=2}=-\frac{6\times 2}{\sqrt{100-6^2}}=-\frac{12}{8}=-\frac{3}{2}\text{（米/分）}$$

其中负号表示 A 端的运动方向与 y 轴的正向相反。

例 13　溶液自深 18cm 顶直径 12cm 的正圆锥形漏斗中漏入一直径为 10cm 的圆柱形桶中。开始时漏斗中盛满了溶液。已知当溶液在漏斗中深为 12cm 时，其表面下降的速率为 1cm/min. 问此时圆柱形桶中溶液表面上升的速率为多少？

解　设在某时刻 t，锥形漏斗中溶液深为 $h(t)$，桶中溶液深为 $H(t)$，此时锥形漏斗中溶液的底半径为

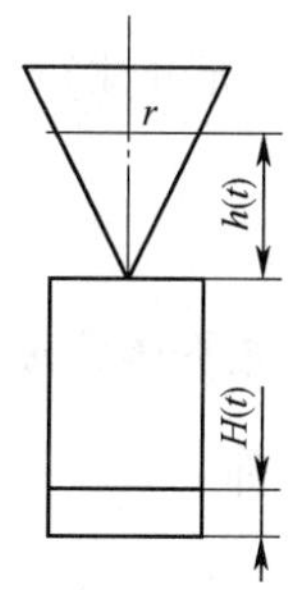

图 2-4

$$\frac{r}{h(t)}=\frac{6}{18}\qquad r=\frac{1}{3}h(t)$$

$$\frac{1}{3}\pi r^2h(t)+\pi 5^2H(t)=\frac{1}{3}\pi\cdot 6^2\cdot 18$$

$$r^2h(t)+3\cdot 5^2H(t)=6^2\cdot 18$$

$$\frac{1}{9}h^3(t)+3\times 25H(t)=36\times 18$$

两边关于 t 求导数：$\dfrac{1}{3}h^2(t)h'(t)+75H'(t)=0,\ H'(t)=-\dfrac{1}{225}h^2(t)h'(t)$

当 $h(t)=12,\ h'(t)=-1$ 时，$H'(t)=-\dfrac{1}{225}(12)^2\cdot(-1)=0.64(\text{cm/min})$.

§5　函数的微分

一、微分的定义

引例：一个正方形的铁片，受热后均匀膨胀，边长由 a 变为 $a+\Delta a$，试问铁片的面积改变了多少？

解　正方形铁片的面积的计算公式：$s(a)=a^2$，故面积的改变量为

$$\Delta s=s(a+\Delta a)-s(a)=(a+\Delta a)^2-a^2=2a\Delta a+(\Delta a)^2$$

Δs 由两部分构成：$2a\Delta a$ 是关于 Δa 的线性函数，$(\Delta a)^2$ 是比 Δa 高阶的无穷小，$(\Delta a)^2=o(\Delta a)$；当 $|\Delta a|$ 很小时，$(\Delta a)^2=o(\Delta a)$ 更小。如果将高阶无穷小 $(\Delta a)^2$ 忽略不计，则有

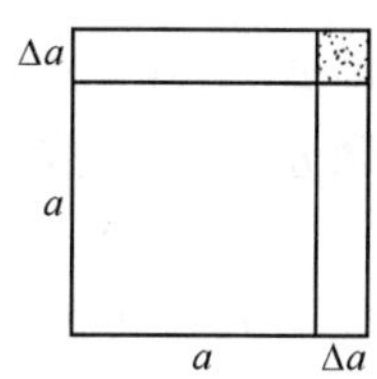

图 2-5

$\Delta s \approx 2a\Delta a$.

定义 设函数 $y=f(x)$ 在点 x_0 的某邻域 $U(x_0)$ 内有定义，$x_0+\Delta x \in U(x_0)$ ，函数有相应的增量为 $\Delta y=f(x_0+\Delta x)-f(x_0)$. 如果函数的增量 Δy 可以写作：$\Delta y=A\cdot\Delta x+o(\Delta x)$ ，且 A 只与 x_0 有关，与 Δx 无关，$o(\Delta x)$ 是比 Δx 高阶的无穷小，则称函数 $y=f(x)$ 在点 x_0 可微，并称 $A\Delta x$ 为函数 $y=f(x)$ 在点 x_0 的微分，记作：

$$\mathrm{d}y=A\Delta x \text{ 或 } \mathrm{d}f(x)=A\Delta x$$

定理 函数 $y=f(x)$ 在点 x_0 可微的充分必要条件是函数 $y=f(x)$ 在点 x_0 可导。

证明 (必要性)设函数 $y=f(x)$ 在点 x_0 可微，由定义有：

$$\Delta y=A\cdot\Delta x+o(\Delta x)$$

则

$$\frac{\Delta y}{\Delta x}=A+\frac{o(\Delta x)}{\Delta x}\ (\Delta x\neq 0)$$

两端取极限，可得 $\lim\limits_{\Delta x\to 0}\frac{\Delta y}{\Delta x}=A$ ，表明在点 x_0 函数 $y=f(x)$ 可导且 $f'(x_0)=A$ ；

(充分性)设 $y=f(x)$ 在点 x_0 可导，由定义有：

$$f'(x_0)=\lim_{\Delta x\to 0}\frac{\Delta y}{\Delta x}$$

根据函数极限与无穷小的关系，有 $\frac{\Delta y}{\Delta x}=f'(x_0)+\alpha$ (其中 α 是 $\Delta x\to 0$ 时的无穷小)，

即
$$\Delta y=f'(x_0)\Delta x+\alpha\Delta x$$

又因为 $\lim\limits_{\Delta x\to 0}\frac{\alpha\Delta x}{\Delta x}=\lim\limits_{\Delta x\to 0}\alpha=0$，故 $\alpha\Delta x$ 是比 Δx 高阶的无穷小，可以记作 $\alpha\Delta x=o(\Delta x)$ ，而 $f'(x_0)$ 只与 x_0 有关，与 Δx 无关，可记 $f'(x_0)=A$ 从而 $\Delta y=A\Delta x+o(\Delta x)$ ，表明 $y=f(x)$ 在点 x_0 可微。

注：(1)定理表明，可微与可导是等价的概念，而且有 $A=f'(x_0)$ 即

$$\mathrm{d}y=f'(x_0)\Delta x \text{ ，或 } \mathrm{d}f(x)=f'(x_0)\Delta x$$

(2)对于自变量 x ，有 $\mathrm{d}x=\Delta x$. 因此微分也常常写作：$\mathrm{d}y=f'(x)\mathrm{d}x$ ；如果 $\mathrm{d}x\neq 0$，则有 $\frac{\mathrm{d}y}{\mathrm{d}x}=f'(x)$ ，因此导数通常也称为微商；

(3)如果函数 $y=f(x)$ 在点 x_0 可微，则 $\Delta y=f'(x)\Delta x+o(\Delta x)=\mathrm{d}y+o(\Delta x)$ ，或写为 $\Delta y-\mathrm{d}y=o(\Delta x)$. 事实上，当 $f'(x_0)\neq 0$ 时，因为

$$\frac{\Delta y-\mathrm{d}y}{\Delta y}=1-\frac{f'(x_0)\Delta x}{\Delta y}=1-\frac{f'(x_0)}{\frac{\Delta y}{\Delta x}}\to 0$$

即 $\Delta y-\mathrm{d}y=o(\Delta y)$ ，故 $\mathrm{d}y$ 也是 Δy 的主要部分，又 $\mathrm{d}y=f'(x)\Delta x$ 是 Δx 的线性函数，通常称微分 $\mathrm{d}y$ 是函数增量 Δy 的线性主部；

(4)由 $\Delta y-\mathrm{d}y=o(\Delta x)$ ，当 $|\Delta x|$ 很小时，有 $\Delta y\approx\mathrm{d}y$ ；即 $\Delta y\approx f'(x_0)\Delta x$ ，或

$$f(x_0+\Delta x)\approx f(x_0)+f'(x_0)\Delta x \text{ ，或 } f(x)\approx f(x_0)+f'(x_0)(x-x_0)$$

其几何意义：在点 x_0 的附近，可近似的用点 $(x_0, f(x_0))$ 的切线段代替曲线段研究问题。利用上式可近似计算函数增量 Δy ，或近似计算在 x_0 的附近的点的函数值 $f(x_0+\Delta x)$

或 $f(x)$ 。

（5）微分的几何意义：$dy = f'(x_0)\Delta x$ 是曲线 $y = f(x)$ 在点 $(x_0, f(x_0))$ 的切线段上纵坐标的增量。

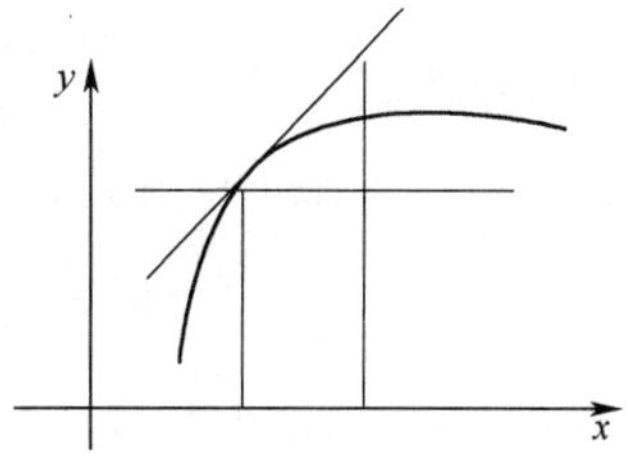

图 2-6

二、微分基本公式和运算法则

1. 微分基本公式

由微分的定义 $dy = f'(x)\Delta x$ 及导数的基本公式，不难得出微分的基本公式，如

$$d(\arctan x) = \frac{1}{1+x^2}dx \quad d(\log_a x) = \frac{1}{x\ln a}dx \quad d(x^\alpha) = \alpha x^{\alpha-1}dx \quad \cdots$$

2. 微分的四则运算法则

利用导数的四则运算法则及微分的定义，不难得出

$$d(u \pm v) = du \pm dv \qquad d(uv) = udv + vdu \qquad d\left(\frac{u}{v}\right) = \frac{vdu - udv}{v^2}$$

3. 微分的形式不变性

设 $y = f(u)$ ，$u = \varphi(x)$ 构成复合函数 $y = f(\varphi(x))$ ，$f'(u)$ 、$\varphi'(x)$ 存在

$$dy = d[f(\varphi(x))] = [f(\varphi(x))]'dx = f'(u)\varphi'(x)dx = f'(u)du$$

若记 $F(x) = f(\varphi(x))$ ，则有 $dy = F'(x)dx$ ，或 $dy = f'(u)du$ ；即不论对于中间变量 u 还是自变量 x ，微分的形式总是一样的，称此性质为微分的形式不变性。

例 1　设 $y = \tan x^2$，求微分 dy .

解　$dy = (\tan x^2)'dx = 2x\sec^2 x^2 dx$ ，或者利用微分的形式不变性，则

$$dy = \sec^2 x^2 dx^2 = 2x\sec^2 x^2 dx .$$

例 2　设 $y = e^{-2x}\cos 2x$ ，求微分 dy .

解　$dy = d[e^{-2x}\cos 2x] = e^{-2x}d(\cos 2x) + \cos 2x d(e^{-2x})$

$$= e^{-2x}[-2\sin 2x]dx + \cos 2x[-2e^{-2x}]dx = -2e^{-2x}[\sin 2x + \cos 2x]dx .$$

例 3　设 $x^2 + xy + y^2 = 1$，求微分 dy .

解　方程两边微分：$2xdx + ydx + xdy + 2ydy = 0$，解得：$dy = -\frac{2x+y}{x+2y}dx$ ，或先求出导数，再求微分：$2x + y + xy' + 2yy' = 0$，解出 $y' = -\frac{2x+y}{x+2y}$ ，所以，$dy = y'dx = -\frac{2x+y}{x+2y}dx$.

三、微分的近似计算

1. 近似计算函数的增量

$\Delta y = f(x_0 + \Delta x) - f(x_0) \approx f'(x_0)\Delta x$ ，或 $\Delta y = f(x) - f(x_0) \approx f'(x_0)(x - x_0)$

2. 近似计算一点的函数值

$$f(x_0 + \Delta x) \approx f(x_0) + f'(x_0)\Delta x \text{，或} f(x) \approx f(x_0) + f'(x_0)(x - x_0)$$

例 4　近似计算 $\sqrt[3]{996}$ 的值。

解　设 $f(x) = \sqrt[3]{x}$ ，则应近似计算 $f(996) = \sqrt[3]{996}$. 取 $x_0 = 1000$，$\Delta x = -4$，$x_0 + \Delta x = 996$，

$f'(x)=\dfrac{1}{3\sqrt[3]{x^2}}$,$f(x_0)=f(1000)=10$,$f'(x_0)=f'(1000)=\dfrac{1}{300}$

利用$f(x_0+\Delta x)\approx f(x_0)+f'(x_0)\Delta x$,$f(996)\approx f(100)+f'(100)(-4)$ 有

$$\sqrt[3]{996}\approx\sqrt[3]{1000}+\frac{1}{300}(-4)=10-\frac{4}{300}\approx 9.99$$

例 5 一个半径为 1cm 的球，为了提高表面的光洁度，需要镀上一层铜。镀层厚度为 0.01cm。估计每只球需要用铜多少 g?（铜的密度为 8.9g/cm^3）

解 球的体积 $V=\dfrac{4}{3}\pi r^3$，镀铜后，球的半径由 1cm 为 1.01cm，故所镀铜的体积为：$\Delta V=\dfrac{4}{3}\pi[(r+\Delta r)^3-r^3]$ ，利用近似计算公式 $\Delta V\approx V'\Delta r=4\pi r^2\Delta r$ ，取 $r=1$, $\Delta r=0.01$, $V'=4\pi r^2$，则 $\Delta V\approx 4\pi r^2\Delta r\approx 0.13\,(\mathrm{cm})^3$；因此每只球需要用铜约为 $0.13\times 8.9=1.16\mathrm{g}$ 。

§6 导数在经济方面的应用

一、边际概念的应用

由本章第一节引例 3 可知，在经济学中，常用成本函数 $c(x)$ 的导数 $c'(x)$ 来表示边际成本。同理边际收益是总收益函数的导数，边际利润是总利润函数的导数。

例 1 有一个工厂生产某产品的总成本 c（元）是产量(件)的函数：$c(x)=x^2+8x+90$，若每件产品的销售单价为 500 元，试写出利润函数，边际利润及销量为 125，246，250 件的边际利润，并说明其经济意义。

解 设收益函数为 $R(x)$ ，利润函数为 $L(x)$ ，则

$$L(x)=R(x)-c(x)=500x-(x^2+8x+90)=-x^2+492x-90$$

边际利润为
$$L'(x)=-2x+492$$

销量为 125，246，250 件的边际利润分别为：

$$L'(125)=242$$
$$L'(246)=0$$
$$L'(250)=-8$$

其经济意义分别为：$L'(125)=242$ 表示在产量为 125 件的基础上再增产一件时，利润近似地增加 242 元，$L'(246)=0$ 表示在产量为 246 件的基础上再增产一件时，利润不再增加；$L'(250)=-8$ 表示在产量为 250 件的基础上再增产一件时，利润将近似地减少 8 元。

例 2 某产品的总成本 c（元）是产量(件)的函数：$c(x)=\dfrac{1}{1200}x^2+1100$，求：

(1)生产 900 件产品时的总成本和平均单位成本；

(2)生产 900 件到 1000 件产品时总成本的平均变化率；

(3)生产 900 件产品时的边际成本。

解 (1) $c(900)=\dfrac{1}{1200}900^2+1100=1775$

平均单位成本为：

$$\frac{c(900)}{900}=\frac{1775}{900}\approx 1.97$$

(2) $\Delta c(x)=c(1000)-c(900)\approx 1993-1775=158$, $\Delta x=100$

总成本的平均变化率：

$$\frac{\Delta c(x)}{\Delta x}=\frac{158}{100}=1.58$$

(3) $c'(x)=\frac{1}{600}x$，$c'(900)=\frac{1}{600}\times 900=1.5$

所以生产 900 件产品时的边际成本为 1.5.

二、函数的弹性概念及其应用

我们首先来研究需求量对价格的弹性概念。

设某商品的需求量 Q 是价格 P 的函数 $Q=Q(P)$，当价格 P 取得一个改变量 ΔP 时，相应的需求量 Q 取得改变量 ΔQ. ΔP 与 ΔQ 分别表示价格与需求量的绝对改变量。$\frac{\Delta P}{P}$ 与 $\frac{\Delta Q}{Q}$ 分别表示价格与需求量的相对改变量。

$\frac{\Delta Q}{Q}$ 与 $\frac{\Delta P}{P}$ 的比值当 $\Delta P\to 0$ 的极限为

$$\lim_{\Delta P\to 0}\frac{\frac{\Delta Q}{Q}}{\frac{\Delta P}{P}}=\lim_{\Delta P\to 0}\frac{\Delta Q}{\Delta P}\cdot\frac{P}{Q}=Q'\frac{P}{Q}$$

用记号 η 表示，即 $\eta=Q'\frac{P}{Q}$.

我们定义这个极限为需求量对价格的相对变化率，称为需求量对价格的弹性。它表示当价格为 P 时，价格每变动 1% 时需求量变化的百分数。这就刻画了价格变动时需求量变动的灵敏度。因此，可以用它分析需求量与价格的关系。这对市场管理和制定商品价格有重要的经济意义。在其他经济数量关系中，亦可类似地应用弹性概念。例如，总成本 c 对产量 q 的弹性可表示为 $c'\cdot\frac{q}{c}$.

一般地，如果函数 $y=f(x)$ 可导，则

$$\eta=\lim_{\Delta x\to 0}\frac{\frac{\Delta y}{y}}{\frac{\Delta x}{x}}=y'\cdot\frac{x}{y}$$

称为函数 $y=f(x)$ 在点 x 处的弹性。它表示函数 $y=f(x)$ 在点 x 处的相对变化率，即当自变量变化 1% 时函数值变化的百分数。

例 3　设某产品需求量 Q 是价格 P 的函数，表示为

$$Q=20000\mathrm{e}^{-\frac{p}{4}}$$

试求需求弹性，并求当 $P=100$ 时的需求弹性，说明其经济意义。

解 $\eta(P)=Q'\cdot\frac{P}{Q}=P\cdot\frac{(20000e^{-\frac{1}{4}P})'}{20000e^{-\frac{1}{4}P}}=-0.25P$

$\eta(100)=-25$

经济意义：$\eta(100)=-25$ 表示在 $P=100$ 的基础上再提价 1% 时，需求量将近似地减少 25%.

习题二

1. 若函数 $f(x)$ 在 a 可导，计算：

(1) $\lim\limits_{h\to a}\frac{f(h)-f(a)}{h-a}$； (2) $\lim\limits_{h\to 0}\frac{f(a)-f(a-h)}{h}$；

(3) $\lim\limits_{h\to 0}\frac{f(a+2h)-f(a)}{h}$； (4) $\lim\limits_{h\to 0}\frac{f(a+2h)-f(a+h)}{2h}$.

2. 求下列幂函数的导数.

(1) $y=\sqrt{x}$； (2) $y=x^3\sqrt[5]{x}$；

(3) $y=\frac{1}{\sqrt{x}}$； (4) $y=\frac{1}{x^3\sqrt[5]{x}}$.

3. 求下列曲线在指定点的切线及法线方程.

(1) $y=\frac{1}{x}$ 在点(1, 1) 处； (2) $y=\cos x$ 在点$(\frac{\pi}{3}, \frac{1}{2})$ 处。

4. 若函数 $f(x)$ 在 a 处可导，计算 $\lim\limits_{n\to\infty}n[f(a+\frac{1}{n})-f(a)]$.

5. 如果 $f(x)$ 为偶函数，且 $f'(x)$ 存在，证明 $f'(0)=0$.

6. 计算函数 $f(x)=\begin{cases}\frac{x}{1+e^{\frac{1}{x}}} & x\neq 0\\ 0 & x=0\end{cases}$ 在点 $x=0$ 的左、右导数。

7. 计算函数 $f(x)=\begin{cases}x^2 & x\geqslant c\\ ax+b & x<c\end{cases}$ 在 c 的右导数，当 a、b 取何值时，函数 $f(x)$ 在 c 处不连续、连续及可导？

8. 已知 $f(x)=\begin{cases}\sin x & x<0\\ x & x\geqslant 0\end{cases}$，求 $f'(x)$.

9. 求下列函数的导数.

(1) $y=x^4+3x^2-6$； (2) $y=\frac{x^3-x^2+1}{5}$；

(3) $y=\sqrt{3x}+\sqrt[3]{x}+\frac{1}{x}$； (4) $y=(1+x^3)(1+2x^2)$；

(5) $y=\frac{x^2}{1+x^2}$； (6) $y=x\sin x+\cos x$；

(7) $y=x\ln x$； (8) $y=x\tan x-\cot x$；

(9) $y=\dfrac{x}{4^x}$;

(10) $y=x^2e^x$;

(11) $y=x\arcsin x$;

(12) $y=\dfrac{\arctan x}{x}$;

(13) $y=\dfrac{\sin x}{x}+\dfrac{x}{\sin x}$;

(14) $y=x^2\arccos x$;

(15) $y=\dfrac{\ln x}{x}$;

(16) $y=\dfrac{x-1}{x+1}$;

(17) $y=\dfrac{5x^2-3x+4}{x^2-1}$.

10. 求下列函数的导数 .

(1) $y=(2x^2-3)^2$;

(2) $y=\sqrt{x^2-a^2}$;

(3) $y=\sqrt{\dfrac{1+x}{1-x}}$;

(4) $y=\sqrt{x+\sqrt{x+\sqrt{x}}}$;

(5) $y=2\sin x+\cos 3x$;

(6) $y=\tan(ax+b)$;

(7) $y=\sin 2x\cos 3x$;

(8) $y=\cot^2 5x$;

(9) $y=\ln\sin x$;

(10) $y=\ln\cos^2 x$;

(11) $y=\ln(x+\sqrt{x^2+a^2})-\dfrac{\sqrt{x^2+a^2}}{x}$;

(12) $y=e^{4x+5}$;

(13) $y=ae^{\sqrt{x}}$;

(14) $y=(\arcsin x)^2$;

(15) $y=\arctan(x^2+1)$;

(16) $y=\dfrac{1}{\sqrt{1-x^2}}$.

11. 设函数 $f(x)$ 和 $g(x)$ 可导，且 $f^2(x)+g^2(x)\neq 0$，试求函数 $y=\sqrt{f^2(x)+g^2(x)}$ 的导数。

12. 设 $f(x)$，$g(x)$ 可导，求下列函数 y 的导数 $\dfrac{dy}{dx}$.

(1) $y=f(x^2)$;

(2) $y=f(\sin^2 x)+g(\cos^2 x)$.

13. 求下列各题的二阶导数 .

(1) $y=\dfrac{x}{\sqrt{1-x^2}}$;

(2) $y=e^{-t}\sin t$;

(3) $y=\dfrac{\arcsin x}{\sqrt{1-x^2}}$;

(4) $y=\dfrac{1}{x^3+1}$;

(5) $y=\ln(x+\sqrt{1+x^2})$.

14. 设 $f''(x)$ 存在，求下列函数 y 的二阶导数 $\dfrac{d^2y}{dx^2}$.

(1) $y=f(e^{-x})$;

(2) $y=\ln[f(x)]$.

15. 求下列函数的 n 阶导数的一般表达式 .

(1) $y=\dfrac{1}{x(x-1)}$;

(2) $y=x\ln x$;

(3) $y=\sin^2 x$.

16. 求由下列方程所确定的隐函数 y 的导数 $\frac{dy}{dx}$.

(1) $y=\cos(x+y)$; (2) $y=1-xe^y$;

(3) $x^{\sqrt{y}}-y^{\sqrt{x}}=0$.

17. 求由下列方程所确定的隐函数 y 的二阶导数 $\frac{d^2y}{dx^2}$.

(1) $x^2-xy+y^2=1$; (2) $\arctan\frac{y}{x}=\ln\sqrt{x^2+y^2}$;

(3) $y=\tan(x+y)$.

18. 求下列幂指函数的导数.

(1) $y=\left(\frac{x}{1+x}\right)^x$; (2) $y=(\sin x)^{\cos x}$.

19. 已知 $e^{xy}=a^x b^y$ 证明

$(y-\ln a)y''-2(y')^2=0$.

20. 求由下列参数方程所确定的函数 y 的导数.

(1) $\begin{cases} x=\frac{1}{1+t} \\ y=\left(\frac{t}{1+t}\right)^2 \end{cases}$; (2) $\begin{cases} x=a\cos^3 t \\ y=b\sin^3 t \end{cases}$.

21. 求由下列参数方程所确定的函数 y 的二阶导数 $\frac{d^2y}{dx^2}$.

(1) $\begin{cases} x=t-\ln(1+t) \\ y=t^3+t^2 \end{cases}$; (2) $\begin{cases} x=f'(t) \\ y=tf'(t)-f(t) \end{cases}$ 设 $f''(t)$ 存在且不等于零 。

22. 求下列函数的微分 dy.

(1) $y=x^2\sin x$; (2) $y=x\ln x-x$;

(3) $y=\ln\tan x$; (4) $y=\arcsin\sqrt{1-x^2}$.

23. 某产品的总成本 c (元)是产量(件)的函数：$c(x)=x^2+4x+10000$(元)，每件产品的单价为 800 元，求产量为 350、398 及 400 件时的边际利润，并说明意义。

24. 设某产品需求量 Q 是价格 P 的函数，表示为

$$Q=50000e^{-2P}$$

试求需求量 Q 对价格 P 的弹性。

25. 设某产品需求量 Q 是价格 P 的函数，表示为

$$Q=1600\left(\frac{1}{4}\right)^P$$

(1)求需求量 Q 对价格 P 的弹性；

(2)当商品价格为 10 元时，价格每增加 1%，求该商品需求量的变化情况。

第三章　中值定理与导数的应用

在第二章中，我们介绍了微分学中的两个基本概念——导数与微分。本章以微分学基本定理——微分中值定理为基础，进一步介绍利用导数研究函数的性态。例如，判断函数的单调性和凹凸性，求函数的极值、最值以及函数作图的方法。

§1　中值定理

中值定理揭示了函数在某区间上的整体性质与函数在该区间内某一点的导数之间的关系，中值定理既是用微分学知识解决应用问题的理论基础，又是解决微分学自身发展的一种理论模型，因而称为微分中值定理。

一、罗尔(Rolle)定理

定理1　设函数$f(x)$满足：

(1) 闭区间$[a, b]$上连续；

(2) 开区间(a, b)内可导；

(3) 端点函数值相等$f(a)=f(b)$，

则至少存在一点$\xi \in (a, b)$，使得

$$f'(\xi)=0.$$

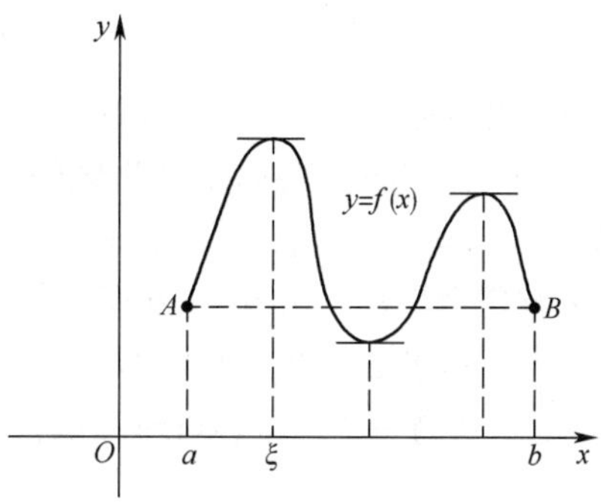

图3-1

证明　$f(x)$在闭区间$[a, b]$上连续，设$f(x)$在闭区间$[a, b]$上的最大值、最小值分别为M、m.

①如果$M=m$，则$f(x)$在闭区间$[a, b]$上恒为常数，即$f(x) \equiv c$，从而$\forall x \in (a, b)$，$f'(x)=0$；

②如果$M \neq m$，则必有$M > m$，又因为$f(a)=f(b)$，故M、m中至少有一个在开区间(a, b)内取得。不妨设$f(x)$在开区间(a, b)内取得最大值M，即存在$\xi \in (a, b)$，使得$f(\xi)=M$.

以下证明ξ即为所求，即必有$f'(\xi)=0$.

由定义

$$f'(\xi)=\lim_{x\to\xi}\frac{f(x)-f(\xi)}{x-\xi}=\lim_{x\to\xi}\frac{f(x)-M}{x-\xi}$$

由于$f(x)-M \leqslant 0$，则

当　$x>\xi, \dfrac{f(x)-M}{x-\xi} \leqslant 0,$

当
$$x < \xi, \frac{f(x) - M}{x - \xi} \geqslant 0,$$
从而由极限的保号性定理，即
$$f'_{+}(\xi) = \lim_{x \to \xi^{+}} \frac{f(x) - M}{x - \xi} \leqslant 0, f'_{-}(\xi) = \lim_{x \to \xi^{-}} \frac{f(x) - M}{x - \xi} \geqslant 0$$
已知$f'(\xi)$存在，应有$f'_{+}(\xi) = f'_{-}(\xi) = f'(\xi)$，即$f'(\xi) = 0$.

注：(1) Rolle 定理的几何意义：在满足条件时，曲线$y = f(x)$上的点$(\xi, f(\xi))$处一定有水平切线，即斜率$k = f'(\xi) = 0$；

(2) Rolle 定理的条件是充分的而不是必要的；

(3) Rolle 定理研究的是导函数方程$f'(x) = 0$的根的存在性问题。

例 1 验证：对于$f(x) = \ln\sin x$罗尔定理在区间$[\frac{\pi}{6}, \frac{5\pi}{6}]$上的正确性。

解 $f(x) = \ln\sin x$在区间$[\frac{\pi}{6}, \frac{5\pi}{6}]$上连续，在$(\frac{\pi}{6}, \frac{5\pi}{6})$内可导，且$f'(x) = \cot x$，
$$f(\frac{\pi}{6}) = \ln\sin\frac{\pi}{6} = -\ln 2 \qquad f(\frac{5\pi}{6}) = \ln\sin\frac{5\pi}{6} = -\ln 2$$
即端点函数值相等，满足罗尔定理的条件，

故应存在$\xi \in (\frac{\pi}{6}, \frac{5\pi}{6})$，使得$f'(\xi) = 0$，即$\cot\xi = 0$；

事实上也可以解得：$\xi = \frac{\pi}{2} \in (\frac{\pi}{6}, \frac{5\pi}{6})$即满足要求。

例 2 设函数$f(x) = (x-1)(x-2)(x-3)(x-4)$，不用计算$f'(x)$，指出方程$f'(x) = 0$有几个实根，各属于什么区间？

解 $f(x) = (x-1)(x-2)(x-3)(x-4)$是四次多项式，故$f'(x) = 0$是一元三次方程，最多有三个实根。由$f(x)$在闭区间$[1, 2]$上连续，在开区间$(1, 2)$上可导，端点函数值相等$f(1) = f(2) = 0$，由罗尔定理，存在$\xi_1 \in (1, 2)$，使得$f'(\xi_1) = 0$，即$\xi_1$是导函数方程$f'(x) = 0$的一个实根；同理可知，方程还有两个根$\xi_2, \xi_3$分别属于区间$(2, 3)$及$(3, 4)$.

例 3 证明方程$x^3 - 3x + 1 = 0$在区间$(0, 1)$内有唯一的实根。

证明 存在性：设$f(x) = x^3 - 3x + 1$，则$f(x)$在闭区间$[0, 1]$上连续，且$f(0) = 1$，$f(1) = -1$，端点函数值异号，根据闭区间上连续函数的性质，存在$\xi \in (0, 1)$，使得$f(\xi) = 0$，表明方程$f(x) = 0$在$(0, 1)$内有根ξ；

唯一性(反证法)：假设方程$f(x) = 0$在$(0, 1)$内至少有两个实根ξ_1, ξ_2，即$f(\xi_1) = 0$，$f(\xi_2) = 0$，不妨设$\xi_1 < \xi_2$，则$f(x) = x^3 - 3x + 1$，在闭区间$[\xi_1, \xi_2] \subset [0, 1]$上连续，在开区间$(\xi_1, \xi_2) \subset (0, 1)$内可导，端点函数值相等$f(\xi_1) = f(\xi_2) = 0$，根据罗尔定理，应存在$\xi \in (\xi_1, \xi_2) \subset (0, 1)$，使得$f'(\xi) = 0$.

但使得$f'(x) = 3x^2 - 3 = 0$的点只有两个：$x = \pm 1$，均不在区间$(0, 1)$内。此矛盾表明，假设不成立，从而唯一性得证。

例 4 若函数$f(x)$在(a, b)内具有二阶导数，且$f(x_1) = f(x_2) = f(x_3)$，其中$a < x_1 < x_2 < x_3 < b$，证明至少存在一点$\xi \in (a, b)$，使得$f''(\xi) = 0$.

证明　$f(x)$ 在闭区间 $[x_1, x_2]$ $[x_2, x_3]$ 上连续，在开区间 (x_1, x_2) (x_2, x_3) 内可导，且端点函数值相等 $f(x_1)=f(x_2)=f(x_3)$ 由罗尔定理，$\exists \xi_1 \in (x_1, x_2)$，$\exists \xi_2 \in (x_2, x_3)$，使得 $f'(\xi_1)=0$ 且 $f'(\xi_2)=0$，其中 $a<\xi_1<\xi_2<b$，

函数 $f'(x)$ 在闭区间 $[\xi_1, \xi_2]$ 上连续，在开区间 (ξ_1, ξ_2) 内可导，且端点函数值相等：

$$f'(\xi_1)=f'(\xi_2)=0,$$

再由罗尔定理，

$$\exists \xi \in (\xi_1, \xi_2) \subset (a, b)\text{，使得 } f''(\xi)=0.$$

二、拉格朗日(Lagrange)中值定理

定理 2　设函数 $f(x)$ 在闭区间 $[a, b]$ 上连续，在开区间 (a, b) 内可导，则至少存在一点 $\xi \in (a, b)$，使得 $f'(\xi)=\dfrac{f(b)-f(a)}{b-a}$.

证明　构造函数 $F(x)=f(x)-\dfrac{f(b)-f(a)}{b-a}x$，

则 $F(x)$ 在闭区间 $[a, b]$ 上连续，在开区间 (a, b) 内可导，且

$$F(a)=f(a)-\frac{f(b)-f(a)}{b-a}a=\frac{bf(a)-af(b)}{b-a}$$

$$F(b)=f(b)-\frac{f(b)-f(a)}{b-a}b=\frac{bf(a)-af(b)}{b-a}$$

即端点函数值相等 $F(a)=F(b)$，$F(x)$ 在 $[a, b]$ 上满足罗尔定理的条件，故存在 $\xi \in (a, b)$，使得

$$F'(\xi)=0$$

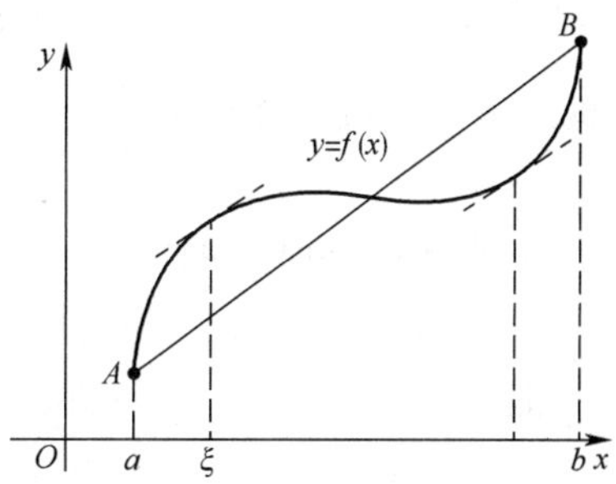

图 3-2

又 $F'(x)=f'(x)-\dfrac{f(b)-f(a)}{b-a}$，

即有

$$f'(\xi)-\frac{f(b)-f(a)}{b-a}=0$$

即

$$f'(\xi)=\frac{f(b)-f(a)}{b-a} \quad \xi \in (a, b).$$

注：(1) 通常称 $f'(\xi)=\dfrac{f(b)-f(a)}{b-a}$ 为拉格朗日中值公式，也可以写作

$$f(b)-f(a)=f'(\xi)(b-a) \qquad f(a)-f(b)=f'(\xi)(a-b)$$

(2) 因为 $a<\xi<b$，$0<\dfrac{\xi-a}{b-a}<1$，记 $\theta=\dfrac{\xi-a}{b-a}$，则 $0<\theta<1$，且 $\xi=a+\theta(b-a)$，故拉格朗日中值公式又可写作：

$$f(b)-f(a)=f'(a+\theta(b-a))(b-a), 0<\theta<1;$$

(3) 令 $a=x_0$，$b=x_0+\Delta x$，则拉格朗日中值公式还可写

$$f(x_0+\Delta x)-f(x_0)=f'(\xi)\Delta x, \qquad \text{或 } \Delta y=f'(\xi)\Delta x$$

$$f(x_0+\Delta x)-f(x_0)=f'(x_0+\theta\Delta x)\Delta x\text{ ，或 }\Delta y=f'(x_0+\theta\Delta x)\Delta x$$

是函数增量 Δy 的精确表达式，有较高的理论价值。在微分学中占有十分重要的理论地位，因此也称拉格朗日中值定理为微分中值定理。

推论 若 $f'(x)\equiv 0, x\in I$，则 $f(x)$ 在 I 上恒等于常数。

证明 $\forall a, b\in I$，不妨设 $a<b$，则 $f(x)$ 在闭区间 $[a, b]$ 上连续，在开区间 (a, b) 内可导，由拉格朗日中值定理，存在 $\xi\in(a, b)$，使得 $f(b)-f(a)=f'(\xi)(b-a)$，由于 $f'(x)\equiv 0$，则 $f'(\xi)=0$，即 $f(b)-f(a)=0$，或 $f(b)=f(a)$，由于 $a, b\in I$ 的任意性，$f(x)$ 在 I 上恒等于常数。

例 5 证明：$\arctan x+\operatorname{arccot} x=\dfrac{\pi}{2}, x\in(-\infty, +\infty)$.

证明 设 $f(x)=\arctan x+\operatorname{arccot} x, x\in(-\infty, +\infty)$，因为

$$f'(x)=\frac{1}{1+x^2}+\left(-\frac{1}{1+x^2}\right)\equiv 0\quad x\in(-\infty, +\infty)$$

由推论可知，$f(x)\equiv c, x\in(-\infty, +\infty)$.

取 $x=1$，则 $c=f(1)=\dfrac{\pi}{4}+\dfrac{\pi}{4}=\dfrac{\pi}{2}$

从而证得 $\arctan x+\operatorname{arccot} x=\dfrac{\pi}{2}, x\in(-\infty, +\infty)$.

例 6 证明不等式：$na^{n-1}(b-a)<b^n-a^n<nb^{n-1}(b-a)$，$(b>a, n>1)$.

证明 设 $f(x)=x^n$，则在闭区间 $[a, b]$ 上连续，在开区间 (a, b) 内可导，由拉格朗日中值定理，存在 $\xi\in(a, b)$，使得 $f(b)-f(a)=f'(\xi)(b-a)$，

即

$$b^n-a^n=n\xi^{n-1}(b-a)$$

又 $a<\xi<b$，则 $a^{n-1}<\xi^{n-1}<b^{n-1}$，

证得：$na^{n-1}(b-a)<b^n-a^n<nb^{n-1}(b-a)$.

三、柯西(Cauchy)中值定理

定理 3 设函数 $F(x)$、$f(x)$ 满足：

(1)在闭区间 $[a, b]$ 上连续；

(2)在开区间 (a, b) 内可导，且 $F'(x)\neq 0$；

则存在 $\xi\in(a, b)$，使得：$\dfrac{f(b)-f(a)}{F(b)-F(a)}=\dfrac{f'(\xi)}{F'(\xi)}$.

证明 构造以 x 为参数的参数方程：$\begin{cases}X=F(x)\\ Y=f(x)\end{cases}$，此时 X 为自变量，Y 为因变量，且 $\dfrac{\mathrm{d}Y}{\mathrm{d}X}=\dfrac{f'(x)}{F'(x)}$，根据拉格朗日中值定理，$\dfrac{f(b)-f(a)}{F(b)-F(a)}=\left.\dfrac{\mathrm{d}Y}{\mathrm{d}X}\right|_{x=\xi}$，即 $\dfrac{f(b)-f(a)}{F(b)-F(a)}=\dfrac{f'(\xi)}{F'(\xi)}$.

例 7* 设函数 $y=f(x)$ 在 $x=0$ 的某邻域内具有 n 阶导数，且

$$f(0)=f'(0)=f''(0)=\cdots=f^{(n-1)}(0)=0$$

试用柯西定理证明：$\dfrac{f(x)}{x^n}=\dfrac{f^{(n)}(\theta x)}{n!}\ (0<\theta<1)$.

证明　函数$f(x)$、$F(x)=x^n$在区间$[0,x]$内满足Cauchy定理的条件，则$\exists \xi_1 \in (0, x)$，使得：$\dfrac{f(x)-f(0)}{x^n-0^n}=\dfrac{f'(\xi_1)}{n\xi_1^{n-1}}$，即$\dfrac{f(x)}{x^n}=\dfrac{f'(\xi_1)}{n\xi_1^{n-1}}$；

函数$f'(x)$、$F_1(x)=nx^{n-1}$在区间$[0,\xi_1]$内满足Cauchy定理的条件，$\exists \xi_2 \in (0, \xi_1)$，使得：$\dfrac{f'(\xi_1)-f'(0)}{n\xi_1^{n-1}-0}=\dfrac{f''(\xi_2)}{n(n-1)\xi_2^{n-2}}$，即$\dfrac{f(x)}{x^n}=\dfrac{f'(\xi_1)}{n\xi_1^{n-1}}=\dfrac{f''(\xi_2)}{n(n-1)\xi_2^{n-2}}\cdots$

函数$f^{(n-1)}(x)$、$F_{n-1}(x)=n!\,x$在区间$[0,\xi_{n-1}]$内满足Cauchy定理的条件，则$\exists \xi \in (0,\xi_{n-1})$，使得：$\dfrac{f^{(n-1)}(\xi_{n-1})-f^{(n-1)}(0)}{n!\,\xi_{n-1}-0}=\dfrac{f^{(n)}(\xi)}{n!}$；

$$\frac{f(x)}{x^n}=\frac{f'(\xi_1)}{n\xi_1^{n-1}}=\frac{f''(\xi_2)}{n(n-1)\xi_2^{n-2}}=\cdots=\frac{f^{(n-1)}(\xi_{n-1})}{n!\,\xi_{n-1}}=\frac{f^{(n)}(\xi)}{n!}$$

其中$\xi \in (0,\xi_{n-1}) \subset (0,\xi_{n-2})\cdots \subset (0,\xi_1) \subset (0,x)$，即$\xi=0+\theta(x-0)=\theta x$，$0<\theta<1$，使得：$\dfrac{f(x)}{x^n}=\dfrac{f^{(n)}(\xi)}{n!}=\dfrac{f^{(n)}(\theta x)}{n!}$.

§2　洛必塔(L．Hospital)法则

当$x \to x_0$时，两个函数$f(x)$与$g(x)$都趋于零或无穷大，则$\lim\limits_{x\to x_0}\dfrac{f(x)}{g(x)}$可能存在，也可能不存在，通常把这种极限称为未定式，并分别记为$\dfrac{0}{0}$或$\dfrac{\infty}{\infty}$. 例如$\lim\limits_{x\to 0}\dfrac{\sin x}{x}$是$\dfrac{0}{0}$型的未定式，$\lim\limits_{x\to +\infty}\dfrac{\ln x}{x}$是$\dfrac{\infty}{\infty}$型的未定式。对于未定式的极限，不能直接用极限运算法则求得。下面将介绍的洛必塔法则能够比较有效地求出这些极限。

一、$\dfrac{0}{0}$及$\dfrac{\infty}{\infty}$型的极限

定理　设函数$f(x)$、$g(x)$满足：

(1) $\lim\limits_{x\to x_0}f(x)=0$，$\lim\limits_{x\to x_0}g(x)=0$；

(2)在x_0的某去心邻域$\mathring{U}(x_0,\delta)$内，$f'(x)$、$g'(x)$存在，且$g'(x)\neq 0$；

(3)极限$\lim\limits_{x\to x_0}\dfrac{f'(x)}{g'(x)}$存在或者为$\infty$；

则
$$\lim_{x\to x_0}\frac{f(x)}{g(x)}=\lim_{x\to x_0}\frac{f'(x)}{g'(x)}.$$

证明　由于$\lim\limits_{x\to x_0}\dfrac{f(x)}{g(x)}$存在与否与函数$f(x)$、$g(x)$在点$x_0$的状态无关，

因此不妨设：$f(x_0)=0$，$g(x)=0$，

$\forall x \in \mathring{U}(x_0,\delta)$，不妨设$x_0<x$，则$f(x)$、$g(x)$满足：在闭区间$[x_0,x]$上连续，在开区间$(x_0,x)$内可导，且$g'(x)\neq 0$. 由柯西中值定理，存在$\xi \in (x_0,x)$，使得

$$\frac{f(x)}{g(x)}=\frac{f(x)-f(x_0)}{g(x)-g(x_0)}=\frac{f'(\xi)}{g'(\xi)}$$

当 $x\to x_0$ 时，有 $\xi\to x_0$，从而

$$\lim_{x\to x_0}\frac{f(x)}{g(x)}=\lim_{x\to x_0}\frac{f(x)-f(x_0)}{g(x)-g(x_0)}=\lim_{\xi\to x_0}\frac{f'(\xi)}{g'(\xi)}=\lim_{x\to x_0}\frac{f'(x)}{g'(x)}$$

注：如果极限 $\lim\limits_{x\to x_0}\frac{f'(x)}{g'(x)}$ 仍然是 $\frac{0}{0}$ 型的，函数 $f'(x)$、$g'(x)$ 满足定理中对 $f(x)$、$g(x)$ 的要求，则可以继续利用洛必塔法则，即有

$$\lim_{x\to x_0}\frac{f(x)}{g(x)}=\lim_{x\to x_0}\frac{f'(x)}{g'(x)}=\lim_{x\to x_0}\frac{f''(x)}{g''(x)}\cdots$$

表明在同一题中可以多次使用洛必塔法则。

例 1　求极限 $\lim\limits_{x\to 0}\frac{a^x-b^x}{x}$.

解　$\lim\limits_{x\to 0}\frac{a^x-b^x}{x}\overset{\frac{0}{0}}{=}\lim\limits_{x\to 0}\frac{(a^x-b^x)'}{(x)'}=\lim\limits_{x\to 0}\frac{a^x\ln a-b^x\ln b}{1}=\ln a-\ln b=\ln\frac{a}{b}$.

例 2　求极限 $\lim\limits_{x\to 0}\frac{\tan x-x}{x^3}$.

解　$\lim\limits_{x\to 0}\frac{\tan x-x}{x^3}=\lim\limits_{x\to 0}\frac{\sec^2x-1}{3x^2}=\lim\limits_{x\to 0}\frac{\tan^2x}{3x^2}=\frac{1}{3}$.

例 3　求极限 $\lim\limits_{x\to 1}\frac{\ln x}{(1-x)^2}$.

解　$\lim\limits_{x\to 1}\frac{\ln x}{(1-x)^2}=\lim\limits_{x\to 1}\frac{\frac{1}{x}}{-2(1-x)}=-\frac{1}{2}\lim\limits_{x\to 1}\frac{1}{x(1-x)}=\infty$.

注：(1)洛必塔法则可以推广到 $x\to x_0$ 时的 $\frac{\infty}{\infty}$ 型未定式；

(2)洛必塔法则可以推广到 $x\to\infty$ 时的 $\frac{\infty}{\infty}$ 及 $\frac{0}{0}$ 型未定式；

(3)综上所述，洛必塔法则可以用于讨论 $\frac{\infty}{\infty}$ 及 $\frac{0}{0}$ 型的未定式。

例 4　求极限 $\lim\limits_{x\to\frac{\pi}{2}}\frac{\tan x}{\cot 2x}$.

解　$\lim\limits_{x\to\frac{\pi}{2}}\frac{\tan x}{\cot 2x}\overset{\frac{\infty}{\infty}}{=}\lim\limits_{x\to\frac{\pi}{2}}\frac{\sec^2x}{-2\csc^22x}=-\frac{1}{2}\lim\limits_{x\to\frac{\pi}{2}}\frac{\sin^22x}{\cos^2x}\overset{\frac{0}{0}}{=}-\frac{1}{2}\lim\limits_{x\to\frac{\pi}{2}}\frac{4\sin2x\cos2x}{-2\cos x\sin x}=2\lim\limits_{x\to\frac{\pi}{2}}\cos2x$

$=-2$

注：(1) $\frac{\infty}{\infty}$ 及 $\frac{0}{0}$ 型不定式在使用洛必塔法则后，可能相互转化；

(2)在解题过程中，注意随时化简函数是十分必要的。

例 5　求极限 $\lim\limits_{x\to+\infty}\frac{e^x}{x^n}$，$\lim\limits_{x\to+\infty}\frac{x^n}{(\ln x)^n}$.

解　$\lim\limits_{x\to+\infty}\frac{e^x}{x^n}\overset{\frac{\infty}{\infty}}{=}\lim\limits_{x\to+\infty}\frac{e^x}{nx^{n-1}}\overset{\frac{\infty}{\infty}}{=}\lim\limits_{x\to+\infty}\frac{e^x}{n(n-1)x^{n-2}}=\cdots=\overset{\frac{\infty}{\infty}}{=}\lim\limits_{x\to+\infty}\frac{e^x}{n!}=+\infty$

$$\lim_{x\to+\infty}\frac{x^n}{(\ln x)^n}\overset{\frac{\infty}{\infty}}{=}\lim_{x\to+\infty}\frac{nx^{n-1}}{n(\ln x)^{n-1}\cdot\frac{1}{x}}=\lim_{x\to+\infty}\frac{nx^n}{n(\ln x)^{n-1}}\overset{\frac{\infty}{\infty}}{=}\lim_{x\to+\infty}\frac{n^2x^{n-1}}{n(n-1)(\ln x)^{n-2}\cdot\frac{1}{x}}$$

$$=\lim_{x\to+\infty}\frac{n^2x^n}{n(n-1)(\ln x)^{n-2}}=\cdots=\lim_{x\to+\infty}\frac{n^{n-1}x^n}{n(n-1)\cdots2(\ln x)}\overset{\frac{\infty}{\infty}}{=}\lim_{x\to+\infty}\frac{n^nx^n}{n(n-1)\cdots2\cdot1}$$

$=+\infty$

当 $x\to+\infty$ 时，e^x，x^n，$(\ln x)^n$ 均趋向于 $+\infty$。这一结论表明，$e^x\to+\infty$ 的速度最快，$x^n\to+\infty$ 次之，$(\ln x)^n\to+\infty$ 速度最慢。

二、其他类型的未定式的极限 $0\cdot\infty$，$\infty-\infty$，0^0，∞^0 及 1^∞ 型

以上各种类型的不定式，均可以转化为 $\frac{\infty}{\infty}$ 或 $\frac{0}{0}$ 型，然后用洛必塔法则求解。

1. $0\cdot\infty$ 型

例 6　求极限 $\lim\limits_{x\to0^+}x^\mu\ln x$，$(\mu>0)$.

解　$\lim\limits_{x\to0^+}x^\mu\ln x=\lim\limits_{x\to0^+}\frac{\ln x}{x^{-\mu}}=\lim\limits_{x\to0^+}\frac{\frac{1}{x}}{-\mu x^{-\mu-1}}=-\frac{1}{\mu}\lim\limits_{x\to0^+}\frac{1}{x^{-\mu}}=-\frac{1}{\mu}\lim\limits_{x\to0^+}x^\mu=0.$

例 7　求极限 $\lim\limits_{x\to+\infty}x\left(\frac{\pi}{2}-\arctan x\right)$.

解　$\lim\limits_{x\to+\infty}x\left(\frac{\pi}{2}-\arctan x\right)=\lim\limits_{x\to+\infty}\frac{\frac{\pi}{2}-\arctan x}{\frac{1}{x}}=\lim\limits_{x\to+\infty}\frac{-\frac{1}{1+x^2}}{-\frac{1}{x^2}}=1.$

2. $\infty-\infty$ 型

例 8　求极限 $\lim\limits_{x\to0}\left(\frac{1}{x}-\frac{1}{\ln(1+x)}\right)$.

解　$\lim\limits_{x\to0}\left(\frac{1}{x}-\frac{1}{\ln(1+x)}\right)=\lim\limits_{x\to0}\frac{\ln(1+x)-x}{x\ln(1+x)}=\lim\limits_{x\to0}\frac{\ln(1+x)-x}{x^2}=\lim\limits_{x\to0}\frac{\frac{1}{1+x}-1}{2x}=-\frac{1}{2}.$

3. 0^0，∞^0 及 1^∞ 型

例 9　求极限 $\lim\limits_{x\to0^+}x^x$.

解　令：$y=x^x$，则 $\ln y=x\ln x$

$$\lim_{x\to0^+}\ln y=\lim_{x\to0^+}\frac{\ln x}{x^{-1}}=\lim_{x\to0^+}\frac{\frac{1}{x}}{-\frac{1}{x^2}}=0$$

所以 $\lim\limits_{x\to0^+}x^x=\lim\limits_{x\to0^+}e^{\ln y}=1$.

例 10 求极限 $\lim\limits_{x\to\infty}\left(\dfrac{a_1^{\frac{1}{x}}+a_2^{\frac{1}{x}}+\cdots+a_n^{\frac{1}{x}}}{n}\right)^{nx}$.

解 令：$y=\left(\dfrac{a_1^{\frac{1}{x}}+a_2^{\frac{1}{x}}+\cdots+a_n^{\frac{1}{x}}}{n}\right)^{nx}$，则，$\ln y=nx\ln\left(\dfrac{a_1^{\frac{1}{x}}+a_2^{\frac{1}{x}}+\cdots+a_n^{\frac{1}{x}}}{n}\right)$

$$\lim_{x\to\infty}\ln y=n\lim_{x\to\infty}x\ln\left(\frac{a_1^{\frac{1}{x}}+a_2^{\frac{1}{x}}+\cdots+a_n^{\frac{1}{x}}}{n}\right)=n\lim_{x\to\infty}\frac{\ln\left(a_1^{\frac{1}{x}}+a_2^{\frac{1}{x}}+\cdots+a_n^{\frac{1}{x}}\right)-\ln n}{\frac{1}{x}}$$

令 $\dfrac{1}{x}=t$，$n\lim\limits_{t\to0}\dfrac{\ln(a_1^t+a_2^t+\cdots+a_n^t)-\ln n}{t}$

$$=n\lim_{t\to0}\frac{1}{a_1^t+a_2^t+\cdots+a_n^t}(a_1^t\ln a_1+a_2^t\ln a_2+\cdots+a_n^t\ln a_n)$$

$$=\ln a_1+\ln a_2+\cdots+\ln a_n=\ln(a_1a_2\cdots a_n)$$

$$\lim_{x\to\infty}\left(\frac{a_1^{\frac{1}{x}}+a_2^{\frac{1}{x}}+\cdots+a_n^{\frac{1}{x}}}{n}\right)^{nx}=\lim_{x\to\infty}e^{\ln y}=e^{\ln(a_1a_2\cdots a_n)}=a_1a_2\cdots a_n.$$

三、使用洛必塔法则应该注意的问题

1. 只有 $\dfrac{0}{0}$、$\dfrac{\infty}{\infty}$ 型才可以考虑使用洛必塔法则

错误的解法：$\lim\limits_{x\to0}\dfrac{x^3+3x^2}{3x^2+\sin x}=\lim\limits_{x\to0}\dfrac{3x^2+6x}{6x+\cos x}=\lim\limits_{x\to0}\dfrac{6x+6}{6-\sin x}=1.$

2. 应多种求极限方法综合使用，并注意随时化简

如：$\lim\limits_{x\to0}\dfrac{\sqrt{1+\tan x}-\sqrt{1+\sin x}}{x^2\sin x}=\lim\limits_{x\to0}\dfrac{\tan x-\sin x}{x^2\sin x(\sqrt{1+\tan x}+\sqrt{1+\sin x})}$

$$=\frac{1}{2}\lim_{x\to0}\frac{\tan x(1-\cos x)}{x^3}=\frac{1}{4}.$$

$$\lim_{x\to0}\frac{\sin^2x-x^2\cos^2x}{\sin^4x}=\lim_{x\to0}\frac{\sin x+x\cos x}{\sin x}\cdot\frac{\sin x-x\cos x}{\sin^3x}=2\lim_{x\to0}\frac{\sin x-x\cos x}{x^3}$$

$$=2\lim_{x\to0}\frac{\cos x-(\cos x-x\sin x)}{3x^2}=2\lim_{x\to0}\frac{x\sin x}{3x^2}=\frac{2}{3}.$$

3. 注意洛必塔法则中的条件 3，即并非所有的 $\dfrac{0}{0}$、$\dfrac{\infty}{\infty}$ 型一定可以用洛必塔法则求解

如

$$\lim_{x\to+\infty}\frac{e^x-e^{-x}}{e^x+e^{-x}}=\lim_{x\to+\infty}\frac{e^x+e^{-x}}{e^x-e^{-x}}=\lim_{x\to+\infty}\frac{e^x-e^{-x}}{e^x+e^{-x}}\cdots$$

出现循环，应该用其他方式计算，如 $\lim\limits_{x\to+\infty}\dfrac{e^{x}-e^{-x}}{e^{x}+e^{-x}}=\lim\limits_{x\to+\infty}\dfrac{1+e^{-2x}}{1-e^{-2x}}=1.$

$\lim\limits_{x\to\infty}\dfrac{x+\sin x}{x-\sin x}=\lim\limits_{x\to\infty}\dfrac{1+\cos x}{1-\cos x}$，极限 $\lim\limits_{x\to\infty}\dfrac{1+\cos x}{1-\cos x}$ 不存在，但并不能由此得出原极限不存在。实际上此函数不满足洛必塔法则中的条件 3.

正确的解法是：$\lim\limits_{x\to\infty}\dfrac{x+\sin x}{x-\sin x}=\lim\limits_{x\to\infty}\dfrac{1+\dfrac{\sin x}{x}}{1-\dfrac{\sin x}{x}}=1.$

§3　泰勒(Taylor)公式

如果函数 $y=f(x)$ 在 x_0 点可微，则 $\Delta y=A\Delta x+o(\Delta x)$，即

$$f(x_0+\Delta x)-f(x_0)=f'(x_0)\Delta x+o(\Delta x)$$

若令 $x=x_0+\Delta x$，则

$$f(x)-f(x_0)=f'(x_0)(x-x_0)+o(x-x_0)$$

有

$$f(x)-f(x_0)\approx f'(x_0)(x-x_0)\text{ 或 }f(x)\approx f(x_0)+f'(x_0)(x-x_0),$$

其误差为高阶无穷小 $o(x-x_0)$；即用一次多项式 $p_1(x)=f(x_0)+f'(x_0)(x-x_0)$ 近似表示函数，且此多项式在 x_0 与函数 $f(x)$ 有相同的函数值及一阶导数值。其缺点是 ①不能够任意地提高精确度；②无法估计误差的范围。因此考虑是否可以用高阶多项式来近似地表示函数，同时解决误差估计的问题。

设函数 $f(x)$ 在点 x_0 的某邻域内有直到 $n+1$ 阶的导数，寻找一个 n 次多项式

$$p_n(x)=a_0+a_1(x-x_0)+a_2(x-x_0)^2+\cdots+a_n(x-x_0)^n \tag{1}$$

使 $f(x)\approx p_n(x)$，且误差 $R_n(x)=f(x)-p_n(x)$ 为 $o[(x-x_0)^n]$，并给出估计误差的具体表达式。

设 $p_n(x)$ 与函数 $f(x)$ 在 x_0 有相同的函数值、一阶导数值、二阶导数值以及直至相同的 n 阶导数值，即 $p_n(x_0)=f(x_0)$，$p_n{}^{(k)}(x_0)=f^{(k)}(x_0)(k=1,2,\cdots,n)$

根据这些等式来确定(3.1)中的系数。求得：

$$a_0=f(x_0),\ a_1=f'(x_0),\ a_2=\frac{f''(x_0)}{2!},\ \cdots,\ a_n=\frac{f^{(n)}(x_0)}{n!}$$

代入(1)

$$p_n(x)=f(x_0)+f'(x_0)(x-x_0)+\frac{f''(x_0)}{2}(x-x_0)^2+\cdots+\frac{f^{(n)}(x_0)}{n!}(x-x_0)^n$$

称 $p_n(x)$ 为函数 $f(x)$ 在点 x_0 的 n 阶泰勒多项式。

下面的定理表明 $p_n(x)$ 就是我们寻找的 n 次多项式。

定理(Taylor 中值定理)　若函数 $f(x)$ 在点 x_0 的某邻域内有直到 $n+1$ 阶的导数，则对邻域内的任意一点 x 都有

$$f(x)=p_n(x)+R_n(x)$$

称为$f(x)$ 在点 x_0 的 n 阶泰勒公式，而称

$$p_n(x)=f(x_0)+f'(x_0)(x-x_0)+\cdots+\frac{f(n)(x_0)}{n!}(x-x_0)^n$$

为$f(x)$ 在点 x_0 的 n 阶泰勒多项式，$R_n(x)=\frac{f^{(n+1)}(\xi)}{(n+1)!}(x-x_0)^{n+1}$ 则为 n 阶泰勒公式的拉格朗日型余项，ξ 介于 x_0，x 之间。

证明 构造函数：$g(x)=f(x)-p_n(x)=f(x)-\{f(x_0)+f'(x_0)(x-x_0)+\cdots+\frac{f^{(n)}(x_0)}{n!}(x-x_0)^n\}$

则函数 $g(x)$，$G(x)=(x-x_0)^{n+1}$ 在以 x，x_0 为端点的区间上具有 n+1 阶导数，而且在 x_0 处直到 n 阶的导数均为零，n+1 次使用柯西中值定理，存在 ξ 介于 x，x_0 之间，使得

$$\frac{g(x)}{(x-x_0)^{n+1}}=\frac{g(x)}{G(x)}=\frac{g^{(n+1)}(\xi)}{G^{(n+1)}(\xi)}=\frac{f^{(n+1)}(\xi)}{(n+1)!},$$

即 $g(x)=\frac{f^{(n+1)}(\xi)}{(n+1)!}(x-x_0)^{n+1}$，或$f(x)-p_n(x)=\frac{f^{(n+1)}(\xi)}{(n+1)!}(x-x_0)^{n+1}$

证得

$$f(x)=f(x_0)+f'(x_0)(x-x_0)+\cdots+\frac{f^{(n)}(x_0)}{n!}(x-x_0)^n+\frac{f^{(n+1)}(\xi)}{(n+1)!}(x-x_0)^{n+1},$$

ξ 介于 x，x_0 之间。

注：(1)注意到 $R_n(x)$ 是比 $(x-x_0)^n$ 高阶的无穷小，故余项也可以写为：

$R_n(x)=o[(x-x_0)]^n$ 称为 n 阶**泰勒公式的皮亚诺型的余项**，常用在求极限等问题中；

(2)近似计算：$f(x)\approx p_n(x)$，则可以用拉格朗日型余项估计误差：误差不超过 $|R_n(x)|=\frac{|f^{(n+1)}(\xi)|}{(n+1)!}|x-x_0|^{n+1}$，若 $|f^{(n+1)}(x)|\leqslant M$，则误差不超过

$$|R_n(x)|=\frac{M}{(n+1)!}|x-x_0|^{n+1};$$

(3)在 n 阶泰勒公式中，取 $x_0=0$ 时，泰勒公式变为：

$$f(x)=f(0)+f'(0)x+\cdots+\frac{f^{(n)}(0)}{n!}x^n+\frac{f^{(n+1)}(\xi)}{(n+1)!}x^{n+1}，\xi \text{ 介于 } 0,\ x \text{ 之间}$$

称为 n 阶**麦克劳林(Maclaurin)公式**。

(4)用泰勒多项式作近似计算时，不再要求 $|x-x_0|$ 足够小，其精确度可以通过增大 n 来弥补。

例 1 写出函数$f(x)=e^x$ 的 n 阶麦克劳林公式。

解 (1)计算各阶导数：$f(x)=e^x$，$f^{(k)}(x)=e^x$，$k=0, 1, 2, \cdots$.

(2)计算直到 n 阶的导数值：$x_0=0$.

$f^{(k)}(0)=e^0=1$，$k=0, 1, 2, \cdots, n$； $f^{(n+1)}(\xi)=e^{\xi}$，ξ 介于 0，x 之间。

(3)将计算的结果代入公式：

$$f(x)=f(0)+f'(0)x+\cdots+\frac{f^{(n)}(0)}{n!}x^n+\frac{f^{(n+1)}(\xi)}{(n+1)!}x^{n+1}$$

$$e^x=1+x+\frac{1}{2!}x^2+\cdots+\frac{1}{n!}x^n+\frac{e^{\xi}}{(n+1)!}x^{n+1}\text{，}\xi\text{ 介于 }0,\ x\text{ 之间}$$

此时，若近似计算：$e^x\approx 1+x+\frac{1}{2!}x^2+\cdots+\frac{1}{n!}x^n$，则误差估计为：

$$|R_n(x)|=\frac{e^{\xi}}{(n+1)!}|x|^{n+1}\leqslant\frac{e^{|\xi|}}{(n+1)!}|x|^{n+1}<\frac{e^{|x|}}{(n+1)!}|x|^{n+1}$$

如果需要近似计算 e 的值，且要求误差不超过 10^{-3}，

则 $e\approx 1+1+\frac{1}{2!}+\cdots+\frac{1}{n!}$

误差：$|R_n(1)|<\frac{e}{(n+1)!}<\frac{3}{(n+1)!}\leqslant 10^{-3}$，经计算，

$n=5$ 时，$\frac{3}{6!}\approx 0.004>10^{-3}$；

$n=6$ 时，$\frac{3}{7!}<10^{-3}$；

故 $e\approx 1+1+\frac{1}{2!}+\cdots+\frac{1}{6!}$，则 $|R_n(1)|<10^{-3}$.

例 2　给出函数 $f(x)=\sin x$ 的 $2m$ 阶麦克劳林公式。

解　(1) $f(x)=\sin x$，$f'(x)=\cos x$，$f''(x)=-\sin x$，$f'''(x)=-\cos x$，$f^{(4)}(x)=\sin x$

$$f^{(n)}(x)=\sin(x+n\frac{\pi}{2})$$

(2) $f(0)=0, f'(0)=1, f''(0)=0, f'''(0)=-1, f^{(4)}(0)=0, \cdots$

(3) 令 $n=2m$，则 $f(x)=\sin x$ 的 $2m$ 阶麦克劳林公式：

$$f(x)=f(0)+f'(0)x+\frac{f''(0)}{2!}x^2+\cdots+\frac{f^{(2m-1)}(0)}{(2m-1)!}x^{2m-1}+\frac{f^{(2m)}(0)}{(2m)!}x^{2m}+R_{2m}(x)$$

其中 $R_{2m}(x)=\frac{f^{(2m+1)}(\xi)}{(2m+1)!}x^{2m+1}=\frac{1}{(2m+1)!}\sin[\xi+(2m+1)\frac{\pi}{2}]x^{2m+1}$，

$$\sin x=x-\frac{1}{3!}x^3+\cdots+(-1)^n\frac{1}{(2m-1)!}x^{2m-1}+\frac{\sin(\xi+\frac{2m+1}{2}\pi)}{(2m+1)!}x^{2m+1}\text{，}$$

ξ 介于 0，x 之间。

注：(1)几个常用函数的麦克劳林公式：ξ 介于 0，x 之间。

$$e^x=1+x+\frac{1}{2!}x^2+\cdots+\frac{1}{n!}x^n+\frac{e^{\xi}}{(n+1)!}x^{n+1}\quad(n\text{ 阶})$$

$$\sin x=x-\frac{1}{3!}x^3+\cdots+(-1)^n\frac{1}{(2n-1)!}x^{2n-1}+\frac{\sin(\xi+\frac{2n+1}{2}\pi)}{(2n+1)!}x^{2n+1}\quad(2n\text{ 阶})$$

$$\cos x=1-\frac{1}{2!}x^2+\cdots+(-1)^n\frac{1}{(2n)!}x^{2n}+\frac{\cos(\xi+\frac{2n+2}{2}\pi)}{(2n+2)!}x^{2n+2}\quad(2n+1\text{ 阶})$$

$$\frac{1}{1+x}=1-x+x^2-x^3+\cdots+(-1)^n x^n+\frac{(-1)^{n+1}}{(1+\xi)^{n+2}}x^{n+1} \quad (n\text{ 阶})$$

(2)麦克劳林公式中，ξ 介于 0，x 之间，故有 $\xi=\theta x$，$0<\theta<1$.

例 3 写出函数 $f(x)=\sqrt{x}$ 在 $x_0=4$ 的二阶泰勒公式。

解 (1) $f(x)=\sqrt{x}$，$f'(x)=\dfrac{1}{2\sqrt{x}}$，$f''(x)=-\dfrac{1}{4\sqrt{x^3}}$，$f'''(x)=\dfrac{3}{8\sqrt{x^5}}$

(2) $x_0=4$：$f(4)=2$，$f'(4)=\dfrac{1}{4}$，$f''(4)=-\dfrac{1}{32}$，$f'''(\xi)=\dfrac{3}{8\sqrt{\xi^5}}$

(3) $f(x)=f(4)+f'(4)(x-4)+\dfrac{f''(4)}{2!}(x-4)^2+\dfrac{f'''(\xi)}{3!}(x-4)^3$

$$\sqrt{x}=2+\frac{1}{4}(x-4)-\frac{1}{64}(x-4)^2+\frac{1}{16\sqrt{\xi^5}}(x-4)^3$$，ξ 介于 4，x 之间。

例 4 写出函数 $f(x)=\arctan x$ 在 $x_0=0$ 的二阶麦克劳林公式。

解 $f(x)=\arctan x$，$f'(x)=\dfrac{1}{1+x^2}$，$f''(x)=\dfrac{-2x}{(1+x^2)^2}$，$f'''(x)=-2\dfrac{1-3x^2}{(1+x^2)^3}$，$f(0)=0$，$f'(0)=1$，$f''(0)=0$，$f'''(\xi)=-2\dfrac{1-3\xi^2}{(1+\xi^2)^3}$

二阶泰勒公式：$f(x)=f(0)+f'(0)x+\dfrac{f''(0)}{2!}x^2+\dfrac{f'''(\xi)}{3!}x^3$，即

$$\arctan x=x+\frac{1}{3!}\left(-2\frac{1-3\xi^2}{(1+\xi^2)^3}\right)x^3=x-\frac{1-3\xi^2}{3(1+\xi^2)^3}x^3$$，ξ 介于 0，x 之间。

注：将函数展开为泰勒公式时，如果对于余项的形式没有要求，只需要写出皮亚诺型余项；写拉格朗日型余项时应当注意 $f^{(n+1)}(\xi)$.

例 5 求极限 $\lim\limits_{x\to 0}\dfrac{e^{x^2}-1-\sin x^2}{x^4}$.

解 $e^{x^2}=1+x^2+\dfrac{1}{2!}x^4+o(x^4)$，$\sin x^2=x^2-\dfrac{1}{3!}x^6+o(x^6)$

$$\lim_{x\to 0}\frac{e^{x^2}-1-\sin x^2}{x^4}=\lim_{x\to 0}\frac{\left(x^2+\frac{1}{2}x^4+o(x^4)\right)-\left(x^2-\frac{1}{3!}x^6+o(x^6)\right)}{x^4}$$

$$=\lim_{x\to 0}\frac{\frac{1}{2}x^4+o(x^4)}{x^4}=\frac{1}{2}.$$

§4 函数的单调性

对于函数的单调性，除了用单调的定义或函数的图像判定外，还可以用函数导数的符号来判定。从几何图形上看，当函数 $f(x)$ 在 (a, b) 内单调增加时[图 3-3(a)]，它的图形是一条沿 x 轴上升的曲线，这时曲线各点处切线的倾角为锐角，即 $\tan\alpha=f'(x)>0$；反之，

当函数 $f(x)$ 在 $(a,\ b)$ 内单调减少时[图 3-3(b)]，它的图形是一条沿 x 轴下降的曲线，这时曲线各点处切线的倾角为钝角，即 $\tan\alpha = f'(x) < 0$.

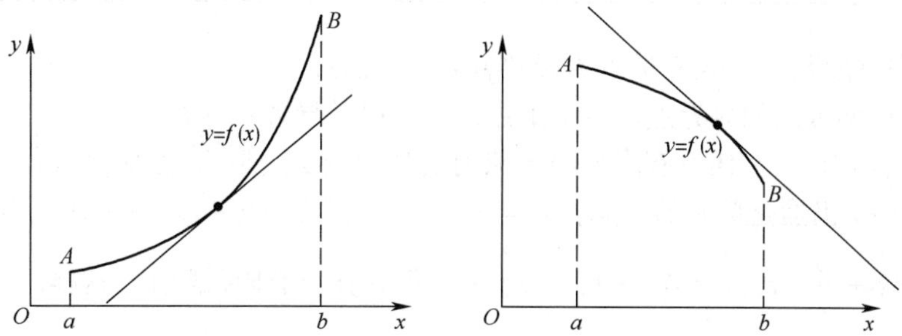

（a）函数图形上升时切线斜率非负　　（b）函数图形下降时切线斜率非正

图 3-3

定理　设函数 $y=f(x)$ 在区间 I 内可导，则

(1)对应导数 $f'(x) > 0$ 的区间 I 内，函数 $f(x)$ 单调增加；

(2)对应导数 $f'(x) < 0$ 的区间 I 内，函数 $f(x)$ 单调减小。

若 $x_2 > x_1$，由拉格朗日定理，有 $f(x_2) - f(x_1) = f'(\xi)(x_2 - x_1) > 0$，定理显然成立。

注：(1)如果函数 $y=f(x)$ 在区间 I 上单调，则称区间 I 为单调区间；

(2)函数 $y=f(x)$ 在区间 I 上可能不单调，但是在局部的子区间上也可以具有某种单调性。

例 1　讨论 $f(x) = 2x^3 - 9x^2 + 12x - 3$ 的单调性，确定单调区间。

解　$f(x)$ 在 $(-\infty,\ +\infty)$ 上有定义。

$f'(x) = 6x^2 - 18x + 12 = 6(x-1)(x-2)$，故

$$f'(x) = \begin{cases} >0, & x<1 \\ <0, & 1<x<2 \\ >0, & x>2 \end{cases} \qquad \text{即} f(x) = \begin{cases} \text{单增} & (-\infty,\ 1) \\ \text{单减} & (1,\ 2) \\ \text{单增} & (2,\ +\infty) \end{cases}$$

为了书写表达简便，常采用列表法：

x	$(-\infty,\ 1)$	1	$(1,\ 2)$	2	$(2,\ +\infty)$
$f'(x)$	+	0	—	0	+
$f(x)$	↗		↘		↗

注意到，此例中导数等于零的点 $x=1,\ 2$ 均为单调区间的分界点。

例 2　求函数 $f(x) = 2 - (x^2 - 2)^{\frac{2}{3}}$ 的单调区间。

解　$f(x) = 2 - (x^2 - 1)^{\frac{2}{3}}$ 的定义域为 $(-\infty,\ +\infty)$.

$f'(x) = -\dfrac{2}{3}(x^2-1)^{\frac{-1}{3}} \cdot 2x = -\dfrac{4}{3}\dfrac{x}{\sqrt[3]{x^2-1}}$；令 $f'(x)=0$，得 $x=0$；注意到 $f'(x)$ 有两个不存在的点：$x=\pm 1$；

x	$(-\infty, -1)$	-1	$(-1, 0)$	0	$(0, 1)$	1	$(1, +\infty)$
$f'(x)$	+		−	0	+		−
$f(x)$	↗		↘		↗		↘

注：(1)称使得 $f'(x)=0$ 的点为函数 $f(x)$ 的驻点；

(2)单调区间的分界点产生于函数的驻点以及导数不存在的点；

(3)若 $f'(x)$ 在任一有限区间上只有有限个零点，除此之外 $f'(x)$ 保持相同的符号，则函数 $f(x)$ 仍然是单调的。如 $f(x)=x-\cos x$，定义域 $(-\infty, +\infty)$；$f'(x)=1+\sin x$；驻点 $x=\left(2k+\dfrac{3}{2}\right)\pi$，$k=0,\ \pm1,\ \pm2,\ \cdots$；但在任意有限区间上，这样的驻点只有有限个，而 $x\neq\left(2k+\dfrac{3}{2}\right)\pi$ 时，均有 $f'(x)>0$，故函数 $f(x)=x-\cos x$ 在区间 $(-\infty, +\infty)$ 内仍然是单调增加的。

例 3 求函数 $f(x)=(x-2)^2(x+1)^{\frac{2}{3}}$ 的单调区间。

解 (1)求驻点以及导数不存在的点。

$$f'(x)=2(x-2)(x+1)^{\frac{2}{3}}+\frac{2}{3}(x-2)^2(x+1)^{-\frac{1}{3}}=\frac{2(x-2)(4x-1)}{3(x+1)^{\frac{1}{3}}}$$

驻点为 $x=2$，$x=\dfrac{1}{4}$；不可导点 $x=-1$；

(2)列表。

x	$(-\infty, -1)$	-1	$(-1, \frac{1}{4})$	$\frac{1}{4}$	$(\frac{1}{4}, 2)$	2	$(2, +\infty)$
$f'(x)$	−		+		−		+
$f(x)$	↘		↗		↘		↗

利用对单调性的判别，还可以证明某些不等式。

例 4 证明不等式：$\ln(1+x)>\dfrac{\arctan x}{1+x}\ (x>0)$.

证明 设 $f(x)=(1+x)\ln(1+x)-\arctan x$，则

$$f'(x)=\ln(1+x)+1-\frac{1}{1+x^2}=\ln(1+x)+\frac{x^2}{1+x^2}>0\ (x>0)$$

即函数 $f(x)$ 在区间 $(0, +\infty)$ 上单调增加；又 $f(0)=0$，故对于 $x>0$，有 $f(x)>f(0)=0$，即 $f(x)>0$，证得 $x>0$ 时，$(1+x)\ln(1+x)-\arctan x>0$.

即：$\ln(1+x)>\dfrac{\arctan x}{1+x}\ (x>0)$.

注：仅仅有 $f'(x)>0$，推不出 $f(x)>0$，必须验证一个端点。

例 5 证明当 $0<x<\dfrac{\pi}{2}$ 时，$\tan x+\sin x>2x$.

证明　设$f(x)=\tan x+\sin x-2x$，$f'(x)=\sec^2 x+\cos x-2$，
令：$g(x)=f'(x)$，则

$$g'(x)=f''(x)=2\sec^2 x\tan x-\sin x=\sin x\left(\frac{2}{\cos^3 x}-1\right)>0,$$

表明$g(x)$单调增加，且$g(0)=f'(0)=\sec^2 0+\cos 0-2=0$，故$0<x<\frac{\pi}{2}$时，$g(x)>g(0)=0$；即$f'(x)>0$，又表明$f(x)$单调增加，且$f(0)=0$，故$\frac{\pi}{2}>x>0$时，$f(x)>f(0)=0$，即证得：$\tan x+\sin x-2x>0$，或$\tan x+\sin x>2x$.

§5　函数的极值

定义　设函数$f(x)$在x_0的某邻域$U(x_0)$有定义，$\forall x\in \overset{o}{U}(x_0)$，
若总有$f(x)>f(x_0)$，称$f(x_0)$为函数的极小值，x_0为极小值点；
若总有$f(x)<f(x_0)$，称$f(x_0)$为函数的极大值，x_0为极大值点。
注：(1)极大、极小值统称为极值；
(2)极值是局部的概念，对于同一个函数而言，极大值不一定大于极小值，如图3-4所示。

定理1　(极值存在的必要条件)若函数$y=f(x)$在点x_0可导，并且取得极值，则$f'(x_0)=0$.

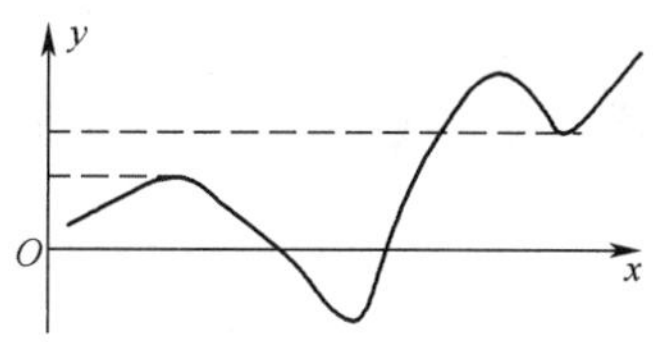

图3-4

证明　不妨设$y=f(x)$在点x_0取得极大值，由定义存在$U(x_0)$，在此邻域内，$f(x)\leqslant f(x_0)$即$f(x)-f(x_0)\leqslant 0$，再由$y=f(x)$在点x_0可导，
导数为

$$f'(x_0)=\lim_{x\to x_0}\frac{f(x)-f(x_0)}{x-x_0},$$

且

$$f'(x_0)=f'_+(x_0)=\lim_{x\to x_0^+}\frac{f(x)-f(x_0)}{x-x_0}\leqslant 0$$

$$f'(x_0)=f'_-(x_0)=\lim_{x\to x_0^-}\frac{f(x)-f(x_0)}{x-x_0}\geqslant 0$$

而可得$f'(x_0)=f'_+(x_0)=f'_-(x_0)$，所以$f'(x_0)=0$.

注：(1) $f'(x_0)=0$是可导函数$f(x)$取得极值的必要条件；
(2)在函数可导的条件下，导数不等于零的点一定不是极值点，即此时极值点一定产生于驻点。但驻点不一定是极值点，如$y=x^3$，$y'=3x^2$，$x=0$是驻点，但不是极值点；
(3)若函数$f(x)$在x_0有定义，但在x_0不可导即$f'(x_0)$不存在，x_0也可能是极值点。如$f(x)=|x|$，在$x=0$点不可导，但从图形上可知，$x=0$是极小值点；
(4)一般对于函数$f(x)$，极值点产生于驻点和导数不存在的点。

定理2　(判别极值的第一充分条件)设函数$f(x)$在x_0处连续，在某去心邻域$\overset{o}{U}(x_0)$

可导，

(1)若 $x < x_0$ 时，$f'(x) > 0$，$x > x_0$ 时，$f'(x) < 0$，则 x_0 是极大值点；

(2)若 $x < x_0$ 时，$f'(x) < 0$，$x > x_0$ 时，$f'(x) > 0$，则 x_0 是极小值点；

(3)如果在点 x_0 的两侧，$f'(x)$ 保持同号，则 $f(x)$ 单调，x_0 非极值点。

利用第一充分条件求极值的步骤如下：

①确定函数 $f(x)$ 的定义域，求出导函数 $f'(x)$；

②找出函数 $f(x)$ 的所有驻点($f'(x)=0$)及所有 $f'(x)$ 不存在的点；

③利用第一充分条件，检查上述的点两侧邻近 $f'(x)$ 的符号(列表)。

例 1 求函数 $y = 2x^3 - 6x^2 - 18x - 7$ 的极值。

解 定义域：$(-\infty, +\infty)$，$y' = 6x^2 - 12x - 18 = 6(x+1)(x-3)$

令：$y'=0$，驻点：$x=-1$，$x=3$；(没有 y' 不存在的点)

x	$(-\infty, -1)$	-1	$(-1, 3)$	3	$(3, +\infty)$
y'	+	0	−	0	+
y	↗	3	↘	−61	↗

根据第一充分条件，极大值点 $x=-1$，极大值 $y(-1)=3$；极小值点 $x=3$，极小值 $y(3)=-61$.

例 2 设 $f(x)=(x-2)^2(x+1)^{\frac{2}{3}}$，求极值。

解 定义域：$(-\infty, +\infty)$，

$$f'(x) = 2(x-2)(x+1)^{\frac{2}{3}} + \frac{2}{3}(x-2)^2(x+1)^{-\frac{1}{3}} = \frac{2(x-2)(4x+1)}{3\sqrt[3]{x+1}}$$

令 $f'(x)=0$，驻点 $x=2$，$-\dfrac{1}{4}$；$f'(x)$ 不存在的点：$x=-1$；

x	$(-\infty, -1)$	-1	$\left(-1, -\frac{1}{4}\right)$	$-\frac{1}{4}$	$\left(-\frac{1}{4}, 2\right)$	2	$(2, +\infty)$
y'	−	不存在	+	0	−		+
y	↘		↗		↘		↗

所以，极小值：$f(-1)=0$，$f(2)=0$；极大值：$f(-\frac{1}{4}) = (\frac{9}{4})^2(\frac{3}{4})^{\frac{2}{3}}$.

在某些情况下，判断 $f'(x)$ 的符号比较困难，则在二阶可导的条件下，可以考虑利用驻点的二阶导数 $f''(x)$ 对驻点进行判别。

定理 3 (判别极值的第二充分条件)设函数 $y=f(x)$ 在 x_0 二阶可导，且 $f'(x_0)=0$，若 $f''(x_0)\neq 0$，则 x_0 是极值点，且

(1) $f''(x_0) > 0$ 时，x_0 是极小值点；(2) $f''(x_0) < 0$ 时，x_0 是极大值点。

证明　(1)由$f''(x_0)>0$，即$f''(x_0)=\lim\limits_{x\to x_0}\dfrac{f'(x)-f'(x_0)}{x-x_0}=\lim\limits_{x\to x_0}\dfrac{f'(x)}{x-x_0}>0$，

根据函数极限的保号性定理，存在$\overset{o}{U}(x_0)$，在此邻域内，$\dfrac{f'(x)}{x-x_0}>0$，即当$x>x_0$时，$f'(x)>0$；当$x<x_0$时，$f'(x)<0$；所以，x_0是极小值点。

注：(1)只有二阶导数$f''(x)$存在且不为零的驻点才可以用定理3判别；

(2)使用定理3时，一般要求二阶导数的计算相对较为容易；

(3)对于二阶导数$f''(x)$不存在的点，不可导的点，只能用第一充分条件进行判别。

例3　求函数$f(x)=e^x\cos x$的极值。

解　定义域：$(-\infty,+\infty)$，$f'(x)=e^x(\cos x-\sin x)$

令$f'(x)=0$，所有驻点：$x_k=k\pi+\dfrac{\pi}{4}$，$k=0,\ \pm1,\ \pm2,\cdots$；

又$f''(x)=-2e^x\sin x$，故

$$f''(x_k)=-2e^{x_k}\sin x_k=-2e^{k\pi+\frac{\pi}{4}}\sin\left(k\pi+\frac{\pi}{4}\right)\begin{cases}<0 & k=0,\ \pm2,\ \pm4,\cdots\\ >0 & k=\pm1,\ \pm3,\cdots\end{cases}$$

故极大值为：$f\left(2n\pi+\dfrac{\pi}{4}\right)=e^{2n\pi+\frac{\pi}{4}}\cos\left(2n\pi+\dfrac{\pi}{4}\right)=\dfrac{\sqrt{2}}{2}e^{2n\pi+\frac{\pi}{4}}$，$n=0,\ \pm1,\ \pm2\cdots$；

极小值为：$f\left((2n+1)\pi+\dfrac{\pi}{4}\right)=e^{(2n+1)\pi+\frac{\pi}{4}}\cos\left((2n+1)\pi+\dfrac{\pi}{4}\right)=-\dfrac{\sqrt{2}}{2}e^{(2n+1)\pi+\frac{\pi}{4}}$，$n=0,\ \pm1,\ \pm2\cdots$.

例4　设函数$f(x)=(x-5)^{\frac{4}{3}}$，求函数的极值。

解　$f'(x)=\dfrac{4}{3}(x-5)^{\frac{1}{3}}$，驻点为：$x=5$；$f''(x)=\dfrac{4}{9}(x-5)^{-\frac{2}{3}}$在$x=5$不存在，因此必须改用第一充分条件判别：

x	$(-\infty,5)$	5	$(5,+\infty)$
y'	−		+
y	↘		↗

所以$x=5$是极小值点，极小值为$f(5)=0$.

§6　最大值与最小值

函数的极值是函数在局部的最大或最小值。本节讨论的是函数在其定义域或指定范围内的最大值或最小值。

一、闭区间上连续函数的最大值与最小值

已知闭区间上的连续函数可以在区间上取得最大值以及最小值，即若函数$f(x)$在闭区

间 $[a, b]$ 上连续，则一定存在 ξ_1、$\xi_2 \in [a, b]$，对于任意 $x \in [a, b]$，均有

$$m = f(\xi_1) \leqslant f(x) \leqslant f(\xi_2) = M.$$

(1)如果 m、M 在区间的端点取得，则必为 $f(a)$ 或 $f(b)$；

(2)如果 m、M 在区间的内部取得，即存在 $\xi_1 \in (a, b)$ 或 $\xi_2 \in (a, b)$，使得：$m = f(\xi_1)$ 或 $M = f(\xi_2)$，则此时的 ξ_1 或 ξ_2 一定是 $f(x)$ 极值点(注意：当 $f(x)$ 可导时，极值点产生于驻点)。

求闭区间上连续函数的最大值、最小值的方法：

(1)确定函数 $f(x)$ 的定义域；

(2)求 $f'(x) = 0$ 以及 $f'(x)$ 不存在的点(无需用判别法进行判别)；

(3)计算以上的各点中的函数值以及区间端点的函数值，比较大小，可得函数最大值及最小值。

例 1 求函数 $f(x) = (x-2)^2 (x+1)^{\frac{2}{3}}$ 在闭区间 $[-2, 3]$ 上的最大值及最小值。

解 指定的区间为：$[-2, 3]$；

$$f'(x) = 2(x-2)(x+1)^{\frac{2}{3}} + \frac{2}{3}(x-2)^2 (x+1)^{\frac{-1}{3}} = \frac{2(x-2)(4x+1)}{3\sqrt[3]{x+1}}$$

驻点：$x = 2, -\frac{1}{4}$；$f'(x)$ 不存在的点：$x = -1$；

$$f(-1) = 0 \quad f(-\frac{1}{4}) = (\frac{9}{4})^2 (\frac{3}{4})^{\frac{2}{3}} \quad f(2) = 0 \quad f(-2) = 16 \quad f(3) = 4^{\frac{2}{3}}$$

比较可得：$M = f(-2) = 16$，$m = f(-1) = f(2) = 0$.

二、应用问题中的最大值与最小值

定理 如果连续函数在区间内有唯一的极值，则该极值一定是最值。

证明 设函数 $f(x)$ 在区间 I 内连续，ξ_0 是唯一的极值点且是极大值点。假设 $f(\xi_0)$ 不是最大值，则必然存在 $\xi^* \in I$，不妨设 $\xi_0 < \xi^*$，使得 $f(\xi_0) < f(\xi^*)$，则 $f(x)$ 在闭区间 $[\xi_0, \xi^*]$ 上连续，在 $[\xi_0, \xi^*]$ 上可以取得最大值以及最小值；因为 $f(\xi_0)$ 是极大值，以及 $f(\xi_0) < f(\xi^*)$，从而一定存在 $x_0 \in (\xi_0, \xi^*)$，$f(x)$ 在 x_0 取得 $[\xi_0, \xi^*]$ 上最小值；即存在 $U(x_0, \delta) \subset (\xi_0, \xi^*)$，在此邻域内，有 $f(x_0) < f(x)$，表明 $f(x_0)$ 是函数 $f(x)$ 的一个极小值；与 $f(x)$ 在区间 I 内有唯一的极值矛盾。

例 2 某厂生产某产品，其固定成本为 2000 元，每生产一吨产品的成本为 60 元，这种产品的市场需求规律为 $q = 1000 - 10p$，(q 为需求量，p 为价格)试求：

(1)总成本函数，总收入函数；

(2)产量为多少吨时利润最大?

(3)获得最大利润时的价格。

解 (1)设总成本函数为 $C(q)$，总收入函数为 $R(q)$，总利润函数为 $L(q)$，

$C(q) = 2000 + 60q$，$R(q) = qp = q \cdot (100 - \frac{1}{10}q) = 100q - \frac{1}{10}q^2$

(2)利润函数为 $L(q) = R(q) - C(q) = -\frac{1}{10}q^2 + 40q - 2000$

$L'(q) = -\frac{1}{5}q + 40$，令 $L'(q) = 0$，解得 $q = 200$，因为 $L''(200) = -\frac{1}{5} < 0$

所以 $q = 200$ 为极大值点，即当产量为 200 吨时利润最大。

(3)获得最大利润时的价格：$p = 100 - \frac{1}{10} \cdot 200 = 80$(元)

例 3　设 $f(x) = nx(1-x)^n$，$n = 1, 2, \cdots$，求

(1) $f(x)$ 在 $[0, 1]$ 上的最大值 $M(n)$；(2)求极限 $\lim\limits_{n\to\infty} M(n)$.

解　(1) $f'(x) = n[(1-x)^n - nx(1-x)^{n-1}] = n(1-x)^{n-1}[1-(n+1)x] = 0$，得驻点：$x = 1$，$x = \frac{1}{n+1}$；$f(0) = f(1) = 0$，$f(\frac{1}{n+1}) = (\frac{n}{n+1})^{n+1} > 0$，则 $M(n) = (\frac{n}{n+1})^{n+1}$；

(2) $\lim\limits_{n\to\infty} M(n) = \lim\limits_{n\to\infty}(\frac{n}{n+1})^{n+1} = \lim\limits_{n\to\infty}\left\{(1+\frac{1}{n})^n\right\}^{-1} \cdot (1+\frac{1}{n})^{-1} = \frac{1}{\mathrm{e}}$.

例 4　讨论方程 $\ln x = ax$ ($a > 0$)有几个实根。

解　记 $f(x) = \ln x - ax$，$f'(x) = \frac{1}{x} - a = \frac{1-ax}{x}$，有唯一的驻点：$x = \frac{1}{a}$；且 $f''(x) = -\frac{1}{x^2}$，$f''(\frac{1}{a}) = -a^2 < 0$，则 $x = \frac{1}{a}$ 是极大值点，从而是最大值点，$f(x)$ 的最大值为：$f(\frac{1}{a}) = \ln\frac{1}{a} - 1$；$\lim\limits_{x\to 0^+} f(x) = -\infty$，$\lim\limits_{x\to+\infty} f(x) = -\infty$，即

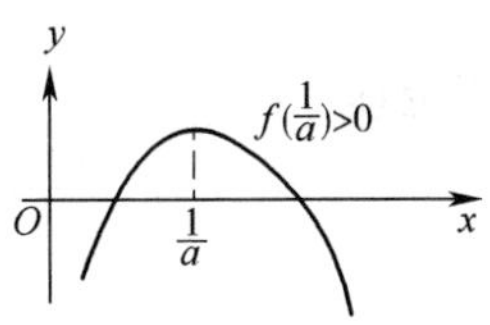

$f(\frac{1}{a}) > 0$，$\ln\frac{1}{a} > 1$；

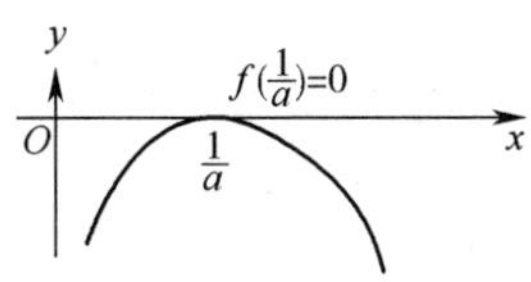

$f(\frac{1}{a}) = 0$，$\ln\frac{1}{a} = 1$；

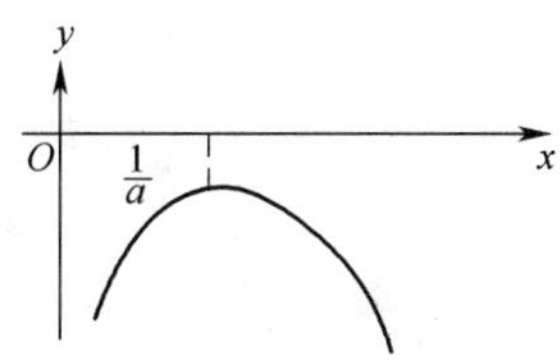

$f(\frac{1}{a}) < 0$，$\ln\frac{1}{a} < 1$；

方程 $f(x) = 0$ 即 $\ln x = ax$：当 $a > \mathrm{e}^{-1}$ 时，有两个实根；当 $a = \mathrm{e}^{-1}$ 时，有唯一实根；而当 $a < \mathrm{e}^{-1}$ 时，无实根。

注：可以证明，如果函数 $f(x)$ 连续，单调，且方程 $f(x) = 0$ 有实根，则方程 $f(x) = 0$ 只有唯一的实根。

§7　曲线的凹凸与拐点

定义 1　设函数 $f(x)$ 在区间 (a, b) 内连续，$\forall x_1, x_2 \in (a, b)$，如果

$$f(\frac{x_1 + x_2}{2}) > \frac{f(x_1) + f(x_2)}{2}$$

称曲线 $y = f(x)$ 为 (a, b) 上的凸曲线，称 (a, b) 为凸区间；

若

$$f(\frac{x_1+x_2}{2}) < \frac{f(x_1)+f(x_2)}{2}$$

称曲线 $y=f(x)$ 为 (a, b) 上的凹曲线，称 (a, b) 为凹区间。

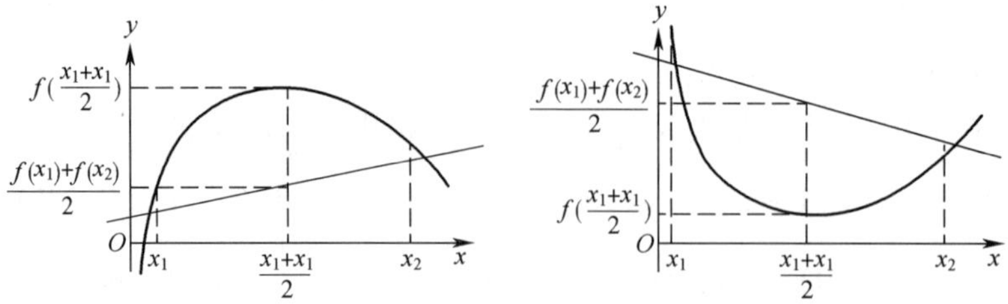

图 3-5

从几何角度观察，在凹曲线上，过任意两点的割线总在该曲线的上方；在凸曲线上，过任意两点的割线总在该曲线的下方；并且不难观察到，在凹曲线上，对应点的切线的斜率是增加的，而在凸曲线上，对应点的切线的斜率是减小的。

定理 1 （判别凹凸性的第一充分条件）设函数 $f(x)$ 在区间 $[a, b]$ 上连续，在 (a, b) 内二阶可导，$\forall x \in (a, b)$

(1)若 $f''(x) > 0$，对应的曲线 $y=f(x)$ 为 (a, b) 上的凹曲线；

(2)若 $f''(x) < 0$，对应的曲线 $y=f(x)$ 为 (a, b) 上的凸曲线。

证明 记 $g(x)=f'(x)$，由于 $f''(x) > 0$，即 $g'(x)=f''(x) > 0$，表明函数 $g(x)$ 单调增加，即 $f'(x)$ 单调增加。

$\forall x_0, x_1, x_2 \in (a, b)$，不妨设 $x_1 < x_0 < x_2$，由拉格朗日中值定理，有

$$f(x_1)-f(x_0)=f'(\xi_1)(x_1-x_0) \qquad x_1 < \xi_1 < x_0 \qquad ①$$

$$f(x_2)-f(x_0)=f'(\xi_2)(x_2-x_0) \qquad x_0 < \xi_2 < x_2 \qquad ②$$

因为 $f'(x)$ 单调增加，且 $\xi_1 < \xi_2$，有 $f'(\xi_1) < f'(\xi_2)$，即②可以改写为：

$$f(x_2)-f(x_0) > f'(\xi_1)(x_2-x_0) \qquad ③$$

①+③：$$f(x_2)+f(x_1)-2f(x_0) > f'(\xi_1)(x_2+x_1-2x_0)$$

由于 $x_0, x_1, x_2 \in (a, b)$ 的任意性，特别取 $x_0=\dfrac{x_1+x_2}{2}$，则有 $x_2+x_1-2x_0=0$，

即 $f(x_2)+f(x_1)-2f\left(\dfrac{x_1+x_2}{2}\right) > 0$，证得：$\dfrac{f(x_2)+f(x_1)}{2} > f(\dfrac{x_1+x_2}{2})$.

根据凹凸性的定义，曲线 $y=f(x)$ 是对应区间 (a, b) 上的凹曲线。

例 1 讨论曲线 $y=x^3$，$y=x^{\frac{1}{3}}$ 的凹凸性。

解 $y=x^3$：$y'=3x^2$，$y''=6x\begin{cases} <0, & (-\infty, 0) \\ >0, & (0, +\infty) \end{cases}$，表明在区间 $(0, +\infty)$ 上对应的曲线 $y=x^3$ 是凹曲线；在区间 $(-\infty, 0)$ 上对应的则是凸曲线。

注意到，凹凸区间的分界点是二阶导数等于零的点 $x=0$.

$y=x^{\frac{1}{3}}$：$y'=\dfrac{1}{3}x^{\frac{-2}{3}}$，$y''=-\dfrac{2}{9}x^{\frac{-5}{3}}\begin{cases} <0, & x>0 \\ >0, & x<0 \end{cases}$，表明曲线 $y=x^{\frac{1}{3}}$ 是区间 $(-\infty, 0)$ 上的

凹曲线，而是区间 $(0, +\infty)$ 上的凸曲线。

注意到，此例中凹凸区间的分界点是二阶导数不存在的点 $x=0$.

定义 2　对于连续曲线 $y=f(x)$ 上的点 $(x_0, f(x_0))$，如果此点两侧曲线的凹凸性发生了改变，则称此点为曲线的拐点。

注：由上面的讨论，拐点产生于 $f''(x)=0$ 及 $f''(x)$ 不存在的点。

判断曲线的凹凸性及求拐点的主要步骤：

①明确定义域或指定区间，计算二阶导数 $f''(x)$；

②求出二阶导数 $f''(x)=0$ 及 $f''(x)$ 不存在的点；

③讨论上述各点两侧 $f''(x)$ 的符号，确定函数的凹凸区间(例表讨论)。

例 2　求函数 $y=(x-1)x^{\frac{2}{3}}$ 的凹凸区间以及曲线的拐点。

解　定义域：$(-\infty, +\infty)$，

$$y=x^{\frac{5}{3}}-x^{\frac{2}{3}},\ y'=\frac{5}{3}x^{\frac{2}{3}}-\frac{2}{3}x^{-\frac{1}{3}},\ y''=\frac{10}{9}x^{-\frac{1}{3}}+\frac{2}{9}x^{-\frac{4}{3}}=\frac{2(5x+1)}{9\sqrt[3]{x^4}}$$

令 $y''=0$，得 $x=-\dfrac{1}{5}$，y'' 不存在的点为 $x=0$，

x	$\left(-\infty, -\frac{1}{5}\right)$	$-\frac{1}{5}$	$\left(-\frac{1}{5}, 0\right)$	0	$(0, +\infty)$
y''	—	0	+	∄	+
y	⌒		⌣		⌣

拐点为 $\left(-\dfrac{1}{5}, -\dfrac{6}{5}\left(-\dfrac{1}{5}\right)^{\frac{2}{3}}\right)$.

定理 2(判别凹凸性的第二充分条件)

若函数 $y=f(x)$ 在点 x_0 的某邻域内三阶导数存在，且 $f''(x_0)=0, f'''(x_0)\neq 0$，则 $(x_0, f(x_0))$ 是拐点，且若 $f'''(x_0)>0$ 曲线左凸右凹；$f'''(x_0)<0$ 曲线左凹右凸。

例 3　求曲线 $y=e^x\cos x$ 的拐点。

解　$y'=e^x(\cos x-\sin x)$，$y''=-2e^x\sin x$；令 $y''=0$，$x_k=k\pi$，$k=0, \pm1, \pm2, \cdots$，

$y'''=-2e^x(\cos x+\sin x)$，而 $y'''(x_k)=-2e^{x_k}(\cos x_k+\sin x_k)=-2e^{k\pi}\cos k\pi\neq 0$

从而 $(k\pi, -2e^{k\pi}\cos k\pi)$ 为拐点，$k=0, \pm1, \pm2, \cdots$.

例 4　求曲线 $\begin{cases} x=t^2 \\ y=3t+t^3 \end{cases}$ 的拐点。

解　$\dfrac{dy}{dx}=\dfrac{3+3t^2}{2t}=\dfrac{3}{2}\left(\dfrac{1}{t}+t\right)$，$\dfrac{d^2y}{dx^2}=\dfrac{3}{2}\left(-\dfrac{1}{t^2}+1\right)\cdot\dfrac{1}{2t}=\dfrac{3}{4}\left(\dfrac{1}{t}-\dfrac{1}{t^3}\right)=\dfrac{3}{4}\cdot\dfrac{t^2-1}{t^3}$

令：$\dfrac{d^2y}{dx^2}=0$，得 $t=\pm1$，$x=1$.

$$\frac{d^3y}{dx^3}==\frac{3}{4}(-\frac{1}{t^2}+\frac{3}{t^4})\cdot\frac{1}{2t}=\frac{3}{8}\cdot\frac{3-t^2}{t^5}\qquad \left.\frac{d^3y}{dx^3}\right|_{t=\pm1}=\pm\frac{9}{8}$$

$\left.\frac{d^3y}{dx^3}\right|_{t=1}=\frac{9}{8}>0$，故（1，4）是拐点，且曲线是左凸右凹的；

$\left.\frac{d^3y}{dx^3}\right|_{t=-1}=-\frac{9}{8}<0$，故（1，-4）也是拐点，且曲线是左凹右凸的。

§8　函数的作图

一、渐近线的概念

1. 水平渐近线

如果 $\lim\limits_{x\to\infty}f(x)=A$，则直线 $y=A$ 是曲线 $y=f(x)$ 的一条水平渐近线，必要时，也可以分别考虑 $x\to+\infty$ 或 $x\to-\infty$ 时函数的单侧渐近线。

2. 垂直渐近线

如果 $\lim\limits_{x\to x_0}f(x)=\infty$，则直线 $x=x_0$ 是曲线 $y=f(x)$ 的一条垂直渐近线，必要时，也可以分别考虑 $x\to x_0^+$ 或 $x\to x_0^-$ 时，函数 $f(x)\to\pm\infty$ 的单侧渐近线。

3. 斜渐近线

如果，$\lim\limits_{x\to\infty}\frac{f(x)}{x}=k$，$\lim\limits_{x\to\infty}(f(x)-kx)=b$，则 $y=kx+b$ 是曲线 $y=f(x)$ 的斜渐近线。

二、函数作图的主要步骤

①确定函数 $y=f(x)$ 的定义域，考察对称性、周期性、奇偶性等特性；

②求出下列各点：$f'(x)=0$ 及 $f'(x)$ 不存在的点；$f''(x)=0$ 及 $f''(x)$ 不存在的点；

③用以上各点将函数的定义域分割为若干个子区间，检查各个子区间内 $f'(x)$、$f''(x)$ 的符号，以确定这些子区间上函数的增减性、曲线的凹凸性，进一步可以确定函数的极值点及曲线的拐点；(列表完成)

④检查是否有渐近线；

⑤计算出第②步所得的各点函数值(以确定极值点、拐点的位置)，找出曲线与坐标轴交点，还可以另计算一些点的函数值；

⑥建立坐标系，首先将第⑤步中的各点在坐标系中标出，然后再根据所列的表格，将上述点光滑连接。

例 1 作出曲线 $y=x^3-x^2-x+1$ 的图。

解　①定义域：$(-\infty,+\infty)$，

② $y'=3x^2-2x-1=(3x+1)(x-1)$，$y''=6x-2=2(3x-1)$，

令：$y'=0$，$x=-\frac{1}{3}$，$x=1$；

令：$y''=0$，$x=\frac{1}{3}$；没有 y'，y'' 不存在的点；

③列表讨论

x	$(-\infty, -\frac{1}{3})$	$-\frac{1}{3}$	$(-\frac{1}{3}, \frac{1}{3})$	$\frac{1}{3}$	$(\frac{1}{3}, 1)$	1	$(1, +\infty)$
y'	+	0	−		−	0	+
y''	−	−4	−	0	+	4	+
y	↗	极大值点	↘	拐点	↘	极小值点	↗

④因为函数在定义域内处处连续，没有无穷间断点，故无垂直渐近线；$\lim\limits_{x\to+\infty} y=+\infty$，$\lim\limits_{x\to+\infty} y=+\infty$，故也无水平渐近线；

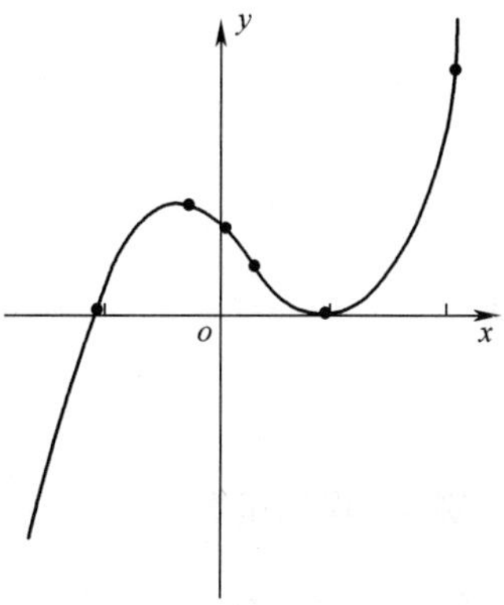

⑤$f(-\frac{1}{3})=\frac{32}{27}\approx 1.2, f(\frac{1}{3})=\frac{16}{27}\approx 0.6, f(1)=0$；

交点：$(0, 1)$，$(\pm 1, 0)$；另取点：$(2, 3)$；

⑥ 作图。

例 2　作出曲线 $y=1+\frac{1-2x}{x^2}$ 的图。

解　①定义域：$(-\infty, 0)\cup(0, +\infty)$；

②$y=1+\frac{1}{x^2}-\frac{2}{x}$，$y'=-\frac{2}{x^3}+\frac{2}{x^2}=2\frac{x-1}{x^3}$，

$$y''=\frac{6}{x^4}-\frac{4}{x^3}=2\frac{3-2x}{x^4}$$

令 $y'=0, x=1$；

令 $y''=0, x=\frac{3}{2}$；

③列表讨论

x	$(-\infty, 0)$	$(0, 1)$	1	$(1, \frac{3}{2})$	$\frac{3}{2}$	$(\frac{3}{2}, +\infty)$
y'	+	—	0	+		+
y''	+	+	2	+	0	—
y	↗	↘	极小值点	↗	拐点	↗

④ $\lim\limits_{x\to 0} y=\lim\limits_{x\to 0}(1+\frac{1-2x}{x^2})=+\infty$，$x=0$ 是垂直渐近线；

$\lim\limits_{x\to\pm\infty} y=\lim\limits_{x\to\pm\infty}(1+\frac{1-2x}{x^2})=1$，$y=1$ 是水平渐近线；

⑤ $(1, 0)$，$(\frac{3}{2}, \frac{1}{9}) \approx (1.5, 0.1)$；另取点：$(\frac{1}{2}, 1) = (0.5, 1)$，

$(-1, 4)$，$(-2, \frac{9}{4}) \approx (-2, 2.25)$，$(2, \frac{1}{4}) = (2, 0.25)$，

$(-4, \frac{25}{16}) \approx (-4, 1.6)$；

⑥作图。

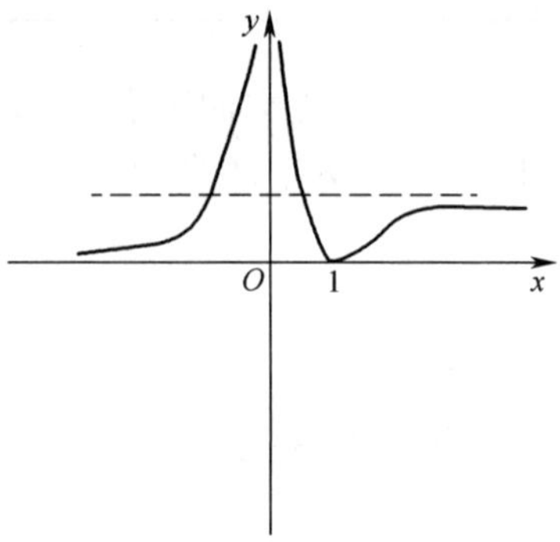

例 3　作出函数 $y = \frac{1+x^2}{x}$ 的图。

解　①奇函数，故只要在区间 $(0, +\infty)$ 上讨论即可；

② $y = x + \frac{1}{x}$，$y' = 1 - \frac{1}{x^2}$，$y'' = \frac{2}{x^3}$，令 $y' = 0$，$x = 1$，在 $(0, +\infty)$ 上 $y'' > 0$；

③列表讨论

x	$(0, 1)$	1	$(1, +\infty)$
y'	−	0	+
y''	+	2	+
y	↘（凹）	极小值点	↗（凹）

④ $\lim\limits_{x \to 0^{\pm}} f(x) = \lim\limits_{x \to 0^{\pm}} (x + \frac{1}{x}) = \pm\infty$　　$x = 0$ 竖直渐近线；

$\lim\limits_{x \to \pm\infty} f(x) = \lim\limits_{x \to \pm\infty} (x + \frac{1}{x}) = \pm\infty$　无水平渐近线；

$k = \lim\limits_{x \to +\infty} \frac{f(x)}{x} = \lim\limits_{x \to +\infty} \frac{1+x^2}{x^2} = 1$

$b = \lim\limits_{x \to +\infty} (f(x) - kx) = \lim\limits_{x \to +\infty} (\frac{1+x^2}{x} - x) = \lim\limits_{x \to +\infty} \frac{1}{x} = 0$，$y = x$ 斜渐近线；

⑤ $(1, 2)$；另取点：$(\frac{1}{2}, \frac{5}{2}) = (0.5, 2.5)$，$(2, \frac{5}{2}) = (2, 2.5)$，$(3, \frac{10}{3}) \approx (3, 3.3)$；

⑥作图。

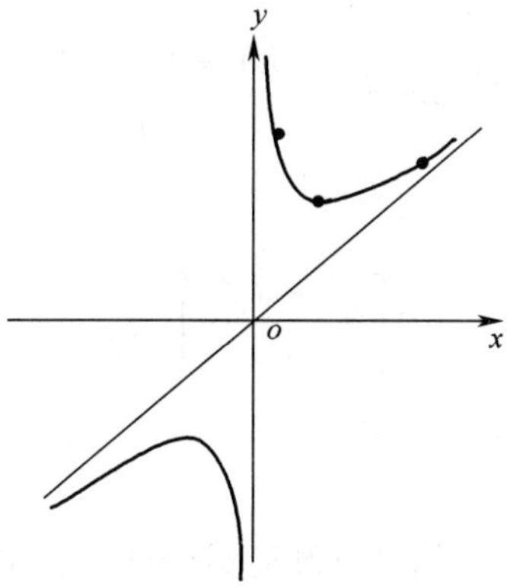

习题三

1. 不用求出函数 $f(x)=(x-1)(x-2)(x-3)(x-4)$ 的导数，说明方程 $f'(x)=0$ 有几个实根，并指出它们所在的区间。

2. 设 $f(x)$ 是处处可导的奇函数，证明：对任一 $b>0$，总存在 $c\in(-b, b)$ 使得 $f'(c)=\frac{f(b)}{b}$.

3. 证明恒等式 $\arcsin x+\arccos x=\frac{\pi}{2}\ (-1\leqslant x\leqslant 1)$.

4. 证明不等式：

(1) $\frac{a-b}{a}<\ln\frac{a}{b}<\frac{a-b}{b}\quad(a>b>0)$；

(2) $x<e^x-1<xe^x$.

5. 若函数 $f(x)$ 在 (a, b) 内具有二阶导数且 $f(x_1)=f(x_2)=f(x_3)$，其中 $a<x_1<x_2<x_3<b$，证明：在 (x_1, x_3) 内至少有一点 ξ，使得 $f''(\xi)=0$.

6. 若函数 $f(x)$ 在 $[a, b]$ 上连续，在 (a, b) 内二阶可导，$A(a, f(a))$，$B(b, f(b))$，弦 AB 交曲线 $y=f(x)$ 于点 C，证明，在 (a, b) 内至少有一点 ξ，使得 $f''(\xi)=0$.

7. 用洛必塔法则求下列极限：

(1) $\lim\limits_{x\to a}\frac{\sin x-\sin a}{x-a}$；　(2) $\lim\limits_{x\to+0}\frac{\ln\tan 7x}{\ln\tan 2x}$；

(3) $\lim\limits_{x\to 0}[\frac{1}{x}-\frac{1}{\ln(1+x)}]$；　(4) $\lim\limits_{x\to 0}(\frac{1}{x}-\frac{1}{e^x-1})$；

(5) $\lim\limits_{x\to 0}\frac{(1+x)^{\frac{1}{x}}-e}{x}$；　(6) $\lim\limits_{x\to+0}(\frac{1}{x})^{\tan x}$；

(7) $\lim\limits_{x\to 0}\left(\frac{\sin x}{x}\right)^{\frac{1}{x^2}}$；　　(8) $\lim\limits_{x\to +0} x^{\sin x}$；

(9) $\lim\limits_{t\to +0}\frac{e^{t^2}-\frac{2}{\pi}\arcsin\sqrt{1-t}}{\ln(1+\sqrt{t})}$.

8. 设$f(x)$二阶导数存在，证 $\lim\limits_{h\to 0}\frac{f(x+h)+f(x-h)-2f(x)}{h^2}=f''(x)$.

9. 讨论函数

$$f(x)=\begin{cases}\left[\frac{(1+x)^{\frac{1}{x}}}{e}\right]^{\frac{1}{x}}; & x>0\\ e^{-\frac{1}{2}}; & x\leqslant 0\end{cases}$$

在点 $x=0$ 处的连续性。

10. 写出下列函数在指定点处的带有佩亚诺余项的三阶泰勒公式：

(1) $f(x)=\sqrt{x}$，$x_0=4$；

(2) $f(x)=\tan x$，$x_0=0$.

11. 写出下列函数的带有拉格朗日余项的 n 阶麦克劳林公式：

(1) $f(x)=\frac{1}{1+x}$；

(2) $f(x)=xe^x$.

12. 设 $\lim\limits_{x\to 0}\frac{f(x)}{x}=1$ 且 $f''(x)>0$，利用带有拉格朗日余项的麦克劳林公式证明：$f(x)\geqslant x$.

13. 利用带有佩亚诺余项的麦克劳林公式求下列极限：

(1) $\lim\limits_{x\to 0}\frac{\cos x-e^{-\frac{x^2}{2}}+\frac{x^4}{12}}{x^6}$；

(2) $\lim\limits_{x\to 0}\frac{e^x\sin x-x(1+x)}{x^2\sin x}$.

14. 研究下列函数的单调性：

(1) $f(x)=x-\arctan x$；　　(2) $f(x)=\left(1+\frac{1}{x}\right)^x$，$(x>0)$.

15. 确定下列函数的单调区间：

(1) $y=2x^3-6x^2-18x-7$；　　(2) $y=\frac{x^2}{x+1}$；

(3) $y=\ln(x+\sqrt{1+x^2})$.

16. 证明下列不等式：

(1)当 $x>0$ 时，$1+\frac{1}{2}x>\sqrt{1+x}$；　　(2)当 $x>4$ 时，$2^x>x^2$；

(3)当 $x > 0$ 时, $1 + x\ln(x + \sqrt{1 + x^2}) > \sqrt{1 + x^2}$.

17. 试证方程 $\sin x = x$ 只有一个实根。

18. 求下列函数图形的凹、凸区间：

(1) $y = \ln(1 + x^2)$；　　(2) $y = e^{-x^2}$.

19. 利用函数的凹凸性，证明不等式：

$$x\ln x + y\ln y > (x + y)\ln\frac{x + y}{2} \qquad (x > 0,\ y > 0,\ x \neq y).$$

20. 试确定曲线 $y = ax^3 + bx^2 + cx + d$ 中的 a, b, c, d, 使得点$(-2, 44)$为驻点，点$(1, -10)$为拐点。

21. 已知曲线 $x^2y + \alpha x + \beta y = 0$ 以点$(2, 2.5)$为拐点，试确定 α, β 的值。

22. 讨论方程 $\ln x = ax$,　$(a > 0)$ 有几个实根。

23. 求下列函数的极值：

(1) $y = x^3 - 3x^2 - 9x + 5$;　　(2) $y = x + \sqrt{1 - x}$；

(3) $y = 2x + 3x^{\frac{2}{3}}$.

24. 试问：a 为何值时，函数 $f(x) = a\sin x + \frac{1}{3}\sin 3x$ 在 $x = \frac{\pi}{3}$ 处取得极值？它是极小值还是极大值？并求此极值。

25. 求下列函数在指定区间上的最大值，最小值：

(1) $y = x^4 - 8x^2 + 2$, $x \in [-1, 3]$；　　(2) $y = x + \sqrt{1 - x}$, $x \in [-5, 1]$.

26. 绘下列函数的图形：

(1) $y = \frac{1}{1 + x^2}$；　　(2) $y = \frac{2x - 1}{(x - 1)^2}$.

第四章　不定积分

一元函数积分学包括不定积分和定积分两部分，本章我们讨论不定积分。不定积分是微分的逆运算，在微分学中，我们是给定函数 $F(x)$，求其导数 $F'(x)$，而这一问题的逆问题是：已知函数$f(x)$，要找到一个可导函数 $F(x)$，使 $F'(x)=f(x)$，这就是不定积分要解决的问题。解决这个问题的基础仍然是微分学，需要对微分学有较高的熟练度。

§1 不定积分的概念与性质

一、原函数与不定积分

在微分学中，主要问题是求已知函数的导函数，而不定积分则是相反的问题，为此我们需要引入原函数的概念。

定义 1　设函数 $F(x)$、$f(x)$ 在区间 I 上有定义，对 $\forall x \in I$，如果都有 $F'(x)=f(x)$，则称 $F(x)$ 是$f(x)$ 在区间 I 上的一个原函数。

如果质点的路程函数为 $s=s(t)$，速度函数为 $v(t)$，由于 $s'(t)=v(t)$，由定义 $s(t)$ 是 $v(t)$ 的一个原函数；又如 $(\sin x)'=\cos x$，故 $\sin x$ 是 $\cos x$ 的一个原函数。

问题：(1) 在什么条件下，函数一定有原函数；

(2) 如果函数有原函数，那么原函数是否唯一？不唯一的话，原函数之间有何联系？

(3) 如何求原函数。

定理 1　(原函数存在性定理) 区间上的连续函数一定有原函数。

注：(1) 初等函数在定义区间内连续，故初等函数在其定义区间内一定有原函数；

(2) 如果 $F(x)$ 是$f(x)$ 的一个原函数，即 $F'(x)=f(x)$；由于 $[F(x)+c]'=f(x)$，表明 $F(x)+c$ 也是$f(x)$ 的原函数(c 是任意常数)，这表明原函数是不唯一的；

(3) 此定理的证明将在下一章中给出。

定理 2　$f(x)$ 的任意两个原函数之间只相差一个常数。

证明　设 $F(x)$、$G(x)$ 都是函数$f(x)$ 的原函数，即 $F'(x)=f(x)$，$G'(x)=f(x)$，对任意的 x，有

$$[F(x)-G(x)]'=F'(x)-G'(x)=f(x)-f(x)\equiv 0,$$

即 $F(x)-G(x)=c$，或 $F(x)=G(x)+c$. 这表明$f(x)$ 的任意两个原函数之间只相差一个常数。

注：根据定理 2，如果已知$f(x)$ 的一个原函数为 $F(x)$，则$f(x)$ 的所有的原函数可以表示为 $F(x)+c$，即$f(x)$ 的原函数的全体构成集合 $\{F(x)+c \mid -\infty<c<+\infty\}$，称为 $f(x)$ 的原函数族。

定义 2　设 $f(x)$ 在区间 I 上的原函数的全体为 $F(x)+c$，称其为 $f(x)$ 在区间 I 上的不定积分，记作 $\int f(x)\mathrm{d}x = F(x)+c$．其中 $\int$ 为积分号，x 为积分变量，$f(x)$ 为被积函数，$f(x)\mathrm{d}x$ 为积分表达式。

由此定义，如果得到 $f(x)$ 在区间 I 上的一个原函数为 $F(x)$，那么 $f(x)$ 在区间 I 上的不定积分 $\int f(x)\mathrm{d}x = F(x)+c$．

由于 $s'(t)=v(t)$，则 $\int v(t)\mathrm{d}t = s(t)+c$；

由于 $(\sin x)'=\cos x$，则 $\int \cos x\mathrm{d}x = \sin x + c$；

由于 $(\arctan x)' = \dfrac{1}{1+x^2}$，则 $\int \dfrac{1}{1+x^2}\mathrm{d}x = \arctan x + c$．

注：由不定积分的定义，$f(x)$ 的不定积分为 $F(x)+c$ 是一族曲线，称之为积分曲线族。其特点是：只要作出其中一条曲线 $y=F(x)$ 的图，通过沿 y 轴的上下平移，即可得到所有的积分曲线 $y=F(x)+c$ 的图形。

例 1　计算 $\int x^2\mathrm{d}x$．

解　因为 $(\frac{1}{3}x^3)' = x^2$，所以 $\int x^2\mathrm{d}x = \frac{1}{3}x^3+c$．

例 2　计算 $\int \dfrac{x}{\sqrt{x^2+1}}\mathrm{d}x$．

解　因为 $(\sqrt{x^2+1})' = \dfrac{x}{\sqrt{x^2+1}}$，所以 $\int \dfrac{x}{\sqrt{x^2+1}}\mathrm{d}x = \sqrt{x^2+1}+c$．

二、不定积分的性质

性质 1　和差的积分等于积分的和差，即：$\int [f(x)\pm g(x)]\mathrm{d}x = \int f(x)\mathrm{d}x \pm \int g(x)\mathrm{d}x$．

证明　设 $F'(x)=f(x)$，$G'(x)=g(x)$，则由定义，

$$\int f(x)\mathrm{d}x \pm \int g(x)\mathrm{d}x = (F(x)+c_1)\pm(G(x)+c_2) = F(x)\pm G(x)+c,$$

而 $[F(x)\pm G(x)]' = F'(x)\pm G'(x) = f(x)\pm g(x)$，

表明，$F(x)\pm G(x)$ 是 $f(x)\pm g(x)$ 的一个原函数，则

$$\int [f(x)\pm g(x)]\mathrm{d}x = F(x)\pm G(x)+c = \int f(x)\mathrm{d}x \pm \int g(x)\mathrm{d}x.$$

性质 2　非零常数因子可以从积分号中提出来：$\int kf(x)\mathrm{d}x = k\int f(x)\mathrm{d}x$．

性质 3　积分与微分（导数）之间的关系：

由于 $\int f(x)\mathrm{d}x$ 是 $f(x)$ 的原函数，所以有：

$$\left[\int f(x)\mathrm{d}x\right]' = f(x)，及 \quad \mathrm{d}\left\{\int f(x)\mathrm{d}x\right\} = f(x)\mathrm{d}x；$$

由于 $F(x)$ 是 $F'(x)$ 的原函数，所以有：

$$\int F'(x)\mathrm{d}x = F(x) + c \text{，及} \quad \int \mathrm{d}F(x) = F(x) + c.$$

注：(1)在忽略任意常数的基础上，积分与微分互为逆运算；

(2)对于性质 $\int F'(x)\mathrm{d}x = F(x) + c$，不能写成：$\int F'(x)\mathrm{d}x = F(x)$；$\mathrm{d}\{\int f(x)\mathrm{d}x\} = f(x)\mathrm{d}x$ 不能写成：$\mathrm{d}\{\int f(x)\mathrm{d}x\} = f(x)$.

三、基本积分公式

根据不定积分的定义，即若 $F'(x)=f(x)$，则 $\int f(x)\mathrm{d}x = F(x) + c$，以及已知的基本初等函数的导数公式，直接得到以下基本积分公式：

(1) $\int 0\mathrm{d}x = c$；

(2) $\int k\mathrm{d}x = kx + c$；

(3) $\int x^{\alpha}\mathrm{d}x = \dfrac{x^{\alpha+1}}{\alpha+1} + c(\alpha \neq -1)$；

(4) $\int \dfrac{1}{x}\mathrm{d}x = \ln|x| + c$；

(5) $\int \mathrm{e}^{x}\mathrm{d}x = \mathrm{e}^{x} + c$；

(6) $\int a^{x}\mathrm{d}x = \dfrac{a^{x}}{\ln a} + c$；

(7) $\int \cos x\mathrm{d}x = \sin x + c$；

(8) $\int \sin x\mathrm{d}x = -\cos x + c$；

(9) $\int \sec^{2}x\mathrm{d}x = \tan x + c$；

(10) $\int \csc^{2}x\mathrm{d}x = -\cot x + c$；

(11) $\int \sec x\tan x\mathrm{d}x = \sec x + c$；

(12) $\int \csc x\cot x\mathrm{d}x = -\csc x + c$；

(13) $\int \dfrac{1}{1+x^{2}}\mathrm{d}x = \arctan x + c$；

(14) $\int \dfrac{1}{\sqrt{1-x^{2}}}\mathrm{d}x = \arcsin x + c$；

(15) $\int \sinh x\mathrm{d}x = \cosh x + c$；

(16) $\int \cosh x\mathrm{d}x = \sinh x + c$.

以上这些基本的积分公式，是求不定积分的基础，必须熟记。

对于公式 $\int \dfrac{1}{x}\mathrm{d}x = \ln|x| + c$ 说明如下：$x > 0$ 时，$\ln|x| = \ln x$，且 $(\ln|x|)' = (\ln x)' = \dfrac{1}{x}$；$x < 0$ 时，$\ln|x| = \ln(-x)$，且 $(\ln|x|)' = (\ln(-x))' = \dfrac{1}{x}$；因此 $\dfrac{1}{x}$ 的原函数是 $\ln|x|$，即 $\int \dfrac{1}{x}\mathrm{d}x = \ln|x| + c$. 经常会看到在计算中使用公式 $\int \dfrac{1}{x}\mathrm{d}x = \ln x + c$，应当理解为 $x \in (0, +\infty)$.

注：判断 $F'(x) = f(x)$ 是否成立，可以用于检验积分 $\int f(x)\mathrm{d}x = F(x) + c$ 的结果是否正确。

四、简单的不定积分的计算

例 3 计算 $\int \sqrt{x}(x^{2} - 5)\mathrm{d}x$.

解 $\int\sqrt{x}(x^2-5)\,dx=\int(x^{\frac{5}{2}}-5x^{\frac{1}{2}})\,dx=\frac{2}{7}x^{\frac{7}{2}}-\frac{10}{3}x^{\frac{3}{2}}+c$.

例 4 计算 $\int\frac{(1-x)^3}{x^2}dx$.

解 $\int\frac{(1-x)^3}{x^2}dx=-\int\frac{x^3-3x^2+3x-1}{x^2}dx=-\int(x-3+3\frac{1}{x}-x^{-2})\,dx$

$$=\frac{x^2}{2}-3x+3\ln x+\frac{1}{x}+c.$$

例 5 计算 $\int(10^x+3\cos x+\frac{1}{\sqrt{x}})\,dx$.

解 $\int(10^x+3\cos x+\frac{1}{\sqrt{x}})\,dx=\frac{1}{\ln 10}10^x+3\sin x+2\sqrt{x}+c$.

例 6 计算 $\int\frac{1+x+x^2}{x(1+x^2)}dx$.

解 $\int\frac{1+x+x^2}{x(1+x^2)}dx=\int(\frac{1}{x}+\frac{1}{1+x^2})\,dx=\ln|x|+\arctan x+c$.

例 7 计算 $\int(2^x+3^x)^2dx$.

解 $\int(2^x+3^x)^2dx=\int((2^{2x}+3^{2x}+2\cdot 2^x3^x)\,dx=\int(4^x+9^x+2\cdot 6^x)\,dx$

$$=\frac{1}{2\ln 2}4^x+\frac{1}{2\ln 3}9^x+\frac{2}{\ln 6}6^x+c.$$

例 8 计算 $\int\frac{\cos 2x}{\cos x-\sin x}dx$.

解 $\int\frac{\cos 2x}{\cos x-\sin x}dx=\int\frac{\cos^2x-\sin^2x}{\cos x-\sin x}dx=\int(\cos x+\sin x)\,dx=\sin x-\cos x+c$.

例 9 计算 $\int\sin^2\frac{x}{2}dx$.

解 $\int\sin^2\frac{x}{2}dx=\int\frac{1-\cos x}{2}dx=\frac{x-\sin x}{2}+c$.

例 10 计算 $\int\frac{1}{1+\cos 2x}dx$.

解 $\int\frac{1}{1+\cos 2x}dx=\int\frac{1}{2\cos^2x}dx=\int\frac{1}{2}\sec^2x\,dx=\frac{1}{2}\tan x+c$.

例 11 质量为 m 的物体，自 100m 高处以初速度 $v_0=0$ 自由下落，问经过多长时间能到达地面？到达地面时的速度是多少？

解 根据牛顿第二定律：$F=ma$ ，有 $a=g$ ；由于 $a=v'$ ，即 $v'=g$ ，

从而，$v=\int v'dt=\int g dt=gt+c_1$；再由 $v_0=0$，得 $c_1=0$，$v=gt$.

因为 $s'=v=gt$ ，故 $s=\int s'dt=\int gt dt=\frac{g}{2}t^2+c_2$；由于 $s(0)=0$，得 $c_2=0$，求得 $s=\frac{g}{2}t^2$；

到达地面时，$s=100$，所需时间为：$t=\sqrt{\frac{2s}{g}}=10\sqrt{\frac{2}{g}}$（s）；到达地面时的速度为：

$$v(10\sqrt{\frac{2}{g}})=g\cdot 10\sqrt{\frac{2}{g}}=10\sqrt{2g}\ (\mathrm{m/s}).$$

例 12 曲线 $y=f(x)$ 在点 (x, y) 处的切线的斜率为 $k=x^{\frac{3}{2}}+\frac{1}{1+x^2}$，试求曲线的方程，已知点 $(0, 1)$ 在曲线上。

解 已知，$y'=k=x^{\frac{3}{2}}+\frac{1}{1+x^2}$，故

$$y=\int y'\mathrm{d}x=\int(x^{\frac{3}{2}}+\frac{1}{1+x^2})\mathrm{d}x=\frac{2}{5}x^{\frac{5}{2}}+\arctan x+c,$$

当 $x=0$ 时，$y=1$，可得 $c=1$. 所求曲线为：$y=\frac{2}{5}x^{\frac{5}{2}}+\arctan x+1$.

例 13 已知 $f'(\tan^2x)=\sec^2x$，$f(0)=2$，求 $f(x)$.

解 $f'(\tan^2x)=\sec^2x=1+\tan^2x$，故 $f'(x)=1+x$，则

$$f(x)=\int f'(x)\mathrm{d}x=\int(1+x)\mathrm{d}x=x+\frac{1}{2}x^2+c,$$

由条件 $f(0)=2$，求得 $c=2$，所求函数为：$f(x)=x+\frac{1}{2}x^2+2$.

§2 换元积分法

利用基本积分表及不定积分的基本性质所能计算的不定积分非常有限，不定积分 $\int\sin 2x\mathrm{d}x$ 就不能直接用基本积分公式 $\int\sin x\mathrm{d}x=-\cos x+c$ 来计算，因此还必须介绍计算不定积分的一些方法。本节将把复合函数的求导法则反过来用于求不定积分，这是一种变量代换的方法，我们称之为不定积分的换元积分法。

一、第一类换元积分法（凑微分法）

定理 1 设 $F(u)$ 是 $f(u)$ 的一个原函数，且 $u=\varphi(x)$ 可导，则

$$\int f[\varphi(x)]\varphi'(x)\mathrm{d}x=\int f[\varphi(x)]\mathrm{d}\varphi(x)=F[\varphi(x)]+c.$$

证明 因为 $F'(u)=f(u)$，而 $F[\varphi(x)]$ 是由 $F(u)$、$u=\varphi(x)$ 复合而成，故

$$\{F[\varphi(x)]\}'=F'(u)\varphi'(x)=f(u)\varphi'(x)=f[\varphi(x)]\varphi'(x),$$

由不定积分的定义，就有 $\int f[\varphi(x)]\varphi'(x)\mathrm{d}x=F[\varphi(x)]+c$.

注：(1) $\int f[\varphi(x)]\varphi'(x)\mathrm{d}x\ \underline{\underline{u=\varphi(x)}}\int f(u)\mathrm{d}u=F(u)+c=F[\varphi(x)]+c$，称此方法为第一类换元法，其特点是将被积函数中的某一部分函数视为一个新的变量；

(2) 由于 $\int f[\varphi(x)]\varphi'(x)\mathrm{d}x=\int f[\varphi(x)]\mathrm{d}\varphi(x)=F[\varphi(x)]+c$，第一类换元法也称为

凑微分法。

例 1　计算 $\int \sin 2x \mathrm{d}x$.

解　若令 $u=2x$ ，则 $\mathrm{d}u=2\mathrm{d}x$ ，代入有

$$\int \sin 2x \mathrm{d}x=\frac{1}{2}\int \sin u \mathrm{d}u=-\frac{1}{2}\cos u+c=-\frac{1}{2}\cos 2x+c .$$

例 2　计算 $\int \mathrm{e}^{at}\mathrm{d}t$.

解　令 $u=at$ ，则 $\mathrm{d}u=a\mathrm{d}t$ ，代入有

$$\int \mathrm{e}^{at}\mathrm{d}t=\frac{1}{a}\int \mathrm{e}^{u}\mathrm{d}u=\frac{1}{a}\mathrm{e}^{u}+c=\frac{1}{a}\mathrm{e}^{at}+c .$$

例 3　计算 $\int 2x\mathrm{e}^{x^2}\mathrm{d}x$.

解　令 $x^2=u$ ，则 $\mathrm{d}u=2x\mathrm{d}x$ ，代入有

$$\int 2x\mathrm{e}^{x^2}\mathrm{d}x=\int \mathrm{e}^{u}\mathrm{d}u=\mathrm{e}^{u}+c=\mathrm{e}^{x^2}+c .$$

例 4　计算 $\int x\sqrt{1-x^2}\mathrm{d}x$.

解　原式即 $\int x\sqrt{1-x^2}\mathrm{d}x=\int \sqrt{1-x^2}\cdot x\mathrm{d}x$ ，考虑到 $(1-x^2)'=-2x\mathrm{d}x$ ，所以可令 $1-x^2=u$ ，则 $\mathrm{d}u=-2x\mathrm{d}x$ ，所以

$$\int \sqrt{1-x^2}\cdot x\mathrm{d}x=\int \sqrt{u}\cdot\frac{-1}{2}\mathrm{d}u=-\frac{1}{2}\cdot\frac{2}{3}u^{\frac{3}{2}}+c=-\frac{1}{3}(1-x^2)^{\frac{3}{2}}+c .$$

注：(1)一般地，对于积分 $\int x^{n-1}f(x^n)\mathrm{d}x$ ，可以选择代换为 $u=x^n$ ，或者凑微分为：

$$\int x^{n-1}f(x^n)\mathrm{d}x=\frac{1}{n}\int f(x^n)\mathrm{d}x^n ;$$

(2)如果使用了第一类换元积分法，积分完成后需要把变量换回最初的积分变量；

(3)第一类换元积分法 $\int f[\varphi(x)]\varphi'(x)\mathrm{d}x=\int f[\varphi(x)]\mathrm{d}\varphi(x)=F[\varphi(x)]+c$ ，即 $\varphi'(x)\mathrm{d}x=\mathrm{d}\varphi(x)$ ，通常也称为凑微分法，是积分过程中经常使用到的一种积分方法，这一技巧的关键在于熟练运用函数的微分。当我们对于微分以及变量代换比较熟练以后，就可以不用写出中间变量 u ，即省去换元过程，而采用“凑微分”来完成换元。

例 5　计算下列积分：

(1) $\int \tan x\mathrm{d}x$ ；　　(2) $\int \frac{1}{a^2+x^2}\mathrm{d}x$ ；　　(3) $\int \frac{\mathrm{d}x}{\sqrt{a^2-x^2}}$　$(a>0)$.

解　(1) $\int \tan x\mathrm{d}x=\int \frac{\sin x}{\cos x}\mathrm{d}x=-\int \frac{1}{\cos x}\mathrm{d}(\cos x)=-\ln|\cos x|+c$ ；

(2) $\int \frac{1}{a^2+x^2}\mathrm{d}x=\frac{1}{a^2}\int \frac{1}{1+\left(\frac{x}{a}\right)^2}\cdot a\mathrm{d}\left(\frac{x}{a}\right)=\frac{1}{a}\arctan\frac{x}{a}+c$ ；

(3) $\int \frac{\mathrm{d}x}{\sqrt{a^2-x^2}} = \int \frac{1}{\sqrt{1-(\frac{x}{a})^2}}\mathrm{d}(\frac{x}{a}) = \arcsin\frac{x}{a}+c$.

注：补充基本积分公式：

(17) $\int \tan x\mathrm{d}x = -\ln|\cos x|+c$；

(18) $\int \cot x\mathrm{d}x = \ln|\sin x|+c$；

(19) $\int \frac{1}{\sqrt{a^2-x^2}}\mathrm{d}x = \arcsin\frac{x}{a}+c$；

(20) $\int \frac{1}{a^2+x^2}\mathrm{d}x = \frac{1}{a}\arctan\frac{x}{a}+c$.

例 6 计算 $\int x^2\sqrt{1-4x^3}\,\mathrm{d}x$.

解
$$\int x^2\sqrt{1-4x^3}\,\mathrm{d}x = -\frac{1}{12}\int(1-4x^3)^{\frac{1}{2}}\mathrm{d}(1-4x^3) = -\frac{1}{12}\cdot\frac{2}{3}(1-4x^3)^{\frac{3}{2}}+c$$
$$= -\frac{1}{18}(1-4x^3)^{\frac{3}{2}}+c.$$

例 7 计算 $\int\frac{1}{x\ln x\ln\ln x}\mathrm{d}x$.

解 $\int\frac{1}{x\ln x\ln\ln x}\mathrm{d}x = \int\frac{1}{\ln x\cdot\ln\ln x}\cdot\frac{1}{x}\mathrm{d}x = \int\frac{1}{\ln x\cdot\ln\ln x}\mathrm{d}\ln x = \int\frac{1}{\ln\ln x}\mathrm{d}(\ln\ln x) = \ln|\ln\ln x|+c$.

例 8 计算 $\int\frac{x^3}{\sqrt{3-2x^4}}\mathrm{d}x$.

解法 1 $\int\frac{x^3}{\sqrt{3-2x^4}}\mathrm{d}x = -\frac{1}{8}\int(3-2x^4)^{-\frac{1}{2}}\mathrm{d}(3-2x^4) = -\frac{1}{8}\cdot 2\sqrt{3-2x^4}+c = -\frac{1}{4}\sqrt{3-2x^4}+c$.

解法 2
$$\int\frac{x^3}{\sqrt{3-2x^4}}\mathrm{d}x = \int\frac{x^2}{\sqrt{3-2x^4}}\cdot\frac{1}{2}\mathrm{d}x^2 = \frac{1}{4}\int\frac{(\sqrt{2}x^2)}{\sqrt{(\sqrt{3})^2-(\sqrt{2}x^2)^2}}\mathrm{d}(\sqrt{2}x^2)$$
$$= -\frac{1}{4}\sqrt{(\sqrt{3})^2-(\sqrt{2}x^2)^2}+c = -\frac{1}{4}\sqrt{3-2x^4}+c.$$

注：在解法 2 中，如果对于凑微分不够熟练，可以使用变量代换，令 $\sqrt{2}x^2=u$，则
$$\frac{1}{4}\int\frac{(\sqrt{2}x^2)}{\sqrt{(\sqrt{3})^2-(\sqrt{2}x^2)^2}}\mathrm{d}(\sqrt{2}x^2) = \frac{1}{4}\int\frac{u}{\sqrt{(\sqrt{3})^2-u^2}}\mathrm{d}u$$
$$= \frac{-1}{8}\int\frac{\mathrm{d}[(\sqrt{3})^2-u^2]}{\sqrt{(\sqrt{3})^2-u^2}}$$
$$= \frac{-1}{4}\cdot\left[\sqrt{(\sqrt{3})^2-u^2}\right]+c,$$

这是利用了微分关系式 $\mathrm{d}(\sqrt{a^2-u^2}) = \frac{-u}{\sqrt{a^2-u^2}}\mathrm{d}u$.

必须注意的是，每当使用了凑微分后，应及时利用求导计算来检查凑微分是否正确。

例 9　计算 $\int \frac{1}{e^x + e^{-x}} dx$.

解法 1　$\int \frac{1}{e^x + e^{-x}} dx = \int \frac{1}{e^x(1 + e^{-2x})} dx = \int \frac{e^{-x}}{(1 + e^{-2x})} dx = -\int \frac{1}{1 + (e^{-x})^2} de^{-x} = -\arctan e^{-x} + c$;

解法 2　$\int \frac{1}{e^x + e^{-x}} dx = \int \frac{1}{e^{-x}(1 + e^{2x})} dx = \int \frac{e^x}{(1 + e^{2x})} dx = \arctan e^x + c$.

例 10　计算 $\int \cos 3x \cos x dx$.

解　$\int \cos 3x \cos x dx = \frac{1}{2}\int (\cos 4x + \cos 2x) dx = \frac{1}{8}\sin 4x + \frac{1}{4}\sin 2x + c$.

例 11　计算 $\int \cos^2 x dx$.

解　$\int \cos^2 x dx = \int \frac{1 + \cos 2x}{2} dx = \frac{1}{2}x + \frac{1}{4}\sin 2x + c$.

例 12　计算 $\int \sin^3 x dx$.

解　$\int \sin^3 x dx = -\int \sin^2 x d(\cos x) = -\int (1 - \cos^2 x) d(\cos x) = \frac{1}{3}\cos^3 x - \cos x + c$.

例 13　计算 $\int \tan^{10} x \cdot \sec^2 x dx$.

解　$\int \tan^{10} x \cdot \sec^2 x dx = \int \tan^{10} x d(\tan x) = \frac{1}{11}\tan^{11} x + c$.

例 14　计算 $\int \tan^3 x \cdot \sec^5 x dx$.

解　$\int \tan^3 x \cdot \sec^5 x dx = \int \tan^2 x \cdot \sec^4 x d(\sec x) = \int (\sec^2 x - 1) \sec^4 x d(\sec x)$

$$= \frac{1}{7}\sec^7 x - \frac{1}{5}\sec^5 x + c .$$

例 15　计算 $\int \csc x dx$.

解　$\int \csc x dx = \int \frac{1}{\sin x} dx = \int \frac{1}{2\sin\frac{x}{2}\cos\frac{x}{2}} dx$

$$= \int \frac{1}{\tan\frac{x}{2}\cos^2\frac{x}{2}} d\frac{x}{2} = \int \frac{1}{\tan\frac{x}{2}} d\left(\tan\frac{x}{2}\right) = \ln\left|\tan\frac{x}{2}\right| + c .$$

由于 $\tan\frac{x}{2} = \frac{\sin\frac{x}{2}}{\cos\frac{x}{2}} = \frac{2\sin^2\frac{x}{2}}{\sin x} = \frac{1 - \cos x}{\sin x} = \csc x - \cot x$,

所以本题结果还可以表示为：$\int \csc x dx = \ln|\csc x - \cot x| + c$.

例 16 计算 $\int \sec x \mathrm{d}x$.

解法 1 $\int \sec x \mathrm{d}x = \int \sec x \cdot \dfrac{\sec x + \tan x}{\sec x + \tan x}\mathrm{d}x = \int \dfrac{1}{\sec x + \tan x}\mathrm{d}(\sec x + \tan x) = \ln|\sec x + \tan x| + c$.

解法 2 $\int \sec x \mathrm{d}x = \int \dfrac{1}{\cos x}\mathrm{d}x = \int \dfrac{\mathrm{d}(x + \frac{\pi}{2})}{\sin(x + \frac{\pi}{2})} = \ln\left|\csc(x + \dfrac{\pi}{2}) - \cot(x + \dfrac{\pi}{2})\right| + c = \ln|\sec x + \tan x| + c$.

注：补充两个积分公式：

(21) $\int \sec x \mathrm{d}x = \ln|\sec x + \tan x| + c$； (22) $\int \csc x \mathrm{d}x = \ln|\csc x - \cot x| + c$.

例 17 计算 $\int \sec^6 x \mathrm{d}x$.

解

$$\int \sec^6 x \mathrm{d}x = \int (\sec^2 x)^2 \cdot \sec^2 x \mathrm{d}x = \int (1 + \tan^2 x)^2 \mathrm{d}(\tan x)$$
$$= \int (1 + 2\tan^2 x + \tan^4 x)\mathrm{d}(\tan x) = \tan x + \frac{2}{3}\tan^3 x + \frac{1}{5}\tan^5 x + c.$$

二、第二类换元积分法

在第一类换元积分法中，代换 $u = \varphi(x)$，使得积分由 $\int f(\varphi(x))\varphi'(x)\mathrm{d}x$ 变为积分 $\int f(u)\mathrm{d}u$，从而利用 $f(u)$ 的原函数求出积分。但是对于这样一类积分如 $\int \sqrt{1 - x^2}\mathrm{d}x$，若仍然采用代换 $u = \varphi(x)$，则总是无法完成积分的计算。因此必须寻求新的积分的方法。

定理 2 设在区间 I 上，函数 $x = \varphi(t)$ 单调且 $\varphi'(t) \neq 0$，函数 $f[\varphi(t)] \cdot \varphi'(t)$ 在区间 I 上的一个原函数为 $F(t)$，则有：

$$\int f(x)\mathrm{d}x = \int f[\varphi(t)] \cdot \varphi'(t)\mathrm{d}t = F(t) + c = F[\varphi^{-1}(x)] + c,$$

其中，$F[\varphi^{-1}(x)]$ 由函数 $F(t)$ 与 $t = \varphi^{-1}(x)$ 复合而成。

证明 对积分 $\int f(x)\mathrm{d}x$，利用复合函数以及反函数的求导法则，有

$$\{F[\varphi^{-1}(x)]\}' = F'(t) \cdot [\varphi^{-1}(x)]' = f[\varphi(t)]\varphi'(t) \cdot \frac{1}{\varphi'(t)} = f[\varphi(t)] = f(x),$$

这就证明了公式。

情形 1 被积函数中含有 $\sqrt{a^2 - x^2}$、$\sqrt{x^2 \pm a^2}$ 的不定积分.

例 18 计算 $\int \sqrt{a^2 - x^2}\mathrm{d}x \quad (a > 0)$.

解 对于此类积分，困难在于被积函数含有根式 $\sqrt{a^2 - x^2}$，可以使用三角公式 $\sin^2 x + \cos^2 x = 1$ 去掉根式. 令 $x = a\sin t$，

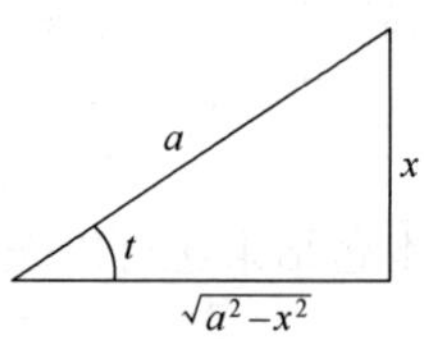

$-\frac{\pi}{2} \leqslant t \leqslant \frac{\pi}{2}$，有 $\sqrt{a^2 - x^2} = \sqrt{a^2 - a^2 \sin^2 t} = a\cos t$，以及 $dx = a\cos t dt$，于是有

$$\int \sqrt{a^2 - x^2} dx = \int \sqrt{a^2 - a^2 \sin^2 t} \cdot a\cos t dt = a^2 \int \cos^2 t dt$$

$$= \frac{a^2}{2}\int (1 + \cos 2t) dt = \frac{a^2}{2}(t + \frac{1}{2}\sin 2t) + c = \frac{a^2}{2}(t + \sin t\cos t) + c$$

$$= \frac{a^2}{2}(\arcsin \frac{x}{a} + \frac{x}{a} \cdot \frac{\sqrt{a^2 - x^2}}{a}) + c = \frac{a^2}{2}\arcsin \frac{x}{a} + \frac{x\sqrt{a^2 - x^2}}{2} + c.$$

例 19　计算 $\int \frac{1}{\sqrt{a^2 + x^2}} dx \quad (a > 0)$.

解　令 $x = a\tan t$，$-\frac{\pi}{2} < t < \frac{\pi}{2}$，

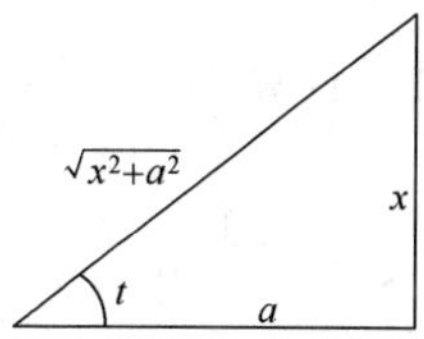

有 $\sqrt{a^2 + x^2} = \sqrt{a^2 + a^2 \tan^2 t} = a\sec t$，以及 $dx = a\sec^2 t dt$，于是有

$$\int \frac{1}{\sqrt{a^2 + x^2}} dx = \int \frac{1}{\sqrt{a^2 + a^2 \tan^2 t}} a \sec^2 t dt$$

$$= \int \frac{1}{\sec t} \sec^2 t dt = \int \sec t dt$$

$$= \ln(\sec t + \tan t) + c_1 = \ln(\frac{\sqrt{a^2 + x^2}}{a} + \frac{x}{a}) + c_1$$

$$= \ln(x + \sqrt{a^2 + x^2}) + c,$$

其中当 $-\frac{\pi}{2} < t < \frac{\pi}{2}$ 时，$\sec t + \tan t > 0$，$c = c_1 - \ln a$.

例 20　计算 $\int \frac{1}{\sqrt{x^2 - a^2}} dx \quad (a > 0)$.

解　当 $x > a$ 时 令 $x = a\sec t$，$0 < t < \frac{\pi}{2}$，

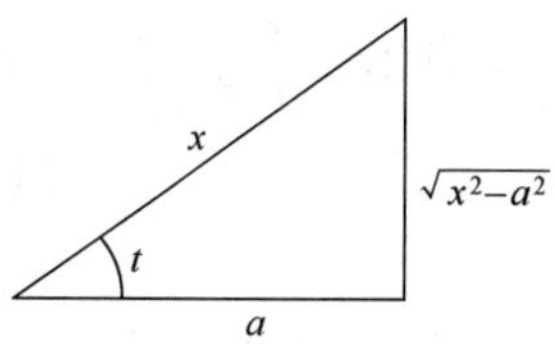

有 $\sqrt{x^2 - a^2} = \sqrt{a^2 \sec^2 t - a^2} = a\tan t$，以及 $dx = a\sec t\tan t dt$，于是有

$$\int \frac{1}{\sqrt{x^2 - a^2}} dx = \int \frac{1}{a\tan t} \cdot a\sec t\tan t dt$$

$$= \int \sec t dt = \ln(\sec t + \tan t) + c_1$$

$$= \ln(\frac{x}{a} + \frac{\sqrt{x^2 - a^2}}{a}) + c_1 = \ln(x + \sqrt{x^2 - a^2}) + c.$$

其中 $c = c_1 - \ln a$.

以上是当 $x > a$ 时的结果；当 $x < -a$ 时，可类似求得 $\int \frac{1}{\sqrt{x^2 - a^2}} dx = \ln(-x -$

$\sqrt{x^2-a^2}$) + c .

这两个结果可以写成统一的表达式 $\int \frac{1}{\sqrt{x^2-a^2}}\mathrm{d}x = \ln\left|x+\sqrt{x^2-a^2}\right| + c$.

注：(1)被积函数中如果含 $\sqrt{a^2-x^2}$ 、$\sqrt{x^2\pm a^2}$ 可以考虑使用三角代换，其目的之一是去掉被积函数中的根号；去掉根号后，还应该结合凑微分法完成整个积分的计算；

(2)如果使用三角代换，则在变量回代时，应作出相应的变换三角形，可以使得计算简单；

(3)补充两个基本积分公式：

(23) $\int \frac{1}{x^2-a^2}\mathrm{d}x = \frac{1}{2a}\ln\left|\frac{x-a}{x+a}\right| + c$ ；　(24) $\int \frac{1}{\sqrt{x^2\pm a^2}}\mathrm{d}x = \ln\left|x+\sqrt{x^2\pm a^2}\right| + c$.

例 21　计算 $\int \frac{1}{x\sqrt{9-4x^2}}\mathrm{d}x$.

解　令 $x=\frac{3}{2}\sin t$, $-\frac{\pi}{2}<t<\frac{\pi}{2}$,

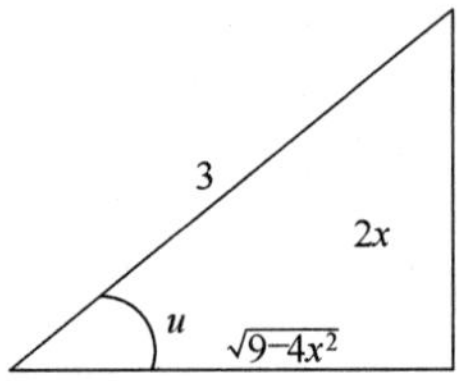

有 $\sqrt{9-4x^2}=3\cos t$ ，以及 $\mathrm{d}x=\frac{3}{2}\cos t\mathrm{d}t$ ，于是有

$$\int \frac{1}{x\sqrt{9-4x^2}}\mathrm{d}x = \int \frac{1}{\frac{3}{2}\sin t\cdot 3\cos t}\cdot\frac{3}{2}\cos t\mathrm{d}t = \frac{1}{3}\int \csc t\mathrm{d}t$$

$$= \frac{1}{3}\ln(\csc t-\cot t)+c = \frac{1}{3}\ln\left(\frac{3}{2x}-\frac{\sqrt{9-4x^2}}{2x}\right)+c .$$

例 22　计算 $\int x^3\sqrt{1+x^2}\mathrm{d}x$.

解法 1　令 $x=\tan t$, $-\frac{\pi}{2}<t<\frac{\pi}{2}$ ，有 $\sqrt{1+x^2}=\sqrt{1+\tan^2 t}=\sec t$ ，以及 $\mathrm{d}x=\sec^2 t\mathrm{d}t$ ，于是有

$$\int x^3\sqrt{1+x^2}\mathrm{d}x = \int \tan^3 t\cdot\sec t\cdot\sec^2 t\mathrm{d}t = \int(\sec^2 t-1)\sec^2 t\mathrm{d}\sec t$$

$$= \frac{1}{5}\sec^5 t-\frac{1}{3}\sec^3 t+c = \frac{1}{5}(1+x^2)^{\frac{5}{2}}-\frac{1}{3}(1+x^2)^{\frac{3}{2}}+c ;$$

解法 2　$\int x^3\sqrt{1+x^2}\mathrm{d}x = \int(x^2+1-1)\sqrt{1+x^2}\cdot\frac{1}{2}\mathrm{d}x^2$

$$= \frac{1}{2}\int\left[(x^2+1)^{\frac{3}{2}}-\sqrt{1+x^2}\right]\mathrm{d}(x^2+1)$$

$$= \frac{1}{2}\left[\frac{2}{5}(x^2+1)^{\frac{5}{2}}-\frac{2}{3}(x^2+1)^{\frac{3}{2}}\right]+c$$

$$= \frac{1}{5}(1+x^2)^{\frac{5}{2}}-\frac{1}{3}(1+x^2)^{\frac{3}{2}}+c .$$

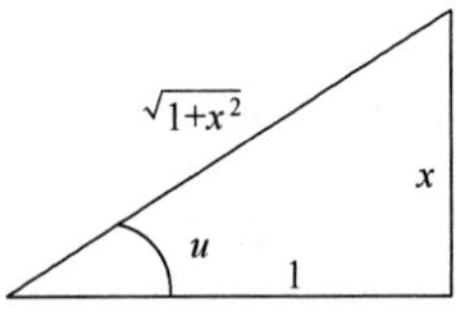

例 23　计算 $\int \frac{1}{x^2\sqrt{1+x^2}}dx$.

解法 1　令 $x=\tan t$, $-\frac{\pi}{2}<t<\frac{\pi}{2}$, 有 $\sqrt{1+x^2}=\sqrt{1+\tan^2 t}=\sec t$, 以及 $dx=\sec^2 t dt$, 于是有

$$\int \frac{1}{x^2\sqrt{1+x^2}}dx=\int \frac{1}{\tan^2 t\cdot \sec t}\sec^2 t dt=\int \frac{\cos t}{\sin^2 t}dt=-\frac{1}{\sin t}+c=-\frac{\sqrt{1+x^2}}{x}+c ;$$

解法 2　利用双曲代换，令 $x=\sinh t$, 有 $\sqrt{1+x^2}=\sqrt{1+\sinh^2 t}=\cosh t$, 以及 $dx=\cosh t dt$, 有

$$\int \frac{1}{x^2\sqrt{1+x^2}}dx=\int \frac{1}{\sinh^2 t\cdot \cosh t}\cosh t dt=\int \frac{1}{\sinh^2 t}dt$$

$$=-\coth t+c=-\frac{\cosh t}{\sinh t}+c=-\frac{\sqrt{1+x^2}}{x}+c ;$$

解法 3　利用倒代换，令 $x=\frac{1}{t}$, 有 $dx=-\frac{1}{t^2}dt$, 则当 $x>0$ 时，有

$$\int \frac{1}{x^2\sqrt{1+x^2}}dx=\int \frac{1}{\frac{1}{t^2}\sqrt{1+\frac{1}{t^2}}}(-\frac{1}{t^2}dt)=-\int \frac{t}{\sqrt{1+t^2}}dt=-\sqrt{1+t^2}+c=-\frac{\sqrt{1+x^2}}{x}+c ,$$

当 $x<0$ 时，类似可得 $\int \frac{1}{x^2\sqrt{1+x^2}}dx=-\frac{\sqrt{1+x^2}}{x}+c$,

因此，$\int \frac{1}{x^2\sqrt{1+x^2}}dx=-\frac{\sqrt{1+x^2}}{x}+c$.

情形 2　简单无理函数的不定积分。

例 24　计算 $\int \frac{1}{\sqrt{x}+\sqrt[3]{x}}dx$.

解　选择代换，去掉所有的根号。令 $x^{\frac{1}{6}}=t$, 有 $dx=6t^5 dt$, 及 $\sqrt{x}=t^3$, $\sqrt[3]{x}=t^2$, 代入有

$$\int \frac{1}{\sqrt{x}+\sqrt[3]{x}}dx=\int \frac{1}{t^3+t^2}6t^5 dt=6\int \frac{t^3}{1+t}dt=6\int (t^2-t+1-\frac{1}{1+t})dt$$

$$=6[\frac{t^3}{3}-\frac{t^2}{2}+t-\ln(1+t)]+c=2\sqrt{x}-3\sqrt[3]{x}+6\sqrt[6]{x}-6\ln(1+\sqrt[6]{x})+c .$$

例 25　计算 $\int \frac{1}{x}\sqrt{\frac{1-x}{1+x}}dx$.

解法 1　$\int \frac{1}{x}\sqrt{\frac{1-x}{1+x}}dx=\int \frac{1}{x}\cdot \frac{1-x}{\sqrt{1-x^2}}dx \underline{\underline{x=\sin t}} \int \frac{1}{\sin t}\cdot \frac{1-\sin t}{\cos t}(\cos t dt)$

$$=\int \frac{1-\sin t}{\sin t}dt=\int (\csc t-1)dt=\ln(\csc t-\cot t)-t+c$$

$$= \ln\left(\frac{1}{x} - \frac{\sqrt{1-x^2}}{x}\right) - \arcsin x + c.$$

解法 2　令 $\sqrt{\frac{1-x}{1+x}} = u$，则 $1-x = u^2(1+x)$，$x = \frac{1-u^2}{1+u^2} = -1 + \frac{2}{1+u^2}$，$dx = -\frac{4u du}{(1+u^2)^2}$，从而

$$\begin{aligned}\int \frac{1}{x}\sqrt{\frac{1-x}{1+x}}dx &= \int \frac{1+u^2}{1-u^2}\cdot u\cdot\left[-\frac{4u}{(1+u^2)^2}du\right] = -4\int\frac{u^2}{(1-u^2)(1+u^2)}du\\ &= -2\int\left(\frac{1}{1-u^2} - \frac{1}{1+u^2}\right)du = -2\int\left[\frac{1}{2}\left(\frac{1}{1-u}+\frac{1}{1+u}\right) - \frac{1}{1+u^2}\right]du\\ &= \ln(1-u) - \ln(1+u) + 2\arctan u + c = \ln\frac{1-u}{1+u} + 2\arctan u + c\\ &= \ln\frac{\sqrt{1+x}-\sqrt{1-x}}{\sqrt{1+x}+\sqrt{1-x}} + 2\arctan\sqrt{\frac{1-x}{1+x}} + c.\end{aligned}$$

注：一般地，对于被积函数中含有 $\sqrt{\frac{x+a}{x+b}}$，均可以采用代换 $u = \sqrt{\frac{x+a}{x+b}}$，首先去掉根号，然后再讨论。

§3　分部积分法

上一节中我们在复合函数求导法则的基础上得到了换元积分法，也解决了几种类型的函数积分问题。但是对于积分 $\int xe^x dx$，无论怎样换元均无法求出其原函数。本节我们将在两个函数乘积求导法则的基础上，推导出一种新的积分方法——分部积分法。

设函数 $u = u(x)$ 及 $v = v(x)$ 均具有连续导数，我们知道乘积导数公式为：$(uv)' = u'v + uv'$，或 $uv' = (uv)' - u'v$，两端对 x 积分得：$\int uv'dx = \int(uv)'dx - \int u'vdx = uv - \int u'vdx$，这就是分部积分公式：

$$\int uv'dx = uv - \int u'vdx$$

或者写成

$$\int udv = uv - \int vdu$$

注：(1)使用此公式时，首先应将被积函数 $f(x)$ 分成两部分，即 $f(x) = uv'$；

(2)一般应注意，若上公式的左边，即原积分 $\int uv'dx$（即 $\int udv$）计算有困难，而公式右边的积分 $\int u'vdx$（即 $\int vdu$）计算比较容易时，就可以使用分部积分公式解决问题。

例 1　计算 $\int xe^x dx$.

解　被积函数 $f(x) = xe^x$，令：$u = x$，$v' = e^x$，则 $u' = 1$，$v = e^x$，利用公式有

$$\int xe^x dx = \int x de^x = xe^x - \int e^x dx = xe^x - e^x + c = (x-1)e^x + c.$$

注：分部积分公式中，首先使用凑微分将 $\int uv'dx$ 变形为 $\int udv$，这个积分的解决则是观察到了 u、v 换位之后的积分 $\int vdu$ 容易计算，从而使用分部积分公式。读者应该体会这种换位思考解决问题的思想。例如本例，如果第一步凑微分成为：$\int xe^x dx = \int e^x d(\frac{1}{2}x^2)$，那么即使换位之后，问题也变得比原题更加复杂了。由此可见，公式中 v' 的选择将直接影响积分的计算。

例 2　计算 $\int x\sin 2x dx$.

解　$f(x) = x\sin 2x$，令：$u = x$，$v' = \sin 2x$，则 $u' = 1$，$v = -\frac{1}{2}\cos 2x$，则

$$\int x\sin 2x dx = \int xd(-\frac{\cos 2x}{2}) = -\frac{x\cos 2x}{2} - \int(-\frac{\cos 2x}{2})dx = -\frac{x\cos 2x}{2} + \frac{1}{4}\sin 2x + c.$$

注：如果被积函数形如：$x^k e^{ax}$、$x^k\sin ax$、$x^k\cos ax$（k 是非负整数），则积分时必须采用分部积分法，而且总是设 $u = x^k$，设 $v' = e^{ax}$、$\sin ax$、$\cos ax$，也就是在第一步凑微分的时候，用 e^{ax}、$\sin ax$、$\cos ax$ 去凑微分。

例 3　计算 $\int x\ln x dx$.

解　令 $u = \ln x$，$v' = x$，则 $u' = \frac{1}{x}$，$v = \frac{x^2}{2}$，则

$$\begin{aligned}\int x\ln x dx &= \int \ln x d(\frac{x^2}{2}) = \frac{x^2}{2}\ln x - \int \frac{x^2}{2} d\ln x \\ &= \frac{x^2\ln x}{2} - \int \frac{x^2}{2}\cdot\frac{1}{x}dx + c = \frac{x^2\ln x}{2} - \frac{x^2}{4} + c.\end{aligned}$$

例 4　计算 $\int \arccos x dx$.

解　令 $u = \arccos x$，$dv = dx$，则

$$\begin{aligned}\int \arccos x dx &= x\arccos x - \int xd\arccos x \\ &= x\arccos x + \int \frac{x}{\sqrt{1-x^2}}dx \\ &= x\arccos x - \frac{1}{2}\int \frac{1}{\sqrt{1-x^2}}d(1-x^2) \\ &= x\arccos x - \sqrt{1-x^2} + c.\end{aligned}$$

注：如果在分部积分公式使用熟练以后，可以直接在第一步进行凑微分，而不用再写出选哪一部分做为 u，哪一部分作为 v'。

例 5　计算 $\int x^3\arctan x dx$.

解 $\int x^3\arctan x\mathrm{d}x=\int\arctan x\mathrm{d}(\frac{x^4}{4})=\frac{x^4}{4}\arctan x-\int\frac{x^4}{4}\mathrm{d}(\arctan x)$

$$=\frac{x^4}{4}\arctan x-\frac{1}{4}\int\frac{x^4}{1+x^2}\mathrm{d}x$$

$$=\frac{x^4}{4}\arctan x-\frac{1}{4}\int\frac{x^4+x^2-x^2-1+1}{1+x^2}\mathrm{d}x$$

$$=\frac{x^4}{4}\arctan x-\frac{1}{4}\int(x^2-1-\frac{1}{1+x^2})\mathrm{d}x$$

$$=\frac{x^4}{4}\arctan x-\frac{1}{12}x^3+\frac{1}{4}x+\frac{1}{4}\arctan x+c.$$

注：如果被积函数形如 $x^k\ln x$ 、$x^k\arctan ax$ 、$x^k\mathrm{arccot}ax$ (k 是非负整数)，则积分时也必须采用分部积分法，且取 $u=\ln x$ 、$\arctan ax$ 、$\mathrm{arccot}ax$ ，而取 $v'=x^k$ ，即在第一步凑微分的时候，用 x^k 去凑微分。这一特点与例 1、例 2 类型是不一样的，需要特别留意。

例 6 计算 $\int\sqrt{a^2-x^2}\mathrm{d}x$.

解 $\int\sqrt{a^2-x^2}\mathrm{d}x=x\sqrt{a^2-x^2}-\int x\mathrm{d}\sqrt{a^2-x^2}$

$$=x\sqrt{a^2-x^2}-\int\frac{-x^2}{\sqrt{a^2-x^2}}\mathrm{d}x$$

$$=x\sqrt{a^2-x^2}-\int\frac{a^2-x^2-a^2}{\sqrt{a^2-x^2}}\mathrm{d}x$$

$$=x\sqrt{a^2-x^2}-\int\sqrt{a^2-x^2}\mathrm{d}x+\int\frac{a^2}{\sqrt{a^2-x^2}}\mathrm{d}x$$

$$=x\sqrt{a^2-x^2}-\int\sqrt{a^2-x^2}\mathrm{d}x+a^2\arcsin\frac{x}{a},$$

此时，上式第二项就是所求积分 $\int\sqrt{a^2-x^2}\mathrm{d}x$ ，只需把它移到等号左边去，两端再除以 2，就得到

$$\int\sqrt{a^2-x^2}\mathrm{d}x=\frac{1}{2}x\sqrt{a^2-x^2}+\frac{a^2}{2}\arcsin\frac{x}{a}+c.$$

因为移项后，右端已不包含积分项，所以必须加上任意常数 c ，我们把这种情况称为积分过程出现积分循环。

例 7 计算 $\int e^x\sin x\mathrm{d}x$.

解 $\int e^x\sin x\mathrm{d}x=-\int e^x\mathrm{d}\cos x$ （第一次凑微分）

$$=-(e^x\cos x-\int\cos x\mathrm{d}e^x)$$

$$=-(e^x\cos x-\int e^x\cos x\mathrm{d}x)$$

$$=-(e^x\cos x-\int e^x\mathrm{d}\sin x)\quad\text{（第二次凑微分）}$$

$$=-\left[e^x\cos x-\left(e^x\sin x-\int\sin x\,de^x\right)\right]$$

$$=-\left[e^x\cos x-\left(e^x\sin x-\int e^x\sin x\,dx\right)\right]$$

$$=e^x(\sin x-\cos x)-\int e^x\sin x\,dx\text{，（出现积分循环）}$$

移项后整理即得 $\int e^x\sin x\,dx=\frac{e^x}{2}(\sin x-\cos x)+c$.

注：如果在第一次凑微分时，选择指数函数 e^x 也是可以的，难易程度相仿。但是要注意的是，两次使用分部积分公式前，凑微分所选择的函数类型是一致的，例如，本题解法中，两次都选择三角函数进行凑微分。

例 8　计算 $\int\sec^3x\,dx$.

解　$\int\sec^3x\,dx=\int\sec x\,d\tan x$

$$=\sec x\tan x-\int\tan x\cdot\sec x\tan x\,dx$$

$$=\sec x\tan x-\int\sec x(\sec^2x-1)\,dx$$

$$=\sec x\tan x-\int\sec^3x\,dx+\int\sec x\,dx$$

$$=\sec x\tan x-\int\sec^3x\,dx+\ln|\sec x+\tan x|\text{ ,}$$

出现积分循环，移项后，两端再除以 2，可得

$$\int\sec^3x\,dx=\frac{1}{2}\sec x\tan x+\frac{1}{2}\ln|\sec x+\tan x|+c\text{ .}$$

注：以上几例均出现积分循环现象，需要进行移项处理，最终积分结果的右端切勿忘记添加任意常数 c .

例 9　设函数 $f(x)$ 的一个原函数是 $\frac{\sin x}{x}$，求积分 $\int xf'(x)\,dx$.

解　利用分部积分公式，有 $\int xf'(x)\,dx=\int x\,df(x)=xf(x)-\int f(x)\,dx$ ；

由条件可知，函数 $f(x)$ 的一个原函数是 $\frac{\sin x}{x}$，所以有 $\int f(x)\,dx=\frac{\sin x}{x}+c_1$，及

$f(x)=\left(\frac{\sin x}{x}\right)'=\frac{x\cos x-\sin x}{x^2}$，代入整理，并记 $-c_1=c$，可得：

$$\int xf'(x)\,dx=xf(x)-\int f(x)\,dx=x\cdot\frac{x\cos x-\sin x}{x^2}-\frac{\sin x}{x}-c_1=\cos x-\frac{2\sin x}{x}+c\text{ .}$$

例 10　计算 $\int\frac{x}{1+\cos x}dx$.

解法 1　$\int\frac{x}{1+\cos x}dx=\int\frac{x}{2\cos^2\frac{x}{2}}dx=\int x\sec^2\frac{x}{2}d\frac{x}{2}=\int x\,d\tan\frac{x}{2}$

$$= x\tan\frac{x}{2} - \int\tan\frac{x}{2}dx$$

$$= x\tan\frac{x}{2} + 2\int\frac{1}{\cos\frac{x}{2}}d(\cos\frac{x}{2})$$

$$= x\tan\frac{x}{2} + 2\ln\left|\cos\frac{x}{2}\right| + c\text{；}$$

解法 2 $\int\frac{x}{1+\cos x}dx = \int\frac{x(1-\cos x)}{\sin^2 x}dx = \int\frac{x}{\sin^2 x}dx - \int\frac{x\cos x}{\sin^2 x}dx$

注意到，$(\cot x)' = -\csc^2 x$ 及 $(\csc x)' = -\csc x\cot x$，因此上式可整理成为：

$$-\int x d\cot x + \int x d\csc x = -\left(x\cot x - \int\cot x dx\right) + \left(x\csc x - \int\csc x dx\right)$$

$$= -x\cot x + \ln|\sin x| + x\csc x - \ln|\csc x - \cot x| + c.$$

例 11 计算 $\int(\arcsin x)^2 dx$.

解法 1 做变量代换，令 $\arcsin x = u$，则 $x = \sin u$，$dx = d\sin u$ 有

$$\int(\arcsin x)^2 dx = \int u^2 d\sin u = u^2\sin u - 2\int u\sin u du$$

$$= u^2\sin u + 2\int u d\cos u = u^2\sin u + 2\left(u\cos u - \int\cos u du\right)$$

$$= u^2\sin u + 2u\cos u - 2\sin u + c$$

$$= x(\arcsin x)^2 + 2\sqrt{1-x^2}\arcsin x - 2x + c\text{；}$$

解法 2 直接利用分部积分公式，有

$$\int(\arcsin x)^2 dx = x(\arcsin x)^2 - \int x d(\arcsin x)^2$$

$$= x(\arcsin x)^2 - \int x\cdot 2(\arcsin x)\cdot\frac{1}{\sqrt{1-x^2}}dx$$

$$= x(\arcsin x)^2 + 2\int\arcsin x d\sqrt{1-x^2}$$

$$= x(\arcsin x)^2 + 2\left(\sqrt{1-x^2}\arcsin x - \int\sqrt{1-x^2}d\arcsin x\right)$$

$$= x(\arcsin x)^2 + 2\sqrt{1-x^2}\arcsin x - 2\int\sqrt{1-x^2}\cdot\frac{1}{\sqrt{1-x^2}}dx$$

$$= x(\arcsin x)^2 + 2\sqrt{1-x^2}\arcsin x - 2x + c.$$

例 12 求 $I_n = \int\frac{1}{(x^2+a^2)^n}dx$ 的递推公式，其中 n 为正整数。

解 利用分部积分公式，有

$$I_n = \int\frac{1}{(x^2+a^2)^n}dx$$

$$= \frac{x}{(x^2+a^2)^n} - \int x d\frac{1}{(x^2+a^2)^n}$$

$$= \frac{x}{(x^2+a^2)^n} - \int x \cdot \frac{-2nx}{(x^2+a^2)^{n+1}} dx$$

$$= \frac{x}{(x^2+a^2)^n} + 2n\int \frac{(x^2+a^2)-a^2}{(x^2+a^2)^{n+1}} dx$$

$$= \frac{x}{(x^2+a^2)^n} + 2n\int \frac{1}{(x^2+a^2)^n} dx - 2na^2\int \frac{1}{(x^2+a^2)^{n+1}} dx$$

$$= \frac{x}{(x^2+a^2)^n} + 2nI_n - 2na^2 I_{n+1},$$

整理有 $I_{n+1} = \frac{1}{2na^2}\left[\frac{x}{(x^2+a^2)^n} + (2n-1)I_n\right]$，即得递推公式为：

$$I_{n+1} = \frac{1}{2na^2}\frac{x}{(x^2+a^2)^n} + \frac{1}{a^2}\frac{2n-1}{2n}I_n .$$

而 $I_1 = \int \frac{1}{x^2+a^2}dx = \frac{1}{a}\arctan\frac{x}{a} + c$，则对于任意的自然数 n，均可以利用上述的公式求得 I_n，例如取 $n=1$，有

$$I_2 = \frac{1}{2a^2}\frac{x}{x^2+a^2} + \frac{1}{a^2}\frac{1}{2}I_1 = \frac{1}{2a^2}\frac{x}{x^2+a^2} + \frac{1}{a^2}\frac{1}{2}\left(\frac{1}{a}\arctan\frac{x}{a} + c\right)$$

$$= \frac{1}{2a^2}\frac{x}{x^2+a^2} + \frac{1}{2a^3}\arctan\frac{x}{a} + c_1,\ 其中\ c_1 = \frac{1}{2a^2}c .$$

§4　有理函数的积分

一、有理函数的积分

由多项式的商所构成的函数称为有理函数，或有理分式，形如

$$R(x) = \frac{P(x)}{Q(x)} = \frac{a_0x^n + a_1x^{n-1} + \cdots + a_{n-1}x + a_n}{b_0x^m + b_1x^{m-1} + \cdots + b_{m-1}x + b_m} \qquad (a_0b_0 \neq 0)$$

如果非负整数 m、n 满足：$n < m$，称上式为真分式；$n \geqslant m$，则称上式为假分式。利用多项式的除法，总可以将一个假分式化为一个多项式与一个真分式的和的形式。因此，研究有理函数的积分主要是研究真分式的积分问题。

设 $R(x) = \frac{P(x)}{Q(x)}$ 是真分式，即 $n < m$；则在实数范围内，可以将分母 $Q(x)$ 因式分解成为若干一次因式如 $(x-a)^k$（k 重）与二次质因式如 $(x^2+px+q)^s$（$p^2-4q<0$）（s 重）的乘积。

(1) 如果 $Q(x)$ 分解后含有 k 重的一次因式 $(x-a)^k$，则 $R(x) = \frac{P(x)}{Q(x)}$ 分解成为部分分式后，必然含有 k 项之和：

$$\frac{A_1}{(x-a)} + \frac{A_2}{(x-a)^2} + \cdots + \frac{A_{k-1}}{(x-a)^{k-1}} + \frac{A_k}{(x-a)^k};$$

特别当 $k=1$ 时，分解后有 $\dfrac{A}{x-a}$；

(2)如果 $Q(x)$ 分解后含有 s 重的二次因式 $(x^2+px+q)^s$ $(p^2-4q<0)$，则 $R(x)=\dfrac{P(x)}{Q(x)}$ 分解成为部分分式后，必然含有 s 项之和：

$$\frac{A_1x+B_1}{(x^2+px+q)}+\frac{A_2x+B_2}{(x^2+px+q)^2}+\cdots+\frac{A_{s-1}x+B_{s-1}}{(x^2+px+q)^{s-1}}+\frac{A_sx+B_s}{(x^2+px+q)^s},$$

如果 $s=1$，则分解后有 $\dfrac{Ax+B}{x^2+px+q}$.

上述过程称为将真分式化为最简分式之和。分析上述结果，有理函数的积分只要解决以下的几类积分即可：

$$\int\frac{A}{x-a}\mathrm{d}x\ ;\int\frac{A}{(x-a)^k}\mathrm{d}x\ ;\quad\int\frac{Ax+B}{x^2+px+q}\mathrm{d}x\ ;\quad\int\frac{Ax+B}{(x^2+px+q)^s}\mathrm{d}x.$$

容易看出：

① $\displaystyle\int\frac{A}{x-a}\mathrm{d}x=A\ln|x-a|+c$；

② $\displaystyle\int\frac{A}{(x-a)^k}\mathrm{d}x=\frac{A}{1-k}\cdot\frac{1}{(x-a)^{k-1}}+c$.

对于后两种类型的积分，在下面例题中会有详细讲解。

例 1 计算 $\displaystyle\int\frac{x^3+3x+1}{x^2+1}\mathrm{d}x$.

解 因为被积函数是假分式，故先将其化为多项式与真分式之和：

$$\frac{x^3+3x+1}{x^2+1}=\frac{x(x^2+1)+2x+1}{x^2+1}=x+\frac{2x+1}{x^2+1},$$

注意到右端的真分式的分母已经是二次质因式(判别式 $\Delta=-4<0$)，因此被积函数已经转化成为部分分式之和的形式，于是有

$$\begin{aligned}\int\frac{x^3+3x+1}{x^2+1}\mathrm{d}x&=\int\left(x+\frac{2x}{x^2+1}+\frac{1}{x^2+1}\right)\mathrm{d}x\\&=\frac{x^2}{2}+\ln(x^2+1)+\arctan x+c.\end{aligned}$$

例 2 计算 $\displaystyle\int\frac{3x+7}{x^2+6x+5}\mathrm{d}x$.

解 因为分母可以因式分解为 $x^2+6x+25=(x+5)(x+1)$，故用待定系数法可裂项为

$$\frac{3x+7}{x^2+6x+5}=\frac{A}{x+5}+\frac{B}{x+1},$$

右端通分后比较两边的分子，有 $3x+7=A(x+1)+B(x+5)$，即应有 $A+B=3$，$A+5B=7$；

解得 $A=2$，$B=1$，于是被积函数可以转化成为部分分式之和的形式：

$\dfrac{3x+7}{x^2+6x+5}=\dfrac{2}{x+5}+\dfrac{1}{x+1}$，因此积分为

$$\int\frac{3x+7}{x^2+6x+5}\mathrm{d}x=\int\left(\frac{2}{x+5}+\frac{1}{x+1}\right)\mathrm{d}x=2\ln|x+5|+\ln|x+1|+c.$$

例 3　计算 $\int\dfrac{1}{x(x-1)^2}\mathrm{d}x$.

解　因为被积函数是真分式，且分母已经分解成为一次因式的乘积，所以可以将被积函数化为部分分式之和的形式：

$\dfrac{1}{x(x-1)^2}=\dfrac{A}{x}+\dfrac{B}{x-1}+\dfrac{C}{(x-1)^2}$，右端通分后得恒等式：

$A(x-1)^2+Bx(x-1)+Cx=1$，比较两边 x 的同次幂的系数有，

即 $A+B=0$，$-2A-B+C=0$，$A=1$. 解得 $A=1$，$B=-1$，$C=1$；则

$$\int\frac{1}{x(x-1)^2}\mathrm{d}x=\int\left[\frac{1}{x}-\frac{1}{x-1}+\frac{1}{(x-1)^2}\right]\mathrm{d}x$$

$$=\ln|x|-\ln|x-1|-\frac{1}{x-1}+c.$$

例 4　计算（1）$\int\dfrac{1}{x^2+2x+2}\mathrm{d}x$；　（2）$\int\dfrac{x}{x^2+2x+2}\mathrm{d}x$；　（3）$\int\dfrac{x}{(x^2+2x+2)^n}\mathrm{d}x$.

解　因为分母的二次质因式(判别式 $\Delta=-4<0$)，故不能再因式分解。

(1)分子为常数的，对分母进行配方，有

$$\int\frac{1}{x^2+2x+2}\mathrm{d}x=\int\frac{1}{(x+1)^2+1}\mathrm{d}x$$

$$=\int\frac{1}{(x+1)^2+1}\mathrm{d}(x+1)$$

$$=\arctan(x+1)+c;$$

(2)当分子为一次式时，考虑到分母是二次式，其导数必为一次式，而分子恰好是一次式，因此在分子上首先凑出分母的导数：$(x^2+2x+2)'=2x+2$，有

$$\int\frac{x}{x^2+2x+2}\mathrm{d}x=\int\frac{\frac{1}{2}\cdot(2x+2)-1}{x^2+2x+2}\mathrm{d}x$$

$$=\frac{1}{2}\int\frac{(2x+2)\mathrm{d}x}{x^2+2x+2}-\int\frac{1}{x^2+2x+2}\mathrm{d}x$$

$$=\frac{1}{2}\int\frac{\mathrm{d}(x^2+2x+2)}{x^2+2x+2}-\int\frac{1}{(x+1)^2+1}\mathrm{d}(x+1)$$

$$=\frac{1}{2}\ln(x^2+2x+2)+\arctan(x+1)+c.$$

(3) $$\int\frac{x}{(x^2+2x+2)^n}\mathrm{d}x=\int\frac{\frac{1}{2}\cdot(2x+2)-1}{(x^2+2x+2)^n}\mathrm{d}x$$

$$=\frac{1}{2}\int\frac{(2x+2)\mathrm{d}x}{(x^2+2x+2)^n}-\int\frac{1}{(x^2+2x+2)^n}\mathrm{d}x$$

$$=\frac{1}{2}\int\frac{(2x+2)\mathrm{d}x}{(x^2+2x+2)^n}-\int\frac{1}{(x^2+2x+2)^n}\mathrm{d}x$$

其中第一项积分可以直接写出一个原函数，为 $\frac{1}{2(1-n)(x^2+2x+2)^{n-1}}$；

对于第二项积分，配方，并凑微分得

$\int\frac{1}{(x^2+2x+2)^n}\mathrm{d}x=\int\frac{1}{[(x+1)^2+1]^n}\mathrm{d}(x+1)$，若令 $x+1=t$，则积分变形为 $\int\frac{1}{(t^2+1)^n}\mathrm{d}t$，这个积分的计算见上节的例 12.

注：通过这三个积分的计算，读者应仔细体会，当分母是二次质因式时的这几种积分技巧。

例 5 计算 $\int\frac{1}{x^3+1}\mathrm{d}x$.

解 因为 $x^3+1=(x+1)(x^2-x+1)$，这是一次质因式和二次质因式的乘积形式，故设

$\frac{1}{x^3+1}=\frac{A}{x+1}+\frac{Bx+C}{x^2-x+1}$，通分后比较两边分子可得：

$A(x^2-x+1)+(Bx+C)(x+1)=1$，比较等式两端 x 的同次幂的系数有：

$\begin{cases}A+B=0\\-A+B+C=0\\A+C=1\end{cases}$，解得：$A=\frac{1}{3}$，$B=-\frac{1}{3}$，$C=\frac{2}{3}$，从而

$$\int\frac{1}{x^3+1}\mathrm{d}x=\frac{1}{3}\int\left(\frac{1}{x+1}-\frac{x-2}{x^2-x+1}\right)\mathrm{d}x$$

$$=\frac{1}{3}\ln|x+1|-\frac{1}{6}\int\frac{(2x-1)-3}{x^2-x+1}\mathrm{d}x$$

$$=\frac{1}{3}\ln|x+1|-\frac{1}{6}\int\frac{(2x-1)\mathrm{d}x}{x^2-x+1}+\frac{1}{2}\int\frac{1}{x^2-x+1}\mathrm{d}x$$

$$=\frac{1}{3}\ln|x+1|-\frac{1}{6}\int\frac{\mathrm{d}(x^2-x+1)}{x^2-x+1}\mathrm{d}x+\frac{1}{2}\int\frac{1}{\left(x-\frac{1}{2}\right)^2+\frac{3}{4}}\mathrm{d}\left(x-\frac{1}{2}\right)$$

$$=\frac{1}{3}\ln|x+1|-\frac{1}{6}\ln|x^2-x+1|+\frac{1}{2}\cdot\frac{2}{\sqrt{3}}\arctan\left(\frac{x-\frac{1}{2}}{\frac{\sqrt{3}}{2}}\right)+c$$

$$=\frac{1}{3}\ln|x+1|-\frac{1}{6}\ln|x^2-x+1|+\frac{1}{\sqrt{3}}\arctan\left(\frac{2x-1}{\sqrt{3}}\right)+c.$$

注：根据以上的讨论，可以得出，在分母 $Q(x)$ 的因式分解已完成的前提下，上面介绍

的求有理函数积分的步骤是普遍适用的，即该有理函数的积分均可以被求出。读者在掌握了上述积分技巧之后，面对具体积分时，应根据被积函数的特点，灵活使用各种积分方法、技巧方便快捷地计算出积分。

二、三角函数有理式的积分

由 $\sin x$, $\cos x$ 以及常数经过有限次的四则运算所构成的函数，称为三角函数有理式，记作 $R(\sin x, \cos x)$ ，积分 $\int R(\sin x, \cos x)\mathrm{d}x$ 称为三角函数有理式的积分。因为

$$\sin x = 2\sin\frac{x}{2}\cos\frac{x}{2} = 2\tan\frac{x}{2}\cos^2\frac{x}{2} = 2\frac{\tan\frac{x}{2}}{1+\tan^2\frac{x}{2}},$$

$$\cos x = \cos^2\frac{x}{2} - \sin^2\frac{x}{2} = \frac{1-\tan^2\frac{x}{2}}{1+\tan^2\frac{x}{2}},$$

所以如果作代换，令

$$u = \tan\frac{x}{2}，则\ x = 2\arctan u,\ \mathrm{d}x = \frac{2}{1+u^2}\mathrm{d}u,$$

且

$$\sin x = \frac{2u}{1+u^2},\ \cos x = \frac{1-u^2}{1+u^2},$$

于是

$$\int R(\sin x, \cos x)\mathrm{d}x = \int R\left(\frac{2u}{1+u^2}, \frac{1-u^2}{1+u^2}\right)\frac{2}{1+u^2}\mathrm{d}u,$$

上述代换称为万能代换，经过万能代换后，就把三角函数有理式的积分转化为有理函数的积分，从而问题得到解决。

例 6　计算 $\int\frac{1}{\sin x+\cos x}\mathrm{d}x$.

解　作万能代换，令　$u = \tan\frac{x}{2}$ ，

则　$\sin x = \frac{2u}{1+u^2}$, $\cos x = \frac{1-u^2}{1+u^2}$, $\mathrm{d}x = \frac{2}{1+u^2}\mathrm{d}u$,

有 $$\int\frac{1}{\sin x+\cos x}\mathrm{d}x = \int\frac{1}{\frac{2u}{1+u^2}+\frac{1-u^2}{1+u^2}}\cdot\frac{2}{1+u^2}\mathrm{d}u$$

$$= -2\int\frac{1}{u^2-2u-1}\mathrm{d}u$$

$$= -2\int\frac{1}{(u-1-\sqrt{2})(u-1+\sqrt{2})}\mathrm{d}u$$

$$=-\frac{2}{2\sqrt{2}}\int\left(\frac{1}{u-1-\sqrt{2}}-\frac{1}{u-1+\sqrt{2}}\right)du$$

$$=-\frac{1}{\sqrt{2}}\ln\left|\frac{u-1-\sqrt{2}}{u-1+\sqrt{2}}\right|+c=-\frac{\sqrt{2}}{2}\ln\left|\frac{\tan\frac{x}{2}-1-\sqrt{2}}{\tan\frac{x}{2}-1+\sqrt{2}}\right|+c.$$

例 7 计算 $\int\frac{1}{(2+\cos x)\sin x}dx$.

解 被积函数属于三角函数有理式，故可以利用万能代换，有

$$\int\frac{1}{(2+\cos x)\sin x}dx=\int\frac{1}{\left(2+\frac{1-u^2}{1+u^2}\right)\frac{2u}{1+u^2}}\cdot\frac{2du}{1+u^2}=\int\frac{1+u^2}{(3+u^2)u}du=\int\left(\frac{Au+B}{3+u^2}+\frac{C}{u}\right)du$$

$$=\int\left(\frac{2}{3}\cdot\frac{u}{3+u^2}+\frac{1}{3}\cdot\frac{1}{u}\right)du=\frac{1}{3}\ln(3+u^2)+\frac{1}{3}\ln|u|+c$$

$$=\frac{1}{3}\ln\left(3+\tan^2\frac{x}{2}\right)+\frac{1}{3}\ln\left|\tan\frac{x}{2}\right|+c.$$

注：(1)万能代换的优点：转化为有理函数积分后，一定可以求出其原函数；

(2)缺点是，使用万能代换的计算量比较大；一般应首先考虑是否可以用其他的积分方法，如下面几个例题。

例 8 计算 $\int\frac{\cos x}{\sin^3 x}dx$.

解法 1 $\int\frac{\cos x}{\sin^3 x}dx=\int\frac{1}{\sin^3 x}d(\sin x)=-\frac{1}{2\sin^2 x}+c$；

解法 2 $\int\frac{\cos x}{\sin^3 x}dx=\int\cot x\cdot\csc^2 x dx=-\int\cot x d\cot x=-\frac{1}{2}\cot^2 x+c$.

例 9 计算 $\int\frac{1}{3+\sin^2 x}dx$.

解法 1 $\int\frac{1}{3+\sin^2 x}dx=\int\frac{1}{3\csc^2 x+1}\cdot\frac{1}{\sin^2 x}dx=-\int\frac{1}{3\cot^2 x+4}d(\cot x)$

$$=-\frac{1}{\sqrt{3}}\int\frac{1}{4+(\sqrt{3}\cot x)^2}d\left(\sqrt{3}\cot x\right)=-\frac{1}{2\sqrt{3}}\arctan\left(\frac{\sqrt{3}\cot x}{2}\right)+c;$$

解法 2 $\int\frac{1}{3+\sin^2 x}dx=\int\frac{1}{4-\cos^2 x}dx=\int\frac{1}{4\sec^2 x-1}\cdot\frac{1}{\cos^2 x}dx=\int\frac{1}{4\tan^2 x+3}d\tan x$

$$=\frac{1}{2}\int\frac{1}{(2\tan x)^2+3}d(2\tan x)=\frac{1}{2\sqrt{3}}\arctan\frac{2\tan x}{\sqrt{3}}+c.$$

例 10 计算 $\int\frac{x+\sin x}{1+\cos x}dx$.

解法 1 $\int\frac{x+\sin x}{1+\cos x}dx=\int\frac{(x+\sin x)(1-\cos x)}{\sin^2 x}dx$

$$= \int \frac{(x - x\cos x + \sin x - \sin x\cos x)}{\sin^2 x}dx$$

$$= -\int x d\cot x + \int x d\frac{1}{\sin x} + \int \frac{1}{\sin x}dx - \int \cot x dx$$

$$= -\int x d\cot x + \int x d\csc x + \int \csc x dx - \int \cot x dx$$

$$= -(x\cot x - \int \cot x dx) + (x\csc x - \int \csc x dx) + \int \csc x dx - \int \cot x dx$$

$$= -x\cot x + x\csc x + c;$$

解法 2　$\int \frac{x + \sin x}{1 + \cos x}dx = \int \frac{x + \sin x}{2\cos^2\frac{x}{2}}dx$

$$= \int \frac{x}{2\cos^2\frac{x}{2}}dx + \int \frac{2\sin\frac{x}{2}\cos\frac{x}{2}}{2\cos^2\frac{x}{2}}dx$$

$$= \int x d\tan\frac{x}{2} + \int \tan\frac{x}{2}dx$$

$$= x\tan\frac{x}{2} - \int \tan\frac{x}{2}dx + \int \tan\frac{x}{2}dx = x\tan\frac{x}{2} + c.$$

例 11　计算 $\int \frac{\sin x\cos x}{\sin x + \cos x}dx$.

解　$\int \frac{\sin x\cos x}{\sin x + \cos x}dx = \frac{1}{2}\int \frac{2\sin x\cos x + 1 - 1}{\sin x + \cos x}dx$

$$= \frac{1}{2}\int (\sin x + \cos x - \frac{1}{\sin x + \cos x})dx$$

$$= \frac{1}{2}(-\cos x + \sin x) - \frac{\sqrt{2}}{4}\int \frac{1}{\frac{\sqrt{2}}{2}(\sin x + \cos x)}dx$$

$$= \frac{1}{2}(-\cos x + \sin x) - \frac{\sqrt{2}}{4}\int \frac{1}{\sin(x + \frac{\pi}{4})}dx$$

$$= \frac{1}{2}(-\cos x + \sin x) - \frac{\sqrt{2}}{4}\int \csc(x + \frac{\pi}{4})dx$$

$$= \frac{1}{2}(-\cos x + \sin x) - \frac{\sqrt{2}}{4}\ln\left|\csc(x + \frac{\pi}{4}) - \cot(x + \frac{\pi}{4})\right| + c.$$

注：在本章我们讨论了求不定积分的几种基本方法。根据原函数存在性定理可知，初等函数在其定义区间内必有原函数。但是，很多函数的原函数不一定是初等函数，人们习惯上把这种情况称为不定积分是“积不出”的，例如

$$\int e^{-x^2}dx、\int \frac{\sin x}{x}dx、\int \sin x^2 dx、\int \frac{1}{\ln x}dx 以及 \int \frac{1}{\sqrt{1 + x^4}}dx$$

在其定义区间上都是可积的，但是其原函数不是初等函数，都属于“积不出”的范围。

习题四

1. 单项选择题：

(1)下列等式正确的是(　　)。

A. $d\int f(x)dx = f(x)$　　B. $\frac{d}{dx}\int f(x)dx = f(x) + C$

C. $d\int f(x)dx = f(x)dx$　　D. $\frac{d}{dx}\int f(x)dx = f(x)dx$

(2)设 $\int f(x)dx = \frac{x+1}{x-1} + C$，则 $f(x) = ($　　$)$.

A. 1　　B. $\frac{2x}{(x-1)^2}$　　C. $\frac{2}{(x-1)^2}$　　D. $-\frac{2}{(x-1)^2}$

(3)设 $f(x)$ 的一个原函数为 e^{-2x}，则 $\int f'(x)dx = ($　　$)$.

A. $-2e^{-2x}$　　B. $-2e^{-2x}+C$　　C. $-\frac{1}{2}e^{-2x}$　　D. $-\frac{1}{2}e^{-2x}+C$

2. 求下列不定积分：

(1) $\int \frac{1}{x^2}dx$；　　(2) $\int \frac{1}{\sqrt{x}}dx$；

(3) $\int (x^2+3x+1)dx$；　　(4) $\int \frac{dh}{\sqrt{2gh}}$ (g 是常数)；

(5) $\int e^x(1-\frac{e^{-x}}{\sqrt{x}})dx$；　　(6) $\int \frac{x^2}{1+x^2}dx$；

(7) $\int \frac{1+2x^2}{x^2(1+x^2)}dx$；　　(8) $\int \sec x(\sec x - \tan x)dx$；

(9) $\int \frac{\sqrt{1+x^2}}{\sqrt{1-x^4}}dx$；　　(10) $\int (2^x+3^x)^2dx$；

(11) $\int \frac{\cos 2x}{\cos^2 x \cdot \sin^2 x}dx$；　　(12) $\int \sin^2\frac{x}{2}dx$.

3. 求下列不定积分：

(1) $\int (2x+5)^{10}dx$；　　(2) $\int e^{-3x}dx$；

(3) $\int \frac{1}{1-3x}dx$；　　(4) $\int \frac{\sin\sqrt{x}}{\sqrt{x}}dx$；

(5) $\int xe^{-x^2}dx$；　　(6) $\int \frac{x}{\sqrt{2-3x^2}}dx$；

(7) $\int \frac{1}{(\arcsin x)^2\sqrt{1-x^2}}dx$；　　(8) $\int \frac{1}{x\sqrt{1+\ln x}}dx$；

(9) $\int \cos^3 x \mathrm{d}x$;

(10) $\int \frac{1}{e^x + e^{-x}} \mathrm{d}x$;

(11) $\int \frac{1}{1 + \cos x} \mathrm{d}x$;

(12) $\int \frac{1 + x}{\sqrt{1 - 4x^2}} \mathrm{d}x$;

(13) $\int \frac{\sin x}{\cos^3 x} \mathrm{d}x$;

(14) $\int \frac{\mathrm{d}x}{\sin x \cos x}$;

(15) $\int \frac{x^3}{9 + x^2} \mathrm{d}x$;

(16) $\int \sin 2x \cos 3x \mathrm{d}x$;

(17) $\int \tan^3 x \sec x \mathrm{d}x$;

(18) $\int \frac{\sin x + \cos x}{\sqrt[3]{\sin x - \cos x}} \mathrm{d}x$;

(19) $\int \frac{\sin x \cos x}{1 + \sin^4 x} \mathrm{d}x$;

(20) $\int \tan\sqrt{1 + x^2} \cdot \frac{x}{\sqrt{1 + x^2}} \mathrm{d}x$;

(21) $\int \frac{\arctan\sqrt{x}}{\sqrt{x}(1 + x)} \mathrm{d}x$;

(22) $\int \frac{\mathrm{d}x}{\sqrt{(1 + x^2)^3}}$;

(23) $\int \frac{x^2}{\sqrt{a^2 - x^2}} \mathrm{d}x \quad (a > 0)$;

(24) $\int \frac{1}{1 + \sqrt{1 - x^2}} \mathrm{d}x$.

4. 设 $f(x)$ 的一个原函数为 e^{-x}，计算 $\int \frac{f(\ln x)}{x} \mathrm{d}x$.

5. 设 $\int x f(x) \mathrm{d}x = \arcsin x + C$，计算 $\int \frac{1}{f(x)} \mathrm{d}x$.

6. 求下列不定积分：

(1) $\int x e^{-2x} \mathrm{d}x$;

(2) $\int x \sin 5x \mathrm{d}x$;

(3) $\int \ln x \mathrm{d}x$;

(4) $\int \arccos x \mathrm{d}x$;

(5) $\int e^{-x} \cos x \mathrm{d}x$;

(6) $\int (x^2 - 2x + 5) e^{-x} \mathrm{d}x$;

(7) $\int x \ln(x - 1) \mathrm{d}x$;

(8) $\int \arctan(2x) \mathrm{d}x$;

(9) $\int \ln(1 + x^2) \mathrm{d}x$;

(10) $\int (\arcsin x)^2 \mathrm{d}x$;

(11) $\int x \tan^2 x \mathrm{d}x$;

(12) $\int \cos(\ln x) \mathrm{d}x$;

(13) $\int \ln(x + \sqrt{1 + x^2}) \mathrm{d}x$;

(14) $\int e^x (\frac{1}{x} + \ln x) \mathrm{d}x$.

7. 求下列不定积分：

(1) $\int \frac{1}{x(x^2 + 4)} \mathrm{d}x$;

(2) $\int \frac{2x + 3}{x^2 + 3x + 1} \mathrm{d}x$;

(3) $\int \frac{1}{x(1 + x^8)} \mathrm{d}x$;

(4) $\int \frac{x^3}{x + 3} \mathrm{d}x$;

(5) $\int \frac{x^2+1}{x(x-1)^2}dx$；

(6) $\int \frac{1-x^3}{(1+x^2)(1-x^2)}dx$；

(7) $\int \frac{x^2+1}{(x+1)^2(x-1)}dx$；

(8) $\int \frac{1}{1+\sqrt[3]{x+1}}dx$；

(9) $\int \frac{dx}{\sqrt{x}+\sqrt[4]{x}}$；

(10) $\int \frac{1}{x}\sqrt{\frac{1-x}{1+x}}dx$；

(11) $\int \frac{e^{2x}}{\sqrt{e^x+1}}dx$；

(12) $\int \frac{\cot x}{1+\sin x}dx$；

(13) $\int \frac{1+\sin x}{1-\sin x}dx$；

(14) $\int \frac{\sin^2 x+1}{\cos^4 x}dx$；

(15) $\int \frac{1}{3+\cos x}dx$；

(16) $\int \frac{dx}{1+\sin x+\cos x}$.

第五章　定积分

定积分是积分学的第二个基本问题，它有着非常丰富的实际应用背景，其应用非常广泛。定积分的概念是作为一类和式的极限引入的，而不定积分是作为导数的逆运算引入的，二者完全不同。在历史上它们的发展也是独立的。17 世纪，牛顿和莱布尼茨先后发现了定积分与不定积分的联系，从而推动了积分学的发展。

本章将介绍定积分的概念和性质，定积分的计算以及简单的广义积分。

§1　定积分的概念与性质

本节先从两个具体的实例出发，引出定积分的概念，然后讨论定积分的性质。关于定积分的计算方法，将从第二节开始介绍。

一、引例

1. 曲边梯形的面积

设曲线方程为 $y=f(x)$ ，且函数 $f(x)$ 在区间 $[a, b]$ 上连续，$f(x) \geqslant 0$. 由直线 $x=a$ ，$x=b$ ，$y=0$ 及曲线 $y=f(x)$ 所围成的图形称为曲边梯形，如图 5-1 和图 5-2 所示。

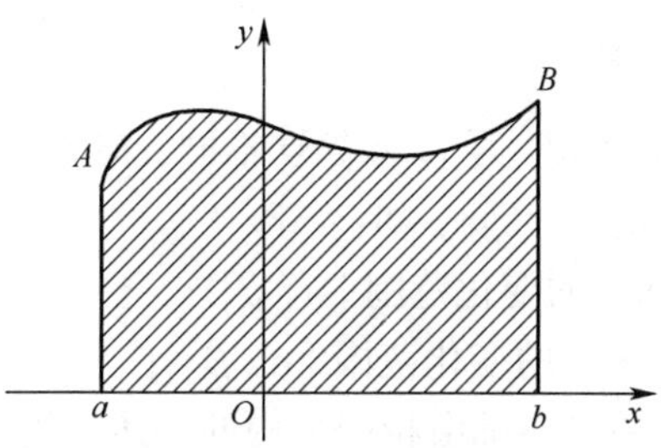

图 5-1

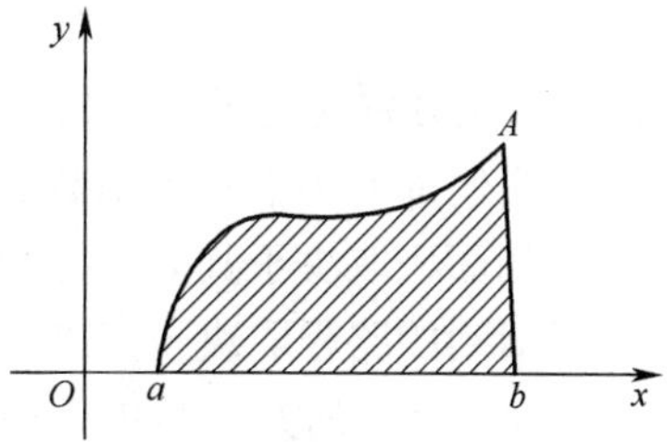

图 5-2

以下讨论曲边梯形的面积的计算。

①分割：任取 $n-1$ 个内分点：$a=x_0<x_1<x_2<x_3<\cdots<x_n=b$ ，分割区间 $[a, b]$ 为 n 个小区间，记 $x_i-x_{i-1}=\Delta x_i$ ，其中 Δx_i 既代表第 i 个小区间，也表示第 i 个小区间的长度；与此同时将曲边梯形分割为 n 个小的曲边梯形；

②近似代替：设 ΔA_i 表示第 i 个小曲边梯形的面积，取一点 $\xi_i \in [x_{i-1}, x_i]$ ，$i=1$，2，…，n ，用以 Δx_i 为底以 $f(\xi_i)$ 为高的矩形面积 $f(\xi_i)\Delta x_i$ 近似代替小曲边梯形的面积 ΔA_i ，如图 5-3 所示，即

$$\Delta A_i \approx f(\xi_i)\Delta x_i$$

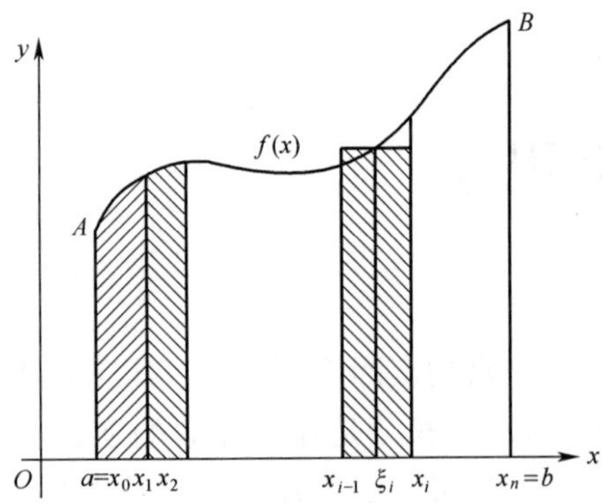

图 5-3

③求和(求曲边梯形面积的近似值):

曲边梯形的面积

$$A=\sum_{k=1}^{n}\Delta A_i\approx\sum_{i=1}^{n}f(\xi_i)\Delta x_i .$$

④取极限:记 $\lambda=\max\{\Delta x_1,\ \Delta x_2,\ \cdots,\ \Delta x_n\}$,若极限 $\lim\limits_{\lambda\to0}\sum\limits_{i=1}^{n}f(\xi_i)\Delta x_i$ 存在,那么极限值就是曲边梯形的面积,即:

$$A=\lim_{\lambda\to0}\sum_{i=1}^{n}f(\xi_i)\Delta x_i .$$

2. 变速直线运动的路程

设质点的速度函数 $v=v(t)$,考虑从时刻 α 到时刻 β 所走过的路程。设 $v(t)$ 在 $[\alpha,\beta]$ 上连续,$v(t)\geqslant0$,仍然采用分割的方法。

①分割:$\alpha=t_0<t_1<t_2<\cdots<t_n=\beta$;

②近似、求和(求路程的近似值):在时间间隔 $[t_{i-1},\ t_i]$ 内,质点的路程近似值为:$\Delta s_i\approx v(\xi_i)\Delta t_i$,其中 ξ_i 是 $[t_{i-1},t_i]$ 内的任意一点,$\Delta t_i=t_i-t_{i-1}$,则 $s=\sum\limits_{i=1}^{n}\Delta s_i\approx\sum\limits_{i=1}^{n}v(\xi_i)\Delta t_i$;

③取极限:记 $\lambda=\max\{\Delta t_1,\ \Delta t_2,\ \cdots,\ \Delta t_n\}$,当 $\lambda\to0$ 时,和式 $\sum\limits_{i=1}^{n}v(\xi_i)\Delta t_i$ 的极限就是质点从时刻 α 到时刻 β 的路程,即

$$s=\lim_{\lambda\to0}\sum_{i=1}^{n}v(\xi_i)\Delta t_i .$$

注:以上两例分别讨论了几何量面积和物理量路程,尽管其背景不同,但是处理的方式是相同的。它们都取决于一个函数及其自变量的取值区间,如:

曲边梯形的面积取决于其高度函数 $y=f(x)$ 和 x 的变化范围 $[a,\ b]$,

变速直线运动的路程取决于速度函数 $v=v(t)$ 和 t 的变化范围 $[\alpha,\ \beta]$;

其次,计算这些量的方法和步骤都是相同的,并最终都由相同结构的表达式给出,如:

$$面积=\lim_{\lambda\to0}\sum_{i=1}^{n}f(\xi_i)\Delta x_i ,$$

$$路程=\lim_{\lambda\to0}\sum_{i=1}^{n}v(\xi_i)\Delta t_i ;$$

它们采用的都是化整为零(分割)、以直代曲或以不变代变(近似)、逐渐逼近(取极限)的方法。舍弃这些问题的具体意义,抓住它们在数量关系上共同的本质与特性,我们就可以抽象概括出以下定积分的定义。

二、定积分的定义

1. 定义

设函数 $f(x)$ 在区间 $[a,\ b]$ 上有界,在 $[a,\ b]$ 内任意插入 $n-1$ 个分点:

$$a = x_0 < x_1 < x_2 < x_3 < \cdots < x_n = b ,$$

分割 $[a, b]$ 为 n 个子区间：

$$[x_0, x_1], [x_1, x_2], \cdots, [x_{i-1}, x_i], \cdots, [x_{n-1}, x_n],$$

第 i 个子区间的长度为 $x_i - x_{i-1} = \Delta x_i$ ；任取 $\xi_i \in [x_{i-1}, x_i]$ ，$i = 1, \cdots, n$ ，作乘积：

$$f(\xi_i)\Delta x_i , i = 1, \cdots, n ,$$

作和：

$$\sum_{i=1}^{n} f(\xi_i)\Delta x_i ;$$

对于 $\lambda = \max\{\Delta x_1, \Delta x_2, \cdots, \Delta x_n\}$ ，如果极限 $\lim\limits_{\lambda \to 0} \sum\limits_{i=1}^{n} f(\xi_i)\Delta x_i$ 存在，称极限值为函数 $f(x)$ 在区间 $[a, b]$ 上的定积分，记作：

$$\int_a^b f(x)\mathrm{d}x = \lim_{\lambda \to 0} \sum_{i=1}^{n} f(\xi_i)\Delta x_i ,$$

也称函数 $f(x)$ 在区间 $[a, b]$ 上可积。其中，$[a, b]$ 为积分区间，a 为积分下限，b 为积分上限，$f(x)$ 为被积函数，x 为积分变量，$f(x)\mathrm{d}x$ 为积分表达式。

根据定义，在引例中的曲边梯形的面积用定积分可以表示为：$A = \int_a^b f(x)\mathrm{d}x$ ；变速直线运动的路程可以表为：$s = \int_\alpha^\beta v(t)\mathrm{d}t$.

注：(1)在定积分的定义中的两个任意性，函数可积即意味着极限值与区间的分割方式以及在区间 $[x_{i-1}, x_i]$ 上点 ξ_i 的取法无关；

(2)定积分的积分值只与被积函数、积分区间有关，与积分变量所选用的字母无关，即：

$$\int_a^b f(x)\mathrm{d}x = \int_a^b f(t)\mathrm{d}t = \int_a^b f(u)\mathrm{d}u ;$$

(3)约定：

$$\int_a^b f(x)\mathrm{d}x = -\int_b^a f(x)\mathrm{d}x ,$$

$$\int_a^a f(x)\mathrm{d}x = 0 .$$

2. 定积分存在的条件

①若 $f(x)$ 在区间 $[a, b]$ 上连续，则 $f(x)$ 在区间 $[a, b]$ 上可积。

②若 $f(x)$ 在区间 $[a, b]$ 上有界，且只有有限个间断点，则 $f(x)$ 在区间 $[a, b]$ 上可积。

3. 定积分的几何意义

若 $f(x) \geqslant 0$，由引例可知 $\int_a^b f(x)\mathrm{d}x$ 的几何意义是位于 x 轴上方的曲边梯形的面积；

若 $f(x) \leqslant 0$，则 $A = \int_a^b [-f(x)]\mathrm{d}x$ 为位于 x 轴下方的曲边梯形面积，从而定积分 $\int_a^b f(x)\mathrm{d}x$ 代表该面积的负值，即 $\int_a^b f(x)\mathrm{d}x = -A$ ；

一般地，当$f(x)$在区间$[a, b]$上有正有负时，定积分$\int_a^b f(x)\mathrm{d}x$的几何意义是曲边梯形面积的代数和，如图 5-4 所示。如果需要求曲边梯形的面积，则可利用$\int_a^b |f(x)|\mathrm{d}x$.

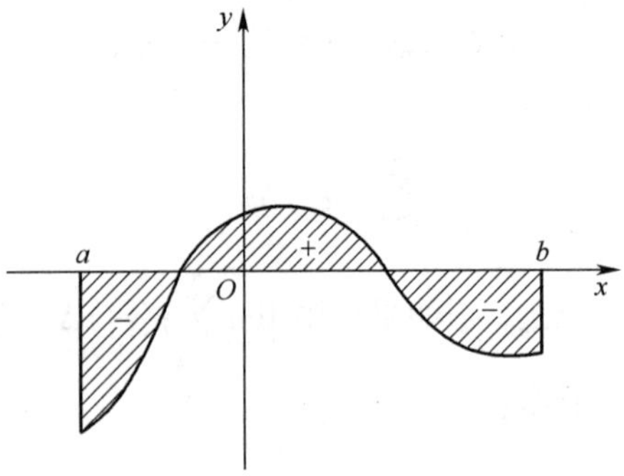

图 5-4

例 1 利用定义计算定积分$\int_0^1 x^2\mathrm{d}x$.

解 被积函数$f(x)=x^2$在区间$[0, 1]$上连续，故一定可积。从而对于任意的分割及点ξ_i的任意取法，都有和式$\sum_{i=1}^{n}f(\xi_i)\Delta x_i$的极限存在且相等；因此，为了便于计算，可以选取把区间$[0, 1]$分成n等份，每个子区间长度为$\Delta x_i=\frac{1}{n}$，统一选取ξ_i为右端点. $\xi_i=x_i=\frac{i}{n}$，则每个子区间可以用小矩形近似计算，如图 5-5 所示，即：

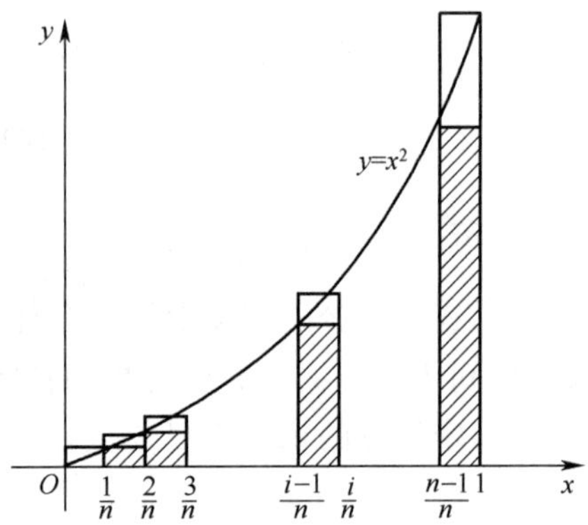

图 5-5

$$\Delta A=f(\xi_i)\Delta x_i=(\xi_i)^2\Delta x_i=\left(\frac{i}{n}\right)^2\cdot\frac{1}{n},$$

再作和：

$$\sum_{i=1}^{n}f(\xi_i)\Delta x_i=\sum_{i=1}^{n}\left(\frac{i}{n}\right)^2\cdot\frac{1}{n}=\frac{1}{n^3}\sum_{i=1}^{n}i^2,$$

$$=\frac{1}{n^3}\cdot\frac{n(n+1)(2n+1)}{6},$$

当$\lambda\to 0$时即$n\to\infty$时，上式右端的极限为$\frac{1}{3}$，由定积分定义，可得所求积分为

$$\int_0^1 x^2\mathrm{d}x=\lim_{\lambda\to 0}\sum_{i=1}^{n}(\xi_i)^2\Delta x_i=\lim_{n\to\infty}\frac{n(n+1)(2n+1)}{6n^3}=\frac{1}{3}.$$

例 2 将下列和式的极限用定积分表示：

$$\lim_{n\to\infty}n\left(\frac{1}{1+n^2}+\frac{1}{2^2+n^2}+\cdots+\frac{1}{n^2+n^2}\right).$$

解　由于

$$n\left(\frac{1}{1+n^2}+\frac{1}{2^2+n^2}+\cdots+\frac{1}{n^2+n^2}\right)=\frac{1}{n}\left[\frac{1}{1+\left(\frac{1}{n}\right)^2}+\frac{1}{1+\left(\frac{2}{n}\right)^2}+\cdots+\frac{1}{1+\left(\frac{n}{n}\right)^2}\right]$$

$$=\sum_{i=1}^{n}\frac{1}{1+\left(\frac{i}{n}\right)^2}\cdot\frac{1}{n},$$

此时，取 $\Delta x_i=\frac{1}{n}$，即积分区间长度为1；取 $\xi_i=x_i=\frac{i}{n}$ 正好是把区间 $[0,1]$ 进行 n 等分后的分点，由分点可知积分区间是由 0 到 1；记 $f(\xi_i)=\frac{1}{1+(\frac{i}{n})^2}$，故 $f(x)=\frac{1}{1+x^2}$，

从而

$$\lim_{n\to\infty}\left(\frac{1}{1+n^2}+\frac{1}{2^2+n^2}+\cdots+\frac{1}{n^2+n^2}\right)=\lim_{n\to\infty}\sum_{i=1}^{n}\frac{1}{1+\left(\frac{i}{n}\right)^2}\frac{1}{n}=\int_0^1\frac{1}{1+x^2}\mathrm{d}x.$$

例 3　根据定积分的几何意义，指出下列积分的值：

(1) $\int_a^b 3\mathrm{d}x$；　　(2) $\int_0^a x\mathrm{d}x$；

(3) $\int_{-a}^{a}\sqrt{a^2-x^2}\,\mathrm{d}x$.

解　(1) $\int_a^b 3\mathrm{d}x=3(b-a)$；　　(2) $\int_0^a x\mathrm{d}x=\frac{a^2}{2}$；

(3) $\int_{-a}^{a}\sqrt{a^2-x^2}\,\mathrm{d}x=\frac{1}{2}\pi a^2$.

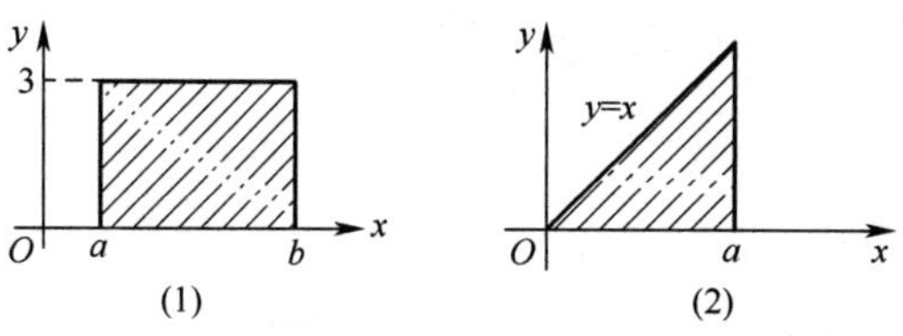

图 5-6

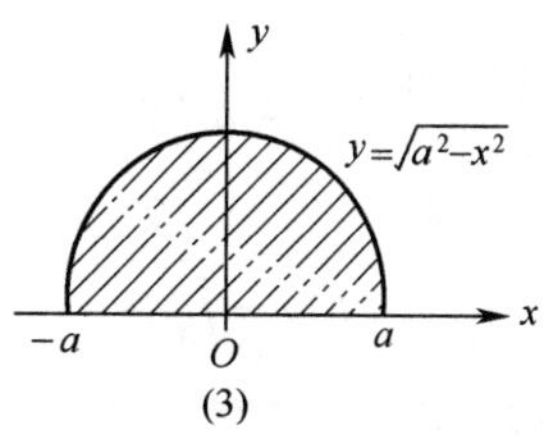

图 5-7

三、定积分的性质

下面讨论定积分的性质。下面性质中的定积分若没有特别说明，上下限均没有大小限制，并假定性质中出现的定积分都是存在的。

性质 1　$\int_a^b\mathrm{d}x=b-a$；

性质 2　$\int_a^b[\lambda f(x)\pm\mu g(x)]\mathrm{d}x=\lambda\int_a^b f(x)\mathrm{d}x\pm\mu\int_a^b g(x)\mathrm{d}x$；

性质 3 若 $a<c<b$，则 $\int_a^b f(x)\,\mathrm{d}x=\int_a^c f(x)\,\mathrm{d}x+\int_c^b f(x)\,\mathrm{d}x$，$c$ 为内分点；

注：如果 c 是区间 $[a,b]$ 的外分点，且 $b<c$，$f(x)$ 在 $[a,c]$ 上可积，则等式

$$\int_a^b f(x)\,\mathrm{d}x=\int_a^c f(x)\,\mathrm{d}x+\int_c^b f(x)\,\mathrm{d}x$$

仍成立；即不论 a、b、c 之间是否有大小关系，上述等式均成立。

性质 4 若在区间 $[a,b]$ 上 $f(x)\geqslant 0$，则 $\int_a^b f(x)\,\mathrm{d}x\geqslant 0$；

推论 1 若在区间 $[a,b]$ 上 $f(x)\geqslant g(x)$，则 $\int_a^b f(x)\,\mathrm{d}x\geqslant\int_a^b g(x)\,\mathrm{d}x$；

推论 2 $\left|\int_a^b f(x)\,\mathrm{d}x\right|\leqslant\int_a^b |f(x)|\,\mathrm{d}x\quad(a<b)$.

如果 $|f(x)|\leqslant M$，则 $\left|\int_a^b f(x)\,\mathrm{d}x\right|\leqslant M(b-a)$.

性质 5 （估值定理）设函数 $f(x)$ 在区间 $[a,b]$ 上的最大值和最小值分别是 M 和 m，则

$$m(b-a)\leqslant\int_a^b f(x)\,\mathrm{d}x\leqslant M(b-a)\text{，}(a<b).$$

性质 6 （定积分中值定理）设函数 $f(x)$ 在积分区间 $[a,b]$ 上连续，那么在 $[a,b]$ 上至少存在一个点 ξ，使下式成立：

$$\int_a^b f(x)\,\mathrm{d}x=f(\xi)(b-a)\text{，}(a\leqslant\xi\leqslant b).$$

证明 因为 $f(x)$ 在区间 $[a,b]$ 上连续，故可以在 $[a,b]$ 上取得最大值 M 和最小值 m，则由性质 4 的推论 1，有

$$m(b-a)\leqslant\int_a^b f(x)\,\mathrm{d}x\leqslant M(b-a)\quad\text{或}\quad m\leqslant\frac{1}{b-a}\int_a^b f(x)\,\mathrm{d}x\leqslant M$$

再利用闭区间上连续函数的介值定理，在 $[a,b]$ 上至少存在一个点 ξ，使得函数 $f(x)$ 在点 ξ 处的值与 $\frac{1}{b-a}\int_a^b f(x)\,\mathrm{d}x$ 相等，即 $f(\xi)=\frac{1}{b-a}\int_a^b f(x)\,\mathrm{d}x$，

则

$$\int_a^b f(x)\,\mathrm{d}x=f(\xi)(b-a).$$

定积分中值定理的几何意义：以区间 $[a,b]$ 为底边，以曲线 $y=f(x)$ 为曲边的曲边梯形的面积等于同一底边，且高为 $f(\xi)$ 的一个矩形的面积，如图 5-8 所示。

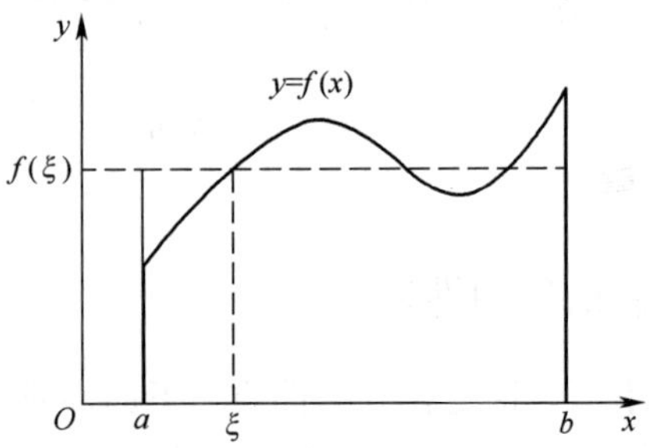

图 5-8

由定积分中值定理的结果

$$f(\xi)=\frac{1}{b-a}\int_a^b f(x)\,\mathrm{d}x\text{，}$$

通常也称之为连续函数 $f(x)$ 在闭区间 $[a,b]$ 上的平均值。

例 4 计算连续函数 $f(x)=\sqrt{4-x^2}$ 在区间 $[0,2]$ 上的平均值。

解　平均值 $\bar{f}(x)=\frac{1}{2}\int_0^2\sqrt{4-x^2}\,dx$，

利用定积分的几何意义，可得 $\int_0^2\sqrt{4-x^2}\,dx=\frac{\pi\cdot 2^2}{4}=\pi$，所以 $\bar{f}(x)=\frac{\pi}{2}$.

例 5　比较积分的大小：$\int_0^1 x\,dx$ 与 $\int_0^1\ln(1+x)\,dx$.

解　设 $f(x)=x-\ln(1+x)$，$x\in[0,1]$，$f'(x)=1-\frac{1}{1+x}=\frac{x}{1+x}>0$，表明 $f(x)$ 单调增加，且 $f(0)=0$，从而 $f(x)>0$ 即 $x>\ln(1+x)$，证得 $\int_0^1 x\,dx>\int_0^1\ln(1+x)\,dx$.

例 6　估计积分 $\int_{\frac{\pi}{4}}^{\frac{5\pi}{4}}(1+\sin^2x)\,dx$ 的值。

解　在区间 $[\frac{\pi}{4},\frac{5\pi}{4}]$ 上，$1\leqslant 1+\sin^2x\leqslant 2$，区间长度 $b-a=\frac{5\pi}{4}-\frac{\pi}{4}=\pi$，由估值定理有

$$\pi\leqslant\int_{\frac{\pi}{4}}^{\frac{5\pi}{4}}(1+\sin^2x)\,dx\leqslant 2\pi.$$

例 7　证明 $\lim\limits_{t\to 0}\int_a^b\sqrt{1+\cos^3tx}\,dx=\sqrt{2}(b-a)$.

解　由定积分中值定理可得

$$\lim_{t\to 0}\int_a^b\sqrt{1+\cos^3tx}\,dx=\lim_{t\to 0}\sqrt{1+\cos^3(t\xi)}\,(b-a)=\sqrt{2}(b-a).$$

§2　牛顿–莱布尼兹公式

一、牛顿–莱布尼兹公式

已知变速直线运动的速度为 $v=v(t)$，由上节引例 2，从时刻 a 到时刻 b 质点走过的路程：

$$s=\int_a^b v(t)\,dt;$$

如果已知质点的路程函数为 $s=s(t)$，则从时刻 a 到 b 质点走过的路程 $s=s(b)-s(a)$，因此有：

$$\int_a^b v(t)\,dt=s(b)-s(a);$$

又 $s(t)$ 是 $v(t)$ 的一个原函数，即 $s'(t)=v(t)$. 因此上式表明，$v(t)$ 在 $[a,b]$ 上的定积分恰好等于 $v(t)$ 的一个原函数 $s(t)$ 在区间 $[a,b]$ 上的增量。从引例 2 得出来的这一结论，在一定条件下具有普遍性。事实上，如果函数 $f(x)$ 在区间 $[a,b]$ 上连续，这一结论就成立，也就是下面的定理。

定理 1　设函数 $f(x)$ 在区间 $[a,b]$ 上连续，且 $F'(x)=f(x)$，则

$$\int_a^b f(x)\mathrm{d}x = F(b) - F(a).$$

上公式称为牛顿(Newton)-莱布尼兹(Leibniz)公式。为了计算中书写方便，通常也将公式写成：

$$\int_a^b f(x)\mathrm{d}x = F(x)\big|_a^b.$$

例 1 计算下列定积分：

(1) $\int_a^b (x-a)^n \mathrm{d}x$；

(2) $\int_0^{\frac{\pi}{2}} \sin 2x \mathrm{d}x$；

(3) $\int_0^2 f(x)\mathrm{d}x$，其中 $f(x)=\begin{cases} x & 0\leqslant x<1 \\ 3-x & 1\leqslant x\leqslant 2 \end{cases}$；

(4) $\int_{-e}^{-1} \frac{1}{x}\mathrm{d}x$；

(5) $\int_{-\frac{\pi}{2}}^{\frac{\pi}{2}} \sqrt{1-\cos 2x}\,\mathrm{d}x$.

解 (1) $\int_a^b (x-a)^n \mathrm{d}x = \frac{1}{n+1}(x-a)^{n+1}\big|_a^b = \frac{1}{n+1}(b-a)^{n+1}$；

(2) $\int_0^{\frac{\pi}{2}} \sin 2x \mathrm{d}x = -\frac{1}{2}\cos 2x\big|_0^{\frac{\pi}{2}} = -\frac{1}{2}(\cos\pi - \cos 0) = 1$；

(3) 设 $f(x)=\begin{cases} x & 0\leqslant x<1 \\ 3-x & 1\leqslant x\leqslant 2 \end{cases}$，则

$$\int_0^2 f(x)\mathrm{d}x = \int_0^1 x\mathrm{d}x + \int_1^2 (3-x)\mathrm{d}x = \frac{1}{2}x^2\big|_0^1 - \frac{1}{2}(3-x)^2\big|_1^2 = \frac{1}{2} + \frac{3}{2} = 2;$$

(4) $\int_{-e}^{-1} \frac{1}{x}\mathrm{d}x = \ln|x|\,\big|_{-e}^{-1} = \ln|-1| - \ln|-e| = -1$；

(5)
$$\begin{aligned}\int_{-\frac{\pi}{2}}^{\frac{\pi}{2}} \sqrt{1-\cos 2x}\,\mathrm{d}x &= \int_{-\frac{\pi}{2}}^{\frac{\pi}{2}} \sqrt{2\sin^2 x}\,\mathrm{d}x = \sqrt{2}\int_{-\frac{\pi}{2}}^{\frac{\pi}{2}} |\sin x|\mathrm{d}x \\ &= \sqrt{2}\left[\int_{-\frac{\pi}{2}}^{0} (-\sin x)\mathrm{d}x + \int_0^{\frac{\pi}{2}} \sin x \mathrm{d}x\right] \\ &= \sqrt{2}\,(\cos x)\big|_{-\frac{\pi}{2}}^{0} + \sqrt{2}\,(-\cos x)\big|_0^{\frac{\pi}{2}} = \sqrt{2} + \sqrt{2} = 2\sqrt{2}.\end{aligned}$$

二、牛顿-莱布尼兹公式的证明

1. 积分上限的函数

如 $\int_0^x t\mathrm{d}t = \frac{x^2}{2}$，记 $\varphi(x) = \frac{x^2}{2}$，则 $\varphi(x) = \int_0^x t\mathrm{d}t$ 且 $\varphi'(x) = x$，表明 $\varphi(x)$ 恰好是被积函数的原函数。一般地，若 $f(x)$ 在区间 $[a, b]$ 上连续，并且设 x 为区间 $[a, b]$ 上一点，我们来

考察$f(x)$在区间$[a, x]$上的定积分$\int_a^x f(x)\mathrm{d}x$. 首先由于$f(x)$在区间$[a, b]$上连续，所以积分$\int_a^x f(x)\mathrm{d}x$必存在。其次，由于定积分的积分变量与所选用字母无关，所以积分$\int_a^x f(x)\mathrm{d}x$也可表示为$\int_a^x f(t)\mathrm{d}t$，积分变量t满足$t \in [a, x]$.

如果上限x在区间$[a, b]$上任意变动，则对每一个取定的x值，定积分$\int_a^x f(t)\mathrm{d}t$都有一个对应值，所以积分$\int_a^x f(t)\mathrm{d}t$定义了一个关于x的函数，$x \in [a, b]$，记作

$$\varphi(x) = \int_a^x f(t)\mathrm{d}t,$$

称为积分上限的函数，或变上限的定积分，如图 5-9 所示。

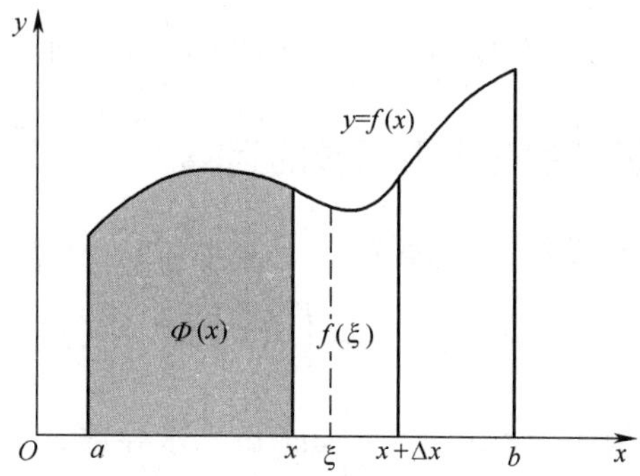

图 5-9

定理 2　设函数$f(x)$在区间$[a, b]$上连续，则积分上限函数$\varphi(x) = \int_a^x f(t)\mathrm{d}t$（$x \in [a, b]$）是被积函数$f(x)$在区间$[a, b]$上的一个原函数，即$\varphi'(x) = f(x)$，$x \in [a, b]$.

证明　$\Delta\varphi = \varphi(x + \Delta x) - \varphi(x) = \int_a^{x+\Delta x} f(t)\mathrm{d}t - \int_a^x f(t)\mathrm{d}t$

$$= \left(\int_a^x f(t)\mathrm{d}t + \int_x^{x+\Delta x} f(t)\mathrm{d}t\right) - \int_a^x f(t)\mathrm{d}t$$

$$= \int_x^{x+\Delta x} f(t)\mathrm{d}t = f(\xi)\Delta x，其中，\xi \in [x, x + \Delta x],$$

$$\varphi'(x) = \lim_{\Delta x\to 0}\frac{\Delta\varphi}{\Delta x} = \lim_{\Delta x\to 0}\frac{f(\xi)\Delta x}{\Delta x} = \lim_{\Delta x\to 0} f(\xi) = \lim_{\xi\to 0} f(\xi) = f(x).$$

若$x = a$，取$\Delta x > 0$，同理可证$\varphi'_+(a) = f(a)$；若$x = b$，取$\Delta x < 0$，同理可证$\varphi'_-(b) = f(b)$.

注：(1) 定理 2 也称为原函数存在性定理，只要函数$f(x)$在区间$[a, b]$上连续，则在区间$[a, b]$上，$f(x)$必存在原函数，且定理 2 表明积分上限函数$\varphi(x)$是被积函数$f(x)$的一个原函数；

(2) $\varphi'(x) = f(x)$，或$\dfrac{d\varphi(x)}{\mathrm{d}x} = f(x)$，即$\left(\int_a^x f(t)\mathrm{d}t\right)' = f(x)$，或$\dfrac{d}{\mathrm{d}x}\int_a^x f(t)\mathrm{d}t = f(x)$；

(3) 上述公式初步揭示了定积分与原函数之间的联系，这就使得通过原函数计算定积分成为可能。

2. 证明牛顿–莱布尼兹公式

函数$f(x)$在区间$[a, b]$上连续，且$F'(x) = f(x)$，则：$\int_a^b f(x)\mathrm{d}x = F(b) - F(a)$.

证明 设 $F(x)$ 是 $f(x)$ 在区间 $[a, b]$ 上的一个原函数，则 $F'(x)=f(x)$；又对于 $\varphi(x)=\int_a^x f(t)\mathrm{d}t$，有 $\varphi'(x)=f(x)$，即 $\varphi(x)$ 也是 $f(x)$ 在区间 $[a, b]$ 上的一个原函数，则 $\varphi(x)-F(x)=c$，或 $\varphi(x)=F(x)+c$，从而，$\int_a^x f(t)\mathrm{d}t=F(x)+c$，$x\in[a, b]$.

取 $x=a$ 有：$\int_a^a f(t)\mathrm{d}t=F(a)+c$，即 $F(a)+c=0, c=-F(a)$；

取 $x=b$ 有：$\int_a^b f(t)\mathrm{d}t=F(b)+c$，即 $\int_a^b f(t)\mathrm{d}t=F(b)-F(a)$.

三、关于积分上限函数的运算

公式 1 设函数 $f(x)$ 在区间 $[a, b]$ 上连续，则

$$\left(\int_a^x f(t)\mathrm{d}t\right)'=f(x)，或 \frac{d}{\mathrm{d}x}\int_a^x f(t)\mathrm{d}t=f(x).$$

例 2 设 $\varphi(x)=\int_1^x \sin t^2\mathrm{d}t$，求导数 $\varphi'(x)$.

解 $\varphi'(x)=\sin x^2$.

例 3 设 $\varphi(x)=\int_x^1 \sqrt[3]{\sin t}\,\mathrm{d}t$，求导数 $\varphi'(x)$，$\varphi'(\frac{\pi}{2})$.

解 $\varphi(x)=-\int_1^x \sqrt[3]{\sin t}\,\mathrm{d}t$，故 $\varphi'(x)=-\sqrt[3]{\sin x}$，$\varphi'(\frac{\pi}{2})=-1$.

例 4 设 $\begin{cases} x=\int_0^t \sin u\mathrm{d}u \\ y=\int_t^0 \cos u\mathrm{d}u \end{cases}$，求 $\frac{\mathrm{d}y}{\mathrm{d}x}$.

解 $\frac{\mathrm{d}y}{\mathrm{d}t}=-\cos t$，$\frac{\mathrm{d}x}{\mathrm{d}t}=\sin t$，故 $\frac{\mathrm{d}y}{\mathrm{d}x}=\frac{\mathrm{d}y/\mathrm{d}t}{\mathrm{d}x/\mathrm{d}t}=-\cot t$.

公式 2 设函数 $f(x)$ 在区间 $[a, b]$ 上连续，$g(x)$ 在区间 $[a, b]$ 上可导，记 $\varphi(x)=\int_a^{g(x)} f(t)\mathrm{d}t$，则

$$\varphi'(x)=\left(\int_0^{g(x)} f(t)\mathrm{d}t\right)'=f(g(x))\cdot g'(x).$$

例 5 求函数 $\varphi(x)=\int_0^{x^2}\sin\sqrt{t}\,\mathrm{d}t$ 的导数。

解 $\varphi'(x)=\left(\int_0^{x^2}\sin\sqrt{t}\,\mathrm{d}t\right)'=\sin\sqrt{x^2}\cdot(x^2)'=2x\sin|x|$.

例 6 求 $\frac{\mathrm{d}}{\mathrm{d}x}\int_{x^2}^{\sqrt{x}}\cos t^2\mathrm{d}t$.

解 因为 $\int_{x^2}^{\sqrt{x}}\cos t^2\mathrm{d}t=\int_{x^2}^{0}\cos t^2\mathrm{d}t+\int_0^{\sqrt{x}}\cos t^2\mathrm{d}t=-\int_0^{x^2}\cos t^2\mathrm{d}t+\int_0^{\sqrt{x}}\cos t^2\mathrm{d}t$，

故 $\frac{\mathrm{d}}{\mathrm{d}x}\int_{x^2}^{\sqrt{x}}\cos t^2\mathrm{d}t=-\frac{\mathrm{d}}{\mathrm{d}x}\int_0^{x^2}\cos t^2\mathrm{d}t+\frac{\mathrm{d}}{\mathrm{d}x}\int_0^{\sqrt{x}}\cos t^2\mathrm{d}t$

$$= -\cos(x^2)^2 \cdot (x^2)' + \cos(\sqrt{x})^2 \cdot (\sqrt{x})' = -2x\cos x^4 + \frac{1}{2\sqrt{x}}\cos x .$$

例 7　求极限 $\lim\limits_{x \to 0} \dfrac{\int_1^{\cos x} e^{-t^2} dt}{x^2}$.

解　$\lim\limits_{x \to 0} \dfrac{\int_1^{\cos x} e^{-t^2} dt}{x^2} = \lim\limits_{x \to 0} \dfrac{e^{-\cos^2 x}(-\sin x)}{2x} = -\dfrac{1}{2e}$.

例 8　已知 $\int_0^y e^{t^2} dt + \int_0^{2x} \cos t dt = 0$，求 $\dfrac{dy}{dx}$.

解　注意到 y 是 x 的函数，两边对 x 求导，

得 $e^{y^2} \cdot y' + \cos 2x \cdot 2 = 0$，求得：$\dfrac{dy}{dx} = -2e^{-y^2}\cos 2x$.

例 9　设 $g(x)$ 处处连续，$f(x) = \int_0^x (x-t)g(t)dt$，求 $f'(x)$，$f''(x)$.

解　$f(x) = \int_0^x (x-t)g(t)dt = x\int_0^x g(t)dt - \int_0^x tg(t)dt$，则

$f'(x) = \int_0^x g(t)dt + xg(x) - xg(x) = \int_0^x g(t)dt$，

$f''(x) = g(x)$.

例 10　设 $f(x) = \begin{cases} x+1, & -1 \leqslant x \leqslant 0 \\ x, & 0 < x \leqslant 1 \end{cases}$，求 $F(x) = \int_{-1}^x f(t)dt$，$x \in [-1, 1]$ 的表达式。

解　若 $-1 \leqslant x \leqslant 0$，则 $F(x) = \int_{-1}^x f(t)dt = \int_{-1}^x (t+1)dt = \dfrac{1}{2}(x+1)^2$；

若 $0 < x \leqslant 1$：则 $F(x) = \int_{-1}^x f(t)dt = \int_{-1}^0 (t+1)dt + \int_0^x tdt = \dfrac{1}{2} + \dfrac{1}{2}x^2$；

所以，$F(x) = \begin{cases} \dfrac{1}{2}(x+1)^2, & -1 \leqslant x \leqslant 0 \\ \dfrac{1}{2}(x^2+1), & 0 < x \leqslant 1 \end{cases}$.

§3　定积分的换元积分法

在上一节中我们学习了牛顿–莱布尼茨公式，知道了这是计算定积分的一种非常简便的方法，把定积分转化为求被积函数 $f(x)$ 的原函数的增量。而通过对第四章不定积分的学习，我们知道利用换元积分法和分部积分法可以求出一些函数的原函数。因此，在计算定积分时，我们也希望使用这些方法，下面分别给出使用这些方法计算定积分时需要注意的条件。

定理　设函数 $f(x)$ 在区间 $[a, b]$ 上连续，函数 $x = \varphi(t)$ 满足：

① 在区间 $[\alpha, \beta]$ 上可导，且 $\varphi'(t)$ 连续；

② $a=\varphi(\alpha)$, $b=\varphi(\beta)$ ，当 $t\in(\alpha,\beta)$ 时，$x\in[a,b]$ ，则

$$\int_a^b f(x)\mathrm{d}x=\int_\alpha^\beta f(\varphi(t))\varphi'(t)\mathrm{d}t.$$

证明 由条件，两端的被积函数均连续，故定积分存在；设 $F(x)$ 是 $f(x)$ 的一个原函数，则根据牛顿-莱布尼茨公式，$\int_a^b f(x)\mathrm{d}x=F(b)-F(a)$ ；

设 $\Phi(t)=F(\varphi(t))$，则 $\Phi'(t)=F'(\varphi(t))\varphi'(t)=f(\varphi(t))\varphi'(t)$ ，表明 $\Phi(t)$ 是 $f(\varphi(t))\varphi'(t)$ 的一个原函数，再根据牛顿-莱布尼茨公式

$$\int_\alpha^\beta f(\varphi(t))\varphi'(t)\mathrm{d}t=\Phi(\beta)-\Phi(\alpha)=F(\varphi(\beta))-F(\varphi(\alpha))=F(b)-F(a),$$

从而有 $\int_a^b f(x)\mathrm{d}x=\int_\alpha^\beta f(\varphi(t))\varphi'(t)\mathrm{d}t$.

注：(1)令 $x=\varphi(t)$ ，有 $\int_a^b f(x)\mathrm{d}x=\int_\alpha^\beta f(\varphi(t))\varphi'(t)\mathrm{d}t$ ，故称为定积分的换元法；

(2)定积分若采用了换元，就必须同时更换成新的积分限；要注意上下限对应关系：$a\to\alpha$, $b\to\beta$, 即上限对应上限，下限对应下限；换元后，不一定有 $\beta>\alpha$.

例 1 计算定积分 $\int_{-1}^0\frac{1}{\sqrt{1+x^2}}$.

解 做代换令 $x=\tan u$ ，则 $x=0$ 对应 $u=0$；$x=-1$ 对应 $u=-\frac{\pi}{4}$ ；满足定理条件，故

$$\int_{-1}^0\frac{1}{\sqrt{1+x^2}}=\int_{-\frac{\pi}{4}}^0\frac{1}{|\sec u|}\sec^2u\mathrm{d}u=\int_{-\frac{\pi}{4}}^0\sec u\mathrm{d}u=\ln|\sec u+\tan u|\Big|_{-\frac{\pi}{4}}^0$$

$$=0-\ln|\sqrt{2}-1|=\ln(\sqrt{2}+1).$$

例 2 求积分 $\int_0^\pi\sqrt{\sin^3x-\sin^5x}\mathrm{d}x$.

解 由于 $\sqrt{\sin^3x-\sin^5x}=\sqrt{\sin^3x(1-\sin^2x)}=\sin^{\frac{3}{2}}x\cdot|\cos x|$ ，所以

$$\begin{aligned}\int_0^\pi\sqrt{\sin^3x-\sin^5x}\mathrm{d}x&=\int_0^\pi\sin^{\frac{3}{2}}x\cdot|\cos x|\mathrm{d}x\\&=\int_0^{\frac{\pi}{2}}\sin^{\frac{3}{2}}x\cdot\cos x\mathrm{d}x+\int_{\frac{\pi}{2}}^\pi\sin^{\frac{3}{2}}x\cdot(-\cos x)\mathrm{d}x\\&=\int_0^{\frac{\pi}{2}}\sin^{\frac{3}{2}}x d(\sin x)-\int_{\frac{\pi}{2}}^\pi\sin^{\frac{3}{2}}x d(\sin x)\\&=\left[\frac{2}{5}\sin^{\frac{5}{2}}x\right]_0^{\frac{\pi}{2}}-\left[\frac{2}{5}\sin^{\frac{5}{2}}x\right]_{\frac{\pi}{2}}^\pi=\frac{2}{5}-(-\frac{2}{5})=\frac{4}{5}.\end{aligned}$$

例 3 计算定积分 $\int_0^1x^2\sqrt{1-x^2}\mathrm{d}x$.

解 做代换令 $x=\sin t$ ，则 $x=0$ 对应 $t=0$；$x=1$ 对应 $t=\frac{\pi}{2}$ ；

$$\int_0^1x^2\sqrt{1-x^2}\mathrm{d}x=\int_0^{\frac{\pi}{2}}\sin^2t\cos^2t\mathrm{d}t=\frac{1}{4}\int_0^{\frac{\pi}{2}}\sin^22t\mathrm{d}t=\frac{1}{8}\int_0^{\frac{\pi}{2}}(1-\cos4t)\mathrm{d}t=\frac{\pi}{16}.$$

注：换元的同时注意要变换积分限。如果采用凑微分，积分变量仍然是原先的积分变

量，则不需要换积分限。

例 4　计算定积分 $\int_{-2}^{-\sqrt{2}} \frac{1}{x\sqrt{x^2-1}}dx$.

解法 1　$x = \sec t$, $dx = \sec t\tan t dt$, $x =- 2$ 对应 $t = \frac{2\pi}{3}$, $x =- \sqrt{2}$ 对应 $t = \frac{3\pi}{4}$ ，故

$$\int_{-2}^{-\sqrt{2}} \frac{1}{x\sqrt{x^2-1}}dx = \int_{\frac{2\pi}{3}}^{\frac{3\pi}{4}} \frac{1}{\sec t \mid \tan t \mid}\sec t\tan t dt =- \int_{\frac{2\pi}{3}}^{\frac{3\pi}{4}} dt =- \frac{\pi}{12};$$

解法 2　$$\int_{-2}^{-\sqrt{2}} \frac{1}{x\sqrt{x^2-1}}dx = \int_{-2}^{-\sqrt{2}} \frac{1}{-x^2\sqrt{1-\frac{1}{x^2}}}dx = \int_{-2}^{-\sqrt{2}} \frac{1}{\sqrt{1-\frac{1}{x^2}}}d\left(\frac{1}{x}\right)$$

$$= \arcsin\frac{1}{x}\Big|_{-2}^{-\sqrt{2}} = \arcsin\left(\frac{1}{-\sqrt{2}}\right) - \arcsin\left(\frac{1}{-2}\right) =- \frac{\pi}{4} + \frac{\pi}{6}$$

$$=- \frac{\pi}{12}.$$

例 5　计算定积分 $\int_0^2 f(x-1)dx$ ，其中 $f(x) = \begin{cases} \frac{1}{1+x}, & x \geqslant 0 \\ \frac{1}{1+e^x}, & x < 0 \end{cases}$.

解　令 $u = x - 1$，得 $\int_0^2 f(x-1)dx = \int_{-1}^1 f(u)du = \int_{-1}^0 \frac{1}{1+e^u}du + \int_0^1 \frac{1}{1+u}du$

$$=- \ln(1+e^{-u})\big|_{-1}^0 + \ln(1+u)\big|_0^1 = \ln(e+1),$$

或者，也可以先写出 $f(x-1)$ 的表达式再积分。

例 6　设函数 $f(x)$ 在区间 $[-a, a]$ 上连续，证明

(1)若 $f(-x) =- f(x)$ ，则 $\int_{-a}^a f(x)dx = 0$;

(2)若 $f(-x) = f(x)$ ，则 $\int_{-a}^a f(x)dx = 2\int_0^a f(x)dx$.

证明　由于 $\int_{-a}^a f(x)dx = \int_{-a}^0 f(x)dx + \int_0^a f(x)dx$ ，对于第一个积分 $\int_{-a}^0 f(x)dx$ ，令 $x = -u$ ，有

$$\int_{-a}^0 f(x)dx = \int_a^0 f(-u)(-du) = \int_0^a f(-u)du = \int_0^a f(-x)dx,$$

于是，$\int_{-a}^a f(x)dx = \int_0^a f(x)dx + \int_0^a f(-x)dx = \int_0^a [f(x) + f(-x)]dx$

(1)当 $f(-x) =- f(x)$ 时，$\int_{-a}^a f(x)dx = \int_0^a [f(x) + f(-x)]dx = 0$;

(2)当 $f(-x) = f(x)$ 时，$\int_{-a}^a f(x)dx = \int_0^a [f(x) + f(-x)]dx = 2\int_0^a f(x)dx$.

注：当被积函数具有奇偶性，并且积分限构成对称区间时，可以使用上面的公式化简积分的计算。

例 7　计算下列积分：

(1) $\int_{-\frac{1}{2}}^{\frac{1}{2}}(\frac{\text{arc}^6\tan x}{1+x^2}+\frac{\arcsin x^5}{\sqrt{1-x^2}})\mathrm{d}x$;

(2) $\int_{-1}^{1}(x\sqrt{1+x^2}+\sqrt{1-x^2})\mathrm{d}x$;

(3) $\int_{-a}^{a}(x+\sqrt{a^2-x^2})^2\mathrm{d}x$.

解 (1) $\int_{-\frac{1}{2}}^{\frac{1}{2}}(\frac{\text{arc}^6\tan x}{1+x^2}+\frac{\arcsin x^5}{\sqrt{1-x^2}})\mathrm{d}x=2\int_0^{\frac{1}{2}}\frac{\text{arc}^6\tan x}{1+x^2}\mathrm{d}x=2\int_0^{\frac{1}{2}}\text{arc}^6\tan x\mathrm{d}\arctan x$

$$=\frac{2}{7}\text{arc}^7\tan x\Big|_0^{\frac{1}{2}}=\frac{2}{7}\text{arc}^7\tan\frac{1}{2}\ ;$$

(2) $\int_{-1}^{1}(x\sqrt{1+x^2}+\sqrt{1-x^2})\mathrm{d}x=\int_{-1}^{1}\sqrt{1-x^2}\mathrm{d}x=\frac{1}{2}\pi$;

(3) $\int_{-a}^{a}(x+\sqrt{a^2-x^2})^2\mathrm{d}x=\int_{-a}^{a}(x^2+2x\sqrt{a^2-x^2}+a^2-x^2)\mathrm{d}x=2\int_0^a a^2\mathrm{d}x=2a^3.$

例 8 设函数$f(x)$在区间$[0,1]$上连续，求证：

(1) $\int_0^{\frac{\pi}{2}}f(\sin x)\mathrm{d}x=\int_0^{\frac{\pi}{2}}f(\cos x)\mathrm{d}x$;

(2) $\int_0^{\pi}f(\sin x)\mathrm{d}x=2\int_0^{\frac{\pi}{2}}f(\sin x)\mathrm{d}x$;

(3) $\int_0^{\pi}xf(\sin x)\mathrm{d}x=\frac{\pi}{2}\int_0^{\pi}f(\sin x)\mathrm{d}x=\pi\int_0^{\frac{\pi}{2}}f(\sin x)\mathrm{d}x$.

证明 (1)令 $x=\frac{\pi}{2}-u$ ，得

$$\int_0^{\frac{\pi}{2}}f(\sin x)\mathrm{d}x=\int_{\frac{\pi}{2}}^{0}f\left(\sin(\frac{\pi}{2}-u)\right)(-\mathrm{d}u)=\int_0^{\frac{\pi}{2}}f(\cos u)\mathrm{d}u=\int_0^{\frac{\pi}{2}}f(\cos x)\mathrm{d}x\ ;$$

(2) $\int_0^{\pi}f(\sin x)\mathrm{d}x=\int_0^{\frac{\pi}{2}}f(\sin x)\mathrm{d}x+\int_{\frac{\pi}{2}}^{\pi}f(\sin x)\mathrm{d}x$ ，对第二个积分，令 $x=\pi-t$ ，得

$\int_{\frac{\pi}{2}}^{\pi}f(\sin x)\mathrm{d}x=\int_{\frac{\pi}{2}}^{0}f(\sin(\pi-t))(-\mathrm{d}t)=\int_0^{\frac{\pi}{2}}f(\sin t)\mathrm{d}t=\int_0^{\frac{\pi}{2}}f(\sin x)\mathrm{d}x$ ，

于是有 $\int_0^{\pi}f(\sin x)\mathrm{d}x=2\int_0^{\frac{\pi}{2}}f(\sin x)\mathrm{d}x$;

(3)令 $x=\pi-u$ ，得

$$\int_0^{\pi}xf(\sin x)\mathrm{d}x=\int_{\pi}^{0}(\pi-u)f(\sin(\pi-u))(-\mathrm{d}u)=\pi\int_0^{\pi}f(\sin u)\mathrm{d}u-\int_0^{\pi}uf(\sin u)\mathrm{d}u$$

$$=\pi\int_0^{\pi}f(\sin x)\mathrm{d}x-\int_0^{\pi}xf(\sin x)\mathrm{d}x\ ,$$

移项后可得：$\int_0^{\pi}xf(\sin x)\mathrm{d}x=\frac{\pi}{2}\int_0^{\pi}f(\sin x)\mathrm{d}x$ ，

再利用(2)的结论，即可得证。

注：以上结论可以作为重要结论来使用，如下例。

例 9　$\int_0^{\pi}\frac{x\sin x}{1+\cos^2 x}dx$.

解　$\int_0^{\pi}\frac{x\sin x}{1+\cos^2 x}dx=\int_0^{\pi}x\frac{\sin x}{2-\sin^2 x}dx=\frac{\pi}{2}\int_0^{\pi}\frac{\sin x}{2-\sin^2 x}dx=-\frac{\pi}{2}\int_0^{\pi}\frac{1}{1+\cos^2 x}d\cos x$

$$=-\frac{\pi}{2}\arctan(\cos x)\Big|_0^{\pi}=-\frac{\pi}{2}\left(-\frac{\pi}{4}-\frac{\pi}{4}\right)=\frac{\pi^2}{4}.$$

例 10　设函数$f(x)$是以l为周期的连续函数，证明$\int_a^{a+l}f(x)dx$与a无关。

证法 1　$\int_a^{a+l}f(x)dx=\int_a^{0}f(x)dx+\int_0^{l}f(x)dx+\int_l^{a+l}f(x)dx$，对第三个积分，令$x=l+u$，有

$$\int_l^{a+l}f(x)dx=\int_0^{a}f(l+u)du=\int_0^{a}f(u)du,$$

所以有$\int_a^{a+l}f(x)dx=\int_a^{0}f(x)dx+\int_0^{l}f(x)dx+\int_0^{a}f(x)dx=\int_0^{l}f(x)dx$，这个积分值与$a$无关。

证法 2　$\int_a^{a+l}f(x)dx=\int_a^{l}f(x)dx+\int_l^{a+l}f(x)dx$，对第二个积分，令$x=l+u$，有

$$\int_l^{a+l}f(x)dx=\int_0^{a}f(l+u)du=\int_0^{a}f(u)du,$$

所以有$\int_a^{a+l}f(x)dx=\int_a^{l}f(x)dx+\int_0^{a}f(u)du=\int_a^{l}f(x)dx+\int_0^{a}f(x)dx=\int_0^{l}f(x)dx$，此值与$a$无关。

证法 3　设$F(a)=\int_a^{a+l}f(x)dx$，则$F'(a)=\frac{d}{da}\int_a^{a+l}f(x)dx=f(l+a)-f(a)=0$，即对于任意的$a$值，$F(a)\equiv c$；特取$a=0$，$c=F(0)=\int_0^{l}f(x)dx$，说明$F(a)$与$a$无关。

例 11　求函数$y=\int_0^{x}\frac{3x+1}{x^2+2x+2}dx$在$x\in[0,1]$上的最大、最小值。

解　由$y'=\frac{3x+1}{x^2+2x+2}>0$，$x\in[0,1]$，表明函数单调增加，从而

$$y_{\min}=y(0)=\int_0^{0}\frac{3x+1}{x^2+2x+2}dx=0,$$

$$y_{\max}=y(1)=\int_0^{1}\frac{3x+1}{x^2+2x+2}dx=\int_0^{1}\frac{\frac{3}{2}(2x+2)-2}{x^2+2x+2}dx$$

$$=\frac{3}{2}\int_0^{1}\frac{2x+2}{x^2+2x+2}dx-2\int_0^{1}\frac{1}{x^2+2x+2}dx$$

$$=\frac{3}{2}\int_0^{1}\frac{d(x^2+2x+2)}{x^2+2x+2}-2\int_0^{1}\frac{1}{(x+1)^2+1}d(x+1)$$

$$=\frac{3}{2}\ln(x^2+2x+2)\Big|_0^1-2\arctan(x+1)\Big|_0^1$$

$$=\frac{3}{2}\ln\frac{5}{2}-2(\arctan 2-\frac{\pi}{4}).$$

例 12 若$f(t)$为连续函数且为奇函数，证明$\int_0^x f(t)\mathrm{d}t$是偶函数。

证明 由$f(t)$为奇函数有：$f(-t)=-f(t)$，记$\varphi(x)=\int_0^x f(t)\mathrm{d}t$，即证明$\varphi(x)=\varphi(-x)$，由于$\varphi(-x)=\int_0^{-x}f(t)\mathrm{d}t$，对积分做变量代换，令$t=-u$，有

$$\varphi(-x)=\int_0^{-x}f(t)\mathrm{d}t=\int_0^x f(-u)(-\mathrm{d}u)=\int_0^x f(u)\mathrm{d}u=\int_0^x f(t)\mathrm{d}t=\varphi(x),$$

即证得：$\varphi(x)=\int_0^x f(t)\mathrm{d}t$是偶函数。

同理可证，若$f(t)$为连续函数且为偶函数，则$\int_0^x f(t)\mathrm{d}t$是奇函数。

例 13 设$f(x)$连续，求函数$F(x)=\int_0^{x^2}f(x-t)\mathrm{d}t$的导数。

解 由于$F(x)$是积分上限的函数，并且上限变量x还出现在被积函数中，在做求导运算前，需要先把变量x整理到积分之外，使得被积函数中不含有变量x，因此对定积分做变量代换，令$x-t=u$，则$-\mathrm{d}t=\mathrm{d}u$，有

$$F(x)=\int_0^{x^2}f(x-t)\mathrm{d}t=\int_x^{x-x^2}f(u)(-\mathrm{d}u)=-\int_x^{x-x^2}f(u)\mathrm{d}u,$$

所以，$F'(x)=f(x)-f(x-x^2)\cdot(1-2x)$.

§4 定积分的分部积分法

设函数$u(x)$，$v(x)$在区间$[a,b]$上有连续的导数，由$(uv)'=u'v+uv'$，有

$$uv'=(uv)'-u'v,$$

再设$u'(x)$，$v'(x)$在区间$[a,b]$上连续，于是上式两端的定积分都存在，两端作定积分，有：

$$\int_a^b uv'\mathrm{d}x=\int_a^b(uv')\mathrm{d}x-\int_a^b u'v\mathrm{d}x=(uv)_a^b-\int_a^b u'v\mathrm{d}x,$$

则可得定积分的分部积分公式为：

$$\int_a^b uv'\mathrm{d}x=(uv)_a^b-\int_a^b u'v\mathrm{d}x,$$

或

$$\int_a^b u\mathrm{d}v=(uv)_a^b-\int_a^b v\mathrm{d}u.$$

例 1 计算积分$\int_0^1 x\arctan x\mathrm{d}x$.

解 $\int_0^1 x\arctan x\mathrm{d}x=\frac{1}{2}\int_0^1\arctan x\mathrm{d}(x^2)=\frac{1}{2}(x^2\arctan x|_0^1-\int_0^1\frac{x^2}{1+x^2}\mathrm{d}x)$

$$=\frac{1}{2}(\frac{\pi}{4}-0)-\frac{1}{2}[x-\arctan x]_0^1=\frac{1}{2}(\frac{\pi}{2}-1).$$

例 2　计算积分 $\int_1^e \sqrt{x}\ln x\mathrm{d}x$.

解　首先做代换 $\sqrt{x}=t$ ，则 $\mathrm{d}x=2t\mathrm{d}t$ ，从而可以去掉根号，有

$$\int_1^e \sqrt{x}\ln x\mathrm{d}x=\int_1^{\sqrt{e}} t\ln t^2 2t\mathrm{d}t=\frac{4}{3}\int_1^{\sqrt{e}}\ln t\mathrm{d}t^3$$
$$=\frac{4}{3}[t^3\ln t|_1^{\sqrt{e}}-\int_1^{\sqrt{e}}t^3\cdot\frac{1}{t}\mathrm{d}t]$$
$$=\frac{4}{3}[(e^{\frac{3}{2}}\cdot\frac{1}{2}-0)-\frac{1}{3}(e^{\frac{3}{2}}-1)]=\frac{2}{9}e^{\frac{3}{2}}+\frac{4}{9}.$$

例 3　计算定积分 $I_n=\int_0^{\frac{\pi}{2}}\sin^n x\mathrm{d}x$ ，n 为非负整数。

解　$I_n=-\int_0^{\frac{\pi}{2}}\sin^{n-1}x\mathrm{d}\cos x$

$$=-(\sin^{n-1}x\cos x|_0^{\frac{\pi}{2}}-(n-1)\int_0^{\frac{\pi}{2}}\cos x\sin^{n-2}x\cos x\mathrm{d}x)$$
$$=(n-1)\int_0^{\frac{\pi}{2}}\sin^{n-2}x\cdot(1-\sin^2x)\mathrm{d}x$$
$$=(n-1)\int_0^{\frac{\pi}{2}}\sin^{n-2}x\mathrm{d}x-(n-1)\int_0^{\frac{\pi}{2}}\sin^n x\mathrm{d}x$$
$$=(n-1)I_{n-2}-(n-1)I_n$$

移项后可得递推公式：$I_n=\frac{n-1}{n}I_{n-2}$ ，由此递推公式，可得：

$I_{n-2}=\frac{n-3}{n-2}I_{n-4}$ ，$I_{n-4}=\frac{n-5}{n-4}I_{n-6}$ ，…，至 I_0 或者 I_1；又

$I_0=\int_0^{\frac{\pi}{2}}\mathrm{d}x=\frac{\pi}{2}$, $I_1=\int_0^{\frac{\pi}{2}}\sin x\mathrm{d}x=1$,

故当 n 为偶数时：

$$I_n=\frac{n-1}{n}I_{n-2}=\frac{n-1}{n}\cdot\frac{n-3}{n-2}I_{n-4}=\cdots=\frac{n-1}{n}\cdot\frac{n-3}{n-2}\cdot\frac{n-5}{n-4}\cdot\cdots\cdot\frac{3}{4}\cdot\frac{1}{2}\cdot I_0$$
$$=\frac{(n-1)!!}{n!!}\cdot\frac{\pi}{2},$$

当 n 为奇数时：

$$I_n=\frac{n-1}{n}I_{n-2}=\frac{n-1}{n}\cdot\frac{n-3}{n-2}I_{n-4}=\cdots=\frac{n-1}{n}\cdot\frac{n-3}{n-2}\frac{n-5}{n-4}\cdot\cdots\cdot\frac{4}{5}\cdot\frac{2}{3}\cdot I_1$$
$$=\frac{(n-1)!!}{n!!},$$

由上节的例 8 的(1)：$\int_0^{\frac{\pi}{2}}f(\sin x)\mathrm{d}x=\int_0^{\frac{\pi}{2}}f(\cos x)\mathrm{d}x$ ，可得

$$\int_0^{\frac{\pi}{2}}\sin^n x\mathrm{d}x=\int_0^{\frac{\pi}{2}}\cos^n x\mathrm{d}x,$$

从而有：

$$\int_0^{\frac{\pi}{2}} \sin^n x\mathrm{d}x = \int_0^{\frac{\pi}{2}} \cos^n x\mathrm{d}x = \begin{cases} \dfrac{(2k-1)!!}{(2k)!!}\cdot\dfrac{\pi}{2}, & n=2k \\ \dfrac{(2k)!!}{(2k+1)!!}, & n=2k+1 \end{cases} (k=1,2,\cdots).$$

注：上式可以作为重要结论直接使用，例如

$$\int_0^{\frac{\pi}{2}} \sin^6 x\mathrm{d}x = \frac{5}{6}\cdot\frac{3}{4}\cdot\frac{1}{2}\cdot\frac{\pi}{2} = \frac{5\pi}{32},$$

$$\int_0^{\frac{\pi}{2}} \cos^7 x\mathrm{d}x = \frac{6}{7}\cdot\frac{4}{5}\cdot\frac{2}{3}\cdot 1 = \frac{16}{35},$$

例 4 计算积分 $\int_0^{\pi} x\sin^m x\mathrm{d}x$，$m$ 是自然数。

解 由上一节的例 8 的(3)：$\int_0^{\pi} xf(\sin x)\mathrm{d}x = \frac{\pi}{2}\int_0^{\pi} f(\sin x)\mathrm{d}x = \pi\int_0^{\frac{\pi}{2}} f(\sin x)\mathrm{d}x$，有

$$\int_0^{\pi} x\sin^m x\mathrm{d}x = \frac{\pi}{2}\int_0^{\pi}\sin^m x\mathrm{d}x = \pi\int_0^{\frac{\pi}{2}}\sin^m x\mathrm{d}x,$$

即 $$\int_0^{\pi} x\sin^m x\mathrm{d}x = \pi\int_0^{\frac{\pi}{2}}\sin^m x\mathrm{d}x = \begin{cases} \dfrac{m-1}{m}\cdot\dfrac{m-3}{m-2}\cdots\dfrac{3}{4}\cdot\dfrac{1}{2}\cdot\dfrac{\pi}{2} & m\text{ 是偶数} \\ \dfrac{m-1}{m}\cdot\dfrac{m-3}{m-2}\cdots\dfrac{4}{5}\cdot\dfrac{2}{3} & m\text{ 是奇数} \end{cases}$$

例 5 设 $f''(x)$ 在区间 $[0, 1]$ 上连续，证明

$$\int_0^1 f(x)\mathrm{d}x = \frac{f(0)+f(1)}{2} - \frac{1}{2}\int_0^1 x(1-x)f''(x)\mathrm{d}x.$$

证明
$$\begin{aligned}\int_0^1 x(1-x)f''(x)\mathrm{d}x &= \int_0^1 x(1-x)\mathrm{d}f'(x) \\ &= x(1-x)f'(x)\big|_0^1 - \int_0^1 (1-2x)f'(x)\mathrm{d}x \\ &= \int_0^1 (2x-1)\mathrm{d}f(x) \\ &= (2x-1)f(x)\big|_0^1 - 2\int_0^1 f(x)\mathrm{d}x \\ &= f(0)+f(1) - 2\int_0^1 f(x)\mathrm{d}x,\end{aligned}$$

移项并整理后可得：$\int_0^1 f(x)\mathrm{d}x = \frac{f(0)+f(1)}{2} - \frac{1}{2}\int_0^1 x(1-x)f''(x)\mathrm{d}x$.

例 6 设 $2f(x) = \sin^3 x - 2\sin^2 x\int_0^{\pi} f(x)\mathrm{d}x + \sin x\int_0^{\pi} f(x)\mathrm{d}x$，求 $f(x)$.

解 注意到积分 $\int_0^{\pi} f(x)\mathrm{d}x$ 是常数，因此可设 $\int_0^{\pi} f(x)\mathrm{d}x = A$，所以有

$$2f(x) = \sin^3 x - 2A\sin^2 x + A\sin x,$$

两边进行积分，有：

$$2\int_0^{\pi} f(x)\,\mathrm{d}x = \int_0^{\pi} \sin^3 x\mathrm{d}x - 2A\int_0^{\pi} \sin^2 x\mathrm{d}x + A\int_0^{\pi} \sin x\mathrm{d}x\ ,$$

其中$\int_0^{\pi} \sin^3 x\mathrm{d}x = 2\int_0^{\frac{\pi}{2}} \sin^3 x\mathrm{d}x = 2\cdot\frac{2}{3}\cdot 1 = \frac{4}{3}$,

$\int_0^{\pi} \sin^2 x\mathrm{d}x = 2\int_0^{\frac{\pi}{2}} \sin^2 x\mathrm{d}x = 2\cdot\frac{1}{2}\cdot\frac{\pi}{2} = \frac{\pi}{2}$,

$\int_0^{\pi} \sin x\mathrm{d}x = 2$，代入上式则有

$2A = \frac{4}{3} - \pi A + 2A$ ，所以 $A = \int_0^{\pi} f(x)\,\mathrm{d}x = \frac{4}{3\pi}$ ，代入原式则有

$$f(x) = \frac{1}{2}\sin^3 x - \frac{4}{3\pi}\sin^2 x + \frac{2}{3\pi}\sin x\ .$$

注：此题的关键在于认识到$\int_0^{\pi} f(x)\,\mathrm{d}x$ 是常数。为了解题过程更加快捷简单，应熟记一些例题的结论，如上节的例 6、例 8，本节的例 3 等。

§5　广义积分

在定积分的定义中，要求积分区间为有限区间 $[a,\ b]$ ，被积函数 $f(x)$ 在区间 $[a,\ b]$ 上有界。然而在一些实际问题中，经常遇到积分区间为无穷区间，被积函数为无界函数的积分，这些已经不属于定积分范畴了，因此，本节中对定积分推广，得到两类广义积分的概念。

一、无穷区间上的广义积分

引例：设 $f(x) = \mathrm{e}^{-x}$ ，则 $f(x)$ 在区间 $[0,\ +\infty)$ 上连续。

$\forall A > 0$，图 5-10 中阴影部分的面积为

$$S(A) = \int_0^{A} \mathrm{e}^{-x}\mathrm{d}x = (-\mathrm{e}^{-x})\Big|_0^{A} = 1 - \mathrm{e}^{-A}\ ,$$

且有 $\lim\limits_{A\to+\infty} S(A) = \lim\limits_{A\to+\infty}(1 - \mathrm{e}^{-A}) = 1.$

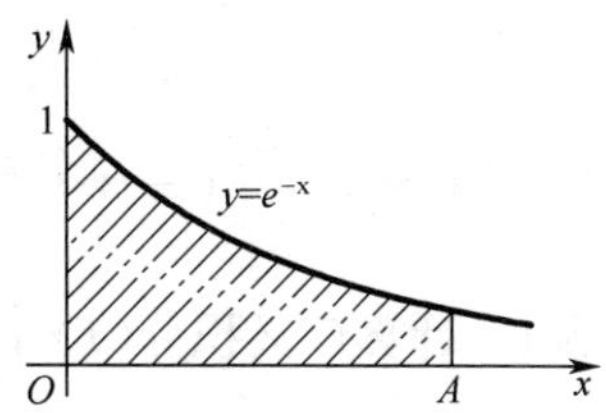

图 5-10

定义 1　设函数 $f(x)$ 在区间 $[a,\ +\infty)$ 上连续，$\forall b \in (a,\ +\infty)$ ，定积分 $\int_a^b f(x)\,\mathrm{d}x$ 均存在。

若极限 $\lim\limits_{b\to+\infty}\int_a^b f(x)\,\mathrm{d}x$ 存在，则称 $f(x)$ 在无穷区间 $[a,\ +\infty)$ 上的广义积分收敛，或称 $f(x)$ 在区间 $[a,\ +\infty)$ 上可积，并称该极限值为 $f(x)$ 在无穷区间 $[a,\ +\infty)$ 上的广义积分值，记作

$$\int_0^{+\infty} f(x)\,\mathrm{d}x = \lim_{b\to+\infty}\int_a^b f(x)\,\mathrm{d}x\ .$$

如果极限 $\lim\limits_{b\to+\infty}\int_a^b f(x)\,\mathrm{d}x$ 不存在，则称广义积分 $\int_0^{+\infty} f(x)\,\mathrm{d}x$ 发散。

同理若 $f(x)$ 在 $(-\infty,\ b]$ 上连续，当极限 $\lim\limits_{a\to-\infty}\int_a^b f(x)\,\mathrm{d}x$ 存在时，可以定义 $f(x)$ 在区

间 $(-\infty, b]$ 上的广义积分为：

$$\int_{-\infty}^{b} f(x)\mathrm{d}x = \lim_{a\to-\infty}\int_{a}^{b} f(x)\mathrm{d}x,$$

此时，称 $f(x)$ 在无穷区间 $(-\infty, b]$ 上的广义积分收敛；反之，如果上述极限不存在，称 $f(x)$ 在无穷区间 $(-\infty, b]$ 上的广义积分发散。

对于广义积分 $\int_{-\infty}^{+\infty} f(x)\mathrm{d}x$，定义其收敛性为：$\int_{-\infty}^{+\infty} f(x)\mathrm{d}x$ 收敛的充分必要条件是广义积分 $\int_{-\infty}^{0} f(x)\mathrm{d}x$、$\int_{0}^{+\infty} f(x)\mathrm{d}x$ 同时收敛，并且在收敛时，有 $\int_{-\infty}^{+\infty} f(x)\mathrm{d}x = \int_{0}^{+\infty} f(x)\mathrm{d}x + \int_{-\infty}^{0} f(x)\mathrm{d}x$.

上述广义积分统称为无穷区间上的广义积分，简称无穷积分。

注：设 $f(x)$ 在区间 $[a, b]$ 上的一个原函数是 $F(x)$，则

$$\int_{a}^{+\infty} f(x)\mathrm{d}x = \lim_{b\to+\infty}\int_{a}^{b} f(x)\mathrm{d}x = \lim_{b\to+\infty}[F(x)]_{a}^{b} = \lim_{b\to+\infty}[F(b)-F(a)] = \lim_{b\to+\infty}F(b)-F(a),$$

记 $\lim\limits_{b\to+\infty}F(b)=F(+\infty)$，当 $F(+\infty)$ 存在时，则有：

$$\int_{a}^{+\infty} f(x)\mathrm{d}x = [F(x)]_{a}^{+\infty} = F(+\infty)-F(a);$$

同理，$\int_{-\infty}^{b} f(x)\mathrm{d}x = \lim\limits_{b\to+\infty}\int_{a}^{b} f(x)\mathrm{d}x = \lim\limits_{a\to-\infty}[F(x)]_{a}^{b} = \lim\limits_{a\to-\infty}[F(b)-F(a)] = F(b)-\lim\limits_{a\to-\infty}F(a)$，

记 $\lim\limits_{a\to-\infty}F(a)=F(-\infty)$，当 $F(-\infty)$ 存在时，则有：

$$\int_{-\infty}^{b} f(x)\mathrm{d}x = [F(x)]_{-\infty}^{b} = F(b)-F(-\infty);$$

类似地，当 $F(+\infty)$ 与 $F(-\infty)$ 都存在时，则有：

$$\int_{-\infty}^{+\infty} f(x)\mathrm{d}x = [F(x)]_{-\infty}^{+\infty} = F(+\infty)-F(-\infty),$$

当 $F(+\infty)$ 与 $F(-\infty)$ 有一个不存在时，广义积分 $\int_{-\infty}^{+\infty} f(x)\mathrm{d}x$ 发散。

例 1 计算广义积分(1) $\int_{0}^{+\infty}\frac{x}{1+x^2}\mathrm{d}x$；(2) $\int_{\frac{4}{\pi}}^{+\infty}\frac{1}{x^2}\sin\frac{1}{x}\mathrm{d}x$.

解 (1) $\int_{0}^{+\infty}\frac{x}{1+x^2}\mathrm{d}x = \frac{1}{2}\ln(1+x^2)\Big|_{0}^{+\infty} = \frac{1}{2}\lim\limits_{x\to+\infty}\ln(1+x^2) = +\infty$，

所以该广义积分发散；

$$(2)\ \int_{\frac{4}{\pi}}^{+\infty}\frac{1}{x^2}\sin\frac{1}{x}\mathrm{d}x = -\int_{\frac{4}{\pi}}^{+\infty}\sin\frac{1}{x}\mathrm{d}\left(\frac{1}{x}\right) = \left(\cos\frac{1}{x}\right)\Bigg|_{\frac{4}{\pi}}^{+\infty}$$

$$= \lim_{x\to+\infty}\cos\frac{1}{x}-\cos\frac{\pi}{4} = 1-\frac{\sqrt{2}}{2}.$$

例 2 计算广义积分 $\int_{-\infty}^{+\infty}\frac{1}{1+x^2}\mathrm{d}x$.

解 $\int_{-\infty}^{+\infty} \frac{1}{1+x^2}\mathrm{d}x = \arctan x \Big|_{-\infty}^{+\infty}$

$= \lim\limits_{x\to+\infty} \arctan x - \lim\limits_{x\to-\infty} \arctan x$

$= \frac{\pi}{2} - (-\frac{\pi}{2}) = \pi.$

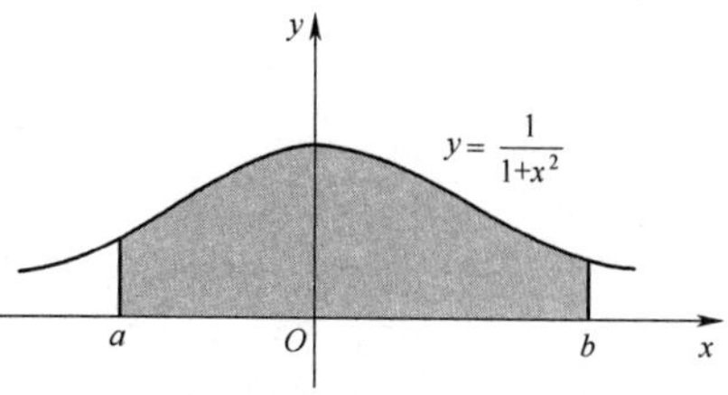

图 5-11

这个广义积分的值是 π，它的几何意义是：当 $a\to-\infty$，$b\to+\infty$ 时，虽然图 5-11 中阴影部分向两端无限延伸，图形不封闭，但是其面积却是收敛的，面积值为 π.

例 3 讨论广义积分 $\int_a^{+\infty} \frac{1}{x^p}\mathrm{d}x$ ($a>0, p>0$) 的敛散性。

解 当 $p=1$ 时，$\int_a^{+\infty} \frac{1}{x^p}\mathrm{d}x = \int_a^{+\infty} \frac{1}{x}\mathrm{d}x = (\ln x)\Big|_a^{+\infty} = +\infty$；

当 $p\neq 1$ 时，$\int_a^{+\infty} \frac{1}{x^p}\mathrm{d}x = \frac{1}{-p+1}(x^{-p+1})\Big|_a^{+\infty} = \begin{cases} +\infty\,(\text{发散}), & p<1 \\ \frac{1}{p-1}a^{1-p}, & p>1 \end{cases}$；

所以，当 $p>1$ 时，广义积分 $\int_a^{+\infty} \frac{1}{x^p}\mathrm{d}x$ 收敛于 $\frac{a^{1-p}}{p-1}$；当 $p\leqslant 1$ 时，该广义积分发散。

由此题结论可知，$\int_1^{+\infty} \frac{1}{x^2}\mathrm{d}x$ 收敛，而 $\int_1^{+\infty} \frac{1}{\sqrt{x}}\mathrm{d}x$ 发散。

注：(1)非负函数的无穷积分如果发散，则必为 $+\infty$；

(2)可以证明　若 $0\leqslant\varphi(x)\leqslant f(x)$，且 $\int_a^{+\infty} f(x)\mathrm{d}x$ 收敛，则 $\int_a^{+\infty}\varphi(x)\mathrm{d}x$ 也收敛；

若 $0\leqslant f(x)\leqslant\varphi(x)$，且 $\int_a^{+\infty} f(x)\mathrm{d}x$ 发散，则 $\int_a^{+\infty}\varphi(x)\mathrm{d}x$ 也发散。

这一方法称为广义积分的比较审敛法。

例 4 判断积分 $\int_1^{+\infty} \frac{1}{x\sqrt{x^3+1}}\mathrm{d}x$ 的敛散性。

解 在 $[1,+\infty)$ 上，$\frac{1}{x\sqrt{x^3+1}} < \frac{1}{x\cdot x^{\frac{3}{2}}} = \frac{1}{x^{\frac{5}{2}}}$，由于 $\int_1^{+\infty} \frac{1}{x^{\frac{5}{2}}}\mathrm{d}x$ 收敛，

可知 $\int_1^{+\infty} \frac{1}{x\sqrt{x^3+1}}\mathrm{d}x$ 收敛。

二、无界函数的广义积分(瑕积分)

现在我们把定积分推广到被积函数是无界函数的情形。如果函数 $f(x)$ 在点 $x=a$ 处满足 $\lim\limits_{x\to a} f(x)=\infty$，则称 $x=a$ 为 $f(x)$ 的无界间断点，也称为瑕点。

定义 2 设函数 $f(x)$ 在区间 $(a,b]$ 上连续，且 $x=a$ 为 $f(x)$ 的瑕点，如果极限 $\lim\limits_{\varepsilon\to0^+}\int_{a+\varepsilon}^{b} f(x)\mathrm{d}x$ 存在，称 $f(x)$ 在区间 $(a,b]$ 上可积，称极限值为区间 $(a,b]$ 上无界函数 $f(x)$

的广义积分，记作

$$\int_a^b f(x)\,dx = \lim_{\varepsilon\to 0^+}\int_{a+\varepsilon}^b f(x)\,dx$$

也称广义积分 $\int_a^b f(x)\,dx$ 收敛；如果极限 $\lim\limits_{\varepsilon\to 0^+}\int_{a+\varepsilon}^b f(x)\,dx$ 不存在，称广义积分发散。

同理，$f(x)$ 在区间 $[a, b)$ 上连续，且 $\lim\limits_{x\to b^-} f(x) = \infty$ ，则当极限 $\lim\limits_{\varepsilon\to 0^+}\int_a^{b-\varepsilon} f(x)\,dx$ 存在时，称极限值为区间 $[a, b)$ 上无界函数 $f(x)$ 的广义积分，记作

$$\int_a^b f(x)\,dx = \lim_{\varepsilon\to 0^+}\int_a^{b-\varepsilon} f(x)\,dx$$

反之，称广义积分发散。

若 $f(x)$ 在区间 $[a, b]$ 上除点 $c(a < c < b)$ 外连续，点 c 为 $f(x)$ 的瑕点，则 $\int_a^b f(x)\,dx$ 收敛的充分必要条件是 $\int_a^c f(x)\,dx$ 与 $\int_c^b f(x)\,dx$ 均收敛，并且在收敛时，有

$$\int_a^b f(x)\,dx = \int_a^c f(x)\,dx + \int_c^b f(x)\,dx .$$

注：如果 $F'(x) = f(x)$ ，$x \in (a, b]$ ，且 $x = a$ 为 $f(x)$ 的瑕点，则

$\int_a^b f(x)\,dx = \lim\limits_{\varepsilon\to 0^+}\int_{a+\varepsilon}^b f(x)\,dx = \lim\limits_{\varepsilon\to 0^+}[F(b) - F(a+\varepsilon)] = F(b) - \lim\limits_{\varepsilon\to 0^+} F(a+\varepsilon)$ ，可简化为：

$$\int_a^b f(x)\,dx = F(x)\Big|_a^b = F(b) - \lim_{x\to a^+} F(x) .$$

上式表明在计算瑕积分时，可以使用牛顿-莱布尼茨公式，但是在瑕点处，是计算极限值，其余情况均类似。

例 5 计算积分 $\int_1^2 \frac{1}{x\sqrt{x^2-1}}dx$.

解 因为 $\lim\limits_{x\to 1^+}\frac{1}{x\sqrt{x^2-1}} = +\infty$ ，所以 $x = 1$ 是瑕点，于是

$$\int_1^2 \frac{1}{x\sqrt{x^2-1}}dx = \int_1^2 \frac{-1}{\sqrt{1-\frac{1}{x^2}}}d\left(\frac{1}{x}\right)dx = \left[\arccos\frac{1}{x}\right]_1^2$$

$$= \frac{\pi}{3} - \lim_{x\to 1^+}\arccos\frac{1}{x} = \frac{\pi}{3} - 0 = \frac{\pi}{3} .$$

注：需要特别注意，在把瑕点 $x = 1$ 代入原函数 $F(x)$ 时，实际上是求 $F(x)$ 在 $x = 1$ 的极限值。

例 6 讨论积分 $\int_a^b \frac{1}{(x-a)^k}dx\ (k > 0)$ 的敛散性。

解　因为 $x=a$ 是被积函数 $\dfrac{1}{(x-a)^k}$ 的瑕点，故

当 $k=1$ 时：$\displaystyle\int_a^b \frac{1}{(x-a)^k}dx=\int_a^b \frac{1}{x-a}dx=[\ln(x-a)]_a^b$

$$=\ln(b-a)-\lim_{x\to a^+}\ln(x-a)=+\infty；$$

当 $k\neq 1$ 时：$\displaystyle\int_a^b \frac{1}{(x-a)^k}dx=\frac{1}{-k+1}(x-a)^{-k+1}\Big|_a^b=\begin{cases}\dfrac{(b-a)^{1-k}}{1-k}, & k<1\\ +\infty, & k>1\end{cases}；$

所以，当 $k<1$ 时，该广义积分收敛，且收敛于 $\dfrac{(b-a)^{1-k}}{1-k}$；当 $k\geqslant 1$ 时，该广义积分发散。

例 7　计算积分 $\displaystyle\int_2^4 \frac{1}{x(1-\ln x)}dx$.

解　因为 $x=\mathrm{e}$ 为被积函数的瑕点，所以

$$\int_2^4 \frac{1}{x(1-\ln x)}dx=\int_2^{\mathrm{e}} \frac{1}{x(1-\ln x)}dx+\int_{\mathrm{e}}^4 \frac{1}{x(1-\ln x)}dx，$$

原广义积分收敛的充分必要条件是右端两个广义积分都收敛。
因为广义积分

$$\int_2^{\mathrm{e}} \frac{1}{x(1-\ln x)}dx=-\ln(1-\ln x)_2^{\mathrm{e}}$$

$$=\ln(1-\ln 2)-\lim_{x\to \mathrm{e}^-}\ln(1-\ln x)=+\infty，$$

所以此广义积分发散，因此原广义积分发散。

注：此题常见的错误解法为

$$\int_2^4 \frac{1}{x(1-\ln x)}dx=-\int_2^4 \frac{1}{x(1-\ln x)}d(1-\ln x)=-\ln|1-\ln x|_2^4=\ln(1-\ln 2)-\ln|1-\ln 4|.$$

解法的错误在于没有看到在积分区间 $[2, 4]$ 内存在使被积函数分母为零的点 $x=\mathrm{e}$，因为 $x=\mathrm{e}$ 为被积函数的瑕点，这种情况下不能够直接在区间 $[2, 4]$ 上计算积分，必须将区间 $[2, 4]$ 分为 $[2, \mathrm{e}]$ 和 $[\mathrm{e}, 4]$，然后分别积分。

例 8　讨论积分 $\displaystyle\int_0^{+\infty} \frac{1}{\sqrt{x}(1+x)}dx$ 的敛散性。

解　此积分既是无穷区间上的广义积分，也是无界函数的广义积分，由于

$$\int_0^{+\infty} \frac{1}{\sqrt{x}(1+x)}dx=\int_0^1 \frac{1}{\sqrt{x}(1+x)}dx+\int_1^{+\infty} \frac{1}{\sqrt{x}(1+x)}dx，$$

原广义积分收敛的充分必要条件是右端的瑕积分和无穷积分都收敛。令 $\sqrt{x}=t$，有

$$\int_0^1 \frac{1}{\sqrt{x}(1+x)}dx=\int_0^1 \frac{1}{t(1+t^2)}2tdt=(2\arctan t)_0^1=\frac{\pi}{2}，$$

$$\int_1^{+\infty} \frac{1}{\sqrt{x}(1+x)}dx=\int_1^{+\infty} \frac{1}{t(1+t^2)}2tdt=(2\arctan t)_1^{+\infty}=2\left(\frac{\pi}{2}-\frac{\pi}{4}\right)=\frac{\pi}{2}，$$

从而原积分收敛，并且 $\int_0^{+\infty}\frac{1}{\sqrt{x}(1+x)}dx=\int_0^1\frac{1}{\sqrt{x}(1+x)}dx+\int_1^{+\infty}\frac{1}{\sqrt{x}(1+x)}dx=\pi$.

三、Γ 函数

下面介绍在理论和应用上都有着重要意义的 Γ 函数。

定义 3 含有参变量 $s(s>0)$ 的反常积分

$$\Gamma(s)=\int_0^{+\infty}x^{s-1}e^{-x}dx$$

称为 Γ 函数。

这个积分的积分区间是无穷区间，又当 $s-1<0$ 时 $x=0$ 是被积函数的瑕点。容易讨论，这个广义积分是收敛的。Γ 函数的图像如图 5-12 所示。

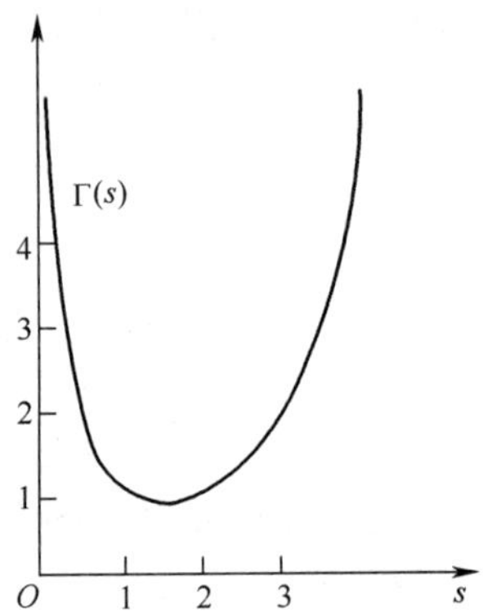

图 5-12

Γ 函数有如下的性质：

(1) $\Gamma(1)=1$;

(2) $\Gamma(s+1)=s\Gamma(s)$;

(3) $\Gamma(n+1)=n!$;

(4) $\Gamma(\frac{1}{2})=\sqrt{\pi}$.

证明 (1) $\Gamma(1)=\int_0^{+\infty}e^{-x}dx=(-e^{-x})\big|_0^{+\infty}=1$;

(2) $\Gamma(s+1)=\int_0^{+\infty}x^s e^{-x}dx$

$$=-\int_0^{+\infty}x^s de^{-x}=-x^s e^{-x}\big|_0^{+\infty}+\int_0^{+\infty}sx^{s-1}e^{-x}dx=s\int_0^{+\infty}x^{s-1}e^{-x}dx=s\Gamma(s)\ ;$$

(3) $\Gamma(n+1)=n\Gamma(n)=n\cdot(n-1)\Gamma(n-1)=n\cdot(n-1)\cdot\cdots\cdot\Gamma(1)=n!$.

(4)证明见第八章例 12 的注(2)。

习题五

1. 试用定积分表示：

(1) 曲线 $y=\sin x$, $x\in[0,\pi]$ 与 x 轴围成的图形的面积__________;

(2) 曲线 $y=\cos x$, $x\in[0,\pi]$ 与 x 轴及 $x=0$, $x=\pi$ 所围成的图形的面积__________。

2. 利用定积分的几何意义求下列积分：

(1) $\int_0^1(x+1)dx$;　　(2) $\int_{-1}^2|x|dx$;

(3) $\int_0^a\sqrt{a^2-x^2}dx\quad(a>0)$;　　(4) $\int_{-\pi}^{\pi}\sin x dx$.

3. 利用定积分的定义求下列极限：

(1) $\lim\limits_{n\to\infty}\frac{1}{n}\sum\limits_{i=1}^{n}\sqrt{1+\frac{i}{n}}$;　　(2) $\lim\limits_{n\to\infty}\frac{1^p+2^p+\cdots+n^p}{n^{p+1}}(p>0)$.

4. 估计下列积分之值：

(1) $\int_{\frac{\pi}{4}}^{\frac{5\pi}{4}}(1+\sin^2 x)\mathrm{d}x$；　　(2) $\int_0^2 \mathrm{e}^{x^2-x}\mathrm{d}x$.

5. 计算下列函数 $y=y(x)$ 的导数 $\frac{\mathrm{d}y}{\mathrm{d}x}$：

(1) $y=\int_0^x \cos(1+t^2)\mathrm{d}t$；　　(2) $y=\int_0^{x^2}\ln(1+t)\mathrm{d}t$；

(3) $y=\int_x^{-1} t\mathrm{e}^{-t}\mathrm{d}t$；　　(4) $y=\int_{\sin x}^{\cos x}\mathrm{e}^{t^2}\mathrm{d}t$；

(5) $\begin{cases} x=\int_0^t (1-\cos u)\mathrm{d}u \\ y=\int_0^t \sin u\mathrm{d}u \end{cases}$；　　(6) $\begin{cases} x=\int_0^{t^2}\sin u^2\mathrm{d}u \\ y=\cos t^4 \end{cases}$；

(7) $\int_0^y \mathrm{e}^t\mathrm{d}t+\int_0^{xy}\cos t\mathrm{d}t=0$.

6. 求 $f(x)=\int_0^x \frac{2t+1}{1+t^2}\mathrm{d}t$ 在 $[0,1]$ 上的最大值与最小值。

7. 求下列极限：

(1) $\lim\limits_{x\to 0}\frac{\int_0^x \ln(\cos t)\mathrm{d}t}{x^3}$；　　(2) $\lim\limits_{x\to 0}\frac{\int_0^x \sin t^2\mathrm{d}t}{x^3}$；

(3) $\lim\limits_{x\to +0}\frac{\int_0^{x^2} t^{\frac{3}{2}}\mathrm{d}t}{\int_0^x t(t-\sin t)}$；　　(4) $\lim\limits_{x\to 0}\frac{\int_0^x (\mathrm{e}^x-\mathrm{e}^{-x})\mathrm{d}x}{1-\cos x}$

8. 计算下列定积分：

(1) $\int_0^4 (2x+3)\mathrm{d}x$；　　(2) $\int_{-1}^1 \frac{1}{1+x^2}\mathrm{d}x$；

(3) $\int_0^{\frac{\pi}{4}}\tan^2 x\mathrm{d}x$；　　(4) $\int_{-1}^1 (1-|x|)\mathrm{d}x$；

(5) $\int_0^2 \sqrt{x^3-2x^2+x}\mathrm{d}x$；　　(6) $\int_0^{2\pi}|\sin x|\mathrm{d}x$；

(7) 设 $f(x)=\begin{cases} \frac{1}{\sqrt{1-x^2}} & 0\leqslant x<\frac{1}{2} \\ x & \frac{1}{2}\leqslant x\leqslant 1 \end{cases}$，求 $\int_0^1 f(x)\mathrm{d}x$.

9. 设 $f(x)$ 在 $[0,1]$ 上连续，且单调递减，$F(x)=\frac{1}{x}\int_0^x f(t)\mathrm{d}t$. 证明：在 $(0,1)$ 内 $F'(x)\leqslant 0$.

10. 设 $f(x)$、$g(x)$ 在区间 $[a,b]$ 上连续，证明：

(1) $\left[\int_a^b f(x)g(x)\mathrm{d}x\right]^2\leqslant\int_a^b f^2(x)\mathrm{d}x\int_a^b g^2(x)\mathrm{d}x$（柯西-施瓦茨不等式）；

(2) $\left(\int_a^b [f(x)+g(x)]^2 \mathrm{d}x\right)^{\frac{1}{2}} \leqslant \left(\int_a^b f^2(x)\mathrm{d}x\right)^{\frac{1}{2}} + \left(\int_a^b g^2(x)\mathrm{d}x\right)^{\frac{1}{2}}$(闵可夫斯基不等式).

11. 设 $f(x)=\begin{cases}\frac{1}{2}\sin x & 0\leqslant x\leqslant \pi \\ 0 & x<0 \text{或} x>\pi\end{cases}$，求 $\varphi(x)=\int_0^x f(t)\mathrm{d}t$ 在 $(-\infty,+\infty)$ 内的表达式。

12. 设 $f(x)\in C[a,b]$，且 $f(x)>0$，$x\in[a,b]$，$F(x)=\int_a^x f(t)\mathrm{d}t+\int_b^x \frac{1}{f(t)}\mathrm{d}t$，$x\in[a,b]$.

证明：(1) $F'(x)\geqslant 2$；

(2)方程 $F(x)=0$ 在 (a,b) 内有且仅有一个根。

13. 设 $f(x)$ 在区间 $[a,b]$ 上连续，且 $f(x)>0$，证明：

$$\int_a^b f(x)\mathrm{d}x\cdot\int_a^b \frac{1}{f(x)}\mathrm{d}x\geqslant (b-a)^2.$$

14. 计算下列定积分：

(1) $\int_{-2}^{-1}\frac{1}{(11+5x)^3}\mathrm{d}x$；

(2) $\int_0^{\pi}(1-\sin^3 x)\mathrm{d}x$；

(3) $\int_1^{\mathrm{e}}\frac{1+\ln x}{x}\mathrm{d}x$；

(4) $\int_1^{\sqrt{3}}\frac{\mathrm{d}x}{x\sqrt{1+x^2}}$；

(5) $\int_{-\sqrt{2}}^{\sqrt{2}}\sqrt{(8-2y^2)}\,\mathrm{d}y$；

(6) $\int_0^{\sqrt{2}a}\frac{x\mathrm{d}x}{\sqrt{3a^2-x^2}}$；

(7) $\int_{\frac{3}{4}}^{1}\frac{\mathrm{d}x}{\sqrt{1-x}-1}$；

(8) $\int_{-\frac{\pi}{2}}^{\frac{\pi}{2}}\sqrt{\cos x-\cos^3 x}\,\mathrm{d}x$；

(9) $\int_0^{\pi}\sqrt{1+\cos 2x}\,\mathrm{d}x$；

(10) 设 $f(x)=\begin{cases}1+x^2 x, \leqslant 0\\ \mathrm{e}^{-x}, x>0\end{cases}$，求 $\int_1^3 f(x-2)\mathrm{d}x$.

15. 利用函数的奇偶性计算下列积分：

(1) $\int_{-10}^{10}(x-\sqrt{100-x^2})^2\mathrm{d}x$；　(2) $\int_{-\frac{1}{2}}^{\frac{1}{2}}\frac{(\arcsin x)^2}{\sqrt{1-x^2}}\mathrm{d}x$；　(3) $\int_{-5}^{5}\frac{x^3\sin^2 x}{x^4+3x^2+1}\mathrm{d}x$.

16. 证明：$\int_0^{\frac{\pi}{2}}\frac{\cos x}{\sin x+\cos x}\mathrm{d}x=\frac{\pi}{4}$.

17. 设 $f(x)$ 在区间 $[a,b]$ 上连续，且 $\int_a^b f(x)\mathrm{d}x=1$，求 $\int_a^b f(a+b-x)\mathrm{d}x$.

18. 设 $f(x)$ 是 l 以为周期的连续函数，证明：对任意的常数 a，有：

$$\int_a^{a+l}f(x)\mathrm{d}x=\int_0^l f(x)\mathrm{d}x.$$

19. 设 $f(x)$ 在区间 $(-\infty,+\infty)$ 上连续，证明：

(1)若 $f(x)$ 是奇函数，则 $\int_0^x f(t)\mathrm{d}t$ 是偶函数；

(2)若$f(x)$是偶函数，则$\int_0^x f(t)\,dt$是奇函数。

20. 设$f(x)$在区间$[0,1]$上单调减且连续。证明：当$0<\lambda<1$时，成立

$$\int_0^\lambda f(x)\,dx \geqslant \lambda\int_0^1 f(x)\,dx .$$

21. 计算下列定积分：

(1) $\int_0^\pi x\sin x\,dx$；　(2) $\int_{\frac{1}{e}}^{e}|\ln x|\,dx$；　(3) $\int_0^1 x\arctan x\,dx$；　(4) $\int_0^{\frac{\pi}{2}} e^{2x}\cos x\,dx$.

22. 设$f(x)$可导，且$f(0)=2, f(2)=3, f'(2)=5$，求$I=\int_0^1 xf''(2x)\,dx$.

23. 计算定积分$\int_{-2}^{2}(|x|+x)e^{-|x|}\,dx$.

24. 计算$\int_0^1\left(\int_x^1\frac{\sin y}{y}dy\right)dx$.

25. 计算下列定积分：

(1) $\int_{-\pi}^{\pi}x^4\sin x\,dx$；　(2) $\int_{-\frac{\pi}{2}}^{\frac{\pi}{2}}6\cos^4\theta\,d\theta$；

(3) $\int_0^2 x^2\sqrt{4-x^2}\,dx$；　(4) $\int_{-1}^{1}|x|\ln(x+\sqrt{1+x^2})\,dx$.

26. (积分第一中值定理)设$f(x)$在区间$[a,b]$上连续，$g(x)$在区间$[a,b]$上连续且不变号。证明至少存在一点$\xi\in[a,b]$，使得下式成立：

$$\int_a^b f(x)g(x)\,dx = f(\xi)\int_a^b g(x)\,dx .$$

27. 下列反常积分是否收敛？如果收敛求出它的值。

(1) $\int_1^{+\infty}\frac{dx}{x^5}$；　(2) $\int_1^{+\infty}\frac{dx}{\sqrt[3]{x}}$；

(3) $\int_1^{+\infty}\frac{dx}{x^2(x+1)}$；　(4) $\int_{-\infty}^{+\infty}\frac{dx}{x^2+4x+9}$；

(5) $\int_0^{+\infty}e^{-\sqrt{x}}\,dx$；　(6) $\int_0^{+\infty}e^{-x}\sin x\,dx$；

(7) $\int_{-3}^{3}\frac{dx}{(2-x)^5}$；　(8) $\int_0^1\frac{x}{\sqrt{1-x^2}}dx$；

(9) $\int_1^2\frac{x}{\sqrt{x-1}}dx$；　(10) $\int_{-\frac{\pi}{2}}^{\frac{\pi}{2}}\frac{dx}{1-\cos x}$.

28. 讨论下列反常积分的敛散性。

(1) $\int_2^{+\infty}\frac{dx}{x(\ln x)^p}$；　(2) $\int_a^b\frac{dx}{(x-a)^k}$　$(b>a)$.

29. 利用递推公式计算反常积分$I_n=\int_0^{+\infty}x^n e^{-x}\,dx$.

第六章　定积分的应用

在本章中，我们将应用定积分来分析、解决一些几何及经济中的问题，我们利用定积分给出了这些量的计算公式，而对于初学者更重要的是，要学会如何将这些量表达成定积分的分析方法，即微元法，不断积累和提高数学的应用能力。

§1　微元法

定积分的所有应用问题，一般总可以按照“分割、近似、求和、取极限”四个步骤把所求的量表示成定积分。为了更好地说明这种方法，我们再来回顾曲边梯形求面积的问题。

当 $x \in [a, b]$ 时，$f(x)$ 连续且 $f(x) \geqslant 0$，则定积分 $\int_a^b f(x)\,\mathrm{d}x$ 的几何意义是曲边梯形的面积，即

$$A = \int_a^b f(x)\,\mathrm{d}x = \lim_{\lambda \to 0} \sum_{i=1}^{n} f(\xi_i)\Delta x_i .$$

用定积分表示面积的关键在于写出微小面积 ΔA_i 的近似值 $\Delta A_i \approx f(\xi_i)\Delta x_i$. 为了简便起见，此处我们省去了下标 i ，把任一小区间 $[x, x+\mathrm{d}x]$ 上的窄曲边梯形的面积记为 ΔA ，则微小面积的近似值(图6-1)为 $\Delta A \approx f(x)\,\mathrm{d}x$ ，称之为面积微元(面积元素)，这正好是积分表达式。从而有

$$A = \lim \sum f(x)\,\mathrm{d}x = \int_a^b f(x)\,\mathrm{d}x ,$$

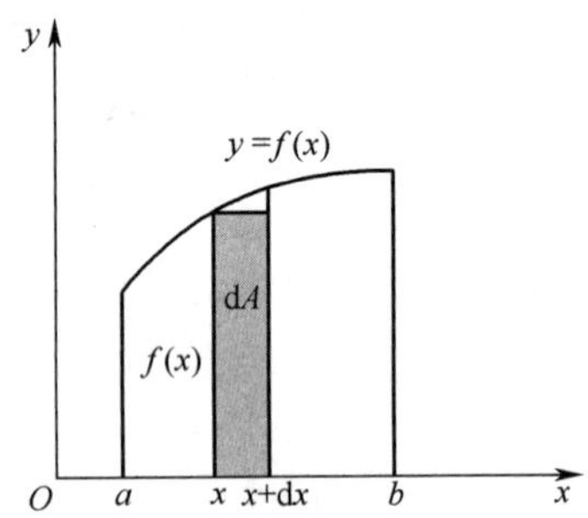

图 6-1

如果所求量为 u ，且 u 满足：

①u 对应于某个变量，例如 u 与 x 有关，且 $x \in [a, b]$ ；

②在 $x \in [a, b]$ 时，u 具有可加性；

则可以用下面的方法，得到 u 的一个积分表达式：

①选取积分变量，如 x ，确定 x 的变化范围即 $x \in [a, b]$ ；

② $\forall\, [x, x+\mathrm{d}x] \subset [a, b]$ ，求出在 $[x, x+\mathrm{d}x]$ 上 u 的微元 Δu 的近似值 $\mathrm{d}u = f(x)\,\mathrm{d}x$ ，即：

$$\Delta u \approx \mathrm{d}u = f(x)\,\mathrm{d}x ;$$

③ $u = \lim \sum \Delta u = \lim \sum f(x)\,\mathrm{d}x = \int_a^b f(x)\,\mathrm{d}x$ ，即：

$$u = \int_a^b f(x)\,\mathrm{d}x .$$

以上方法称为微元法，也称为元素法，其关键是得到所求量的微小量的近似值，即

微元

$$\Delta u \approx \mathrm{d}u = f(x)\,\mathrm{d}x .$$

§2　平面图形的面积

一、直角坐标情形

设平面图形如图 6-2 所示，由两条曲线 $y=f_1(x)$ 、$y=f_2(x)$ 及直线 $x=a$ 、$x=b$ 所围成，今后常把这样的平面图形记作

$$\begin{cases} a \leqslant x \leqslant b \\ f_1(x) \leqslant y \leqslant f_2(x) \end{cases},$$

求此图形的面积 A .

利用微元法，可按照如下步骤进行：

①所求面积 A 视为变量 x 的函数，则 $x \in [a, b]$ ；

② $\forall\ [x, x+\mathrm{d}x] \subset [a, b]$ ，对应的微小面积 ΔA 的近似值,即面积微元 $\Delta A \approx \mathrm{d}A = [f_2(x) - f_1(x)]\,\mathrm{d}x$ ；

③ $A = \int_a^b \mathrm{d}A = \int_a^b [f_2(x) - f_1(x)]\,\mathrm{d}x$.

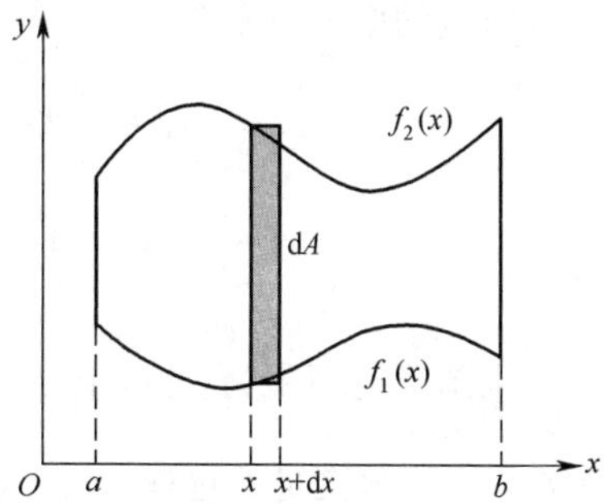

图 6-2

例 1　求曲线 $y=x$ ，$y=x^2-2x$ 所围成图形的面积。

解　求出曲线的交点：$O(0, 0)$ 、$A(1, -1)$ 、$B(3, 3)$ ，如图 6-3 所示，

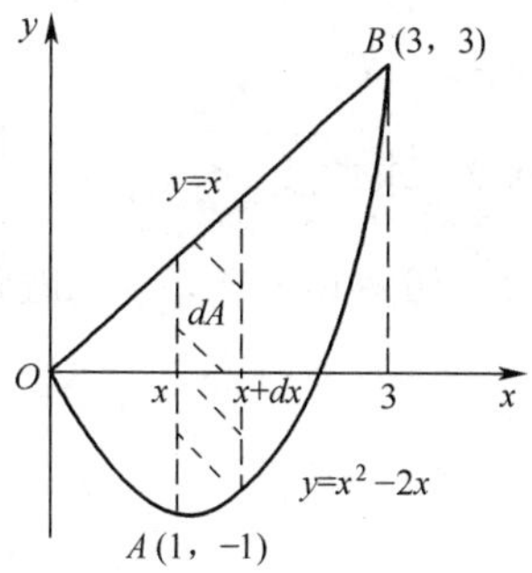

图 6-3

$\Delta A \approx \mathrm{d}A = [x-(x^2-2x)]\,\mathrm{d}x = (x-x^2)\,\mathrm{d}x$ ，$x \in [0, 3]$ ，

$$A = \int_a^b \mathrm{d}A = \int_0^3 (x-x^2)\,\mathrm{d}x = \frac{9}{2} ;$$

或者直接利用上述的公式，有：

$$A = \int_a^b \mathrm{d}A = \int_a^b [f_2(x) - f_1(x)]\,\mathrm{d}x ,$$

此时 $f_1(x)=x$ ，$f_2(x)=x^2-2x$ ，$x \in [0, 3]$ ，则

$$A = \int_a^b \mathrm{d}A = \int_a^b [f_2(x) - f_1(x)]\,\mathrm{d}x$$
$$= \int_0^3 (x-x^2)\,\mathrm{d}x = \frac{9}{2} .$$

注：如果求平面图形的面积(图 6-4)，则

①选取积分变量为 y ，$y \in [c, d]$ ；

② $\forall\ [y, y+\mathrm{d}y] \subset [c, d]$ ，对应细小横条的面积的近似值即面积微元为：

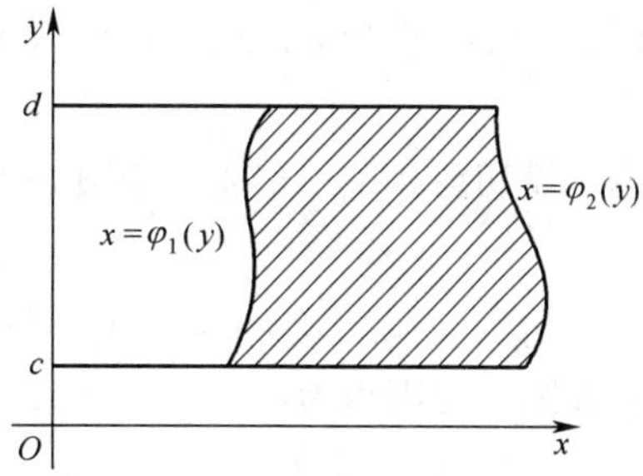

图 6-4

$$dA=[\varphi_2(y)-\varphi_1(y)]dy；$$

③利用定积分得到面积公式为：

$$A=\int_c^d dA=\int_c^d[\varphi_2(y)-\varphi_1(y)]dy.$$

在例 1 中，如果将所求面积视为 y 的函数，则

①面积为变量 y 的函数，$y\in[-1,3]=[-1,0]\cup[0,3]$；

②分别考虑：$\forall[y,y+dy]\subset[-1,0]$，$\forall[y,y+dy]\subset[0,3]$

对应的面积的近似值即面积微元分别为：

$$\Delta A_1\approx dA_1=[1+\sqrt{y+1}-y]dy,\ y\in[0,3]；$$

$$\Delta A_2\approx dA_2=[(1+\sqrt{y+1})-(1-\sqrt{y+1})]dy,\ y\in[-1,0]；$$

③对应的面积分别为：

$$A_1=\int_0^3 dA_1=\int_0^3(1+\sqrt{y+1}-y)dy=\frac{19}{6},$$

$$A_2=\int_{-1}^0 dA_2=\int_{-1}^0(2\sqrt{y+1})dy=\frac{4}{3},$$

所求图形的面积为：$A=A_1+A_2=\frac{9}{2}$.

注：①积分变量的选择（ x 或 y ）可能直接影响到积分计算的难易程度；

②公式 $A=\int_a^b dA=\int_a^b[f_2(x)-f_1(x)]dx=\int_a^b f_2(x)dx-\int_a^b f_1(x)dx$，与定积分几何意义的结果一致。

例 2　求曲线 $y=x$，$y=\frac{1}{x}$ 和 $y=2$ 所围成图形的面积。

解　如图 6-5 所示，选取积分变量为 y，$y\in[1,2]$，面积微元为：

$$dA=[\phi_2(y)-\phi_1(y)]dy=(y-\frac{1}{y})dy,$$

所以

$$A=\int_1^2 dA=\int_1^2(y-\frac{1}{y})dy=[\frac{1}{2}y^2-\ln y]_1^2=\frac{3}{2}-\ln 2.$$

或者直接利用公式，有：

$$A=\int_c^d[\phi_2(y)-\phi_1(y)]dy=\int_1^2(y-\frac{1}{y})dy=\frac{3}{2}-\ln 2.$$

例 3　求位于曲线 $y=e^x$ 下方，x 轴上方以及该曲线过原点的切线 L 的左方之间的图形的面积。

解　设切点 $A(x_0,e^{x_0})$，如图 6-6 所示，则过原点的切线为：

$$y=e^{x_0}x；$$

由于 $y_0=e^{x_0}x_0$，及 $e^{x_0}=e^{x_0}x_0$，解得切点：$(1,e)$，则切线方程为 $y=ex$；

所求图形的面积为：

$$A=\int_{-\infty}^1 e^x dx-\frac{1}{2}\cdot 1\cdot e=e^x\big|_{-\infty}^1-\frac{e}{2}=e-\frac{e}{2}=\frac{e}{2}.$$

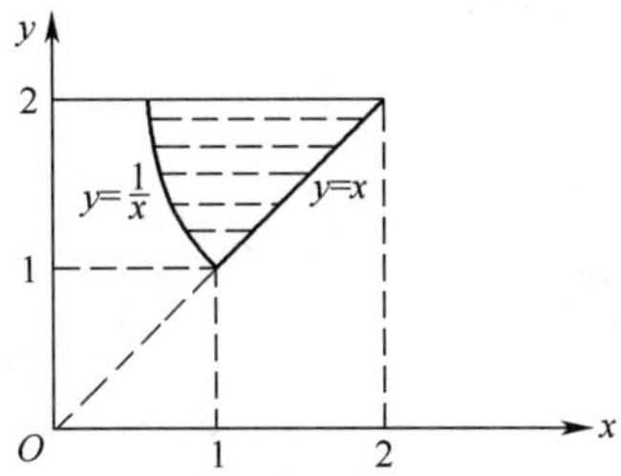

图 6-5

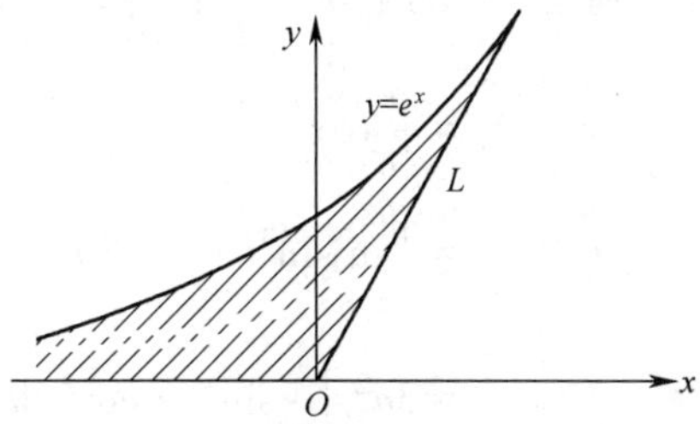

图 6-6

二、极坐标情形

设曲线的极坐标方程为：$r=r(\theta)$ ，$\alpha \leqslant \theta \leqslant \beta$ ，所围图形如图 6-7 所示的曲边扇形。

①积分变量 θ ，且 $\theta \in [\alpha, \beta]$ ；

② $\forall [\theta, \theta+\mathrm{d}\theta] \subset [\alpha, \beta]$ ，则 $\Delta A \approx \mathrm{d}A = \frac{1}{2}r^2(\theta)\mathrm{d}\theta$ ；

③ $A=\int_\alpha^\beta \mathrm{d}A=\frac{1}{2}\int_\alpha^\beta r^2(\theta)\mathrm{d}\theta=\frac{1}{2}\int_\alpha^\beta r^2(\theta)\mathrm{d}\theta$.

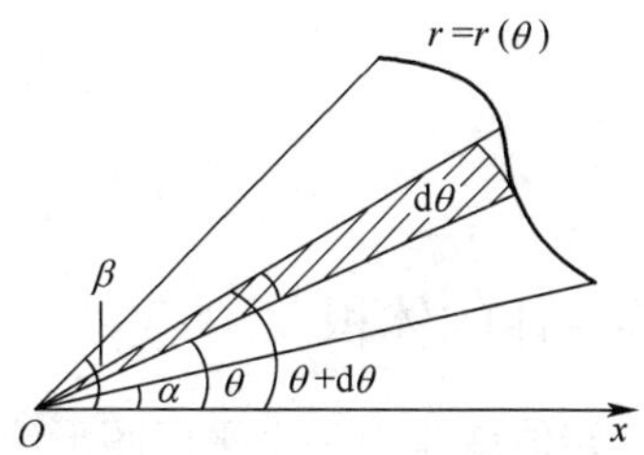

图 6-7

例 4　求心形线 $r=a(1+\cos\theta)$ 所围图形的面积（ $a>0$ ）.

解　由对称性，只需求出图 6-8 中位于 x 轴上方部分的面积即可。由图 6-8 可知 $\theta=0$ 时，$r=2a$ ；$\theta=\pi$ 时，$r=0$；即 $\theta \in [0, \pi]$.

$$A=2\cdot\frac{1}{2}\int_0^\pi r^2\mathrm{d}\theta=\int_0^\pi a^2(1+\cos\theta)^2\mathrm{d}\theta$$

$$=4a^2\int_0^\pi \cos^4\frac{\theta}{2}\mathrm{d}\theta$$

$$=8a^2\int_0^{\frac{\pi}{2}}\cos^4 t\mathrm{d}t=8a^2\cdot\frac{3}{4}\cdot\frac{1}{2}\cdot\frac{\pi}{2}=\frac{3}{2}\pi a^2.$$

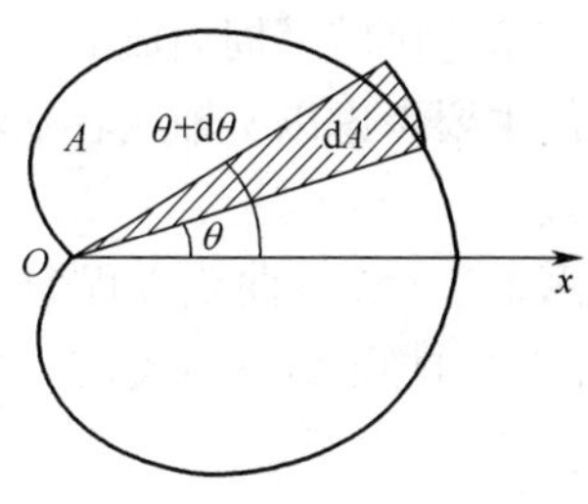

图 6-8

三、边界曲线以参数方程表示时的平面图形的面积

例 5　求星形线 $x=a\cos^3 t$ ，$y=a\sin^3 t$（ $0 \leqslant t \leqslant 2\pi$ ）所围图形的面积（ $a>0$ ）.

解　如图 6-9 所示，由对称性，只需计算第一象限部分的面积 A_1 ，

$$A_1=\int_0^a f(x)\mathrm{d}x=\int_0^a y\mathrm{d}x ,$$

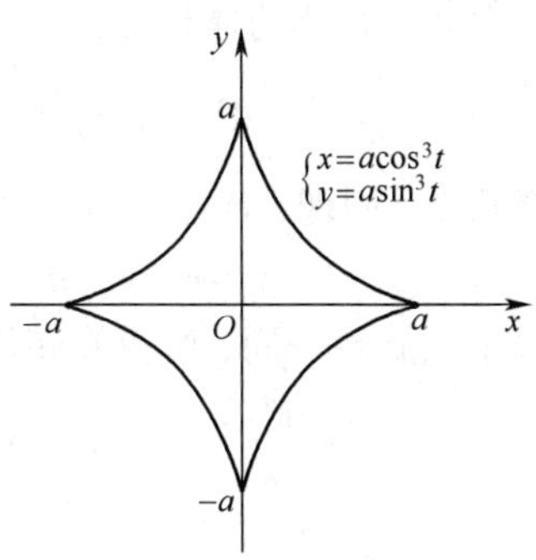

图 6-9

将星形线方程 $x=a\cos^3 t$ ，$y=a\sin^3 t$ 代入上面的定积分中，就相当于使用了定积分的换元法，即令变

换 $x=a\cos^3 t$，则当 $x=0$ 时，$t=\frac{\pi}{2}$；当 $x=a$ 时，$t=0$，所以

$$\begin{aligned}A_1&=\int_0^a y\mathrm{d}x\\&=\int_{\frac{\pi}{2}}^0 a\sin^3 t\cdot(-3a\cos^2 t\sin t)\mathrm{d}t\\&=3a^2\int_0^{\frac{\pi}{2}}\sin^4 t\cdot\cos^2 t\mathrm{d}t\\&=3a^2\int_0^{\frac{\pi}{2}}\sin^4 t(1-\sin^2 t)\mathrm{d}t\\&=3a^2\left(\frac{3}{4}\cdot\frac{1}{2}\cdot\frac{\pi}{2}-\frac{5}{6}\cdot\frac{3}{4}\cdot\frac{1}{2}\cdot\frac{\pi}{2}\right)=\frac{3}{32}\pi a^2\end{aligned}$$

故所求面积为：$A=4A_1=\frac{3}{8}\pi a^2$.

§3 体积

一、旋转体的体积

旋转体就是由一个平面图形绕这个平面内的一条定直线旋转一周而成的立体。定直线称为旋转轴。

例如，圆柱可视为由矩形绕它的一条边旋转一周而成的立体，圆锥可视为直角三角形绕一条直角边旋转一周而成的立体，而球体可视为半圆绕它的直径旋转一周而成的立体。

我们主要考虑以 x 轴或者 y 轴为旋转轴的旋转体，下面利用微元法来推导求旋转体体积的公式。

情形 1 设连续曲线方程为 $y=f(x)$，且 $x\in[a,b]$；将 $y=f(x)$、$x=a$、$x=b$ 与 x 轴所围成的曲边梯形绕 x 轴旋转一周，可得一个旋转体，则所得旋转体的体积可按照下面方法计算：

旋转轴是 x 轴，则体积元素可近似地用薄圆柱体体积来表示，如图 6-10 所示：

$$\mathrm{d}V=\pi f^2(x)\mathrm{d}x,$$

从而，所求旋转体的体积为：

$$V=\int_a^b\mathrm{d}V=\int_a^b\pi f^2(x)\mathrm{d}x.$$

情形 2 同理，若连续曲线为 $x=g(y)$，$y\in[c,d]$，则 $x=g(y)$、$y=c$、$y=d$ 及 y 轴所围成的曲边梯形绕 y 轴旋转一周，所得旋转体的体积为

$$V=\int_c^d\mathrm{d}V=\int_c^d\pi g^2(y)\mathrm{d}y.$$

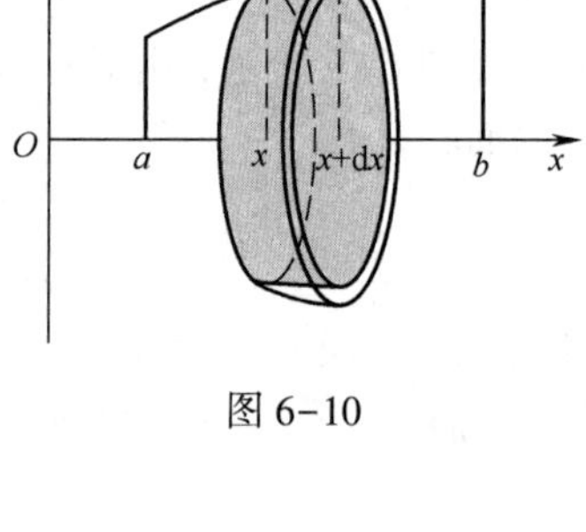

图 6-10

例 1 曲线 $\frac{x^2}{a^2}+\frac{y^2}{b^2}=1$ 绕 x 轴旋转一周，求旋转体的体积。

解　如图 6-11 所示，利用公式 $V=\int_a^b \mathrm{d}V=\int_a^b \pi f^2(x)\mathrm{d}x$ 可得：

$$V=\int_{-a}^{a}\pi b^2(1-\frac{x^2}{a^2})\mathrm{d}x$$

$$=2\pi b^2\int_0^a(1-\frac{x^2}{a^2})\mathrm{d}x$$

$$=2\pi b^2\left[x-\frac{x^3}{3a^2}\right]_0^a$$

$$=\frac{4}{3}\pi a^2 b^2.$$

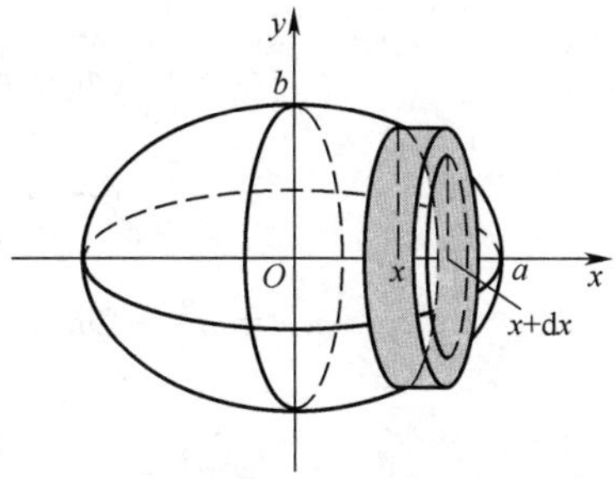

图 6-11

情形 3　设有连续曲线 $y=f(x)>0,\ a\leqslant x\leqslant b$；将 $y=f(x)$、$x=a$、$x=b$ 与 x 轴围成的曲边梯形绕 y 轴旋转一周，则所得旋转体的体积可按照下面方法计算，如图 6-12 所示：

①积分变量 x，$a\leqslant x\leqslant b$；

② $\forall[x,x+\mathrm{d}x]\subset[a,b]$，体积微元为：

$$\Delta V\approx \mathrm{d}V=2\pi x f(x)\mathrm{d}x;$$

③从而有该旋转体的体积公式为：

$$V=\int_a^b \mathrm{d}V=\int_a^b 2\pi x f(x)\mathrm{d}x.$$

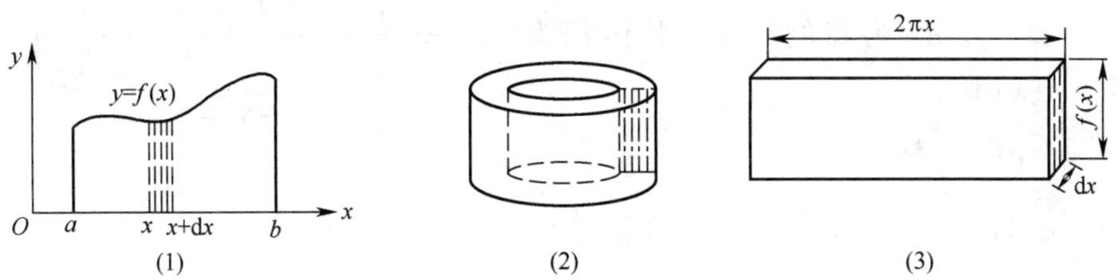

图 6-12

例 2　曲线 $f(x)=\sin x$（$0\leqslant x\leqslant\pi$）与 x 轴围成的图形绕 y 轴旋转一周，求旋转体的体积.

解法 1　利用情形 3 所给出的体积公式，有：

$$V=2\pi\int_0^{\pi}x\sin x\mathrm{d}x$$

$$=2\pi\cdot\frac{\pi}{2}\int_0^{\pi}\sin x\mathrm{d}x=2\pi^2;$$

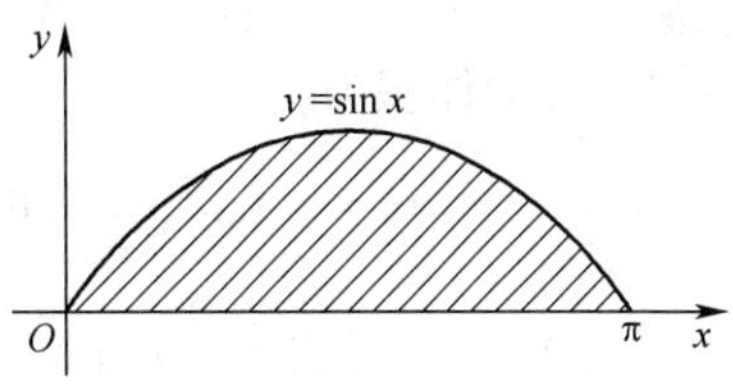

图 6-13

解法 2　若选 y 为积分变量，则由 $y=f(x)=\sin x$，有 $x_1=\arcsin y$（$0\leqslant x\leqslant\frac{\pi}{2}$），$x_2=\pi-\arcsin y$（$\frac{\pi}{2}\leqslant x\leqslant\pi$）；

按照公式：$V=\int_c^d A(y)\mathrm{d}y=\pi\int_c^d g^2(y)\mathrm{d}y$，有

$$\begin{aligned}V &= V_2 - V_1\\ &= \pi\int_0^1 x_2^2\mathrm{d}y - \pi\int_0^1 x_1^2\mathrm{d}y\\ &= \pi\int_0^1(\pi-\arcsin y)^2\mathrm{d}y - \pi\int_0^1(\arcsin y)^2\mathrm{d}y\\ &= \pi^2\int_0^1(\pi-2\arcsin y)\mathrm{d}y = \pi^3-2\pi^2\int_0^1\arcsin y\mathrm{d}y\\ &= \pi^3-2\pi^2\left[y\arcsin y\Big|_0^1-\int_0^1\frac{y}{\sqrt{1-y^2}}\mathrm{d}y\right]\\ &= \pi^3-2\pi^2\left[\frac{\pi}{2}+\sqrt{1-y^2}\Big|_0^1\right]=2\pi^2.\end{aligned}$$

二、平行截面面积已知的立体的体积

某立体夹在两平面 $x=a$，$x=b$ 之间，且满足：$\forall x\in[a,b]$，过 x 点且垂直于 x 轴平面与立体的截面面积 $A(x)$ 为已知，称这样的立体为平行截面面积已知的立体。如图 6-14 所示，用元素法求此立体的体积步骤如下：

①积分变量 x，$x\in[a,b]$；

② $\forall[x,x+\mathrm{d}x]\subset[a,b]$，则夹在垂直于 x 轴的两平面 x、$x+\mathrm{d}x$ 之间的部分可近似视为以 $A(x)$ 为底，以 $\mathrm{d}x$ 为高的柱体，其体积为 $\Delta V\approx\mathrm{d}V=A(x)\mathrm{d}x$；

③ $V=\int_a^b\mathrm{d}V=\int_a^b A(x)\mathrm{d}x$.

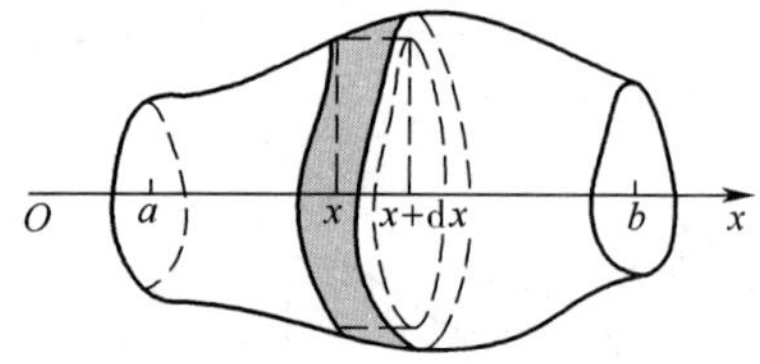

图 6-14

例 3 求高为 l，半顶角为 α 的正圆锥的体积。

解 如图 6-15 所示，选取积分变量为 x，$x\in[0,l]$，在点 x 处垂直于 x 轴的截面为圆，面积 $A(x)$ 可表示为：

$$A(x)=\pi(x\tan\alpha)^2=\pi\tan^2\alpha\cdot x^2,$$

从而利用平行截面面积已知的立体体积计算公式可得圆锥的体积为：

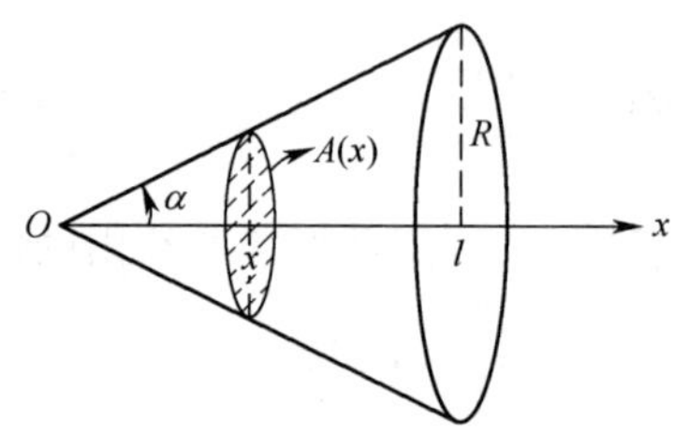

图 6-15

$$\begin{aligned}V &= \int_a^b A(x)\mathrm{d}x=\pi\tan^2\alpha\int_0^l x^2\mathrm{d}x\\ &= \pi\tan^2\alpha\cdot\frac{1}{3}l^3=\frac{1}{3}l^3\pi\tan^2\alpha\\ &= \frac{1}{3}\pi R^2 l.\quad (R=l\tan\alpha)\end{aligned}$$

例 4 一平面经过半径为 R 的圆柱体的底圆中心，并与底面交角为 α，计算该平面截圆柱体所得立体的体积。

解法 1 选积分变量为 x，$x\in[-R,R]$，如图 6-16 所示.

垂直于 x 轴的平行截面为直角三角形，其面积为：

$$A(x)=\frac{1}{2}y\cdot y\tan\alpha=\frac{\tan\alpha}{2}y^2=\frac{\tan\alpha}{2}(R^2-x^2),$$

其体积为：

$$V=\int_{-R}^{R}A(x)\mathrm{d}x=\frac{\tan\alpha}{2}\int_{-R}^{R}(R^2-x^2)\mathrm{d}x\mathrm{d}x$$

$$=\frac{2}{3}R^3\tan\alpha;$$

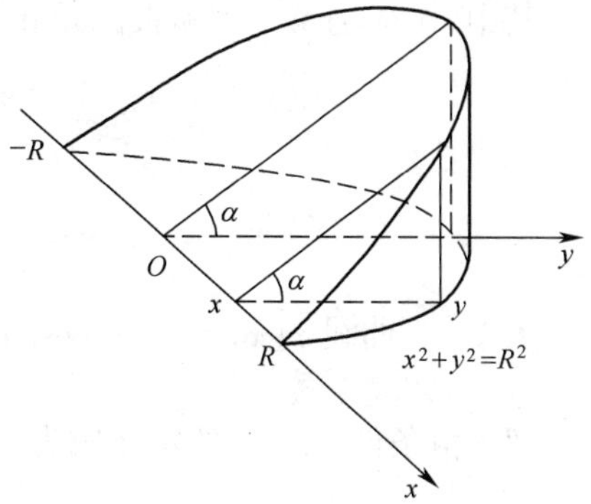

图 6-16

解法 2　选积分变量为 y，$y\in[0,R]$；垂直于 y 轴的平行截面为矩形，其面积为：

$$A(y)=2|x|y\tan\alpha=2y\tan\alpha\sqrt{R^2-y^2},$$

体积为：

$$V=\int_0^R A(y)\mathrm{d}y=2\tan\alpha\int_0^R y\sqrt{R^2-y^2}\mathrm{d}y=-\tan\alpha\cdot\frac{2}{3}(R^2-y^2)^{\frac{3}{2}}\Big|_0^R=\frac{2}{3}R^3\tan\alpha.$$

§4　平面曲线的弧长

设曲线方程为：

$$y=f(x),\ x\in[a,b],$$

且函数 $y=f(x)$ 在 $[a,b]$ 上具有一阶连续导数。现用微元法计算这段曲线弧的长度。

①积分变量 x，$x\in[a,b]$；

② $\forall[x,x+\mathrm{d}x]\subset[a,b]$，相应弧段的长度为 Δs，其近似值即弧长微元 $\mathrm{d}s$ 为：

$$\Delta s\approx\mathrm{d}s=\sqrt{(\mathrm{d}x)^2+(\mathrm{d}y)^2}=\sqrt{1+(f'(x))^2}\mathrm{d}x,$$

即弧长微元 $\mathrm{d}s=\sqrt{1+(y')^2}\mathrm{d}x$，如图 6-17 所示；

③在 $[a,b]$ 上的弧长为：

$$s=\int_a^b\sqrt{1+(y')^2}\mathrm{d}x.$$

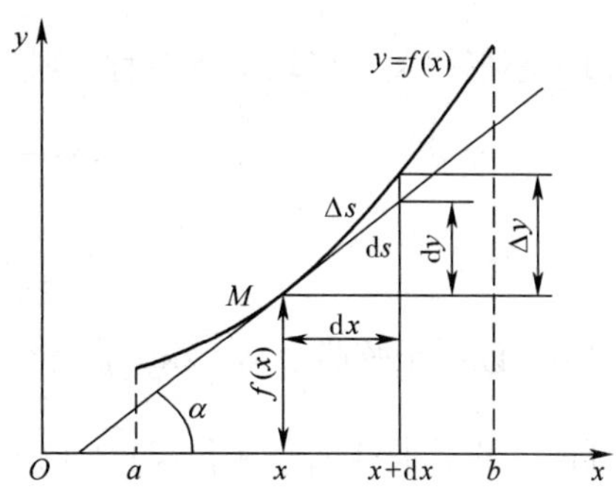

图 6-17

注：①若曲线方程为参数方程形式：

$$\begin{cases}x=\varphi(t)\\y=\psi(t)\end{cases},\ t\in[\alpha,\beta],$$

其中 $\varphi'(t)$、$\psi'(t)$ 连续且不同时为零，则弧长微元 $\mathrm{d}s$ 为：

$$\mathrm{d}s=\sqrt{[\phi'(t)]^2+[\psi'(t)]^2}\mathrm{d}t,$$

弧长的计算公式为：

$$s=\int_\alpha^\beta\sqrt{[\phi'(t)]^2+[\psi'(t)]^2}\mathrm{d}t.$$

②若曲线方程为极坐标形式给出：

$$r = r(\theta)\ ,\alpha \leqslant \theta \leqslant \beta\ ,$$

其中 $r'(\theta)$ 连续，则弧长微元 ds 为：

$$\mathrm{d}s = \sqrt{r^2(\theta) + [r'(\theta)]^2}\mathrm{d}\theta\ ,$$

弧长计算公式为：

$$s = \int_{\alpha}^{\beta}\sqrt{r^2(\theta) + [r'(\theta)]^2}\mathrm{d}\theta$$

例 1 求曲线 $\varphi(x) = \int_{-\frac{\pi}{2}}^{x}\sqrt{\cos t}\,\mathrm{d}t$ 的全长。

解 由条件，$\varphi(x)$ 的定义域为：$x \in [-\frac{\pi}{2}, \frac{\pi}{2}]$，从而曲线的全长为：

$$s = \int_{-\frac{\pi}{2}}^{\frac{\pi}{2}}\sqrt{1 + [\varphi'(x)]^2}\mathrm{d}x = \int_{-\frac{\pi}{2}}^{\frac{\pi}{2}}\sqrt{1 + (\sqrt{\cos x})^2}\mathrm{d}x = 2\sqrt{2}\int_{0}^{\frac{\pi}{2}}\cos\frac{x}{2}\mathrm{d}x = 4\ .$$

例 2 求摆线 $\begin{cases} x = a(t - \sin t), \\ y = a(1 - \cos t), \end{cases}$ $(0 \leqslant t \leqslant 2\pi)$ 的长度。

解 弧长微元 ds 为：

$$\begin{aligned}\mathrm{d}s &= \sqrt{[x'(t)]^2 + [y'(t)]^2}\mathrm{d}t = \sqrt{a^2(1 - \cos t)^2 + a^2\sin^2 t}\,\mathrm{d}t \\ &= a\sqrt{2(1 - \cos t)}\,\mathrm{d}t = 2a\left|\sin\frac{t}{2}\right|\mathrm{d}t\ ,\end{aligned}$$

从而曲线的全长为：

$$s = \int_{\alpha}^{\beta}\sqrt{[x'(t)]^2 + [y'(t)]^2}\mathrm{d}t = \int_{0}^{2\pi}2a\left|\sin\frac{t}{2}\right|\mathrm{d}t = 8a\ .$$

例 3 求心形线 $r = a(1 + \cos\theta)$ 的全长（$a > 0$）.

解 弧长微元 ds 为：

$$\begin{aligned}\mathrm{d}s &= \sqrt{r^2(\theta) + [r'(\theta)]^2} = \sqrt{a^2(1 + \cos\theta)^2 + a^2\sin^2\theta} \\ &= \sqrt{2a^2(1 + \cos\theta)} = \sqrt{4a^2\cos^2\frac{\theta}{2}} = 2a\left|\cos\frac{\theta}{2}\right|\ ,\end{aligned}$$

由于心形线关于极轴上下对称，则有：

$$\begin{aligned}s &= 2s_0 = 2\int_{0}^{\pi}\sqrt{r^2 + (r')^2}\mathrm{d}\theta \\ &= 4a\int_{0}^{\pi}\cos\frac{\theta}{2}\mathrm{d}\theta = 8a\left(\sin\frac{\theta}{2}\right)_{0}^{\pi} = 8a\ .\end{aligned}$$

例 4 证明正弦曲线 $y = \sin x$ 在一个周期内的长度等于椭圆 $2x^2 + y^2 = 2$ 的周长。

证明 正弦曲线 $s_1 = 4\int_{0}^{\frac{\pi}{2}}\sqrt{1 + (y')^2}\mathrm{d}x = 4\int_{0}^{\frac{\pi}{2}}\sqrt{1 + \cos^2 x}\,\mathrm{d}x\ ,$

椭圆 $2x^2 + y^2 = 2$ 的参数方程为：$\begin{cases} x = \cos t \\ y = \sqrt{2}\sin t \end{cases}$，$0 \leqslant t \leqslant 2\pi$，则

椭圆 $s_2 = 4\int_{0}^{\frac{\pi}{2}}\sqrt{(x')^2 + (y')^2}\mathrm{d}t = 4\int_{0}^{\frac{\pi}{2}}\sqrt{(-\sin t)^2 + (\sqrt{2}\cos t)^2}\,\mathrm{d}t$

$$= 4\int_{0}^{\frac{\pi}{2}}\sqrt{\sin^2 t + 2\cos^2 t}\,\mathrm{d}t = 4\int_{0}^{\frac{\pi}{2}}\sqrt{1 + \cos^2 t}\,\mathrm{d}t = s_1$$，得证。

注：$\sqrt{1+\cos^2 x}$ 的原函数不是初等函数，故不能用莱布尼兹公式来计算，这里只需要证明二者表达式相同即可。

§5　在经济学中的应用举例

对一个已知的经济函数，例如需求函数、总成本函数、总收入函数和利润函数等，它的边际函数就是它的导函数。若已知边际函数，则通过积分就可以求出原经济函数。

设已知某个经济函数 $u(x)$ 的边际函数为 $u'(x)$，则该经济函数 $u(x)$ 的总量为

$$\int_0^x u'(x)\mathrm{d}x = u(x) - u(0),$$

即

$$u(x) = u(0) + \int_0^x u'(x)\mathrm{d}x.$$

例如，总成本 $C(x)$ = 固定成本 $C(0)$ + 可变成本 $C_1(x)$.

例 1　设生产某产品的边际成本函数为 $C'(x)=3x^2-4x+20$，固定成本 $C(0)=100$，求生产该产品的总成本函数。

解　可变成本 $C_1(x)=\int_0^x C'(x)\mathrm{d}x$

$$=\int_0^x (3x^2-4x+20)\mathrm{d}x$$

$$=x^3-2x^2+20x,$$

总成本 $C(x)=C(0)+C_1(x)=x^3-2x^2+20x+100.$

例 2　已知某商品的边际收益为 $R'(x)=100-\frac{x}{50}$，设 $R(0)=0$. ①求收益函数 $R(x)$；②如果已经销售了 100 个商品，求再销售 100 个商品的总收益和平均收益。

解　① 收益函数 $R(x)=R(0)+\int_0^x R'(x)\mathrm{d}x$

$$=\int_0^x \left(100-\frac{x}{50}\right)\mathrm{d}x = 100x-\frac{x^2}{100};$$

② 总收益为 $R(200)-R(100)=\int_{100}^{200}\left(100-\frac{x}{50}\right)\mathrm{d}x$

$$=\left[100x-\frac{x^2}{100}\right]_{100}^{200}=10000-300=9700,$$

平均收益为 $\bar{R}=\frac{R(200)-R(100)}{200-100}=97.$

例 3　已知生产某产品的固定成本为 10，边际成本函数为 $C'(x)=x^2-6x+4$，边际收益函数为 $R'(x)=12-4x$，试确定产量为多少时，总利润最大，最大利润是多少？

解　由于总利润 $L(x)$ = 总收益 $R(x)$ − 总成本 $C(x)$，为了求最大利润 $L(x)$，先确定最大利润时的产量 x.

由 $L'(x)=R'(x)-C'(x)=-x^2+2x+8=-(x+2)(x-4)$，可解得 $x_1=-2$(舍去)，$x_2=4$，及 $L''(4)=-6<0$，可知当 $x=4$ 时，取得最大利润。

最大利润为 $L(4)=\int_0^4(-x^2+2x+8)\mathrm{d}x-10=\left[-\frac{x^3}{3}+x^2+8x\right]_{x^2}^{4}-10=\frac{50}{3}$.

习题六

1. 计算曲线 $y=\frac{1}{x}$ 与直线 $y=x$ 及 $x=2$ 所围成的平面图形。

2. 求曲线 $x=a(t-\sin t)$，$y=a(1-\cos t)(a>0,\ 0\leqslant t\leqslant 2\pi)$ 与 x 轴所围成图形的面积。

3. 求曲线 $r=a\sin\theta$ 与 $r=a(\cos\theta+\sin\theta)$ $(a>0)$ 所围成图形的面积。

4. 求曲线 $y=(x-1)(x-2)$，x 轴围成的平面图形分别绕 x 轴及 y 轴旋转所形成的立体体积。

5. 求曲线 $y=e^x$ 及其过原点的切线与 y 轴所围成的平面图形绕 y 轴旋转所形成的立体体积。

6. 求摆线 $x=a(t-\sin t)$，$y=a(1-\cos t)(a>0,\ 0\leqslant t\leqslant 2\pi)$ 及 x 轴所围的图形分别绕 x 轴及 y 轴旋转所得的旋转体体积。

7. 求曲线 $y=\ln x$ 上从 $x=\sqrt{3}$ 到 $x=\sqrt{8}$ 的一段弧的长度。

8. 求星形线 $x=a\cos^3 t$，$y=a\sin^3 t(a>0,\ 0\leqslant t\leqslant 2\pi)$ 的全长。

9. 设某产品的边际收入函数为 $R'(x)=9-x$（万元/万台），边际成本函数为 $C'(x)=4+\frac{x}{4}$（万元/万台），其中产量 x 以万台为单位。试求：①当产量由 4 万台增加到 5 万台时利润的变化量；②产量为多大时利润达到最大？③已知固定成本为 1 万元，求总成本函数和利润函数。

第七章　多元函数微分学

§1　空间解析几何简介

一、空间直角坐标系

过空间一定点 O 作三条两两垂直的数轴 ox，oy，oz，这三条数轴分别称为 x 轴(横轴)，y 轴(纵轴)，z 轴(竖轴)，它们统称为坐标轴，定点 O 称为坐标原点，这就构成了一个空间直角坐标系。x 轴与 y 轴，y 轴与 z 轴，z 轴与 x 轴所确定的平面分别称为 xoy 面，yoz 面，zox 面，它们统称为坐标面。三个坐标面把空间分成八个部分，每个部分叫做一个卦限，每个卦限的位置如图 7-1 所示。

空间直角坐标系分为右手系和左手系两种，我们通常采用右手系，即将右手掌伸开四指并拢，拇指与其余四指垂直，拇指指向为 z 轴正向，其余四指的指向为 x 轴正向，四指弯曲 90 度后的指向为 y 轴正向。

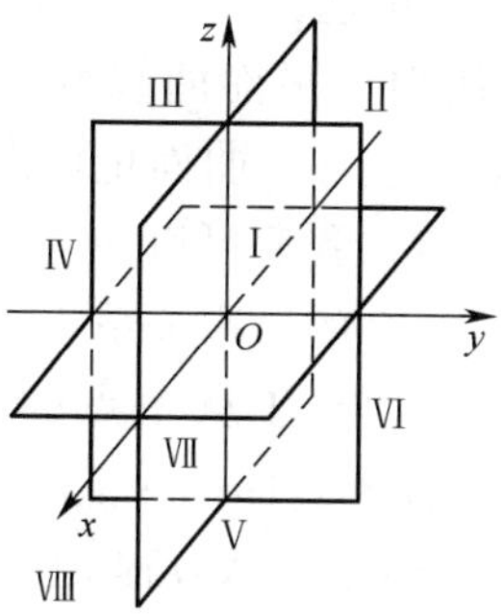

图 7-1

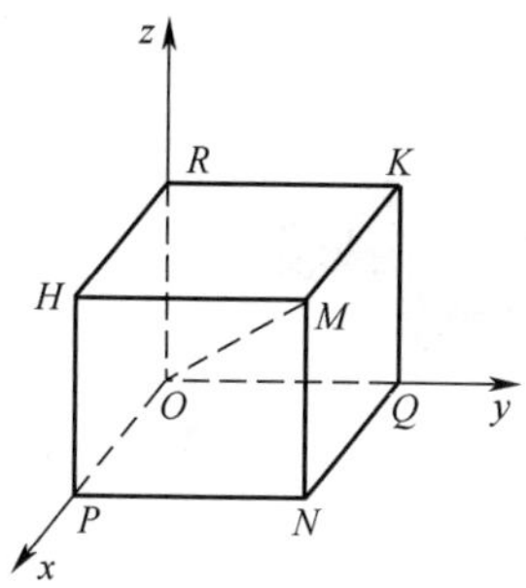

图 7-2

定义了空间直角坐标系后，就可以用一组有序实数来确定空间点的位置。设 M 为空间中任意一点，过点 M 分别作垂直于 x 轴，y 轴，z 轴的平面，分别与 x 轴，y 轴，z 轴交于 P，Q，R 三点，这三个点在 x 轴，y 轴，z 轴上的坐标分别为 x，y，z．这样空间中的一点 M 就唯一的确定了一组有序数组 x，y，z．反之，给定一组有序数组 x，y，z，就可以分别在 x 轴，y 轴，z 轴上找到坐标为 x，y，z 的三个点 P，Q，R，过这三个点分别作垂直于 x 轴，y 轴，z 轴的平面，这三个平面的交点就是由有序数组 x，y，z 所确定的唯一的点 M．这样就建立了空间的点 M 和有序数组 x，y，z 之间的一一对应关系。这组数 (x, y, z) 称为点 M 的坐标。并依次称为横坐标、纵坐标、竖坐标。显然，坐标原点的坐标为 $(0, 0, 0)$，x 轴上点的坐标为 $(x, 0, 0)$，y 轴上点的坐标为 $(0, y, 0)$，z 轴上点的坐标为 $(0, 0, z)$，xoy 面上点的坐

标为 $(x, y, 0)$ 等。

二、空间两点间的距离

给定空间中两个点 $M_1(x_1, y_1, z_1)$，$M_2(x_2, y_2, z_2)$，过两点分别作垂直于 x 轴，y 轴，z 轴的平面，这六个平面构成了以 M_1M_2 为体对角线的长方体，由图 7-3 可知

$$|M_1M_2|^2 = |M_1N|^2 + |NM_2|^2 = |M_1P|^2 + |PN|^2 + |NM_2|^2$$

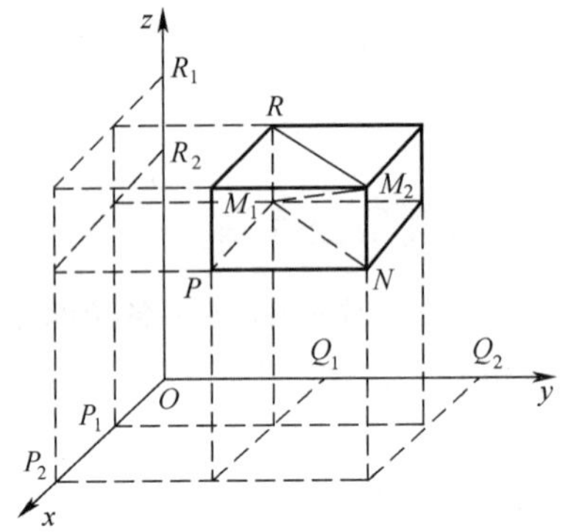

图 7-3

由于 $|M_1P| = |P_1P_2| = |x_2 - x_1|$，$|PN| = |Q_1Q_2| = |y_2 - y_1|$，$|NM_2| = |R_1R_2| = |z_2 - z_1|$，所以，

$$|M_1M_2|^2 = |x_2 - x_1|^2 + |y_2 - y_1|^2 + |z_2 - z_1|^2$$

于是得到两点 $M_1(x_1, y_1, z_1)$，$M_2(x_2, y_2, z_2)$，之间的距离公式为

$$d = |M_1M_2| = \sqrt{|x_2 - x_1|^2 + |y_2 - y_1|^2 + |z_2 - z_1|^2}$$

特别地，点 $M(x, y, z)$ 到原点 $O(0, 0, 0)$ 的距离为：

$$|OM| = \sqrt{x^2 + y^2 + z^2}$$

三、曲面及其方程

在日常生活中，我们会看到各种曲面，例如，反光镜面，一些建筑物的表面，球面等。与平面解析几何中把平面曲线看作是动点的轨迹类似，在空间解析几何中，曲面也可以看作是具有某种性质的动点的轨迹。我们可以建立空间曲面 S 与三元方程 $F(x, y, z) = 0$ 的对应关系。

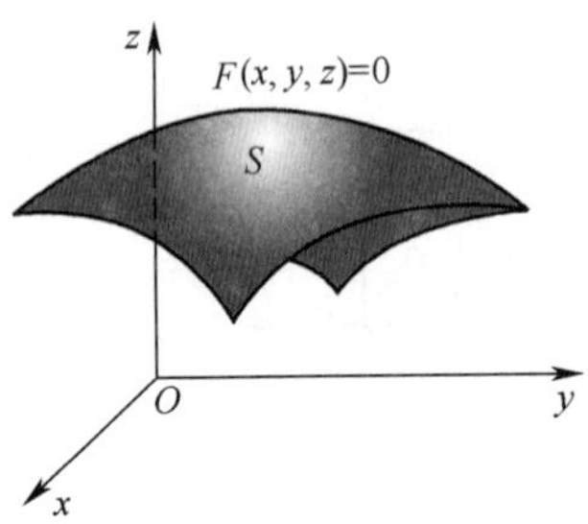

图 7-4

如果曲面 S 上的任意一点的坐标都满足方程 $F(x, y, z) = 0$，而不在曲面 S 上的点的坐标都不满足方程 $F(x, y, z) = 0$，那么方程 $F(x, y, z) = 0$ 就称为曲面 S 的方程，而曲面 S 称为 $F(x, y, z) = 0$ 的图形，如图 7-4 所示。

例 1 求与二定点 $A(1, 0, 3)$，$B(2, 1, 4)$ 距离相等的点的轨迹方程。

解 设动点为 (x, y, z) 根据题意

$$\sqrt{(x-1)^2 + y^2 + (z-3)^2} = \sqrt{(x-2)^2 + (y-1)^2 + (z-4)^2}$$

化简得轨迹方程为：

$$2x + 2y + 2z - 11 = 0$$

这就是两点连成的线段的垂直平分面方程，这是一个三元一次方程。

可以证明，在空间直角坐标系中，任一平面的方程都是三元一次方程；反之，任一三元一次方程的图形都是一个平面。因此我们把方程

$Ax+By+Cz+D=0$(其中 A,B,C 不同时为零)称为平面的方程。

例 2　设一平面与 x 轴, y 轴, z 轴分别交于 $(a,0,0)$, $(0,b,0)$, $(0,0,c)$, $abc\neq0$, 求此平面的方程。

解　设平面的方程为 $Ax+By+Cz+D=0$

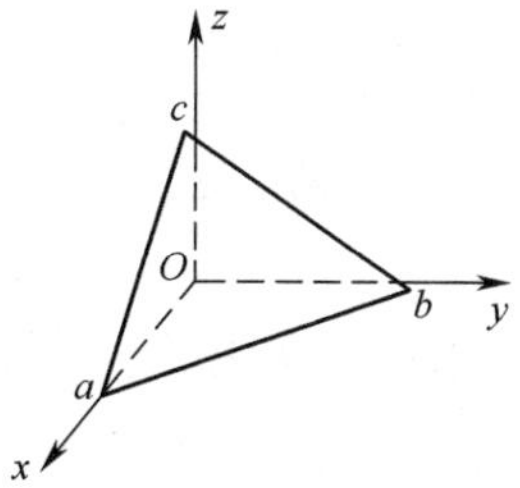

图 7-5

因为点 $(a,0,0)$, $(0,b,0)$, $(0,0,c)$ 都在平面上, 可得

$$Aa+D=0,\ Bb+D=0,\ Cc+D=0$$

解得 $A=-\dfrac{D}{a}$, $B=-\dfrac{D}{b}$, $C=-\dfrac{D}{c}$ 代入平面方程有

$$\frac{x}{a}+\frac{y}{b}+\frac{z}{c}=1$$

上式叫平面的截距式方程, 其中, a, b, c 依次为平面在 x, y, z 轴上的截距。

例 3　求球心为点 $M_0(x_0,y_0,z_0)$, 半径为 R 的球面方程。

解　设动点为 (x,y,z), 根据题意

$$\sqrt{(x-x_0)^2+(y-y_0)^2+(z-z_0)^2}=R$$

化简为

$$(x-x_0)^2+(y-y_0)^2+(z-z_0)^2=R^2$$

§2　多元函数的基本概念

一、二元函数的定义

一元函数只是函数关系中最简单的情形, 在实际问题中, 通常一个变量的变化总是受到多个因素的影响和制约。例如矩形的面积 s 与它的长 x 和宽 y 之间有如下关系 $s=xy$. 这里 x, y 可以看作自变量, s 就是 x, y 的函数。

定义 1　设有变量 x, y, z, D 为平面点集, 当 $(x,y)\in D$ 时, 按照一定的法则 f, 总有唯一确定的 z 值与之对应, 称 z 为变量 x, y 的二元函数, 记作: $z=f(x,y)$, 称 x, y 为函数的自变量, z 为函数的因变量, D 为函数的定义域。

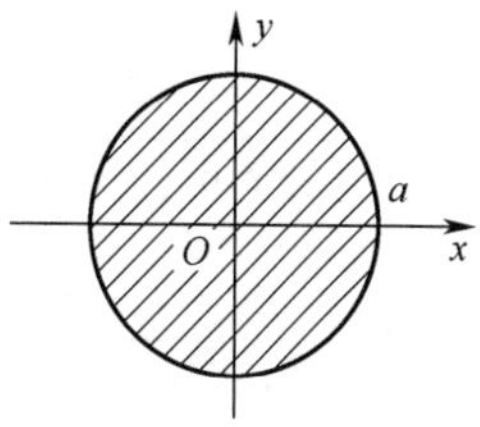

类似地, 可以定义三元函数及三元以上的函数。二元及二元以上的函数统称为多元函数。

二元函数的定义域可以用自变量 x, y 的不等式来表示, 也可以用平面 xoy 上的图形来表示。

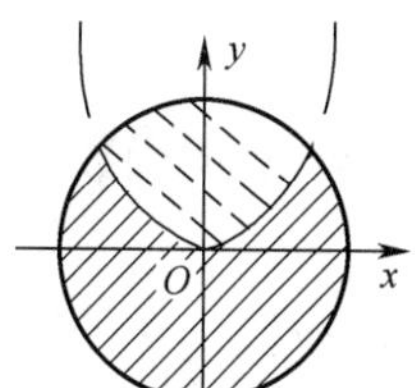

图 7-6

例 1　求 $z=\sqrt{a^2-x^2-y^2}$ 的定义域。

解　其定义域为 $D=\{(x,y);x^2+y^2\leqslant a^2\}$.

例 2　求函数 $z=\dfrac{1}{\sqrt{y-x^2}}+\sqrt{a^2-x^2-y^2}$ 的定义域。

解　其定义域为 $D=\{(x,y);x^2+y^2\leqslant a^2, y>x^2\}$.

二、多元函数的极限

定义 2　设二元函数 $z=f(x,y)$ 在点 $P_0(x_0,y_0)$ 的某邻域内有定义（P_0 可以除外），A 是一确定的常数。若 $\forall\varepsilon>0$，$\exists\delta>0$，当邻域内的任意一点 $P(x,y)$ 满足不等式 $0<|PP_0|=\sqrt{(x-x_0)^2+(y-y_0)^2}<\delta$ 时，均有

$$|f(x,y)-A|<\varepsilon,$$

称 A 为函数 $z=f(x,y)$ 当 $(x,y)\to(x_0,y_0)$ 时的极限，记作 $\lim\limits_{\substack{x\to x_0\\y\to y_0}}f(x,y)=A$.

注：(1)根据定义，极限存在与否与函数 $f(x,y)$ 在 $P_0(x_0,y_0)$ 的状态无关，只与 $f(x,y)$ 在 $P_0(x_0,y_0)$ 的周围邻域内的状态有关；

(2)定义中极限存在，是指 $P(x,y)$ 以任何方式趋于 $P(x_0,y_0)$ 时，函数都无限地接近于 A；即极限值与 $P\to P_0$ 的方式无关，即极限与路径无关；

(3)但是如果 $P(x,y)$ 以不同的方式趋于 $P(x_0,y_0)$ 时，函数趋于不同的值可以断定函数的极限一定不存在，即如果极限值与路径有关，函数的极限不存在。

例 3　求极限 $\lim\limits_{\substack{x\to1\\y\to2}}\dfrac{xy+1}{x^2+y}$.

解　利用极限运算法则

$$\lim_{\substack{x\to1\\y\to2}}\frac{xy+1}{x^2+y}=\frac{3}{3}=1.$$

例 4　求极限 $\lim\limits_{\substack{x\to2\\y\to0}}\dfrac{1}{y}\sin(xy)$.

解　$\lim\limits_{\substack{x\to2\\y\to0}}\dfrac{1}{y}\sin(xy)=\lim\limits_{\substack{x\to2\\y\to0}}x\cdot\dfrac{\sin(xy)}{xy}=2\cdot1=2.$

例 5　求极限 $\lim\limits_{\substack{x\to0\\y\to0}}\dfrac{(x+y)^2}{\sqrt[3]{1+\sin^2(x+y)}-1}$.

解　$\sqrt[3]{1+\sin^2(x+y)}-1\sim\dfrac{1}{3}\sin^2(x+y)\sim\dfrac{1}{3}(x+y)^2$, $x+y\to0$,

$$\lim_{\substack{x\to0\\y\to0}}\frac{(x+y)^2}{\sqrt[3]{1+\sin^2(x+y)}-1}=\lim_{\substack{x\to0\\y\to0}}\frac{(x+y)^2}{\frac{1}{3}\sin^2(x+y)}=3\lim_{\substack{x\to0\\y\to0}}\frac{(x+y)^2}{(x+y)^2}=3.$$

例 6　说明函数 $f(x,y)=\begin{cases}\dfrac{xy}{x^2+y^2} & x^2+y^2\neq0\\ 0 & x^2+y^2=0\end{cases}$，$(x,y)\to(0,0)$ 时的极限不存在。

解　$f(x,y)$ 的定义域是整个 xoy 平面，只要说明 $(x,y)\to(0,0)$ 的极限与路径有关即可。让 (x,y) 沿过 $(0,0)$ 点的直线 $y=kx$（$k\neq0$）趋向于 $(0,0)$：

$$\lim_{\substack{x\to0\\y\to0}}f(x,y)=\lim_{\substack{x\to0\\y\to0}}\frac{xy}{x^2+y^2}=\lim_{\substack{x\to0\\y=kx}}\frac{x\cdot kx}{x^2+k^2x^2}=\lim_{x\to0}\frac{k}{1+k^2}=\frac{k}{1+k^2}，与 k 有关，$$

表明极限值与路径有关，从而 $\lim\limits_{\substack{x\to0\\y\to0}}f(x,y)$ 不存在。

三、二元函数的连续性

定义 3　设 $z=f(x,y)$ 在包含点 $P_0(x_0,y_0)$ 的某邻域内有定义，若极限 $\lim\limits_{\substack{x\to x_0\\y\to y_0}}f(x,y)$ 存在且 $\lim\limits_{\substack{x\to x_0\\y\to y_0}}f(x,y)=f(x_0,y_0)$，则称函数 $z=f(x,y)$ 在点 $P_0(x_0,y_0)$ 连续，否则称点 $P_0(x_0,y_0)$ 为函数的间断点。

若 $z=f(x,y)$ 在定义域 D 内点点连续，则称 $z=f(x,y)$ 在 D 内连续，连续的二元函数的图像是无缝隙、无孔的空间曲面，二元函数的间断"点"可能是孤立的点，也可能是曲线，如函数 $z=\dfrac{1}{a^2-x^2-y^2}$，间断点为：$\{(x,y)\mid x^2+y^2=a^2\}$.

与一元连续函数类似，二元连续函数有以下性质：

(1)如果二元函数 $z=f(x,y)$ 在有界闭区域 D 上连续，则必取得最大值和最小值；

(2)如果二元函数 $z=f(x,y)$ 在有界闭区域 D 上连续，则对于最大值和最小值之间的任何值 C，在区域 D 上至少有一点 (ξ,η)，使得 $f(\xi,\eta)=C$.

§3　偏导数

一、偏导数的定义

定义　设 $z=f(x,y)$ 在 (x_0,y_0) 的某邻域内有定义，固定 $y=y_0$，在 x_0 点给 x 以增量 Δx，称增量 $\Delta_x z=f(x_0+\Delta x,y_0)-f(x_0,y_0)$ 为 $z=f(x,y)$ 在 (x_0,y_0) 关于 x 的偏增量，此时若

$$\lim_{\Delta x\to0}\frac{\Delta_x z}{\Delta x}=\lim_{\Delta x\to0}\frac{f(x_0+\Delta x,y_0)-f(x_0,y_0)}{\Delta x}$$

存在，称极限值为 $z=f(x,y)$ 在 (x_0,y_0) 点关于 x 的偏导数，记作

$$\left.\frac{\partial z}{\partial x}\right|_{(x_0,y_0)}\quad \left.\frac{\partial f}{\partial x}\right|_{(x_0,y_0)}\quad z'_x(x_0,y_0)\quad f'_x(x_0,y_0)$$

同理，可以定义 $z=f(x,y)$ 在 (x_0,y_0) 点关于 y 的偏导数：

$$\left.\frac{\partial z}{\partial y}\right|_{(x_0,y_0)}=\left.\frac{\partial f}{\partial y}\right|_{(x_0,y_0)}=z'_y(x_0,y_0)=f'_x(x_0,y_0)=\lim_{\Delta y\to0}\frac{f(x_0,y_0+\Delta y)-f(x_0,y_0)}{\Delta y}$$

注：(1)由偏导数的定义不难看出，计算偏导数不需要再引入新的方法，对 x 求偏导时，只要将 y 视为常数即可，故一元函数中的求导法则在此仍然适用；

(2)若函数 $z=f(x,y)$ 在区域 D 内点点偏导数存在，称 $z=f(x,y)$ 在区域 D 内可导，并且偏导函数记作：$\dfrac{\partial z}{\partial x},\dfrac{\partial z}{\partial y}$；$\dfrac{\partial f}{\partial x},\dfrac{\partial f}{\partial y}$；$f'_x,f'_y$；$z'_x,z'_y$.

例 1　设函数为 $z=x^3y$，求 z'_x 及 $z'_x|_{(1,2)}$.

解 $z'_x=\frac{\partial z}{\partial x}=3x^2y$，$z'_x|_{(1,2)}=\left.\frac{\partial z}{\partial x}\right|_{(1,2)}=3x^2y|_{(1,2)}=6.$

例 2 设 $z=x^{xy}$，求 $\frac{\partial z}{\partial x}$，$\frac{\partial z}{\partial y}$.

解 求 $\frac{\partial z}{\partial y}$ 时，视 x 为常数，则 $z=x^{xy}$ 关于 y 是指数函数，故

$$\frac{\partial z}{\partial y}=(x^{xy}\ln x)\cdot x=x^{xy+1}\ln x$$

求 $\frac{\partial z}{\partial x}$ 时，视 y 为常数，则 $z=x^{xy}$ 关于 x 是幂指函数，用对数求导法：

$z=x^{xy}$，$\ln z=xy\ln x$，$\frac{1}{z}\cdot z'_x=y(\ln x+1)$，$z'_x=z\cdot y(\ln x+1)=x^{xy}\cdot y(\ln x+1)$.

例 3 已知函数 $f(x,y)=\begin{cases}\frac{xy}{x^2+y^2}, & x^2+y^2\neq 0\\ 0, & x^2+y^2=0\end{cases}$，求偏导数：$f'_x(0,0)$、$f'_y(0,0)$.

解 $f'_x(0,0)=\lim\limits_{\Delta x\to 0}\frac{f(0+\Delta x,0)-f(0,0)}{\Delta x}=\lim\limits_{\Delta x\to 0}\frac{f(\Delta x,0)}{\Delta x}=\lim\limits_{\Delta x\to 0}\frac{\frac{\Delta x\cdot 0}{(\Delta x)^2+0^2}}{\Delta x}=\lim\limits_{\Delta x\to 0}0$

$=0$，

$f'_y(0,0)=\lim\limits_{\Delta y\to 0}\frac{f(0,0+\Delta y)-f(0,0)}{\Delta y}=\lim\limits_{\Delta y\to 0}\frac{f(0,\Delta y)}{\Delta y}=\lim\limits_{\Delta y\to 0}\frac{\frac{0\cdot\Delta y}{0^2+(\Delta y)^2}}{\Delta y}=\lim\limits_{\Delta y\to 0}0$

$=0.$

在一元函数中，有“可导必然连续”。在多元函数中偏导数与函数连续之间有什么关系呢？在本例中 $f'_x(0,0)$、$f'_y(0,0)$ 是存在的，但函数在 $(0,0)$ 处不连续。这表明在多元函数中由偏导数存在不能推出函数在该点连续。

二、高阶偏导数

设 $z=f(x,y)$ 的两个一阶偏导数 z'_x，z'_y 均存在，则它们仍然是 x，y 的函数，可以对这样的函数定义其偏导数，即为函数 $z=f(x,y)$ 的二阶偏导数。二元函数 $z=f(x,y)$ 的二阶偏导数共有四个：

$$\frac{\partial^2 z}{\partial x^2}=\frac{\partial}{\partial x}\left(\frac{\partial z}{\partial x}\right)=z''_{xx}=f''_{xx}\qquad \frac{\partial^2 z}{\partial x\partial y}=\frac{\partial}{\partial y}\left(\frac{\partial z}{\partial x}\right)=z''_{xy}=f''_{xy}$$

$$\frac{\partial^2 z}{\partial y^2}=\frac{\partial}{\partial y}\left(\frac{\partial z}{\partial y}\right)=z''_{yy}=f''_{yy}\qquad \frac{\partial^2 z}{\partial y\partial x}=\frac{\partial}{\partial x}\left(\frac{\partial z}{\partial y}\right)=z''_{yx}=f''_{yx}$$

其中，第二个、第四个称为二阶混合偏导数，

$$\frac{\partial^2 z}{\partial x^2}=\lim_{\Delta x\to 0}\frac{f'_x(x+\Delta x,y)-f'_x(x,y)}{\Delta x},\quad \frac{\partial^2 z}{\partial x\partial y}=\lim_{\Delta y\to 0}\frac{f'_x(x,y+\Delta y)-f'_x(x,y)}{\Delta y}$$

将二阶偏导数视为函数，再定义偏导数即为三阶偏导数，二元函数 $z=f(x,y)$ 的三阶

偏导数有 8 个，如 $\frac{\partial^3 z}{\partial x^3}$、$\frac{\partial^3 z}{\partial x^2\partial y}$、$\frac{\partial^3 z}{\partial x\partial y\partial x}$、…，二元函数 $z=f(x, y)$ 的 n 阶偏导数有 2^n 个。

定理　若二阶混合偏导 $\frac{\partial^2 z}{\partial x\partial y}$，$\frac{\partial^2 z}{\partial y\partial x}$ 连续，则 $\frac{\partial^2 z}{\partial x\partial y}=\frac{\partial^2 z}{\partial y\partial x}$，即混合偏导数连续时，与求偏导的顺序无关(此结论可以推广到 n 阶混合偏导数)。

例 4　求函数 $z=\arctan\frac{y}{x}$ 的 $\frac{\partial^2 z}{\partial x^2}$、$\frac{\partial^2 z}{\partial y^2}$、$\frac{\partial^2 z}{\partial x\partial y}$、$\frac{\partial^2 z}{\partial y\partial x}$.

解　$\frac{\partial z}{\partial x}=\frac{1}{1+(\frac{y}{x})^2}\cdot(-\frac{y}{x^2})=-\frac{y}{x^2+y^2}$　　$\frac{\partial z}{\partial y}=\frac{1}{1+(\frac{y}{x})^2}\cdot\frac{1}{x}=\frac{x}{x^2+y^2}$

$\frac{\partial^2 z}{\partial x^2}=\frac{2xy}{(x^2+y^2)^2}$　　$\frac{\partial^2 z}{\partial y^2}=\frac{-2xy}{(x^2+y^2)^2}$

$\frac{\partial^2 z}{\partial x\partial y}=-\frac{(x^2+y^2)-y\cdot 2y}{(x^2+y^2)^2}=\frac{y^2-x^2}{(x^2+y^2)^2}$　　$\frac{\partial^2 z}{\partial y\partial x}=\frac{(x^2+y^2)-x\cdot 2x}{(x^2+y^2)^2}=\frac{y^2-x^2}{(x^2+y^2)^2}$

例 5　设 $f(x, y, z)=xy^2+yz^2+zx^2$，求 $f_{xx}(1, 0, 2)$、$f_{xyx}(0, 1, -1)$ 及 $f_{xyz}(1, 1, -1)$.

解　$f_x(x, y, z)=y^2+2zx$，$f_{xx}(x, y, z)=2z$，$f_{xy}(x, y, z)=2y$，$f_{xyz}(x, y, z)=0$，
所以 $f_{xx}(1, 0, 2)=4$，$f_{xy}(0, 1, -1)=2$，$f_{xyz}(1, 1, -1)=0$.

§4　全微分

我们已经知道，二元函数对某个自变量的偏导数表示当其中一个自变量固定不变时，因变量对另外一个自变量的变化率。根据一元微分学中增量与微分的关系，可得

$$f(x_0+\Delta x, y_0)-f(x_0, y_0)\approx f_x(x_0, y_0)\Delta x$$
$$f(x_0, y_0+\Delta y)-f(x_0, y_0)\approx f_y(x_0, y_0)\Delta y$$

上面两式的左端分别称为二元函数对 x 和 y 的偏增量，右端分别称为二元函数对 x 和 y 的偏微分。

在实际问题中，有时需要研究多元函数中各自变量都取得增量时因变量所获得的增量，即所谓全增量问题。下面以二元函数为例进行研究。

设函数 $z=f(x, y)$ 在点 (x_0, y_0) 的某邻域内有定义，并设 $(x_0+\Delta x, y_0+\Delta y)$ 为该邻域内任意一点，则称 $\Delta z=f(x_0+\Delta x, y_0+\Delta y)-f(x_0, y_0)$ 为函数 $z=f(x, y)$ 在点 (x_0, y_0) 的全增量。

定义　设函数 $z=f(x, y)$ 在点 (x_0, y_0) 的某邻域内有定义，给自变量 x, y 分别以增量 Δx，Δy，若全增量 Δz 可以表示为

$$\Delta z=A\Delta x+B\Delta y+o(\rho)\qquad(\rho=\sqrt{(\Delta x)^2+(\Delta y)^2})$$

其中 A, B 与 Δx，Δy 无关，仅与 x_0，y_0 有关，$o(\rho)$ 是比 ρ 高阶的无穷小，则称函数 $z=f(x, y)$ 在点 (x_0, y_0) 可微，并称 $A\Delta x+B\Delta y$ 为 $z=f(x, y)$ 在点 (x_0, y_0) 的全微分，记作

$$\mathrm{d}z|_{(x_0, y_0)}=(A\Delta x+B\Delta y)_{(x_0, y_0)}$$

注：(1)因为 x, y 是自变量，故 $\Delta x=\mathrm{d}x$，$\Delta y=\mathrm{d}y$，故函数在 (x_0, y_0) 的全微分 $\mathrm{d}z|_{(x_0, y_0)}=(A\Delta x+B\Delta y)_{(x_0, y_0)}=(A\mathrm{d}x+B\mathrm{d}y)_{(x_0, y_0)}$.

(2)若函数 $z=f(x, y)$ 在区域 D 内点点可微，则全微分通常写作

$$dz = A\Delta x + B\Delta y = Adx + Bdy$$

定理 1(必要条件)　设 $z = f(x, y)$ 在点 (x_0, y_0) 可微，则在点 (x_0, y_0) 其偏导数一定存在，且

$$A = \left.\frac{\partial z}{\partial x}\right|_{(x_0, y_0)} \qquad B = \left.\frac{\partial z}{\partial y}\right|_{(x_0, y_0)}$$

证明　$z = f(x, y)$ 在点 (x_0, y_0) 可微，由定义，对于自变量的任意增量 Δx，Δy. 总有：

$$\Delta z = f(x_0 + \Delta x, y_0 + \Delta y) - f(x_0, y_0) = A\Delta x + B\Delta y + o(\rho)$$

特别地，当 $\Delta y = 0$ 时，有：$\Delta z = f(x_0 + \Delta x, y_0) - f(x_0, y_0) = A\Delta x + o(\rho)$ $(\rho = |\Delta x|)$，即

$$f(x_0 + \Delta x, y_0) - f(x_0, y_0) = A\Delta x + o(|\Delta x|)$$

$$\left.\frac{\partial z}{\partial x}\right|_{(x_0, y_0)} = \lim_{\Delta x \to 0} \frac{f(x_0 + \Delta x, y_0) - f(x_0, y_0)}{\Delta x} = \lim_{\Delta x \to 0}\left(A + \frac{o(|\Delta x|)}{\Delta x}\right) = A$$

同理可得，$B = \left.\frac{\partial z}{\partial y}\right|_{(x_0, y_0)}$.

注：(1)二元函数的全微分 $dz = \frac{\partial z}{\partial x}dx + \frac{\partial z}{\partial y}dy$ 是两个偏微分的叠加，即全微分又可以写作：$dz = d_x z + d_y z$ ~称为叠加原理；同理对于三元的可微函数 $u = f(x, y, z)$，其全微分为：

$$du = d_x u + d_y u + d_z u = \frac{\partial u}{\partial x}dx + \frac{\partial u}{\partial y}dy + \frac{\partial u}{\partial z}dz.$$

(2)根据可微的定义，$\Delta z = A\Delta x + B\Delta y + o(\rho)$，可以推出：$\lim\limits_{\substack{\Delta x \to 0 \\ \Delta y \to 0}} \Delta z = 0$，或 $\lim\limits_{\substack{\Delta x \to 0 \\ \Delta y \to 0}} f(x_0 + \Delta x, y_0 + \Delta y) = f(x_0, y_0)$，或 $\lim\limits_{\substack{x \to x_0 \\ y \to y_0}} f(x, y) = f(x_0, y_0)$，表明多元函数可微必然连续.

(3)由可微的定义：$\Delta z - dz = \Delta z - (A\Delta x + B\Delta y) = o(\rho)$，故当 $z = f(x, y)$ 在点 (x, y) 可微时，有近似计算公式：$\Delta z \approx dz = A\Delta x + B\Delta y = f'_x(x, y)\Delta x + f'_y(x, y)\Delta y$，误差为 $o(\rho)$.

例 1　设 $z = \arctan\frac{x}{y}$，求在点 $(2, 1)$，且 $\Delta x = 0.5$，$\Delta y = 0.1$ 时的全微分。

解　$\frac{\partial z}{\partial x} = \frac{1}{1 + \left(\frac{x}{y}\right)^2} \cdot \frac{1}{y} = \frac{y}{x^2 + y^2}$，$\frac{\partial z}{\partial y} = \frac{1}{1 + \left(\frac{x}{y}\right)^2} \cdot \left(-\frac{x}{y^2}\right) = -\frac{x}{x^2 + y^2}$

$\left.\frac{\partial z}{\partial x}\right|_{(2, 1)} = \frac{1}{5}$，$\left.\frac{\partial z}{\partial y}\right|_{(2, 1)} = -\frac{2}{5}$，以及 $\Delta x = 0.5$，$\Delta y = 0.1$，

故 $dz|_{(2, 1)} = \left.\frac{\partial z}{\partial x}\right|_{(2, 1)} \Delta x + \left.\frac{\partial z}{\partial y}\right|_{(2, 1)} \Delta y = \frac{1}{5} \cdot 0.5 + \left(-\frac{2}{5}\right) \cdot 0.1 = 0.06.$

例 2　已知函数 $f(x, y) = \begin{cases} \frac{xy}{\sqrt{x^2 + y^2}}, & x^2 + y^2 \neq 0 \\ 0, & x^2 + y^2 = 0 \end{cases}$，在 $(0, 0)$ 处

(1)是否连续？(2)偏导数是否存在？(3)是否可微？

解　(1) $\lim\limits_{\substack{x\to0\\y\to0}}f(x,\ y)=\lim\limits_{\substack{x\to0\\y\to0}}\dfrac{xy}{\sqrt{x^2+y^2}}=0=f(0,\ 0)$

所以，函数在 $(0,\ 0)$ 处连续。

$$(2)f'_x(0,\ 0)=\lim_{\Delta x\to0}\frac{f(0+\Delta x,\ 0)-f(0,\ 0)}{\Delta x}=\lim_{\Delta x\to0}\frac{f(\Delta x,\ 0)}{\Delta x}$$

$$=\lim_{\Delta x\to0}\frac{\dfrac{\Delta x\cdot0}{(\Delta x)^2+0^2}}{\Delta x}=\lim_{\Delta x\to0}0=0$$

$$f'_y(0,\ 0)=\lim_{\Delta y\to0}\frac{f(0,\ 0+\Delta y)-f(0,\ 0)}{\Delta y}=\lim_{\Delta y\to0}\frac{f(0,\ \Delta y)}{\Delta y}=\lim_{\Delta y\to0}\frac{\dfrac{0\cdot\Delta y}{0^2+(\Delta y)^2}}{\Delta y}$$

$$=\lim_{\Delta y\to0}0=0$$

$$(3)\lim_{\substack{\Delta x\to0\\\Delta y\to0}}\frac{f(0+\Delta x,\ 0+\Delta y)-f(0,\ 0)-f_x(0,\ 0)\Delta x-f_y(0,\ 0)\Delta y}{\sqrt{\Delta^2x+\Delta^2y}}$$

$$=\lim_{\substack{\Delta x\to0\\\Delta y\to0}}\frac{\Delta x\Delta y}{\Delta^2x+\Delta^2y}$$

此极限不存在。所以函数在 $(0,\ 0)$ 处不可微。

本例说明二元函数连续、偏导存在是可微的必要而非充分条件。

定理 2(充分条件)　设函数 $z=f(x,\ y)$ 在点 $(x,\ y)$ 的一阶偏导数存在且一阶偏导数连续，则函数 $z=f(x,\ y)$ 在点 $(x,\ y)$ 可微。

§5　复合函数微分法

在一元函数的复合求导中，有所谓的“链式法则”，这一法则可以推广到多元复合函数的情形。下面分几种情况来讨论。

一、复合函数的中间变量为一元函数的情形

设 $z=f(u,\ v)$，$u=\varphi(t)$、$v=\psi(t)$ 构成复合函数 $z=f(\varphi(t),\ \psi(t))$，其变量间的相互依赖关系为

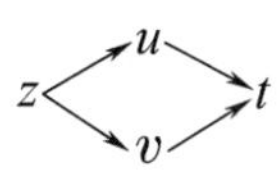

定理 1　设 $z=f(u,\ v)$ 的偏导数连续，$u=\varphi(t)$、$v=\psi(t)$ 可导，则复合函数 $z=f(\varphi(t),\ \psi(t))$ 可导，其导数为

$$\frac{\mathrm{d}z}{\mathrm{d}t}=\frac{\partial z}{\partial u}\frac{\mathrm{d}u}{\mathrm{d}t}+\frac{\partial z}{\partial v}\frac{\mathrm{d}v}{\mathrm{d}t}$$

此公式称为全导数公式。

证明　给 t 以增量 Δt，$\Delta u=u(t+\Delta t)-u(t)$，$\Delta v=v(t+\Delta t)-v(t)$

由于 $z=f(u,v)$ 的偏导数连续

$$\Delta z=\frac{\partial z}{\partial u}\Delta u+\frac{\partial z}{\partial v}\Delta v+\varepsilon_1\Delta u+\varepsilon_2\Delta v$$

当 $\Delta u\to 0$, $\Delta v\to 0$ 时 $\varepsilon_1\to 0$, $\varepsilon_2\to 0$

上式两端同除以 Δt 得 $\frac{\Delta z}{\Delta t}=\frac{\partial z}{\partial u}\frac{\Delta u}{\Delta t}+\frac{\partial z}{\partial v}\frac{\Delta v}{\Delta t}+\varepsilon_1\frac{\Delta u}{\Delta t}+\varepsilon_2\frac{\Delta v}{\Delta t}$

$$\frac{\mathrm{d}z}{\mathrm{d}t}=\lim_{\Delta t\to 0}\frac{\Delta z}{\Delta t}=\lim_{\Delta t\to 0}\left(\frac{\partial z}{\partial u}\frac{\Delta u}{\Delta t}+\frac{\partial z}{\partial v}\frac{\Delta v}{\Delta t}+\varepsilon_1\frac{\Delta u}{\Delta t}+\varepsilon_2\frac{\Delta v}{\Delta t}\right)$$

$$\frac{\mathrm{d}z}{\mathrm{d}t}=\frac{\partial z}{\partial u}\frac{\mathrm{d}u}{\mathrm{d}t}+\frac{\partial z}{\partial v}\frac{\mathrm{d}v}{\mathrm{d}t}$$

例 1 设 $z=u^v$, $u=\sin t$, $v=\cos t$, 求 $\frac{\mathrm{d}z}{\mathrm{d}t}$.

解 根据全导数公式

$$\frac{\mathrm{d}z}{\mathrm{d}t}=\frac{\partial z}{\partial u}\cdot\frac{\mathrm{d}u}{\mathrm{d}t}+\frac{\partial z}{\partial v}\cdot\frac{\mathrm{d}v}{\mathrm{d}t}=v\cdot u^{v-1}\cos t-u^v\ln u\cos t\ .$$

二、复合函数的中间变量为多元函数的情形

设 $z=f(u,v)$, $u=\varphi(x,y)$, $v=\psi(x,y)$ 构成复合函数 $z=f(\varphi(x,y),\varphi(x,y))$,其变量间的相互依赖关系为

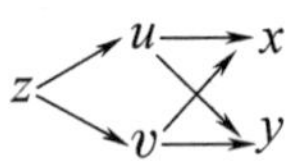

定理 2 设 $u=\varphi(x,y)$, $v=\psi(x,y)$ 在点 (x,y) 的偏导数存在,而 $z=f(u,v)$ 在相应的 (u,v) 点偏导数连续,则复合函数 $z=f(\varphi(x,y),\psi(x,y))$ 在点 (x,y) 有连续的一阶偏导数,且

$$\frac{\partial z}{\partial x}=\frac{\partial z}{\partial u}\frac{\partial u}{\partial x}+\frac{\partial z}{\partial v}\frac{\partial v}{\partial x}\qquad \frac{\partial z}{\partial y}=\frac{\partial z}{\partial u}\frac{\partial u}{\partial y}+\frac{\partial z}{\partial v}\frac{\partial v}{\partial y}$$

或

$$\frac{\partial z}{\partial x}=\frac{\partial f}{\partial u}\frac{\partial u}{\partial x}+\frac{\partial f}{\partial v}\frac{\partial v}{\partial x}\qquad \frac{\partial z}{\partial y}=\frac{\partial f}{\partial u}\frac{\partial u}{\partial y}+\frac{\partial f}{\partial v}\frac{\partial v}{\partial y}$$

以上的求导规则也称为链导规则。

例 2 设 $z=u^2v$, $u=x\cos y$, $v=x\sin y$, 求 $\frac{\partial z}{\partial x}$, $\frac{\partial z}{\partial y}$.

解 $\frac{\partial z}{\partial u}=2uv$, $\frac{\partial z}{\partial v}=u^2$; $\frac{\partial u}{\partial x}=\cos y$, $\frac{\partial u}{\partial y}=-x\sin y$; $\frac{\partial v}{\partial x}=\sin y$, $\frac{\partial v}{\partial y}=x\cos y$;

$$\frac{\partial z}{\partial x}=\frac{\partial z}{\partial u}\frac{\partial u}{\partial x}+\frac{\partial z}{\partial v}\frac{\partial v}{\partial x}=2uv\cos y+u^2\sin y=2x^2\cos y\sin y\cos y+x^2\cos^2 y\sin y$$
$$=3x^2\cos^2 y\sin y$$

$$\frac{\partial z}{\partial y}=\frac{\partial z}{\partial u}\frac{\partial u}{\partial y}+\frac{\partial z}{\partial v}\frac{\partial v}{\partial y}=2uv(-x\sin y)+u^2(x\cos y)$$
$$=2x^2\cos y\sin y(-x\sin y)+x^2\cos^2 y(x\cos y)=x^3\cos y(\cos^2 y-2\sin y).$$

例 3　设 $z=u^v$，$u=x+y$，$v=x-y$，求 $\frac{\partial z}{\partial x}$、$\frac{\partial z}{\partial y}$.

解　$\frac{\partial z}{\partial x}=\frac{\partial z}{\partial u}\frac{\partial u}{\partial x}+\frac{\partial z}{\partial v}\frac{\partial v}{\partial x}=vu^{v-1}\cdot 1+u^v\ln u\cdot 1=u^{v-1}(v+u\ln u)$

$$=(x+y)^{x-y-1}\{x-y+(x+y)\ln(x+y)\}$$

$$\frac{\partial z}{\partial y}=\frac{\partial z}{\partial u}\frac{\partial u}{\partial y}+\frac{\partial z}{\partial v}\frac{\partial v}{\partial y}=vu^{v-1}\cdot 1+u^v\ln u\cdot(-1)=u^{v-1}\{v-u\ln u\}$$
$$=(x+y)^{x-y-1}\{x-y-(x+y)\ln(x+y)\}.$$

例 4　设 $z=f(xy,x-y)$，其中 f 偏导数连续，求 $\frac{\partial z}{\partial x}$，$\frac{\partial z}{\partial y}$.

解　设 $u=xy$，$v=x-y$，

$$\frac{\partial z}{\partial x}=\frac{\partial z}{\partial u}\frac{\partial u}{\partial x}+\frac{\partial z}{\partial v}\frac{\partial v}{\partial x}=f'_u\cdot y+f'_v\cdot 1$$

$$\frac{\partial z}{\partial y}=\frac{\partial z}{\partial u}\frac{\partial u}{\partial y}+\frac{\partial z}{\partial v}\frac{\partial v}{\partial y}=f'_u\cdot x+f'_v\cdot(-1)$$

为了简便，常采用以下记号：

$$f'_1=\frac{\partial f(u,v)}{\partial u},f'_2=\frac{\partial f(u,v)}{\partial v},f''_{12}=\frac{\partial^2 f(u,v)}{\partial u\partial v}\cdots$$

例 5　设 $z=f(x^2y,\frac{y}{x})$，f 的一阶偏导数连续，求 $\frac{\partial z}{\partial x}$，$\frac{\partial z}{\partial y}$.

解　$\frac{\partial z}{\partial x}=f'_1\cdot(2xy)+f'_2\cdot(-\frac{y}{x^2})=2xyf'_1-\frac{y}{x^2}f'_2$

$$\frac{\partial z}{\partial y}=f'_1\cdot(x^2)+f'_2\cdot(\frac{1}{x})=x^2f'_1+\frac{1}{x}f'_2.$$

例 6　设 $z=f(xy,y)$，f 的二阶偏导数连续，求 $\frac{\partial^2 z}{\partial x^2}$，$\frac{\partial^2 z}{\partial y^2}$，$\frac{\partial^2 z}{\partial x\partial y}$.

解　$\frac{\partial z}{\partial x}=yf'_1$，$\frac{\partial z}{\partial y}=xf'_1+f'_2$，

$$\frac{\partial^2 z}{\partial x^2}=y^2f''_{11}，\frac{\partial^2 z}{\partial x\partial y}=f'_1+y(xf''_{11}+f''_{12})=f'_1+xyf''_{11}+yf''_{12}$$

$$\frac{\partial^2 z}{\partial y^2}=x(xf''_{11}+f''_{12})+(xf''_{21}+f''_{22})=x^2f''_{11}+2xf''_{12}+f''_{22}.$$

三、全微分的形式不变性

设函数 $z=f(u,v)$ 一阶偏导数连续，则一定可微，即 $dz=\frac{\partial z}{\partial u}du+\frac{\partial z}{\partial v}dv$，又设函数 $u=u(x,y)$、$v=v(x,y)$ 一阶偏导数连续，也有 $du=\frac{\partial u}{\partial x}dx+\frac{\partial u}{\partial y}dy$，$dv=\frac{\partial v}{\partial x}dx+\frac{\partial v}{\partial y}dy$，

从而,

$$dz = \frac{\partial z}{\partial u}du + \frac{\partial z}{\partial v}dv = \frac{\partial z}{\partial u}(\frac{\partial u}{\partial x}dx + \frac{\partial u}{\partial y}dy) + \frac{\partial z}{\partial v}(\frac{\partial v}{\partial x}dx + \frac{\partial v}{\partial y}dy)$$

$$= (\frac{\partial z}{\partial u}\cdot\frac{\partial u}{\partial x} + \frac{\partial z}{\partial v}\cdot\frac{\partial v}{\partial x})dx + (\frac{\partial z}{\partial u}\cdot\frac{\partial u}{\partial y} + \frac{\partial z}{\partial v}\cdot\frac{\partial v}{\partial y})dy = \frac{\partial z}{\partial x}dx + \frac{\partial z}{\partial y}dy$$

表明不论是自变量还是中间变量全微分的形式都是相同的, 此性质称为全微分的形式不变性。

例 7 设 $z = e^u \sin v$, $u = xy$, $v = x + y$, 用全微分形式不变性, 求 $\frac{\partial z}{\partial x}$ 、$\frac{\partial z}{\partial y}$.

解 $dz = d(e^u \sin v) = e^u \sin v du + e^u \cos v dv = e^u \sin v d(xy) + e^u \cos v d(x + y)$

$= e^u \sin v(ydx + xdy) + e^u \cos v(dx + dy)$

$= (e^u \sin v \cdot y + e^u \cos v)dx + (e^u \sin v \cdot x + e^u \cos v)dy$

$= e^{xy}\{y\sin(x + y) + \cos(x + y)\}dx + e^{xy}\{x\sin(x + y) + \cos(x + y)\}dy$

所以: $\frac{\partial z}{\partial x} = e^{xy}\{y\sin(x + y) + \cos(x + y)\}$, $\frac{\partial z}{\partial y} = e^{xy}\{x\sin(x + y) + \cos(x + y)\}$.

§6 隐函数求导法则

在一元微分学中, 我们曾经引入了隐函数的概念, 并介绍了不经过显化而直接由方程 $F(x, y) = 0$ 来求它所确定的隐函数的导数的方法。本节将进一步从理论上阐明隐函数的存在性, 并通过多元复合求导的链式法则建立隐函数求导公式。

一、一个方程的情形

定理 1 设函数 $F(x, y)$ 在 (x_0, y_0) 的某邻域内一阶偏导数连续, 且 $F(x_0, y_0) = 0$, $F'_y(x_0, y_0) \neq 0$, 则在此邻域内, 二元函数方程 $F(x, y) = 0$ 唯一地确定了一个单值的有连续导数的一元函数 $y = f(x)$, 满足 $y_0 = f(x_0)$, 且有 $\frac{dy}{dx} = -\frac{F_x}{F_y}$.

这个定理我们不作严格证明, 仅对求导公式做出推导。

因为 $y = f(x)$ 由 $F(x, y) = 0$ 所确定, 故 $F(x, f(x)) = 0$, 从而

$$\frac{\partial F}{\partial x} + \frac{\partial F}{\partial y}\frac{dy}{dx} = 0$$

所以: $\frac{dy}{dx} = -\frac{F_x}{F_y}$.

注: F_x, F_y 是指二元函数 $F(x, y)$ 的偏导数。

例 1 设 $\ln\sqrt{x^2 + y^2} = \arctan\frac{y}{x}$, 求 $\frac{dy}{dx}$.

解 设 $F(x, y) = \ln\sqrt{x^2 + y^2} - \arctan\frac{y}{x}$, 则

$$F_x = \frac{x}{x^2 + y^2} - \frac{1}{1 + (\frac{y}{x})^2}\cdot(-\frac{y}{x^2}) = \frac{x}{x^2 + y^2} + \frac{y}{x^2 + y^2} = \frac{x + y}{x^2 + y^2}$$

$$F_y=\frac{y}{x^2+y^2}-\frac{1}{1+(\frac{y}{x})^2}\cdot\frac{1}{x}=\frac{y}{x^2+y^2}-\frac{x}{x^2+y^2}=\frac{y-x}{x^2+y^2}$$

求得：$y'=-\frac{x+y}{y-x}=\frac{x+y}{x-y}$，或 $y'=\frac{x+y}{x-y}$.

注：如果函数 $F(x, y)$ 的二阶偏导数连续，可以推出 $\frac{d^2y}{dx^2}$ 的计算公式。

$$\frac{d^2y}{dx^2}=\frac{d(-\frac{F_x}{F_y})}{dx}=-\{\frac{\partial}{\partial x}(\frac{F_x}{F_y})+\frac{\partial}{\partial y}(\frac{F_x}{F_y})\cdot\frac{dy}{dx}\}$$

$$=-\{\frac{F_{xx}F_y-F_xF_{yx}}{F_y^2}+\frac{F_{xy}F_y-F_xF_{yy}}{F_y^2}\cdot(-\frac{F_x}{F_y})\}$$

$$=-\frac{1}{F_y^3}\{F_{xx}F_y^2-2F_{xy}\cdot F_x\cdot F_y+F_{yy}\cdot F_x^2\}$$

在实际计算时，一般不需使用上面的公式，而是直接计算。如上例中，注意到 $y=y(x)$，则：

$$\frac{d^2y}{dx^2}=\frac{d}{dx}(\frac{dy}{dx})=\frac{d}{dx}(\frac{x+y}{x-y})=\frac{(1+y')(x-y)-(1-y')(x+y)}{(x+y)^2}$$

$$=\frac{-2y+2xy'}{(x+y)^2}=2\frac{-y+x\cdot\frac{x+y}{x-y}}{(x+y)^2}=2\frac{-y(x-y)+x(x+y)}{(x+y)^3}=2\frac{x^2+y^2}{(x+y)^3}.$$

定理 2　设函数 $F(x, y, z)$ 在 (x_0, y_0, z_0) 的某邻域内一阶偏导数连续，且 $F(x_0, y_0, z_0)=0$，$F'_z(x_0, y_0, z_0)\neq 0$，则在此邻域内，三元函数方程 $F(x, y, z)=0$ 唯一地确定了一个单值的有连续偏导数的二元函数 $z=f(x, y)$，满足 $z_0=f(x_0, y_0)$，且

$$\frac{\partial z}{\partial x}=-\frac{F_x}{F_z}\qquad\frac{\partial z}{\partial y}=-\frac{F_y}{F_z}.$$

例 2　设 $x^2+y^2+z^2-4z=0$，求 $\frac{\partial z}{\partial x}$、$\frac{\partial z}{\partial y}$、$\frac{\partial^2 z}{\partial x\partial y}$、$\frac{\partial^2 z}{\partial x^2}$.

解　$F(x, y, z)=x^2+y^2+z^2-4z$，$F_x=2x$，$F_y=2y$，$F_z=2z-4$

$$\frac{\partial z}{\partial x}=-\frac{F_x}{F_z}=-\frac{2x}{2z-4}=-\frac{x}{z-2}=\frac{x}{2-z}\qquad\frac{\partial z}{\partial y}=-\frac{F_y}{F_z}=-\frac{2y}{2z-4}=-\frac{y}{z-2}=\frac{y}{2-z}$$

$$\frac{\partial^2 z}{\partial x\partial y}=(\frac{x}{2-z})'_y=\frac{0-x(2-z)'_y}{(2-z)^2}=\frac{x\cdot z_y}{(2-z)^2}=\frac{x}{(2-z)^2}(\frac{y}{2-z})=\frac{xy}{(2-z)^3}$$

$$\frac{\partial^2 z}{\partial x^2}=(\frac{x}{2-z})'_x=-\frac{(2-z)-x(2-z)'_x}{(2-z)^2}=-\frac{(2-z)+x\cdot z_x}{(z-2)^2}=\frac{(2-z)^2+x^2}{(2-z)^3}.$$

例 3　设 $\Phi(u, v)$ 具有连续的偏导，证明由方程 $\Phi(cx-az, cy-bz)=0$ 所确定的函数 $z=f(x, y)$ 满足：$a\frac{\partial z}{\partial x}+b\frac{\partial z}{\partial y}=c$.

证明　记 $F(x, y, z)=\Phi(cx-az, cy-bz)$，则 $F_x=c\Phi'_1$，$F_y=c\Phi'_2$，$F_z=-a\Phi'_1-b\Phi'_2$，

$$\frac{\partial z}{\partial x}=-\frac{F_x}{F_z}=\frac{c\Phi_1'}{a\Phi_1'+b\Phi_2'} \qquad \frac{\partial z}{\partial y}=-\frac{F_y}{F_z}=\frac{c\Phi_2'}{a\Phi_1'+b\Phi_2'}$$

从而：$a\dfrac{\partial z}{\partial x}+b\dfrac{\partial z}{\partial y}=\dfrac{ac\Phi_1'}{a\Phi_1'+b\Phi_2'}+\dfrac{bc\Phi_2'}{a\Phi_1'+b\Phi_2'}=c$.

二、方程组的情形（*）

如方程组 $\begin{cases}F(x, y, u, v)=0\\G(x, y, u, v)=0\end{cases}$ 在一定条件下，确定了两个二元函数：$z=u(x, y)$ 与 $z=v(x, y)$，以下举例说明偏导数 $\dfrac{\partial u}{\partial x}, \dfrac{\partial u}{\partial y}, \dfrac{\partial v}{\partial x}, \dfrac{\partial v}{\partial y}$ 的求法。

例 4 设 $\begin{cases}xu-yv=1\\yu+xv=1\end{cases}$，求 $\dfrac{\partial u}{\partial x}, \dfrac{\partial u}{\partial y}, \dfrac{\partial v}{\partial x}, \dfrac{\partial v}{\partial y}$.

解 先求 $\dfrac{\partial u}{\partial x}, \dfrac{\partial v}{\partial x}$：方程两端对 x 求偏导，u，v 都是 x 的函数：

$$\begin{cases}\left(u+x\dfrac{\partial u}{\partial x}\right)-y\dfrac{\partial v}{\partial x}=0\\ y\dfrac{\partial u}{\partial x}+\left(v+x\dfrac{\partial v}{\partial x}\right)=0\end{cases} \qquad \begin{cases}x\dfrac{\partial u}{\partial x}-y\dfrac{\partial v}{\partial x}=-u\\ y\dfrac{\partial u}{\partial x}+x\dfrac{\partial v}{\partial x}=-v\end{cases}$$

解得：$(x^2+y^2)\dfrac{\partial u}{\partial x}=-xu-yv$，$\dfrac{\partial u}{\partial x}=-\dfrac{xu+yv}{x^2+y^2}$，以及 $\dfrac{\partial v}{\partial x}=\dfrac{yu-xv}{x^2+y^2}$；同理可以求得 $\dfrac{\partial u}{\partial y}$，$\dfrac{\partial v}{\partial y}$.

§7 多元函数的极值

在实际应用中，我们会遇到大量求多元函数最大值和最小值的问题。与一元函数类似，多元函数的最大值、最小值与极大值极小值有着密切的联系。下面我们以二元函数为例来讨论多元函数的极值问题。

一、二元函数极值的概念

1. 极值的定义

定义 设 $z=f(x, y)$ 在点 (x_0, y_0) 的某邻域内有定义，对于该邻域内异于点 (x_0, y_0) 的任一点 (x, y)，若都有 $f(x_0, y_0)<f(x, y)$，则称函数 $f(x, y)$ 在 (x_0, y_0) 取得极小值，(x_0, y_0) 为函数的极小值点；若都有 $f(x_0, y_0)>f(x, y)$，则称函数 $f(x, y)$ 在 (x_0, y_0) 取得极大值，(x_0, y_0) 为函数的极大值点；极大、极小值点统称为函数的极值点。

如，$z=3x^2+y^2$，极小值点 $(0, 0)$，极小值 $z=0$；$z=1-x^2-y^2$，极大值点 $(0, 0)$，极大值 $z=1$；而函数 $z=xy$ 在 $(0, 0)$ 点不取极值。

定理 1 （极值存在的必要条件）设 $z=f(x, y)$ 在点 (x_0, y_0) 偏导数存在，且在 (x_0, y_0) 取得极值，则 $f_x(x_0, y_0)=0$，$f_y(x_0, y_0)=0$.

证明　设 $z=f(x,y)$ 在点(x_0,y_0)取得极小值，则存在(x_0,y_0)的一个邻域，对此邻域内的任意点(x,y)，均有$f(x_0,y_0)<f(x,y)$.

特别对于邻域内的点(x,y_0)，也就有$f(x_0,y_0)<f(x,y_0)$，条件表明"一元函数$z=f(x,y_0)$"在"点$x=x_0$"取得极小值并且可导，从而"导数"等于零，即$f'_x(x_0,y_0)=0$，同理可得$f'_y(x_0,y_0)=0$.

注：(1)对于$z=f(x,y)$，称使得$f'_x=0$、$f'_y=0$同时成立的点(x,y)为函数$z=f(x,y)$的驻点；

(2)由必要条件，在偏导数存在时，函数的极值点产生于驻点，但驻点不一定全都是极值点，如$z=xy$，$(0,0)$是其驻点，但不是极值点；

(3)但是偏导数不存在的点也有可能是极值点，如$z=\sqrt{x^2+y^2}$，$(0,0)$是极小值点，但是$z'_x(0,0)$、$z'_y(0,0)$均不存在；

(4)此结论可以推广到其他的多元函数。如$u=f(x,y,z)$在(x_0,y_0,z_0)偏导数存在，且在(x_0,y_0,z_0)取得极值，则

$$f'_x(x_0,y_0,z_0)=0 \qquad f'_y(x_0,y_0,z_0)=0 \qquad f'_z(x_0,y_0,z_0)=0$$

定理2　(极值存在的充分条件)设$z=f(x,y)$在(x_0,y_0)二阶偏导数连续，且满足$f_x{}'(x_0,y_0)=0$，$f_y{}'(x_0,y_0)=0$，记

$$A=f''_{xx}(x_0,y_0) \qquad B=f''_{xy}(x_0,y_0) \qquad C=f''_{yy}(x_0,y_0)$$

(1)若$AC-B^2>0$，则函数有极值；且当$A>0$时，有极小值；当$A<0$时，有极大值；

(2)若$AC-B^2<0$，则函数无极值；

(3)若$AC-B^2=0$，$f(x,y)$在(x_0,y_0)处可能有极值，也可能没有极值。

根据定理1、定理2，求极值的主要步骤如下：

①确定函数$z=f(x,y)$的定义域；

②求出所有的驻点，即使得$f'_x=0$、$f'_y=0$同时成立的点；

③对于每一个驻点，分别计算其A,B,C，然后用判别式进行判别。

例1　设$f(x,y)=(6x-x^2)(4y-y^2)$，求其极值。

解

$$\begin{cases} f_x=(6-2x)(4y-y^2)=0 \\ f_y=(6x-x^2)(4-2y)=0 \end{cases},$$

所求驻点为：

$$(3,2) \qquad (0,0) \qquad (6,0) \qquad (0,4) \qquad (6,4)$$

$$f_{xx}=-2(4y-y^2) \qquad f_{xy}=(6-2x)(4-2y) \qquad f_{yy}=-2(6x-x^2)$$

	A	B	C	$AC-B^2$	$f(x,y)$
(3, 2)	−8	0	−18	8	极大值
(0, 0)	0	24	0	$-(24)^2$	非极值
(6, 0)	0	−24	0	$-(24)^2$	非极值
(0, 4)	0	−24	0	$-(24)^2$	非极值
(6, 4)	0	24	0	$-(24)^2$	非极值

极大值为$f(3, 2)=36$.

2. 最大值与最小值

我们知道，有界闭域D上的连续函数可以在D上取得最大值和最小值。

因此，求最大、最小值的一般方法：

(1)求函数$z=f(x, y)$在D内的所有驻点处的函数值；求函数$z=f(x, y)$在D的边界曲线上的最大值和最小值，比较大小即可。

(2)在应用问题中，若已知$z=f(x, y)$在D内有最大或最小值，且在D内有唯一的驻点，则该驻点一定就是最大或最小值点。

二、条件极值(拉格朗日乘数法)

1. 概念

求$z=f(x, y)$的极值，但是自变量x, y的变化受到限制，如限制条件为：$\varphi(x, y)=0$；即在此限制下，求函数的极值即为条件极值。其中函数$z=f(x, y)$称为目标函数；$\varphi(x, y)=0$称为约束。

如求函数$z=xy$的极值，给定约束：$x+y=\frac{l}{2}$ ($l>0$)，则成为在约束条件$x+y=\frac{l}{2}$下函数$z=xy$的极值，即条件极值。本题将条件极值问题转化为无条件极值讨论：如上例，约束$x+y=\frac{l}{2}$，可以写为$y=\frac{l}{2}-x$，从而只需求$z=x(\frac{l}{2}-x)$ ($0\leqslant x\leqslant\frac{l}{2}$)的极值即可。但一般情况下如果由约束条件$\varphi(x, y)=0$较难写出y关于x的表达式，我们就要用拉格朗日乘数法。

2. 拉格朗日乘数法

求$z=f(x, y)$在约束$\varphi(x, y)=0$下的条件极值。(这里只介绍方法)

(1)构造拉格朗日函数：$F(x, y, \lambda)=f(x, y)+\lambda\varphi(x, y)$

(2)求偏导数并令其等于0：

$$\begin{cases}F_x=f_x+\lambda\varphi_x=0\\F_y=f_y+\lambda\varphi_y=0;\\F_\lambda=\varphi=0\end{cases}$$

解出同时满足三个方程的点(x, y)，称为条件驻点。

(3)根据实际问题确定(x, y)是否为极值点。

同样此方法也可以推广到多个变量的情况。

对于三元函数$u=f(x, y, z)$的条件极值可能有以下两种情况：

在约束$\varphi(x, y, z)=0$下求$u=f(x, y, z)$的极值，则构造函数为：

$F(x, y, z, \lambda)=f(x, y, z)+\lambda\varphi(x, y, z)$，由方程组：

$$\begin{cases}F_x=f_x+\lambda\varphi_x=0\\F_y=f_y+\lambda\varphi_y=0\\F_z=f_z+\lambda\varphi_z=0\\F_\lambda=\varphi(x, y, z)=0\end{cases}$$，解出条件驻点(x, y, z)；

在约束$\varphi(x, y, z)=0$及$\psi(x, y, z)=0$下求$u=f(x, y, z)$的极值，则构造函数为：

$F(x, y, z, \lambda_1, \lambda_2) = f(x, y, z) + \lambda_1 \varphi(x, y, z) + \lambda_2 \psi(x, y, z)$ 由方程组：

$$\begin{cases} F_x = f_x + \lambda_1 \varphi_x + \lambda_2 \psi_x = 0 \\ F_y = f_y + \lambda_1 \varphi_y + \lambda_2 \psi_y = 0 \\ F_z = f_z + \lambda_1 \varphi_z + \lambda_2 \psi_z = 0 \\ F_{\lambda_1} = \varphi(x, y, z) = 0 \\ F_{\lambda_2} = \psi(x, y, z) = 0 \end{cases}$$

，解出条件驻点 (x, y, z).

例 2　求表面积为 a^2 体积最大的长方体的体积。

解　设长方体的长、宽、高分别为 x, y, z，问题可以归结为在约束条件

$$\varphi(x, y, z) = 2xy + 2yz + 2zx - a^2 = 0$$

下，求 $V = xyz(x > 0, y > 0, z > 0)$ 的最大值。

作拉格朗日函数

$$F(x, y, z, \lambda) = xyz + \lambda(2xy + 2yz + 2zx - a^2)$$

$$\begin{cases} F_x = yz + 2\lambda(y + z) = 0 \\ F_y = xz + 2\lambda(x + z) = 0 \\ F_z = xy + 2\lambda(x + y) = 0 \\ F_\lambda = 2xy + 2yz + 2zx - a^2 = 0 \end{cases}$$

解得 $x = y = z = \dfrac{\sqrt{6}a}{6}$.

根据问题的实际意义，该点就是所求最大值点。即表面积为 a^2 的长方体中，以棱长为 $\dfrac{\sqrt{6}a}{6}$ 的正方体的体积最大，最大体积 $V = \dfrac{\sqrt{6}}{36}a^3$.

例 3　设销售收入 R（万元）与花费在两种广告宣传上的费用 x, y（万元）之间的关系为

$$R = \frac{200x}{x + 5} + \frac{100y}{10 + y}$$

利润额为五分之一的销售收入，并要扣除广告费用。已知广告费用总预算是 25 万元，试问如何分配两种广告费用可使利润最大。

解　设利润为 L，

$$L = \frac{1}{5}R - x - y = \frac{40x}{x + 5} + \frac{20y}{10 + y} - x - y$$

约束条件为 $x + y = 25$.

$$F(x, y, \lambda) = \frac{40x}{x + 5} + \frac{20y}{10 + y} - x - y + \lambda(x + y - 25)$$

解方程组

$$\begin{cases} F_x = \dfrac{200}{(x + 5)^2} - 1 + \lambda = 0 \\ F_y = \dfrac{200}{(10 + y)^2} - 1 + \lambda = 0 \\ x + y - 25 = 0 \end{cases}$$

$x = 15$, $y = 10$.

根据问题的实际意义及驻点的唯一性可知，投入两种当广告费用分别为 15 万元和 10 万元时，可使利润最大。

例 4 求函数 $z = x^3 + y^3 - 3xy$ 在 $x^2 + y^2 \leqslant 4$ 上的最大、最小值。

解 ①求 $z = x^3 + y^3 - 3xy$ 在 $x^2 + y^2 < 4$ 内的驻点：

由 $\begin{cases} z_x = 3x^2 - 2y = 0 \\ z_y = 3y^2 - 3x = 0 \end{cases}$，得 $\begin{matrix} y = x^2 \\ x = y^2 \end{matrix}$，在 $x^2 + y^2 < 4$ 内的驻点：$(0, 0)$、$(1, 1)$；

② $z = x^3 + y^3 - 3xy$ 在 $x^2 + y^2 = 4$ 上的条件驻点：

$$F = x^3 + y^3 - 3xy + \lambda(x^2 + y^2 - 4) \qquad \begin{cases} F_x = 3x^2 - 3y + 2\lambda x = 0 & (1) \\ F_y = 3y^2 - 3x + 2\lambda y = 0 & (2) \\ x^2 + y^2 = 4 & (3) \end{cases}$$

由(1)、(2)有 $y = x$，代入(3)中，解得：$x = y = \pm\sqrt{2}$；故条件驻点为 $(\pm\sqrt{2}, \pm\sqrt{2})$；

③计算所得的驻点及条件驻点的函数值：

$f(0, 0) = 0 \quad f(1, 1) = -1 \quad f(\sqrt{2}, \sqrt{2}) = 4\sqrt{2} - 6 \quad f(-\sqrt{2}, -\sqrt{2}) = -4\sqrt{2} - 6$

比较可得：$f_{\max} = f(0, 0) = 0$，$f_{\min} = f(-\sqrt{2}, -\sqrt{2}) = -4\sqrt{2} - 6$.

习题七

1. 求点 $P(1, 2, 3)$ 关于(1)各坐标面；(2)各坐标轴；(3)坐标原点的对称点的坐标。

2. (1)求点 $M(4, -3, 5)$ 到各坐标轴的距离；

(2)在 yoz 平面上，求与三个已知点 $A(3, 1, 2)$，$B(4, -2, -2)$ 和 $C(0, 5, 1)$ 等距的点。

3. 求下列函数表达式：

(1) $f(x, y) = x^y + y^x$，求 $f(xy, x + y)$；(2) $f(x + y, x - y) = x^2 - y^2$，求 $f(x, y)$.

4. 求下列函数的定义域，并绘出定义域的图形：

(1) $z = \ln(x + y - 1) + \dfrac{\sqrt{x}}{\sqrt{1 - x^2 - y^2}}$；　　(2) $z = \ln(x^2 - 2y + 1)$；

(3) $f(x, y) = \ln(1 - |x| - |y|)$.

5. 求下列极限：

(1) $\lim\limits_{(x, y)\to(0, 1)} \dfrac{1 - x + xy}{x^2 + y^2}$；　　(2) $\lim\limits_{(x, y)\to(0, 0)} \dfrac{2 - \sqrt{xy + 4}}{xy}$；

(3) $\lim\limits_{(x, y)\to(1, 0)} (2 + x)\dfrac{\sin(xy)}{y}$；　　(4) $\lim\limits_{\substack{x\to0 \\ y\to0}} \dfrac{1 - \cos(x^2 + y^2)}{(x^2 + y^2)e^{x^2y^2}}$；

(5) $\lim\limits_{(x, y)\to(2, 0)} \dfrac{\tan(xy)}{y}$；　　(6) $\lim\limits_{\substack{x\to0 \\ y\to0}} \dfrac{\sqrt{x^2y^2 + 1} - 1}{x^2 + y^2}$.

6. 下列函数在何处是间断的？

(1) $z = \dfrac{1}{x - y}$；　　(2) $z = \dfrac{y^2 + 2x}{y^2 - 2x}$.

7. 求下列函数的一阶偏导数：

(1) $z = x^3y + xy^2$；　　(2) $z = \arctan \dfrac{y}{x}$；

(3) $z = \ln(x + \sqrt{x^2 + y^2})$；　　(4) $z = \sin \dfrac{x}{y} \cos \dfrac{y}{x}$；

(5) $u = \int_{xz}^{yz} e^{t^2} dt$；　　(6) $u = x^{\frac{y}{z}}$；

(7) $z = (1 + xy)^{x+y}$；　　(8) $u = e^{\theta+\varphi}\cos(\theta - \varphi)$.

8. 求下列函数在指定点处的一阶偏导数：

(1) $z = x^2 + (y - 1)\arcsin \dfrac{x}{y}$，求 $z_x(0, 1)$；

(2) $z = x^2 e^y + (x - 1)\arctan \dfrac{y}{x}$，求 $z_y(1, 0)$.

9. 求下列函数的高阶偏导数：

(1) $z = \arctan \dfrac{y}{x}$，求 $\dfrac{\partial^2 z}{\partial x^2}$，$\dfrac{\partial^2 z}{\partial y^2}$，$\dfrac{\partial^2 z}{\partial x \partial y}$；

(2) $z = \sin^2(xy)$，求 $\dfrac{\partial^2 z}{\partial x^2}$，$\dfrac{\partial^2 z}{\partial y^2}$，$\dfrac{\partial^2 z}{\partial x \partial y}$；

(3) $z = \int_x^{x^2+y^2} e^t dt$，　求 $\dfrac{\partial^2 z}{\partial x^2}$，$\dfrac{\partial^2 z}{\partial x \partial y}$.

10. 设 $f(x, y, z) = xy^2 + yz^2 + zx^2$，求 $f_{xy}(0, 0, 1)$ 和 $f_{yz}(1, 0, 2)$.

11. 设 $z = e^{-\left(\frac{1}{x}+\frac{1}{y}\right)}$，　求证 $x^2 \dfrac{\partial z}{\partial x} + y^2 \dfrac{\partial z}{\partial y} = 2z$.

12. 设 $r = \sqrt{x^2 + y^2 + z^2}$，证明 $\dfrac{\partial^2 r}{\partial x^2} + \dfrac{\partial^2 r}{\partial y^2} + \dfrac{\partial^2 r}{\partial z^2} = \dfrac{2}{r}$.

13. 求下列函数的全微分：

(1) $z = \ln\sqrt{x^2 + y^2}$；　　(2) $z = e^{\frac{y}{x}}$；

(3) $z = y^{\sin x}$，$y > 0$；　　(4) $u = \dfrac{z}{\sqrt{x^2 + y^2}}$；

(5) $u = e^{x(x^2+y^2+z^2)}$；　　(6) $u = x^{yz}$.

14. 求函数 $z = \dfrac{y}{x}$，当 $x = 2$，$y = 1$，$\Delta x = 0.1$，$\Delta y = -0.2$ 时的全增量与全微分。

15. 考虑二元函数的下面四条性质：

(1) $f(x, y)$ 在点 (x_0, y_0) 连续；　　(2) $f_x(x, y)$、$f_y(x, y)$ 在点 (x_0, y_0) 连续；

(3) $f(x, y)$ 在点 (x_0, y_0) 可微分；　　(4) $f_x(x_0, y_0)$、$f_y(x_0, y_0)$ 存在。

若用“$P \Rightarrow Q$”表示可由性质 P 推出性质 Q，则下列四个选项中正确的是(　　)。

A. (2)⇒(3)⇒(1)　　B. (3)⇒(2)⇒(1)

C. (3)⇒(4)⇒(1)　　D. (3)⇒(1)⇒(4)

16. 求下列复合函数的一阶导数：

(1) $z=\mathrm{e}^{x-2y}$,　$x=\sin t$,　$y=t^3$;

(2) $z=\arcsin(x-y)$,　$x=3t$,　$y=4t^3$;

(3) $z=\arctan(xy)$,　$y=\mathrm{e}^x$;

(4) $u=\dfrac{\mathrm{e}^{ax}(y-z)}{a^2+1}$,　$y=a\sin x$,　$z=\cos x$.

17. 求下列复合函数的一阶偏导数：

(1) $z=u^2+v^2$,　$u=x+y$,　$v=x-y$;

(2) $z=x^2\ln y$,　$x=\dfrac{s}{t}$,　$y=3s-2t$.

18. 求下列复合函数的一阶偏导数（f是$C^{(1)}$类函数）：

(1) $z=f(x^2-y^2,\mathrm{e}^{xy})$;　(2) $z=f(xy,y)$;

(3) $z=\dfrac{y}{f(x^2-y^2)}$;　(4) $z=f(x^2+y^2)$.

19. 设$u=f(x,xy,xyz)$且f具有二阶连续偏导数，求$\dfrac{\partial u}{\partial x}$，$\dfrac{\partial^2 u}{\partial x\partial z}$.

20. 已知$z=xf\left(\dfrac{y}{x}\right)+2y\varphi\left(\dfrac{x}{y}\right)$，其中$f$，$\varphi$有二阶连续导数，求$\dfrac{\partial z}{\partial x}$，$\dfrac{\partial^2 z}{\partial x\partial y}$.

21. 设$z=f\left(xy,\dfrac{x}{y}\right)+g\left(\dfrac{y}{x}\right)$，其中$f$，$g$有连续二阶偏导数，求$\dfrac{\partial^2 z}{\partial x\partial y}$.

22. 求下列方程所确定的隐函数$y=y(x)$的一阶导数$\dfrac{\mathrm{d}y}{\mathrm{d}x}$.

(1) $x^2+xy-\mathrm{e}^y=0$;　(2) $\sin y+\mathrm{e}^x-xy^2=0$.

23. 求下列方程所确定的隐函数$z=z(x,y)$的一阶偏导数$\dfrac{\partial z}{\partial x}$，$\dfrac{\partial z}{\partial y}$.

(1) $z^3-2xz+y=0$;　(2) $\dfrac{x}{z}=\ln\dfrac{z}{y}$;

(3) $\mathrm{e}^{x+y}\sin(x+z)=1$;　(4) $z+\ln z-\displaystyle\int_y^x \mathrm{e}^{-t^2}\mathrm{d}t=0$.

24. 设$\varphi(u,v)$具有连续偏导数，证明由方程$\varphi(cx-az,cy-bz)=0$所确定的函数$z=f(x,y)$满足$a\dfrac{\partial z}{\partial x}+b\dfrac{\partial z}{\partial y}=c$.

25. 设$u=xy^2z^3$，而$z=z(x,y)$是由方程$x^2+y^2+z^2=3xyz$所确定的隐函数，求$\dfrac{\partial u}{\partial x}\Big|_{(1,1,1)}$.

26. 求由下列方程组所确定的隐函数的导数或偏导数。

(1)设$\begin{cases}z=x^2+y^2\\x^2+2y^2+3z^2=20\end{cases}$，求$\dfrac{\mathrm{d}y}{\mathrm{d}x}$，$\dfrac{\mathrm{d}z}{\mathrm{d}x}$;

(2)设$\begin{cases}x=\mathrm{e}^u+u\sin v\\y=\mathrm{e}^u-u\cos v\end{cases}$，求$\dfrac{\partial u}{\partial x}$，$\dfrac{\partial u}{\partial y}$，$\dfrac{\partial v}{\partial x}$，$\dfrac{\partial v}{\partial y}$.

27. 设 $y=f(x,t)$，而 t 是由方程 $F(x,y,t)=0$ 所确定的 x，y 的函数，其中 f，F 都具有一阶连续偏导数，试证明

$$\frac{\mathrm{d}y}{\mathrm{d}x}=\frac{\dfrac{\partial f}{\partial x}\dfrac{\partial F}{\partial t}-\dfrac{\partial f}{\partial t}\dfrac{\partial F}{\partial x}}{\dfrac{\partial f}{\partial t}\dfrac{\partial F}{\partial y}+\dfrac{\partial F}{\partial t}}.$$

28. 求下列函数的极值：

(1) $f(x,y)=\mathrm{e}^{2x}(x+y^2+2y)$；

(2) $f(x,y)=3x^2y+y^3-3x^2-3y^2+2$.

29. 求下列函数在约束方程下的最大值与最小值：

(1) $f(x,y)=2x+y$，　$x^2+4y^2=1$；

(2) $f(x,y,z)=xyz$，　$x^2+2y^2+3z^2=6$.

30. 从斜边之长为 l 的一切直角三角形中，求有最大周长的直角三角形。

31. 求两曲面 $z=x^2+2y^2$，$z=6-2x^2-y^2$ 交线上的点与 xoy 面距离最小值。

32. 求抛物线 $y=x^2$ 到直线 $x-y-2=0$ 之间的最短距离。

33. 求表面积为 $1500\mathrm{cm}^2$，全部棱长之和为 $200\mathrm{cm}$ 的长方体体积的最大值和最小值。

第八章　二重积分

在第五章我们学习了一元函数 $y=f(x)$ 在闭区间 $[a, b]$ 上的定积分的相关内容，知道了定积分是某种形式的和的极限。把这种和的极限的概念推广到定义在 xoy 平面的有界闭区域 D 上的二元函数 $z=f(x, y)$ 的情形，就得到二重积分的概念。本章将介绍二重积分的定义、性质与计算方法。我们仍然从几何上的实例出发，引入二重积分的概念。

§1　二重积分的概念与性质

一、二重积分的概念

引例 1　曲顶柱体的体积问题

设函数 $z=f(x, y)$，当 $(x, y) \in D$ 时，$f(x, y) \geqslant 0$，且 $f(x, y)$ 在 D 上连续。由曲面 $z=f(x, y)$、xoy 平面的区域 D、母线平行于 z 轴的柱面所围成的空间区域称为曲顶柱体，或称为以曲面 $z=f(x, y)$ 为顶，以平面区域 D 为底，母线平行于 z 轴的曲顶柱体。

我们知道，平顶柱体的体积等于底面积乘以高，而曲顶柱体的高是变化的，因此曲顶柱体的体积不能直接使用底面积乘以高来计算。根据求曲边梯形的面积时所使用的方法，就不难想到，我们可以采用类似的思路和方法，即“划分、近似、求和、取极限”来解决平顶柱体的体积问题，如图 8-1 所示。

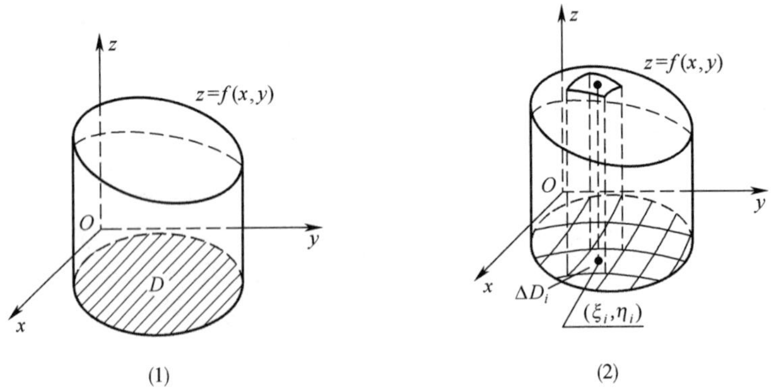

图 8-1

①划分：用平面曲线网将区域 D 分割为

$$\Delta\sigma_1, \Delta\sigma_2, \cdots, \Delta\sigma_i, \cdots, \Delta\sigma_n,$$

相应地将曲顶柱体分割为 n 个小的曲顶柱体：

$$\Delta V_1, \Delta V_2, \cdots, \Delta V_i, \cdots, \Delta V_n,$$

其中 ΔV_i 表示第 i 个小曲顶柱体，也表示该柱体的体积，则 $V=\sum\limits_{i=1}^{n}\Delta V_i$；

②求 ΔV_i 的近似值：对 $\forall(\xi_i,\ \eta_i)\in\Delta\sigma_i$，取近似计算

$$\Delta V_i\approx f(\xi_i,\ \eta_i)\Delta\sigma_i\ ,\ (\ i=1,\ 2,\ \cdots,\ n\ )\ ;$$

③求和：

$$V=\sum_{i=1}^{n}\Delta V_i\approx\sum_{i=1}^{n}f(\xi_i,\ \eta_i)\Delta\sigma_i\ ;$$

④利用极限求 V 的精确值：记 $\lambda=\max\{$所有 $\Delta\sigma_i$ 的直径$\}$，则

$$V=\lim_{\lambda\to 0}\sum_{i=1}^{n}f(\xi_i,\ \eta_i)\Delta\sigma_i\ .$$

引例 2　平面薄板的质量问题

设平面薄板在 xoy 平面上区域为 D，密度函数为 $\rho=\rho(x,\ y)$，当 $(x,\ y)\in D$ 时，$\rho(x,\ y)>0$，且在 D 上连续。

同上例的四个步骤，即划分、近似、求和、取极限，如图 8-2 所示，在 $\Delta\sigma_i$ 上任取一点 $(\xi_i,\ \eta_i)$，则 $\rho(\xi_i,\ \eta_i)\Delta\sigma_i$ 可以看作是第 i 个小区域质量的近似值。再通过求和、取极限，便得到该薄板的质量为：

$$m=\lim_{\lambda\to 0}\sum_{i=1}^{n}\rho(\xi_i,\ \eta_i)\Delta\sigma_i\ .$$

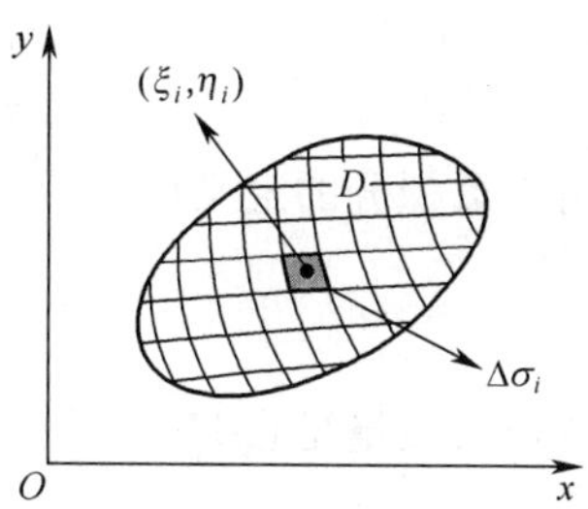

图 8-2

上面两个问题的实际意义虽然不同，但是所求量都归结为同一种形式的和的极限。在物理、力学、几何及工程技术中，有许多量的计算都可以归结为这样一种形式的和的极限。因此我们将这样一种形式的和的极限抽象出来二重积分的定义。

1. 定义

设函数 $f(x,\ y)$ 是有界闭区域 D 上的有界函数。将闭区域 D 任意分成 n 个小的闭区域：

$$\Delta\sigma_1\ 、\Delta\sigma_2\ 、\cdots、\Delta\sigma_n\ ,$$

$\Delta\sigma_i$ 既表示第 i 个小区域，也表示这个小区域的面积；任取点 $(\xi_i,\ \eta_i)\in\Delta\sigma_i$，$i=1,\ 2,\ \cdots n$，作乘积 $f(\xi_i,\ \eta_i)\Delta\sigma_i$；作和 $\sum\limits_{i=1}^{n}f(\xi_i,\ \eta_i)\Delta\sigma_i$；记 $\lambda=\max\limits_{i}\{\ \Delta\sigma_i$ 的直径$\}$，若极限 $\lim\limits_{\lambda\to 0}\sum\limits_{i=1}^{n}f(\xi_i,\ \eta_i)\Delta\sigma_i$ 存在，称极限值为函数 $f(x,\ y)$ 在区域 D 上的二重积分，记作：

$$\iint_D f(x,\ y)\mathrm{d}\sigma\ ,$$

即

$$\iint_D f(x,\ y)\mathrm{d}\sigma=\lim_{\lambda\to 0}\sum_{i=1}^{n}f(\xi_i,\ \eta_i)\Delta\sigma_i\ ,$$

其中 $f(x,\ y)$ 称为被积函数，$f(x,\ y)\mathrm{d}\sigma$ 称为积分表达式，D 是积分区域，x，y 是积分变量，$\mathrm{d}\sigma$ 称为面积元素，也称 $\sum\limits_{i=1}^{n}f(\xi_i,\ \eta_i)\Delta\sigma_i$ 为积分和。

注：

（1）如果二重积分 $\iint\limits_{D} f(x, y)\mathrm{d}\sigma$ 存在，也称函数 $f(x, y)$ 在区域 D 上是可积的。可以证明，如果函数 $f(x, y)$ 在区域 D 上连续，则 $f(x, y)$ 在区域 D 上必可积。

（2）由定义，如果函数 $f(x, y)$ 在区域 D 上可积，则二重积分的值与积分区域的划分方法无关，因此，在直角坐标系下，我们用直角坐标系中的直线网，即平行于坐标轴的直线网分割区域 D，除去边沿部分外，均有 $\Delta\sigma_i = \Delta x_i \Delta y_i$，如图 8-3 所示，则在直角坐标系下的面积微元为：

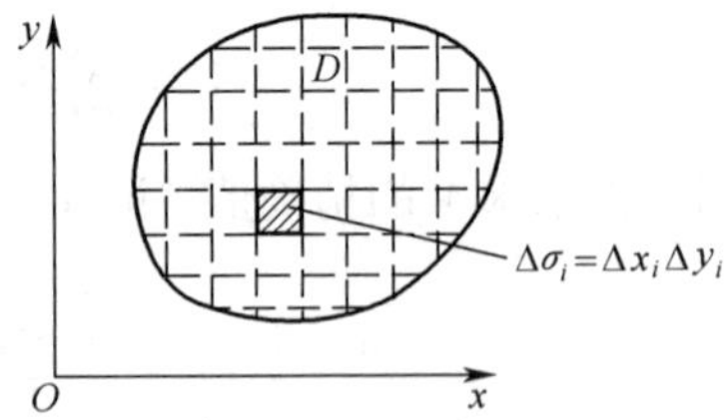

图 8-3

$$\mathrm{d}\sigma = \mathrm{d}x\mathrm{d}y .$$

进而可得在直角坐标系下的二重积分的形式为：

$$\iint\limits_{D} f(x, y)\mathrm{d}\sigma = \iint\limits_{D} f(x, y)\mathrm{d}x\mathrm{d}y .$$

由二重积分的定义可知，曲顶柱体的体积是函数 $f(x, y)$ 在底面 D 上的二重积分：

$$V = \iint\limits_{D} f(x, y)\mathrm{d}\sigma ;$$

平面薄板的质量是它的面密度 $\rho(x, y)$ 在薄板所占区域 D 上的二重积分：

$$m = \iint\limits_{D} f(x, y)\mathrm{d}\sigma .$$

2. 二重积分的几何意义

（1）当 $f(x, y) \geqslant 0$ 时，$\iint\limits_{D} f(x, y)\mathrm{d}\sigma$ 的几何意义表示以区域 D 为底面，以曲面 $z = f(x, y)$ 为顶，母线平行于 z 轴的曲顶柱体体积（位于 xoy 上方）；

（2）若被积函数 $f(x, y) \equiv 1$，即 $\iint\limits_{D} f(x, y)\mathrm{d}\sigma = \iint\limits_{D} \mathrm{d}\sigma$，则积分值等于区域 D 的面积。

例 1 根据二重积分的几何意义，指出下面积分的值：

$\iint\limits_{D} (1 - x - y)\mathrm{d}\sigma$，其中 D：$x + y \leqslant 1$，$x \geqslant 0$，$y \geqslant 0$.

解 以区域 D 为底面，以曲面 $z = 1 - x - y$ 为顶面，母线平行于 z 轴的曲顶柱体，恰为一个四面体，如图 8-4 所示，易知其体积为

$$\iint\limits_{D} (1 - x - y)\mathrm{d}\sigma = \frac{1}{6} .$$

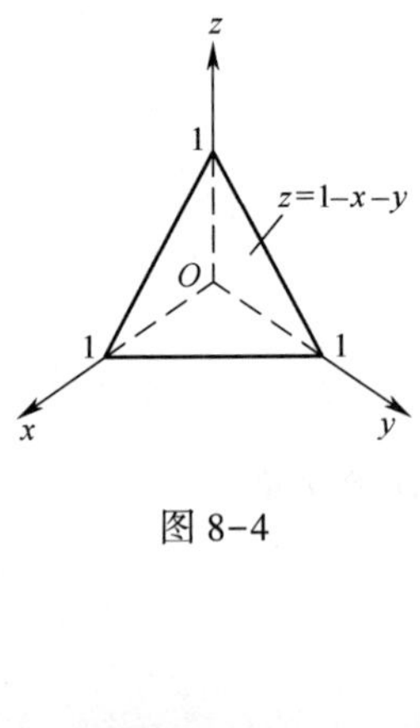

图 8-4

注：利用几何意义求解二重积分的方法，仅仅限于所构成的曲顶柱体是特殊图形，其体积容易求出的情况。二重积分的计算方法我们将在下一节介绍。

二、二重积分的性质

比较二重积分和定积分的定义可以看出，这两种积分的形成过程相似，并且是同一类型的和式的极限，所以二重积分有着与定积分相类似的性质。现在将二重积分的性质叙述如下，其中 D 是 xoy 平面上一个有界闭区域。

性质 1　$\iint\limits_D kf(x, y)\mathrm{d}\sigma = k\iint\limits_D f(x, y)\mathrm{d}\sigma$，$k$ 为非零常数；

性质 2　$\iint\limits_D [f(x, y) \pm g(x, y)]\mathrm{d}\sigma = \iint\limits_D f(x, y)\mathrm{d}\sigma \pm \iint\limits_D g(x, y)\mathrm{d}\sigma$；

性质 3　若区域 D 可分为两个闭区域 D_1 和 D_2，则

$$\iint\limits_D f(x, y)\mathrm{d}\sigma = \iint\limits_{D_1} f(x, y)\mathrm{d}\sigma + \iint\limits_{D_2} f(x, y)\mathrm{d}\sigma ;$$

这个性质表明，二重积分对于积分区域具有可加性。

性质 4　若在区域 D 上，$f(x, y) \geqslant g(x, y)$，则

$$\iint\limits_D f(x, y)\mathrm{d}\sigma \geqslant \iint\limits_D g(x, y)\mathrm{d}\sigma ;$$

特别地：(1) 若 $f(x, y) \geqslant 0, (x, y) \in D$，则 $\iint\limits_D f(x, y)\mathrm{d}\sigma \geqslant 0$；

(2) $\left| \iint\limits_D f(x, y)\mathrm{d}\sigma \right| \leqslant \iint\limits_D |f(x, y)|\mathrm{d}\sigma$.

性质 4 表明，当积分区域相同时，若被积函数越大，则积分值越大，可以依据此性质比较两个积分的值的大小。

其中(2)的几何意义可以理解为：左端表示体积的代数和，右端表示体积。

性质 5　(估值定理)设函数 $f(x, y)$ 在闭区域 D 上的最大值和最小值分别是 M 和 m，则有

$$m\sigma \leqslant \iint\limits_D f(x, y)\mathrm{d}\sigma \leqslant M\sigma ;$$

利用此性质可以估计积分值的范围。

性质 6　(二重积分的中值定理)若 $f(x, y)$ 在闭区域 D 上连续，σ 表示 D 的面积，则在 D 内至少存在一点 (ξ, η)，使得：

$$\iint\limits_D f(x, y)\mathrm{d}\sigma = f(\xi, \eta)\sigma .$$

证明　由于 $f(x, y)$ 在闭区域 D 上连续，则设函数 $f(x, y)$ 在闭区域 D 上的最大值和最小值分别是 M 和 m，根据性质 4，则有

$$\iint\limits_D m\mathrm{d}\sigma \leqslant \iint\limits_D f(x, y)\mathrm{d}\sigma \leqslant \iint\limits_D M\mathrm{d}\sigma .$$

即 $m\sigma \leqslant \iint\limits_D f(x, y)\mathrm{d}\sigma \leqslant M\sigma$，或 $m \leqslant \frac{1}{\sigma}\iint\limits_D f(x, y)\mathrm{d}\sigma \leqslant M$，由闭区域上连续函数的介值定理可知，在 D 内至少存在一点 (ξ, η)，使得 $f(\xi, \eta) = \frac{1}{\sigma}\iint\limits_D f(x, y)\mathrm{d}\sigma$，即

$$\iint_D f(x, y)\,d\sigma = f(\xi, \eta)\sigma .$$

例 2 比较积分 $\iint_D (x+y)\,d\sigma$ 与 $\iint_D (x+y)^3\,d\sigma$ 的大小，其中 D 是由直线 $x+y=2$，$x=1$ 和 x 轴围成的区域。

解 如图 8-5 所示，当 $(x, y) \in D$ 时，总有 $x+y \geqslant 1$，故

$$x + y \leqslant (x+y)^3 ,$$

从而

$$\iint_D (x+y)\,d\sigma \leqslant \iint_D (x+y)^3\,d\sigma .$$

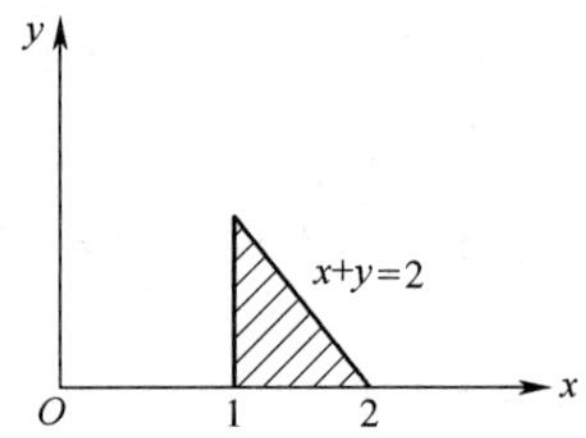

图 8-5

§2 二重积分的计算

按照二重积分的定义或者几何意义来计算二重积分，仅仅对少数特别简单的被积函数和积分区域来说是可行的，不是一般的计算方法。本节将介绍二重积分的主要计算方法，是将它化成两次定积分来计算，称之为累次积分。这样就可以利用定积分来计算二重积分。这种方法的关键是根据积分区域 D 的边界来确定两个定积分的积分限。

一、在直角坐标系下计算二重积分

在具体讨论二重积分的计算之前，首先介绍 X 型区域与 Y 型区域的概念。

1. 平面上的简单区域及其不等式表示：X 型区域与 Y 型区域

X 型区域(图 8-6)可以表示为

$$D_X : \begin{cases} a \leqslant x \leqslant b \\ \varphi_1(x) \leqslant y \leqslant \varphi_2(x) \end{cases}$$

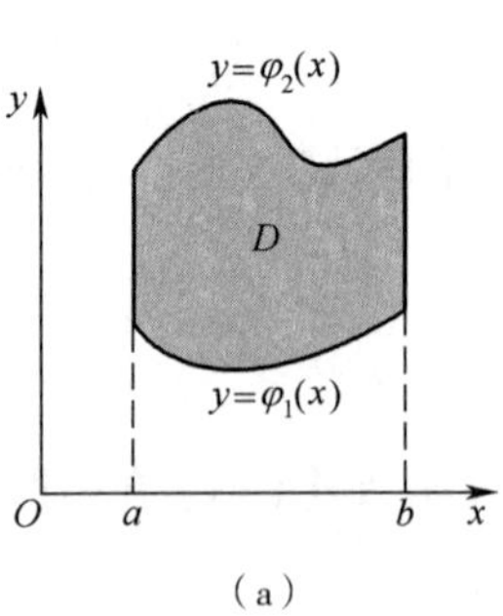

(a)

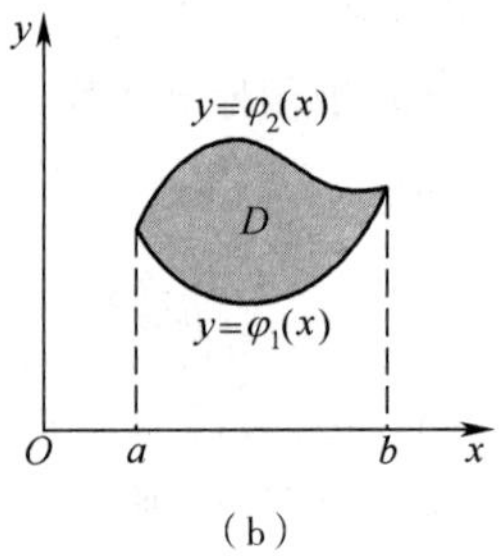

(b)

图 8-6 X 型区域

Y 型区域(图 8-7)可以表示为

$$D_Y : \begin{cases} c \leqslant y \leqslant d \\ \psi_1(y) \leqslant x \leqslant \psi_2(y) \end{cases}$$

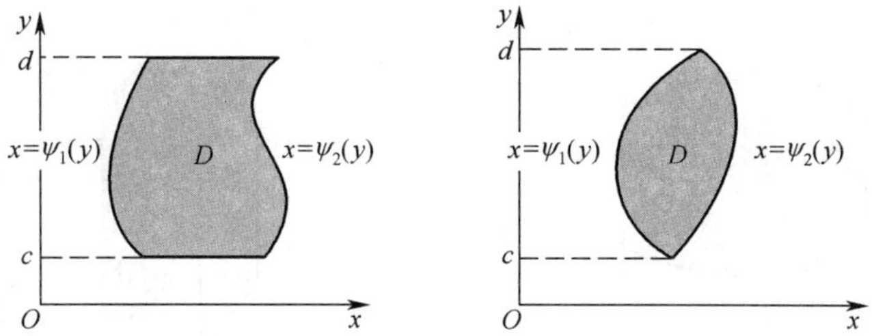

（a）　　　　（b）

图 8-7　Y 型区域

例 1　将下列平面区域用不等式表示：

（1）

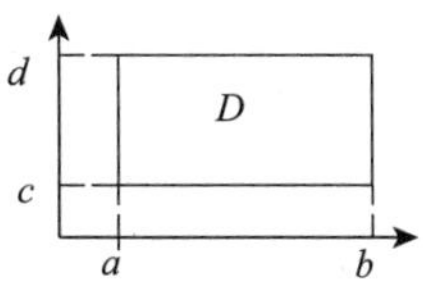

（2）

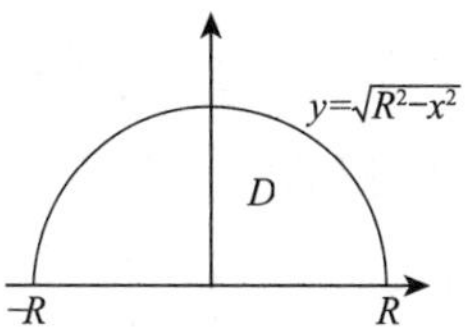

（3）

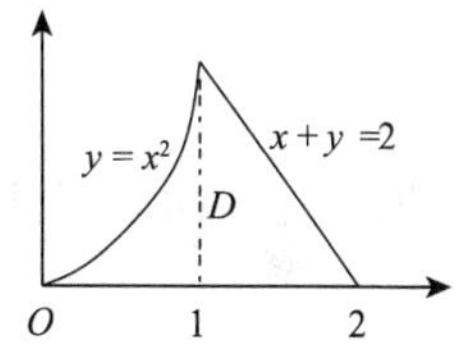

解　（1）D_X 与 D_Y 都可以表示成：$\begin{cases} a \leqslant x \leqslant b \\ c \leqslant y \leqslant d \end{cases}$；

（2）$D_X:\begin{cases} -R \leqslant x \leqslant R \\ 0 \leqslant y \leqslant \sqrt{R^2-x^2} \end{cases}$；　　$D_Y:\begin{cases} 0 \leqslant y \leqslant R \\ -\sqrt{R^2-y^2} \leqslant x \leqslant \sqrt{R^2-y^2} \end{cases}$；

（3）$D_X:\begin{cases} 0 \leqslant x \leqslant 1 \\ 0 \leqslant y \leqslant x^2 \end{cases}$ 及 $\begin{cases} 1 \leqslant x \leqslant 2 \\ 0 \leqslant y \leqslant 2-x \end{cases}$；　　$D_Y:\begin{cases} 0 \leqslant y \leqslant 1 \\ \sqrt{y} \leqslant x \leqslant 2-y \end{cases}$.

2. 在直角坐标系下计算二重积分

接下来我们讨论二重积分的计算问题，为此我们引入下面的一个引例，并且为了讨论简便，不妨假设 $f(x, y) \geqslant 0$.

引例　计算曲顶柱体的体积 V.

按照二重积分的几何意义，二重积分 $\iint\limits_D f(x, y)\mathrm{d}\sigma$ 的值等于以区域 D 为底面，以曲面 $z=f(x, y)$ 为顶面的曲顶柱体体积。下面我们将按照“平行截面面积为已知的立体体积”的计算方法来计算这个曲顶柱体的体积。

设曲顶柱体的底面为 xoy 平面上的区域 D，顶面为曲面 $z=f(x, y) \geqslant 0$；设区域 D 为 X 型区域，如图 8-8 所示，且

$$D:\begin{cases} a \leqslant x \leqslant b \\ \varphi_1(x) \leqslant y \leqslant \varphi_2(x) \end{cases}$$

$\forall x_0 \in [a,b]$，过 x_0 点作垂直于 x 轴的平面，如图 8-9 所示，平面与曲顶柱体有一截面，设截面面积为 $A(x_0)$，则 $A(x_0)$ 为：

$$A(x_0) = \int_{\varphi_1(x_0)}^{\varphi_2(x_0)} f(x_0, y)\mathrm{d}y$$

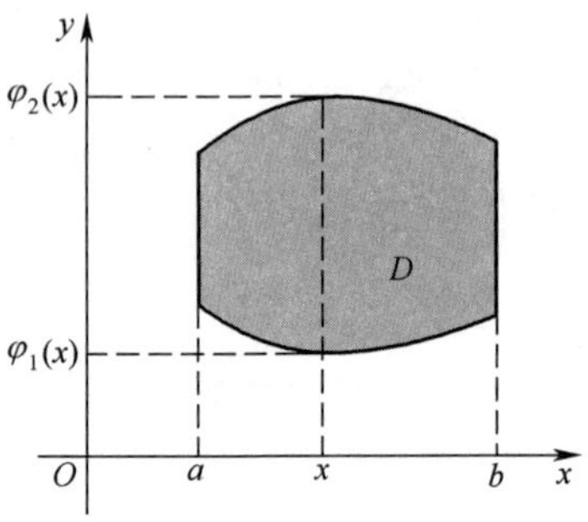

图 8-8

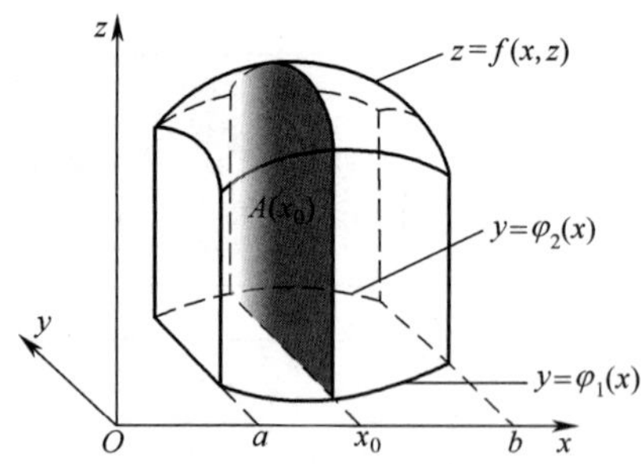

图 8-9

由 x_0 是区间 $[a, b]$ 上任意取的一点，因此对 $\forall x \in [a, b]$，截面面积 $A(x)$ 应为：

$$A(x)=\int_{\varphi_1(x)}^{\varphi_2(x)} f(x, y)\,\mathrm{d}y$$

根据平行截面面积已知立体体积的计算公式，曲顶柱体的体积为

$$V=\int_a^b A(x)\,\mathrm{d}x=\int_a^b\left[\int_{\varphi_1(x)}^{\varphi_2(x)} f(x, y)\,\mathrm{d}y\right]\mathrm{d}x .$$

从而有：

$$\iint_D f(x, y)\,\mathrm{d}\sigma=V=\int_a^b\left[\int_{\varphi_1(x)}^{\varphi_2(x)} f(x, y)\,\mathrm{d}y\right]\mathrm{d}x$$

等号右端称为二次积分，或累次积分。这个二次积分是先对 y 积分，然后再对 x 积分。

注：

(1)对于一般的二重积分 $\iint_D f(x, y)\,\mathrm{d}\sigma$，若其积分区域 D 为 X 型区域，即

$$D:\begin{cases} a \leqslant x \leqslant b \\ \varphi_1(x) \leqslant y \leqslant \varphi_2(x)\end{cases}$$

则

$$\iint_D f(x, y)\,\mathrm{d}\sigma=\int_a^b\left[\int_{\varphi_1(x)}^{\varphi_2(x)} f(x, y)\,\mathrm{d}y\right]\mathrm{d}x$$

为了书写方便，上面的二次积分经常写成：

$$\iint_D f(x, y)\,\mathrm{d}\sigma=\int_a^b\left[\int_{\varphi_1(x)}^{\varphi_2(x)} f(x, y)\,\mathrm{d}y\right]\mathrm{d}x=\int_a^b \mathrm{d}x \int_{\varphi_1(x)}^{\varphi_2(x)} f(x, y)\,\mathrm{d}y .$$

必须要注意的是，此时的积分次序是先对 y 积分，然后再对 x 积分。

(2)同理，若积分区域 D 为 Y 型区域，即

$$D:\begin{cases} c \leqslant y \leqslant d \\ \psi_1(y) \leqslant x \leqslant \psi_2(x)\end{cases}$$

则有：

$$\iint_D f(x, y)\,\mathrm{d}\sigma=\int_c^d\left[\int_{\psi_1(y)}^{\psi_2(y)} f(x, y)\,\mathrm{d}x\right]\mathrm{d}y$$

常写为：

$$\iint_D f(x, y)\mathrm{d}\sigma = \int_c^d \mathrm{d}y \int_{\psi_1(y)}^{\psi_2(y)} f(x, y)\mathrm{d}x$$

此时的积分次序是先对 x 积分，然后再对 y 积分。

③如果积分区域不是简单区域，则应当适当划分为简单区域再逐个积分。

例 2　计算二重积分 $\iint_D xy\mathrm{d}\sigma$ ，其中积分区域 D 为矩形：$\begin{cases} a \leqslant x \leqslant b \\ c \leqslant y \leqslant d \end{cases}$.

解　根据上面的讨论，视 D 为 X 型区域，D : $\begin{cases} a \leqslant x \leqslant b \\ c \leqslant y \leqslant d \end{cases}$，则

$$\begin{aligned} \iint_D xy\mathrm{d}\sigma &= \int_a^b \mathrm{d}x \int_c^d xy\mathrm{d}y = \int_a^b x\mathrm{d}x \int_c^d y\mathrm{d}y = \int_a^b [x \cdot (\frac{1}{2}y^2) \mid_c^d]\mathrm{d}x \\ &= \frac{1}{2}(d^2 - c^2)\int_a^b x\mathrm{d}x = \frac{1}{4}(b^2 - a^2)(d^2 - c^2). \end{aligned}$$

特例：由例 2 可以看出，若积分区域为矩形区域 D : $\begin{cases} a \leqslant x \leqslant b \\ c \leqslant y \leqslant d \end{cases}$，同时被积函数恰好可以写为 $f(x, y) = f_1(x)f_2(y)$ ，则

$$\iint_D f_1(x)f_2(y)\mathrm{d}\sigma = \int_a^b f_1(x)\mathrm{d}x \cdot \int_c^d f_2(y)\mathrm{d}y,$$

即当积分区域是矩形区域，且被积函数可以变量分离时，二次积分就可化成两个定积分的乘积，也就是两个单次积分可以同时积分。

例 3　计算积分 $\iint_D xy\mathrm{d}\sigma$ ，其中 D 由曲线 $y^2 = x$ 与 $y = x - 2$ 围成。

解　(1)视 D 为 Y 型域，如图 8-10(a)所示，则 D : $\begin{cases} -1 \leqslant y \leqslant 2 \\ y^2 \leqslant x \leqslant y + 2 \end{cases}$;

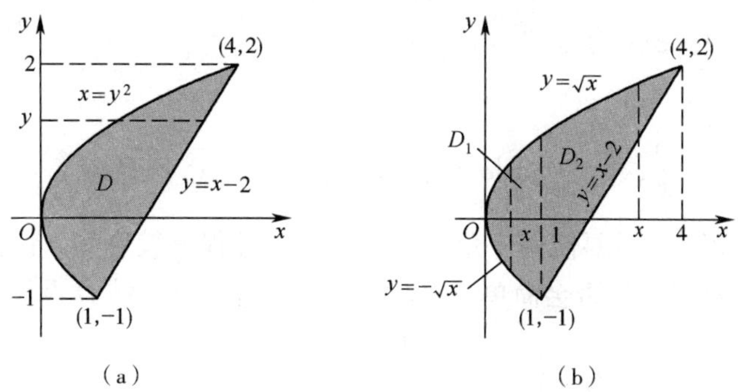

图 8-10

$$\begin{aligned} \iint_D xy\mathrm{d}\sigma &= \int_{-1}^2 \mathrm{d}y \int_{y^2}^{y+2} xy\mathrm{d}x = \int_{-1}^2 y\mathrm{d}y \int_{y^2}^{y+2} x\mathrm{d}x \\ &= \int_{-1}^2 y \cdot (\frac{x^2}{2}\bigg|_{y^2}^{y+2})\mathrm{d}y = \frac{1}{2}\int_{-1}^2 [y(y+2)^2 - y^5]\mathrm{d}y \\ &= \frac{1}{2}[\frac{y^4}{4} + \frac{4}{3}y^3 + 2y^2 - \frac{y^6}{6}]_{-1}^2 = \frac{45}{8}. \end{aligned}$$

(2)视 D 为 X 型域，如图 8-10(b)所示，则 D 可分为

$$D_1:\begin{cases}0\leqslant x\leqslant 1\\ -\sqrt{x}\leqslant y\leqslant\sqrt{x}\end{cases}\text{和 }D_2:\begin{cases}1\leqslant x\leqslant 4\\ x-2\leqslant y\leqslant\sqrt{x}\end{cases},$$

$$\begin{aligned}\iint_D xy\mathrm{d}\sigma &= \iint_{D_1} xy\mathrm{d}\sigma+\iint_{D_2} xy\mathrm{d}\sigma\\ &=\int_0^1\mathrm{d}x\int_{-\sqrt{x}}^{\sqrt{x}}xy\mathrm{d}y+\int_1^4\mathrm{d}x\int_{x-2}^{\sqrt{x}}xy\mathrm{d}y\\ &=\int_0^1 x\mathrm{d}x\int_{-\sqrt{x}}^{\sqrt{x}}y\mathrm{d}y+\int_1^4 x\mathrm{d}x\int_{x-2}^{\sqrt{x}}y\mathrm{d}y\\ &=\int_0^1 x\cdot\left[\left(\frac{1}{2}y^2\right)\Big|_{-\sqrt{x}}^{\sqrt{x}}\right]\mathrm{d}x+\int_1^4 x\cdot\left[\left(\frac{1}{2}y^2\right)\Big|_{x-2}^{\sqrt{x}}\right]\mathrm{d}x\\ &=0+\frac{1}{2}\int_1^4 x\cdot[x-(x-2)^2]\mathrm{d}x\\ &=\frac{1}{2}\left(-\frac{x^4}{4}+x^3-2x^2\right)\Big|_1^4=\frac{45}{8}.\end{aligned}$$

注：由此例可以看出，X 型区域与 Y 型区域决定了二重积分的积分次序，而积分次序会影响到积分计算的难易程度。因此，我们在面对二重积分时，应考虑积分区域 D 的特点，还要考虑二重积分的被积函数的特点，以便寻找更加方便的计算方法。

例 4 计算积分 $\iint_D x\sqrt{x^2+y^2}\mathrm{d}\sigma$，$D$ 由 $y=\sqrt{a^2-x^2}$ 与 $y=0$ 围成。

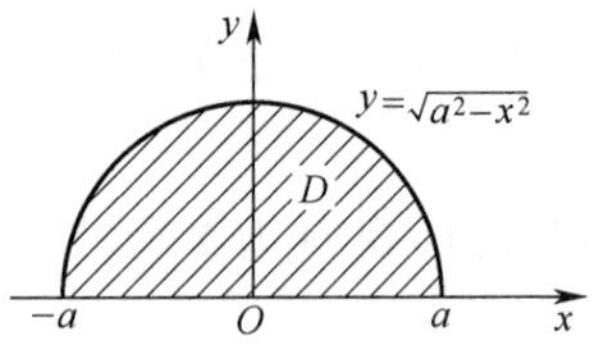

图 8-11

解 如图 8-11 所示，若把积分区域看成 X 型区域，即

$$D_X:\begin{cases}-a\leqslant x\leqslant a\\ 0\leqslant y\leqslant\sqrt{a^2-x^2}\end{cases},$$

则

$$\iint_D x\sqrt{x^2+y^2}\mathrm{d}\sigma=\int_{-a}^{a}x\mathrm{d}x\int_0^{\sqrt{a^2-x^2}}\sqrt{x^2+y^2}\mathrm{d}y,$$

此时要先对 y 积分，需要使用三角换元法，计算过程比较麻烦。因此我们可以考虑另一种积分次序下计算过程是否会简单，这就需要我们将积分区域 D 看作是 Y 型区域：

$$D_Y:\begin{cases}0\leqslant y\leqslant a\\ -\sqrt{a^2-y^2}\leqslant x\leqslant\sqrt{a^2-y^2}\end{cases},$$

则

$$\iint_D x\sqrt{x^2+y^2}\mathrm{d}\sigma=\int_0^a\mathrm{d}y\int_{-\sqrt{a^2-y^2}}^{\sqrt{a^2-y^2}}x\sqrt{x^2+y^2}\mathrm{d}x=0,$$

这是因为，先对 x 积分时，注意到 x 的积分限构成对称区间，而被积函数关于 x 是奇函数，所以积分值为零。因此原积分的值也为零。

注：例 4 也可以使用二重积分的对称性简化计算过程。当积分区域 D 关于 x 轴或者关于 y 轴对称时，应立即观察被积函数 $f(x,y)$ 是否关于变量 y 或者 x 具有奇偶性，如果具有

奇偶性，则按照下面结论化简二重积分的计算。

①若积分区域 D 关于 x 轴对称，记 D_1 是位于 x 轴上侧的那一半区域，则

$$\iint_D f(x,y)\mathrm{d}\sigma=\begin{cases}2\iint_{D_1}f(x,y)\mathrm{d}\sigma, & f(x,-y)=f(x,y),\\ 0, & f(x,-y)=-f(x,y).\end{cases}$$

②若积分区域 D 关于 y 轴对称，记 D_2 是位于 y 轴右侧的那一半区域，则

$$\iint_D f(x,y)\mathrm{d}\sigma=\begin{cases}2\iint_{D_2}f(x,y)\mathrm{d}\sigma, & f(-x,y)=f(x,y),\\ 0, & f(-x,y)=-f(x,y).\end{cases}$$

读者可以使用上述对称性规则重新计算例 4.

例 5　指出下列二重积分的值，其中 $D:|x|+|y|\leqslant 1$，如图 8-12 所示。

(1) $\iint_D x\sqrt{x^2+y^2}\mathrm{d}\sigma$；

(2) $\iint_D (3-x^2\sin xy)\mathrm{d}\sigma$.

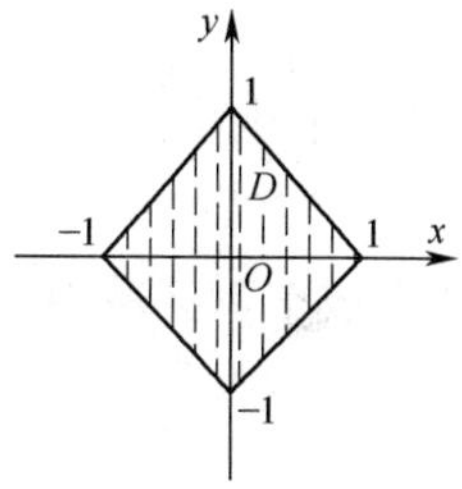

图 8-12

解　(1) 由于被积函数满足 $f(-x,y)=-f(x,y)$，即被积函数关于 x 是奇函数，而同时积分区域 D 关于 y 轴对称，所以有

$$\iint_D x\sqrt{x^2+y^2}\mathrm{d}\sigma=0；$$

(2) $$\iint_D(3-x^2\sin xy)\mathrm{d}\sigma=3\iint_D\mathrm{d}\sigma-\iint_D x^2\sin xy\mathrm{d}\sigma=3\cdot(10\sqrt{2})^2=600.$$

例 6　计算积分 $\iint_D \mathrm{e}^{x^2}\mathrm{d}\sigma$，$D$ 由 $x=2$、$y=x$ 及 x 轴围成。

解　视 D 为 X 型域，如图 8-13 所示，$D:\begin{cases}0\leqslant x\leqslant 2\\ 0\leqslant y\leqslant x\end{cases}$，则

$$\begin{aligned}\iint_D \mathrm{e}^{x^2}\mathrm{d}\sigma&=\int_0^2\mathrm{d}x\int_0^x\mathrm{e}^{x^2}\mathrm{d}y=\int_0^2\mathrm{e}^{x^2}\mathrm{d}x\int_0^x\mathrm{d}y\\&=\int_0^2 x\mathrm{e}^{x^2}\mathrm{d}x=\frac{1}{2}\int_0^2\mathrm{e}^{x^2}\mathrm{d}x^2\\&=\frac{1}{2}\mathrm{e}^{x^2}\Big|_0^2=\frac{\mathrm{e}^4-1}{2}.\end{aligned}$$

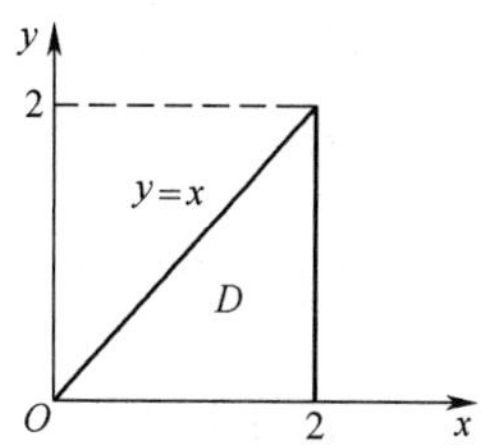

图 8-13

注：若视 D 为 Y 型域，$D:\begin{cases}0\leqslant y\leqslant 2\\ y\leqslant x\leqslant 2\end{cases}$，则

$$\iint_D \mathrm{e}^{x^2}\mathrm{d}\sigma=\int_0^2\mathrm{d}y\int_y^2\mathrm{e}^{x^2}\mathrm{d}x，$$

此时的积分次序是先对 x 积分，由于 e^{x^2} 的原函数无法用初等函数形式给出，所以不能用牛顿莱布尼兹公式计算。

以上例题表明，在直角坐标系下计算二重积分时，应注意积分顺序的选择，二重积分

计算的关键是转化为二次积分，必须认真观察积分区域和被积函数的特点，确定好积分区域 D 最适当的类型，是 X 型区域还是 Y 型区域，并据此确定积分次序和积分限，使计算尽量简单。

例 7 将二重积分 $I=\iint\limits_{D}f(x,y)\mathrm{d}\sigma$ 化为直角坐标系下的两种不同顺序的二次积分，其中 D 由直线 $y=x$、$y=2x$ 及 $y=2$ 围成。

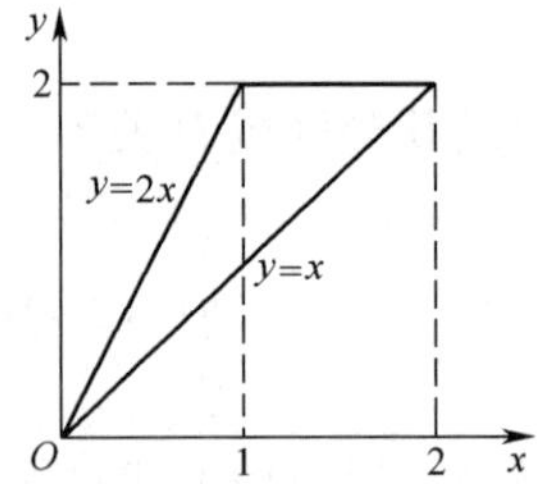

图 8-14

解 如图 8-14 所示，先将积分区域 D 看成 X 型区域，有

$$D_X:\begin{cases}0\leqslant x\leqslant 1\\ x\leqslant y\leqslant 2x\end{cases}\text{及}\begin{cases}1\leqslant x\leqslant 2\\ x\leqslant y\leqslant 2\end{cases},$$

则

$$I=\int_0^1\mathrm{d}x\int_x^{2x}f(x,y)\mathrm{d}y+\int_1^2\mathrm{d}x\int_x^2 f(x,y)\mathrm{d}y;$$

再看成 Y 型区域 $D_Y:\begin{cases}0\leqslant y\leqslant 2\\ \dfrac{y}{2}\leqslant x\leqslant y\end{cases}$，则

$$I=\int_0^2\mathrm{d}y\int_{\frac{y}{2}}^{y}f(x,y)\mathrm{d}x.$$

例 8 改变二次积分 $I=\int_0^4\mathrm{d}y\int_{\sqrt{4-y}}^{\frac{y+4}{2}}f(x,y)\mathrm{d}x$ 的积分顺序。

解 由所给的二次积分的积分次序可知，

积分区域为 Y 型区域 $D_Y:\begin{cases}0\leqslant y\leqslant 4\\ \sqrt{4-y}\leqslant x\leqslant\dfrac{y+4}{2}\end{cases}$，

积分区域如图 8-15 所示。

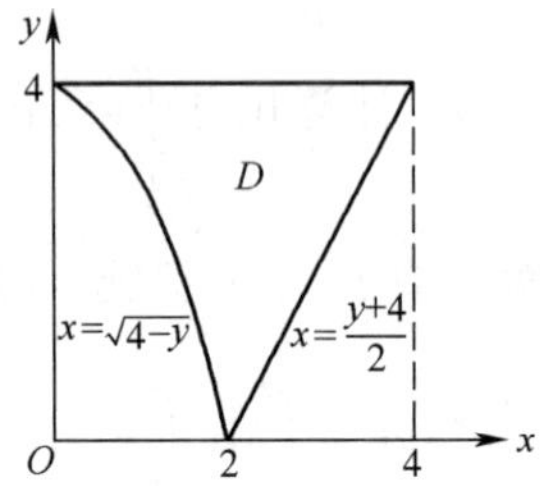

图 8-15

交换积分次序也就是将积分区域视为 X 型区域 D_X：

$$\int_0^4\mathrm{d}y\int_{\sqrt{4-y}}^{\frac{y+4}{2}}f(x,y)\mathrm{d}x=\iint\limits_{D_Y}f(x,y)\mathrm{d}\sigma=\iint\limits_{D_X}f(x,y)\mathrm{d}\sigma$$

$$=\int_0^2\mathrm{d}x\int_{4-x^2}^{4}f(x,y)\mathrm{d}y+\int_2^4\mathrm{d}x\int_{2x-4}^{4}f(x,y)\mathrm{d}y.$$

例 9 计算由平面 $x=0$，$y=0$，$x+y=1$ 所围成的柱体被平面 $z=0$ 以及抛物面 $z=6-x^2-y^2$ 截得的立体的体积。

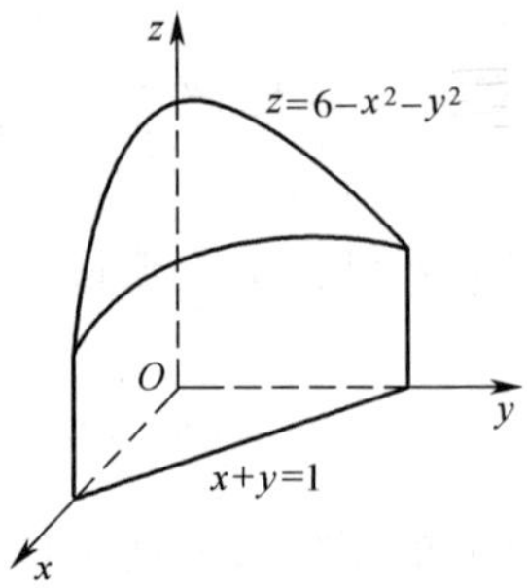

图 8-16

解 此立体是以 D（由 $x=0$，$y=0$，$x+y=1$ 围成）为底，以抛物面 $z=6-x^2-y^2$ 为顶的曲顶柱体，如图 8-16 所示，则

$$\begin{aligned}V &= \iint\limits_D (6 - x^2 - y^2)\mathrm{d}\sigma \\ &= 6\iint\limits_D \mathrm{d}\sigma - \int_0^1 \mathrm{d}x \int_0^{1-x} (x^2 + y^2)\mathrm{d}y \\ &= 6 \cdot \frac{1}{2} - \int_0^1 [x^2(1-x) + \frac{1}{3}(1-x)^3]\mathrm{d}x = \frac{17}{6}.\end{aligned}$$

二、在极坐标系下计算二重积分

二重积分的计算要充分考虑积分两要素，即被积函数和积分区域的特点，但是仅仅依靠直角坐标系下化为累次积分的方法有时也难以达到简化计算的目的。例如，积分区域为圆形、环形、扇形等，或者被积函数为 $f(x^2+y^2)$ 等形式时，采用极坐标计算会更加方便。

下面我们首先来讨论二重积分在极坐标系下的形式。

极坐标系下的坐标为 (r, θ)，与直角坐标的关系为

$$\begin{cases} x = r\cos\theta \\ y = r\sin\theta \end{cases}, 0 \leqslant \theta \leqslant 2\pi ;$$

极坐标系下的坐标曲线：

r = 常数，表示以原点为中心的圆弧；

θ = 常数，表示从原点发出的半射线。

为了得到极坐标系下的面积元素 $\mathrm{d}\sigma$，我们用坐标曲线网，即上面所述的圆弧和半射线去分割区域 D. 设 $\Delta\sigma$ 是从 r 到 $r+\mathrm{d}r$ 和从 θ 到 $\theta+\mathrm{d}\theta$ 之间的小区域，如图 8-17 所示，为了简便我们都省去了角标 i，则其面积是

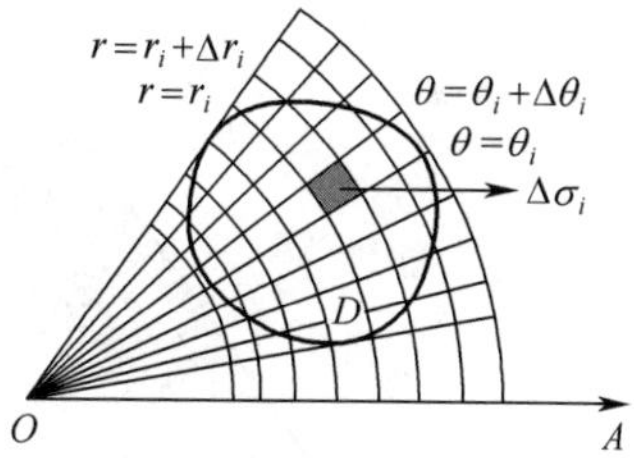

图 8-17

$$\begin{aligned}\Delta\sigma &= \frac{1}{2}(r+dr)^2\mathrm{d}\theta - \frac{1}{2}r^2\mathrm{d}\theta \\ &= r\mathrm{d}r\mathrm{d}\theta + \frac{1}{2}(\mathrm{d}r)^2\mathrm{d}\theta ,\end{aligned}$$

当 $\mathrm{d}r$ 和 $\mathrm{d}\theta$ 都充分小时，若略去比 $\mathrm{d}r\mathrm{d}\theta$ 更高阶的无穷小，得到 $\Delta\sigma$ 的近似公式为：

$$\Delta\sigma \approx r\mathrm{d}r\mathrm{d}\theta ,$$

于是得到极坐标系下的面积元素：

$$\mathrm{d}\sigma = r\mathrm{d}r\mathrm{d}\theta ,$$

假定积分区域 D 在极坐标系下记作 D'，则得到二重积分在极坐标系下的表达式：

$$\iint\limits_D f(x, y)\mathrm{d}\sigma = \iint\limits_{D'} f(r\cos\theta, r\sin\theta) r\mathrm{d}r\mathrm{d}\theta .$$

为了能够方便地把上式化为极坐标系下的累次积分，我们仅讨论极坐标系下的简单区域下的做法。对于不是简单区域的情形，可以考虑化成简单区域处理。

极坐标系下的简单区域：半射线 $\theta=\theta_0$ 与区域 D 边界曲线的交点不超过两个，则 D 为极坐标系下的简单区域。

(1)若积分区域为 $D:\begin{cases}\alpha\leqslant\theta\leqslant\beta\\ \varphi_1(\theta)\leqslant r\leqslant\varphi_2(\theta)\end{cases}$，如图 8-18 所示，则

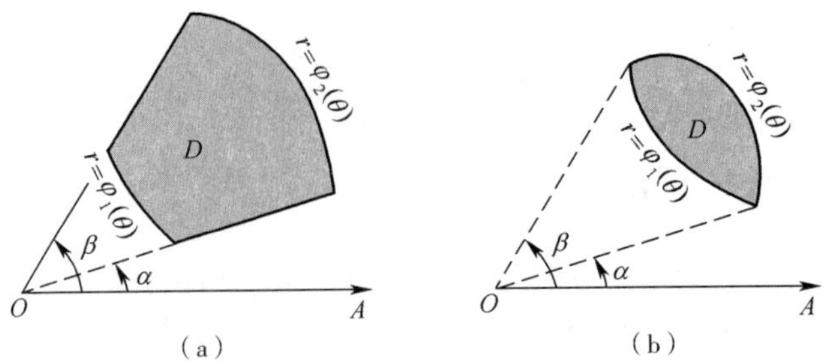

图 8-18

$$\iint\limits_D f(r\cos\theta, r\sin\theta)r\mathrm{d}r\mathrm{d}\theta=\int_\alpha^\beta\mathrm{d}\theta\int_{\varphi_1(\theta)}^{\varphi_2(\theta)}f(r\cos\theta, r\sin\theta)r\mathrm{d}r;$$

(2)若积分区域为 $D:\begin{cases}\alpha\leqslant\theta\leqslant\beta\\ 0\leqslant r\leqslant\varphi(\theta)\end{cases}$，如图 8-19 所示，则

$$\iint\limits_D f(r\cos\theta, r\sin\theta)r\mathrm{d}r\mathrm{d}\theta=\int_\alpha^\beta\mathrm{d}\theta\int_0^{\varphi(\theta)}f(r\cos\theta, r\sin\theta)r\mathrm{d}r;$$

(3)若积分区域为 $D:\begin{cases}0\leqslant\theta\leqslant 2\pi\\ 0\leqslant r\leqslant\varphi(\theta)\end{cases}$，如图 8-20 所示，则

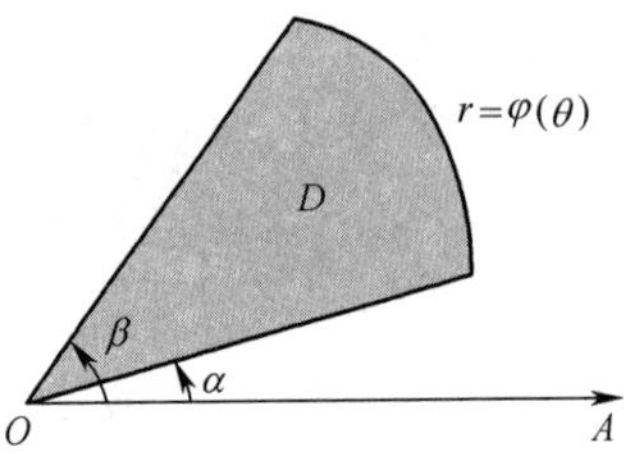

图 8-19

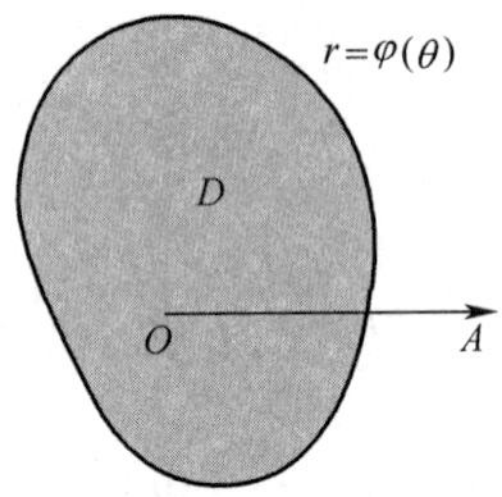

图 8-20

$$\iint\limits_D f(r\cos\theta, r\sin\theta)r\mathrm{d}r\mathrm{d}\theta=\int_0^{2\pi}\mathrm{d}\theta\int_0^{\varphi(\theta)}f(r\cos\theta, r\sin\theta)r\mathrm{d}r.$$

例 10 设 D 为环形区域 $1\leqslant x^2+y^2\leqslant 4$，且记 D_1 为 D 在第一象限的部分，如图 8-21 所示。试将二重积分 $\iint\limits_{D_1}f(x, y)\mathrm{d}\sigma$ 和 $\iint\limits_D f(x, y)\mathrm{d}\sigma$ 分别化为极坐标系下的二次积分。

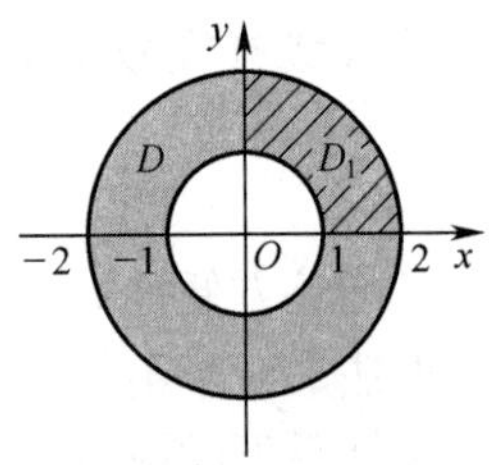

图 8-21

解 在极坐标系下，D_1 可表示成为：$\begin{cases}0\leqslant\theta\leqslant\dfrac{\pi}{2}\\ 1\leqslant r\leqslant 2\end{cases}$，则

$$\iint_{D_1} f(x, y)\mathrm{d}\sigma = \int_0^{\frac{\pi}{2}}\mathrm{d}\theta\int_1^2 f(r\cos\theta, r\sin\theta)r\mathrm{d}r,$$

如果将积分区域换成 D，即整个环形区域，则二次积分为

$$\iint_{D} f(x, y)\mathrm{d}\sigma = \int_0^{2\pi}\mathrm{d}\theta\int_1^2 f(r\cos\theta, r\sin\theta)r\mathrm{d}r.$$

注：(1)注意到此例中两组积分限均为常数。因此如果积分区域为上述的环形或圆形区域，被积函数中含有 x^2+y^2，可以考虑使用极坐标来化简计算过程。

(2)应熟悉常用到的三个圆的极坐标方程：

$x^2+y^2=a^2$ 的极坐标方程为：$r=a$；

$(x-a)^2+y^2=a^2$ 的极坐标方程为：$r=2a\cos\theta$；

$x^2+(y-a)^2=a^2$ 的极坐标方程为：$r=2a\sin\theta$.

例 11　将二重积分 $\iint_D f(x, y)\mathrm{d}\sigma$ 化为极坐标系下的二次积分，其中积分区域分别为

$$D_1: x^2+y^2\leqslant 2ax \text{ 和 } D_2: x^2+y^2\leqslant 2ay.$$

解　积分区域如图 8-22 所示，则

$$\iint_{D_1} f(x, y)\mathrm{d}\sigma = \int_{-\frac{\pi}{2}}^{\frac{\pi}{2}}\mathrm{d}\theta\int_0^{2a\cos\theta} f(r\cos\theta, r\sin\theta)r\mathrm{d}r;$$

$$\iint_{D_2} f(x, y)\mathrm{d}\sigma = \int_0^{\pi}\mathrm{d}\theta\int_0^{2a\sin\theta} f(r\cos\theta, r\sin\theta)r\mathrm{d}r.$$

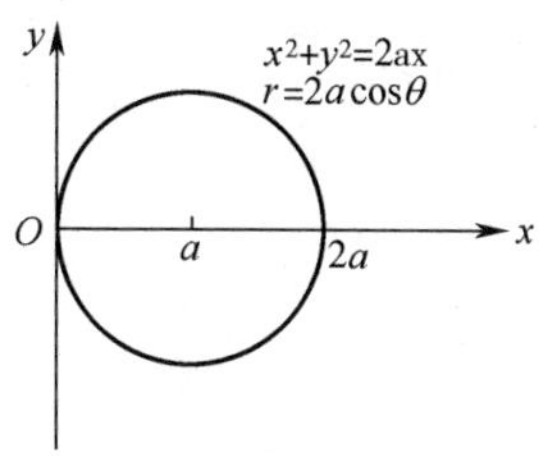

(a)

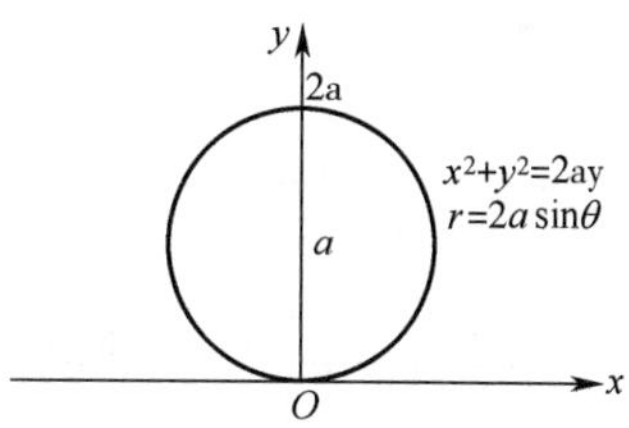

(b)

图 8-22

例 12　计算二重积分 $\iint_D \mathrm{e}^{-(x^2+y^2)}\mathrm{d}\sigma$，$D: x^2+y^2\leqslant a^2$，$x\geqslant 0$，$y\geqslant 0$.

解　在极坐标系下，D 也可以表示成：$\begin{cases}0\leqslant\theta\leqslant\dfrac{\pi}{2}\\ 0\leqslant r\leqslant a\end{cases}$，故

$$\iint_D \mathrm{e}^{-(x^2+y^2)}\mathrm{d}\sigma = \iint_D \mathrm{e}^{-r^2}r\mathrm{d}r\mathrm{d}\theta = \int_0^{\frac{\pi}{2}}\mathrm{d}\theta\int_0^a \mathrm{e}^{-r^2}r\mathrm{d}r,$$

注意到此时的二次积分中，积分限都是常数，被积函数是变量分离的，这种情况下，二次积分就成为两个定积分的乘积，即可以同时积分。因此有

$$\int_0^{\frac{\pi}{2}} d\theta \int_0^a e^{-r^2} r dr = \frac{\pi}{2} \cdot \int_0^a \left(-\frac{1}{2} e^{-r^2}\right) d(-r^2)$$

$$= \frac{\pi}{2} \cdot \frac{1}{2}(1 - e^{-a^2}) = \frac{\pi}{4}(1 - e^{-a^2}).$$

注：(1)由例 11 可得一个重要结论：

$$\int_0^{+\infty} e^{-x^2} dx = \frac{\sqrt{\pi}}{2}.$$

证明 设 $S: \begin{cases} 0 \leqslant x \leqslant a \\ 0 \leqslant y \leqslant a \end{cases}$，$D_1: \begin{cases} 0 \leqslant \theta \leqslant \frac{\pi}{2} \\ 0 \leqslant r \leqslant a \end{cases}$，$D_2: \begin{cases} 0 \leqslant \theta \leqslant \frac{\pi}{2} \\ 0 \leqslant r \leqslant \sqrt{2}a \end{cases}$，如图 8-23 所示，则

$$\left(\int_0^a e^{-x^2} dx\right)^2 = \int_0^a e^{-x^2} dx \cdot \int_0^a e^{-x^2} dx$$

$$= \int_0^a e^{-x^2} dx \cdot \int_0^a e^{-y^2} dy = \iint_S e^{-(x^2+y^2)} d\sigma ;$$

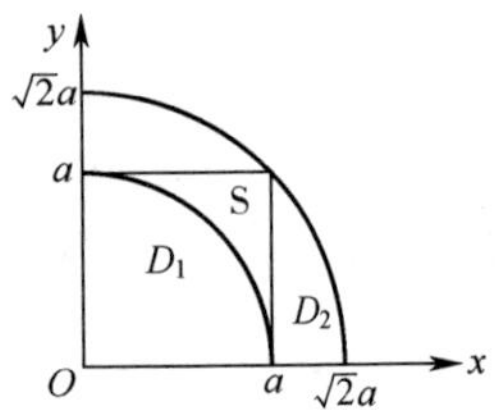

图 8-23

因为 $D_1 \subset S \subset D_2$，利用重积分的性质，有

$$\iint_{D_1} e^{-(x^2+y^2)} d\sigma \leqslant \iint_S e^{-(x^2+y^2)} d\sigma \leqslant \iint_{D_2} e^{-(x^2+y^2)} d\sigma ,$$

又因为 $D_1: x^2 + y^2 \leqslant a^2$，$D_2: x^2 + y^2 \leqslant 2a^2$，故

$$\iint_{D_1} e^{-(x^2+y^2)} d\sigma = \frac{\pi}{4}(1 - e^{-a^2}) ,$$

$$\iint_{D_2} e^{-(x^2+y^2)} d\sigma = \frac{\pi}{4}(1 - e^{-2a^2}) ,$$

从而有

$$\frac{\pi}{4}(1 - e^{-a^2}) \leqslant \iint_S e^{-(x^2+y^2)} d\sigma \leqslant \frac{\pi}{4}(1 - e^{-2a^2}) ,$$

也即

$$\frac{\pi}{4}(1 - e^{-a^2}) \leqslant \left(\int_0^a e^{-x^2} dx\right)^2 \leqslant \frac{\pi}{4}(1 - e^{-2a^2}) ,$$

令 $a \to +\infty$，则

$$\frac{\pi}{4}(1 - e^{-a^2}) \to \frac{\pi}{4}, \frac{\pi}{4}(1 - e^{-2a^2}) \to \frac{\pi}{4} ,$$

由夹逼准则可得：

$$\left(\int_0^a e^{-x^2} dx\right)^2 \to \frac{\pi}{4} ,$$

即

$$\int_0^a e^{-x^2} dx \to \frac{\sqrt{\pi}}{2} \ (a \to +\infty),$$

从而获得重要结论：

$$\int_0^{+\infty} e^{-x^2} dx = \frac{\sqrt{\pi}}{2},$$

或者有：

$$\int_{-\infty}^{+\infty} e^{-x^2} dx = \sqrt{\pi},$$

也称作泊松积分。利用泊松积分可以得到概率论中的一个重要结果：

$$\int_{-\infty}^{+\infty} \frac{1}{\sqrt{2\pi}} e^{-\frac{x^2}{2}} dx = 1 .$$

请读者自行证明这个结论。

(2)再利用泊松积分，可以证明定积分中关于 Γ 函数的一个结论：

$$\Gamma(\frac{1}{2}) = \sqrt{\pi} .$$

证明　因为

$$\int_{-\infty}^{+\infty} e^{-x^2} dx = 2\int_0^{+\infty} e^{-x^2} dx \overset{x^2=t}{=} 2\int_0^{+\infty} e^{-t} d\sqrt{t}$$

$$= 2 \times \frac{1}{2}\int_0^{+\infty} t^{-\frac{1}{2}} e^{-t} dt = \Gamma(\frac{1}{2}),$$

利用泊松积分

$$\int_{-\infty}^{+\infty} e^{-x^2} dx = \sqrt{\pi},$$

可得

$$\Gamma(\frac{1}{2}) = \sqrt{\pi} .$$

例 13　求球体 $x^2 + y^2 + z^2 \leqslant 4a^2$ 被圆柱面 $x^2 + y^2 = 2ax(a > 0)$ 所截得的(含在圆柱面内的部分)立体的体积(图 8-24).

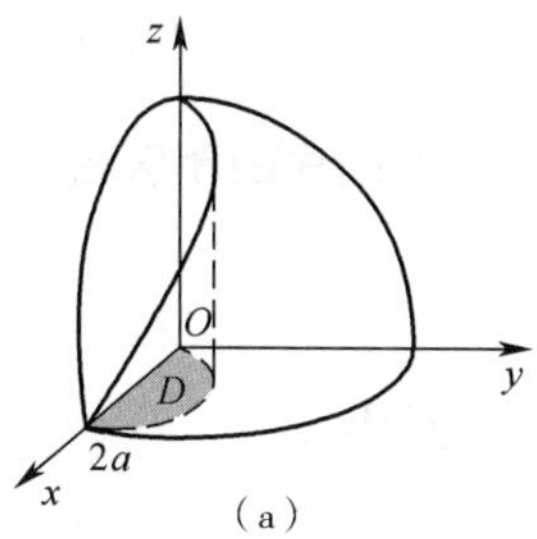

(a)

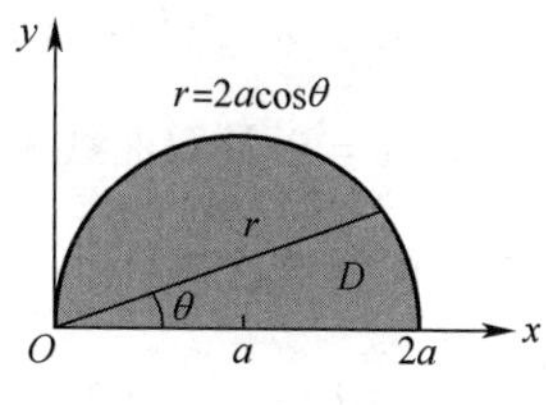

(b)

图 8-24

解　由对称性可知,

$$V = 4\iint_D \sqrt{4a^2 - x^2 - y^2} dxdy ,$$

其中 D 为半圆周 $y = \sqrt{2ax - x^2}$ 及 x 轴所围成的闭区域。在极坐标系下, D 可以表示成为：

$$\begin{cases}0 \leqslant \theta \leqslant \dfrac{\pi}{2}\\ 0 \leqslant r \leqslant 2a\cos\theta\end{cases}$$

于是

$$V = 4\iint_D \sqrt{4a^2 - r^2}\,r\mathrm{d}r\mathrm{d}\theta = 4\int_0^{\frac{\pi}{2}}\mathrm{d}\theta\int_0^{2a\cos\theta}\sqrt{4a^2 - r^2}\,r\mathrm{d}r$$

$$= \frac{32}{3}a^3\int_0^{\frac{\pi}{2}}(1 - \sin^3\theta)\,\mathrm{d}\theta = \frac{32}{3}a^3\left(\frac{\pi}{2} - \frac{2}{3}\right).$$

从以上各例我们了解了利用极坐标计算二重积分的方法，必须强调的是，二重积分采用直角坐标计算，还是采用极坐标计算，是取决于二重积分的两个要素的，即积分区域和被积函数。当积分区域为上述的圆形区域、扇形区域或者环形区域时，还要观察被积函数代入极坐标后，是否容易积分，例如被积函数中含有 $x^2 + y^2$，通常都考虑使用极坐标计算。

习题八

1. 画出积分区域并计算下列二重积分：

(1) $\iint\limits_D (3x + 2y)\,\mathrm{d}\sigma$，其中 D 是由 $x = 0$，$y = 0$ 及 $x + y = 2$ 所围成的闭区域；

(2) $\iint\limits_D y\mathrm{e}^x\,\mathrm{d}x\mathrm{d}y$，其中 D 是顶点分别为 $(0, 0)$，$(2, 4)$，$(6, 0)$ 的三角形闭区域；

(3) $\iint\limits_D \sin\dfrac{x}{y}\,\mathrm{d}x\mathrm{d}y$，$D$ 是由 $y = x$，$y = 2$ 及 $y = \sqrt[3]{x}$ 所围成；

(4) $\iint\limits_D \mathrm{e}^{x+y}\,\mathrm{d}x\mathrm{d}y$，$D$ 是由 $x + y \leqslant 1$，$x \geqslant 0$，$y \geqslant 0$ 所确定的闭区域。

2. 按两种不同积分次序化二重积分 $\iint\limits_D f(x, y)\,\mathrm{d}x\mathrm{d}y$ 为二次积分，其中积分区域 D 为：

(1) 由直线 $y = x$ 及抛物线 $y^2 = 4x$ 所围成的闭区域；

(2) 由直线 $y = x$，$x = 2$ 及双曲线 $y = \dfrac{1}{x}$ $(x > 0)$ 所围成的闭区域。

3. 改变下列二次积分的次序：

(1) $\int_0^2 \mathrm{d}y\int_{y^2}^{2y} f(x, y)\,\mathrm{d}x$；　(2) $\int_1^2 \mathrm{d}x\int_{2-x}^{\sqrt{2x-x^2}} f(x, y)\,\mathrm{d}y$；

(3) $\int_1^{\mathrm{e}} \mathrm{d}x\int_0^{\ln x} f(x, y)\,\mathrm{d}y$；　(4) $\int_0^1 \mathrm{d}y\int_{-\sqrt{1-y^2}}^{\sqrt{1-y^2}} f(x, y)\,\mathrm{d}x$；

(5) $\int_{-2}^0 \mathrm{d}y\int_0^{y+2} f(x, y)\,\mathrm{d}x + \int_0^4 \mathrm{d}y\int_0^{\sqrt{4-y}} f(x, y)\,\mathrm{d}x$.

4. 求下列积分的值：

(1) $I = \int_0^1 \mathrm{d}y\int_y^1 \mathrm{e}^{x^2}\,\mathrm{d}x$；　(2) $\int_0^{\frac{\pi}{6}} \mathrm{d}y\int_y^{\frac{\pi}{6}} \dfrac{\cos x}{x}\,\mathrm{d}x$.

5. 设 $f(x, y)$ 在区域 D 上连续，且 $f(x, y) = xy + \iint\limits_D f(u, v)\,\mathrm{d}u\mathrm{d}v$，其中 D 是由 $y = 0$，$y =$

x^2 及 $x = 1$ 所围成的区域，求 $f(x, y)$.

6. 计算 $\iint\limits_D (2x + 3y)^2 \mathrm{d}x\mathrm{d}y$, D：$x^2 + y^2 \leqslant 4$.

7. 画出下列积分区域 D ，并将积分 $\iint\limits_D f(x, y)\mathrm{d}x\mathrm{d}y$ 表示为极坐标系下的二次积分：

(1) $x^2 + y^2 \leqslant 2x$ ；　　　　(2) $0 \leqslant y \leqslant 1 - x, 0 \leqslant x \leqslant 1$.

8. 把下列积分化为极坐标形式，并求积分的值：

(1) $\int_0^1 \mathrm{d}x \int_{x^2}^{x} (x^2 + y^2)^{-\frac{1}{2}} \mathrm{d}y$ ；(2) $\int_0^a \mathrm{d}x \int_0^{\sqrt{3}x} \sqrt{x^2 + y^2}\,\mathrm{d}y$ ；

(3) $\int_0^a \mathrm{d}y \int_0^{\sqrt{a^2-y^2}} (x^2 + y^2)\,\mathrm{d}x$.

9. 利用极坐标计算下列各题：

(1) $\iint\limits_D \ln(1 + x^2 + y^2)\,\mathrm{d}\sigma$ ，其中 D 是由圆周 $x^2 + y^2 = 1$ 及坐标轴所围成的位于第一象限的闭区域；

(2) $\iint\limits_D \arctan \dfrac{y}{x}\mathrm{d}\sigma$ ，其中 D 是由圆周 $x^2 + y^2 = 4$，$x^2 + y^2 = 1$ 及直线 $y = 0$，$y = x$ 所围成的在第一象限内的闭区域。

10. 用适当的坐标计算下列各题：

(1) $\iint\limits_D \dfrac{x^2}{y^2}\mathrm{d}\sigma$ ，其中 D 是由直线 $x = 2$，$y = x$ 及曲线 $xy = 1$ 所围成的闭区域；

(2) $\iint\limits_D \dfrac{x + y}{x^2 + y^2}\mathrm{d}x\mathrm{d}y$ D：$x^2 + y^2 \leqslant 1$，　$x + y \geqslant 1$；

(3) $\iint\limits_D \sqrt{x^2 + y^2}\,\mathrm{d}\sigma$ ，其中 D 是由 $x^2 + y^2 = a^2$，$x^2 + y^2 = ax$ 及 $x = 0$ 在第一象限围成的区域；

(4) $\iint\limits_D \sin xy \cos(x^2 + y^2)\,\mathrm{d}\sigma$ ，　D：$x^2 + y^2 \leqslant 1$.

11. 求位于圆周 $\rho = 3\cos\theta$ 的内部及心形线 $\rho = 1 + \cos\theta$ 的外部的区域的面积。

12. 求由曲面 $z = \sqrt{x^2 + y^2}$ 与 $z = \sqrt{1 - x^2 - y^2}$ 围成的立体的体积。

第九章　无穷级数

无穷级数是高等数学的一个重要组成部分，它是表示函数、研究函数性质以及进行数值计算的一种非常有用的数学工具。本章介绍无穷级数的一些基本知识，重点介绍常数项级数和幂级数。前两节主要讨论常数项级数的概念、性质以及敛散性的判别方法。在此基础上，讨论如何将函数展开成幂级数的问题。

§1　常数项级数的概念与性质

一、常数项级数的概念

考虑下面的数列：

$$1,\ \frac{1}{2},\ \frac{1}{2^2},\ \cdots,\ \frac{1}{2^{n-1}},\ \cdots,$$

由等比数列的前 n 项和公式，可知

$$S_n = 1 + \frac{1}{2} + \frac{1}{2^2} + \cdots + \frac{1}{2^{n-1}} = \frac{1-\frac{1}{2^n}}{1-\frac{1}{2}} = 2\left(1-\frac{1}{2^n}\right),$$

当 $n \to \infty$ 时，有

$$s = \lim_{n\to\infty} S_n = \lim_{n\to\infty} 2\left(1-\frac{1}{2^n}\right) = 2,$$

我们将 $s=2$ 理解为数列 $\left\{\frac{1}{2^n}\right\}$ 所有无穷多项的和，也记作

$$1 + \frac{1}{2} + \frac{1}{2^2} + \cdots + \frac{1}{2^{n-1}} + \cdots = 2,$$

于是就得到无穷多项求和的结果。一般地，给出关于无穷多项求和的定义。

定义 1　设有数列 $\{u_n\}$：$u_1, u_2, \cdots, u_n, \cdots$，称

$$u_1 + u_2 + \cdots + u_n + \cdots$$

为常数项无穷级数，简称级数，记作 $\sum\limits_{n=1}^{\infty} u_n$，即

$$\sum_{n=1}^{\infty} u_n = u_1 + u_2 + \cdots + u_n + \cdots$$

其中 u_n 是级数的第 n 项，也称为级数的一般项或通项。

那么如何理解无穷多项求和呢？通过上面给出的关于等比数列无穷多项求和的例子，我们可以从有限项的和出发，利用极限工具来完成无穷多项求和。

利用已有的级数 $u_1+u_2+\cdots+u_n+\cdots$，构造一个新的数列：

$$S_1=u_1,\ S_2=u_1+u_2,\ S_3=u_1+u_2+u_3,\ \cdots,\ S_n=u_1+u_2+\cdots+u_n,\ \cdots$$

称为部分和数列 $\{S_n\}$，其中 S_n 也称为级数 $\sum\limits_{n=1}^{\infty}u_n$ 的前 n 项和，且有 $S_n-S_{n-1}=u_n$.

定义 2　设 $\{S_n\}$ 是级数 $\sum\limits_{n=1}^{\infty}u_n$ 的部分和数列，若 $\{S_n\}$ 的极限存在，即

$$\lim_{n\to\infty}S_n=\lim_{n\to\infty}(u_1+u_2+\cdots+u_n)=s,$$

则称级数 $\sum\limits_{n=1}^{\infty}u_n$ 收敛，并且称极限值 s 为级数 $\sum\limits_{n=1}^{\infty}u_n$ 的和，也称级数 $\sum\limits_{n=1}^{\infty}u_n$ 收敛于 s，记作

$$\sum_{n=1}^{\infty}u_n=s;$$

如果 $\lim\limits_{n\to\infty}S_n$ 不存在，则称级数 $\sum\limits_{n=1}^{\infty}u_n$ 发散。

注：(1) 记 $r_n=s-S_n=u_{n+1}+u_{n+2}+\cdots=\sum\limits_{i=n+1}^{\infty}u_i$，这表明，当级数收敛时，其和 S 与部分和 S_n 的差即为 r_n，称 r_n 为级数的余项；

(2) 当级数收敛时，因为 $\lim\limits_{n\to\infty}S_n=s$，不难得出：级数 $\sum\limits_{n=1}^{\infty}u_n$ 收敛 $\Leftrightarrow\lim\limits_{n\to\infty}r_n=0$;

(3) 当级数收敛时，用部分和 S_n 作为计算级数和 s 的近似值，即 $s\approx S_n$，则可用余项 $|r_n|$ 估计所产生的误差；

(4) 由极限存在的唯一性，收敛级数的和 s 是唯一的。

例 1　用级数收敛的定义讨论级数 $\dfrac{1}{1\cdot 2}+\dfrac{1}{2\cdot 3}+\cdots+\dfrac{1}{n\cdot(n+1)}+\cdots$ 的敛散性。

解　裂项相消可得

$$\begin{aligned}S_n&=\frac{1}{1\cdot 2}+\frac{1}{2\cdot 3}+\cdots+\frac{1}{n\cdot(n+1)}\\&=(1-\frac{1}{2})+(\frac{1}{2}-\frac{1}{3})+\cdots+(\frac{1}{n}-\frac{1}{n+1})=1-\frac{1}{n+1},\end{aligned}$$

因为　$\lim\limits_{n\to\infty}S_n=\lim\limits_{n\to\infty}(1-\dfrac{1}{n+1})=1$,

所以级数收敛且和为 1，即级数收敛于 1，记作 $\sum\limits_{n=1}^{\infty}\dfrac{1}{n(n+1)}=1$.

例 2　用级数收敛的定义讨论级数 $\sum\limits_{n=0}^{\infty}aq^{n-1}$，$(a\neq 0)$ 的敛散性。

解　级数的部分和为

$$S_n=a+aq+aq^2+\cdots+aq^{n-1}=\frac{a(1-q^n)}{1-q},\ (q\neq 1),$$

则

$$\lim_{n\to\infty}S_n=\lim_{n\to\infty}\frac{a(1-q^n)}{1-q}=\begin{cases}\dfrac{1}{1-q}, & |q|<1\\ \infty, & |q|>1\end{cases},$$

当 $q=1$ 时级数为：$a+a+a+\cdots+a+\cdots$，由于 $\lim\limits_{n\to\infty}S_n=\lim\limits_{n\to\infty}na=\infty$，此时级数发散；

当 $q=-1$ 时级数为：$a-a+a-\cdots+(-1)^{n-1}a+\cdots$，由于

$$S_{2n}=0\to 0\ ,\ S_{2n-1}=a\to a\ ,$$

故 $\lim\limits_{n\to\infty}S_n$ 不存在，此时级数也发散。

综上讨论，当 $|q|<1$ 时原级数收敛，其和为 $\dfrac{a}{1-q}$；当 $|q|\geqslant 1$ 时原级数发散。

注：级数 $\sum\limits_{n=0}^{\infty}aq^{n-1}$ 称为等比级数，也称为几何级数。

例 3　证明调和级数 $\sum\limits_{n=1}^{\infty}\dfrac{1}{n}$ 是发散的级数。

证明　用反证法。假设级数 $\sum\limits_{n=1}^{\infty}\dfrac{1}{n}$ 是收敛的，其部分和为 S_n，则有

$$\lim_{n\to\infty}S_n=s\ ,$$

从而

$$\lim_{n\to\infty}S_{2n}=s\ ,$$

于是应有

$$\lim_{n\to\infty}(S_{2n}-S_n)=s-s=0\ ;$$

但是

$$S_{2n}-S_n=\frac{1}{n+1}+\frac{1}{n+2}+\cdots+\frac{1}{n+n}>\frac{1}{2n}+\frac{1}{2n}+\cdots+\frac{1}{2n}=\frac{1}{2}\not\to 0,$$

因此与假设矛盾，于是可知调和级数 $\sum\limits_{n=1}^{\infty}\dfrac{1}{n}$ 是发散的级数。

二、收敛级数的基本性质

级数收敛或发散是由其部分和数列的极限确定的，因此利用极限运算的有关性质，可以得到收敛级数的性质。

性质 1　设 k 为非零常数，则级数 $\sum\limits_{n=1}^{\infty}u_n$ 与 $\sum\limits_{n=1}^{\infty}(ku_n)$ 的敛散性相同；特别地，当级数收敛时，如果 $\sum\limits_{n=1}^{\infty}u_n=s$，则 $\sum\limits_{n=1}^{\infty}(ku_n)=ks$.

证明　对级数 $\sum\limits_{n=1}^{\infty}u_n$，设其部分和为：$S_n=u_1+u_2+\cdots+u_n$，则级数 $\sum\limits_{n=1}^{\infty}(ku_n)$ 的部分和为：

$$T_n=ku_1+ku_2+\cdots+ku_n=k(u_1+u_2+\cdots+u_n)\ ,$$

所以 $T_n=kS_n$，故极限 $\lim\limits_{n\to\infty}T_n$ 与极限 $\lim\limits_{n\to\infty}S_n$ 同时存在，或同时不存在，表明级数 $\sum\limits_{n=1}^{\infty}u_n$ 与 $\sum\limits_{n=1}^{\infty}(ku_n)$ 同时收敛，或同时发散；且当极限存在时，如果 $\lim\limits_{n\to\infty}S_n=s$，则 $\lim\limits_{n\to\infty}T_n=ks$.

注：由此性质可知，级数的每一项同乘以一个非零常数后，它的收敛性不会改变。

例如，由例 2 可知级数 $\sum_{n=1}^{\infty}\frac{1}{3^{n-1}}$ 收敛，且收敛于 $\frac{1}{1-\frac{1}{3}}=\frac{3}{2}$，则级数 $\sum_{n=1}^{\infty}\frac{4}{3^n}=\frac{4}{3}\sum_{n=1}^{\infty}\frac{1}{3^{n-1}}=\frac{4}{3}\cdot\frac{3}{2}=2$.

性质 2　若 $\sum_{n=1}^{\infty}u_n$ 收敛于 s，$\sum_{n=1}^{\infty}v_n$ 收敛于 t，则级数 $\sum_{n=1}^{\infty}(u_n\pm v_n)$ 也收敛，且收敛于 $s\pm t$，即收敛级数的逐项和构成的新级数仍然收敛。

证明　设级数 $\sum_{n=1}^{\infty}u_n$、$\sum_{n=1}^{\infty}v_n$ 的部分和分别为 S_n 和 T_n，则级数 $\sum_{n=1}^{\infty}(u_n\pm v_n)$ 的部分和为

$$\begin{aligned}\sigma_n&=(u_1\pm v_1)+(u_2\pm v_2)+\cdots+(u_n\pm v_n)\\&=(u_1+u_2+\cdots+u_n)\pm(v_1+v_2+\cdots+v_n)=S_n\pm T_n,\end{aligned}$$

因此有，$\lim\limits_{n\to\infty}\sigma_n=\lim\limits_{n\to\infty}(S_n\pm T_n)=s\pm t$.

这就表明，级数 $\sum_{n=1}^{\infty}(u_n\pm v_n)$ 也收敛，且收敛于 $s\pm t$.

例 4　判别级数 $\sum_{n=1}^{\infty}\frac{2^n+(-1)^n}{3^n}$ 的敛散性。

解　因为级数 $\sum_{n=1}^{\infty}\frac{2^n}{3^n}$ 是等比级数，且 $|q|=\frac{2}{3}<1$，故级数收敛，且由例 2 可知

$$\sum_{n=1}^{\infty}\frac{2^n}{3^n}=\frac{2}{3}\cdot\frac{1}{1-\frac{2}{3}}=2;$$

又因为 $\sum_{n=1}^{\infty}\frac{(-1)^n}{3^n}$ 是等比级数，且 $|q|=\frac{1}{3}<1$，故级数收敛，且

$$\sum_{n=1}^{\infty}\frac{(-1)^n}{3^n}=-\frac{1}{3}\cdot\frac{1}{1+\frac{1}{3}}=-\frac{1}{4},$$

根据性质 2，可知级数 $\sum_{n=1}^{\infty}\frac{2^n+(-1)^n}{3^n}$ 收敛，且其和为

$$\sum_{n=1}^{\infty}\frac{2^n+(-1)^n}{3^n}=2-\frac{1}{4}=\frac{7}{4}.$$

注：(1)性质 2 的逆否命题：如果经逐项作和所得的新级数发散，则原级数中至少有一个发散；

(2)问题：如果两级数逐项作和后，所得的新级数收敛，是否两个级数一定都收敛？发散级数的逐项和构成的新级数是否一定发散？答案均是否定的，例如级数 $\sum_{n=1}^{\infty}\frac{1}{n}$ 和 $\sum_{n=1}^{\infty}\frac{-1}{n}$ 均发散，但逐项和所得的新级数是收敛的，且收敛到 0.

例 5 已知级数 $\sum_{n=0}^{\infty} u_n$ 收敛，$\sum_{n=0}^{\infty} v_n$ 发散，证明级数 $\sum_{n=0}^{\infty}(u_n + v_n)$ 发散。

证明 用反证法。记 $w_n = u_n + v_n$，假设级数 $\sum_{n=0}^{\infty} w_n = \sum_{n=0}^{\infty}(u_n + v_n)$ 收敛，由于级数 $\sum_{n=0}^{\infty} u_n$ 收敛，由性质2可得，级数 $\sum_{n=0}^{\infty}(w_n - u_n)$ 一定收敛，即 $\sum_{n=0}^{\infty} v_n$ 收敛，这与条件矛盾，从而结论得证。

性质 3 在级数中增加、减少或者改变有限项，不会改变级数的敛散性；但在收敛时，级数的和的值会随之改变；

例如，级数 $\sum_{n=1}^{\infty} \frac{1}{n}$ 是发散的，则 $\sum_{n=11}^{\infty} \frac{1}{n}$ 也是发散的；

又如，级数 $\sum_{n=0}^{\infty} (\frac{1}{2})^n$ 收敛，则 $\sum_{n=3}^{\infty} (\frac{1}{2})^n$ 也是收敛的，但是它们的和的值是不同的：

$$\sum_{n=0}^{\infty} (\frac{1}{2})^n = 2,$$

而

$$\sum_{n=3}^{\infty} (\frac{1}{2})^n = \frac{(\frac{1}{2})^3}{1 - \frac{1}{2}} = \frac{1}{4}.$$

性质 4 在收敛级数上任意加括号后所构成的级数仍然收敛，且和不变。

注：(1)逆否命题为：若加括号构成的级数发散，则原级数一定发散；

(2)其逆命题不成立，即加括号后所构成的级数收敛，原级数不一定收敛。

例如级数 $\sum_{n=0}^{\infty}(-1)^n = 1 - 1 + 1 - 1 + \cdots$ 是发散的，但级数：

$$(1-1)+(1-1)+\cdots = 0，与 1-(1-1)-(1-1)-\cdots = 1$$

均是收敛的。这表明若级数是收敛的，但去掉括号后的新级数不一定收敛。

性质 5 （级数收敛的必要条件）

如果 $\sum_{n=0}^{\infty} u_n$ 收敛，则必有通项 u_n 趋于零，即 $\lim_{n\to\infty} u_n = 0$.

证明 这是因为如果 $\sum_{n=0}^{\infty} u_n$ 收敛，且和为 s，即 $\lim_{n\to\infty} S_n = s$；不难得出

$$\lim_{n\to\infty} u_n = \lim_{n\to\infty}(S_n - S_{n-1}) = s - s = 0.$$

注：(1) $\lim_{n\to\infty} u_n = 0$ 是级数收敛的必要条件，不是充分条件；

例如调和级数 $\sum_{n=1}^{\infty} \frac{1}{n}$，虽然有 $\lim_{n\to\infty} u_n = \lim_{n\to\infty} \frac{1}{n} = 0$，但 $\sum_{n=1}^{\infty} \frac{1}{n}$ 却是一个发散的级数；

(2)逆否命题：如果有 $\lim_{n\to\infty} u_n \neq 0$，则 $\sum_{n=0}^{\infty} u_n$ 必发散。

可以利用 $\lim_{n\to\infty} u_n \neq 0$，判断一些发散的级数。

例 6　判断级数 $\sum_{n=1}^{\infty}(1+\frac{\pi}{n})^{n}$ 和 $\sum_{n=1}^{\infty}n\sin\frac{\pi}{n}$ 的敛散性。

解　由于 $\lim_{n\to\infty}u_n=\lim_{n\to\infty}(1+\frac{\pi}{n})^{n}=e^{\pi}\neq 0$,

故由级数收敛的必要条件知级数 $\sum_{n=1}^{\infty}(1+\frac{\pi}{n})^{n}$ 发散;

由于 $\lim_{n\to\infty}u_n=\lim_{n\to\infty}n\sin\frac{\pi}{n}=\lim_{n\to\infty}\frac{\sin\frac{\pi}{n}}{\frac{1}{n}}=\lim_{n\to\infty}\frac{\sin\frac{\pi}{n}}{\frac{\pi}{n}}\cdot\pi=\pi\neq 0$,

同理可知级数 $\sum_{n=1}^{\infty}n\sin\frac{\pi}{n}$ 发散。

§2　常数项级数的审敛法

一、正项级数审敛法

若级数 $\sum_{n=1}^{\infty}u_n$ 的每一项 $u_n\geqslant 0$，则称为正项级数。本节首先讨论正项级数敛散性的判别方法。正项级数是常数项级数中非常重要的一类，很多级数的收敛性问题往往可归结为正项级数的收敛性问题。

定理 1　正项级数 $\sum_{n=1}^{\infty}u_n$ 收敛的充分必要条件是：级数的部分和数列 $\{S_n\}$ 有界。

证明　先来证明必要性，由于级数 $\sum_{n=1}^{\infty}u_n$ 收敛，由定义即极限 $\lim_{n\to\infty}S_n$ 存在；根据数列极限的性质，数列 $\{S_n\}$ 有界，即 $|S_n|\leqslant M$ 对所有的 n 成立。

再来证明充分性，已知数列 $\{S_n\}$ 有界。又因为 $\sum_{n=1}^{\infty}u_n$ 是正项级数，故 $S_n\leqslant S_{n+1}$，即数列 $\{S_n\}$ 还是单调增加的，从而由极限存在准则，$\lim_{n\to\infty}S_n$ 存在，即级数 $\sum_{n=1}^{\infty}u_n$ 收敛。

例 1　证明 p - 级数 $\sum_{n=1}^{\infty}\frac{1}{n^p}$ 在 $p>1$ 时收敛。

解　因为 $\sum_{n=1}^{\infty}\frac{1}{n^p}$ 是正项级数，只需要证明在 $p>1$ 时，部分和数列 $\{S_n\}$ 有界：

$$
\begin{aligned}
S_n<S_{2n+1}&=1+\frac{1}{2^p}+\frac{1}{3^p}+\cdots+\frac{1}{(2n)^p}+\frac{1}{(2n+1)^p}\\
&=1+(\frac{1}{2^p}+\frac{1}{4^p}+\cdots+\frac{1}{(2n)^p})+(\frac{1}{3^p}+\frac{1}{5^p}+\cdots+\frac{1}{(2n)^p}+\frac{1}{(2n+1)^p})\\
&<1+(\frac{1}{2^p}+\frac{1}{4^p}+\cdots+\frac{1}{(2n)^p})+(\frac{1}{2^p}+\frac{1}{4^p}+\cdots+\frac{1}{(2n)^p})
\end{aligned}
$$

$$< 1 + 2\left(\frac{1}{2^p} + \frac{1}{4^p} + \cdots + \frac{1}{(2n)^p}\right) = 1 + \frac{1}{2^{p-1}}\left(1 + \frac{1}{2^p} + \cdots + \frac{1}{n^p}\right) = 1 + \frac{1}{2^{p-1}}S_n$$

即 $S_n < 1 + \frac{1}{2^{p-1}}S_n$，可得 $S_n < \frac{2^{p-1}}{2^{p-1}-1}$，记常数 $M = \frac{2^{p-1}}{2^{p-1}-1}$，则有 $0 < S_n < M$ 对所有的 n 成立，表明数列 $\{S_n\}$ 有界，从而 $p-$ 级数 $\sum_{n=1}^{\infty}\frac{1}{n^p}$ 在 $p > 1$ 时收敛。

定理 2 （比较审敛法）设正项级数 $\sum_{n=1}^{\infty}u_n$、$\sum_{n=1}^{\infty}v_n$，则

(1) 若 $u_n \leqslant v_n$（$\forall n$），$\sum_{n=1}^{\infty}v_n$ 收敛，则 $\sum_{n=1}^{\infty}u_n$ 也收敛；

(2) 若 $u_n \geqslant v_n$（$\forall n$），$\sum_{n=1}^{\infty}v_n$ 发散，则 $\sum_{n=1}^{\infty}u_n$ 也发散。

证明 (1) 因为 $\sum_{n=1}^{\infty}v_n$ 收敛，由定理 1，部分和 $\{T_n\}$ 有界，即 $T_n \leqslant M$（$\forall n$）；又因为 $u_n \leqslant v_n$ 对所有的 n 都成立，且 $\sum_{n=1}^{\infty}u_n$ 的部分和为 $\{S_n\}$，则

$$S_n = u_1 + u_2 + \cdots + u_n \leqslant v_1 + v_2 + \cdots + v_n = T_n \leqslant M,$$

表明部分和数列 $\{S_n\}$ 有界，从而由定理 1，级数 $\sum_{n=1}^{\infty}u_n$ 收敛。

注：实际上定理 2 中的不等式只要从某个 N 开始满足即可。

例 2 讨论 $p-$ 级数 $\sum_{n=1}^{\infty}\frac{1}{n^p}$ 的敛散性。

解 已知调和级数 $\sum_{n=1}^{\infty}\frac{1}{n}$ 是发散的；由例 1 可知，当 $p > 1$ 时，级数 $\sum_{n=1}^{\infty}\frac{1}{n^p}$ 收敛；故只需考虑 $p < 1$ 的情形。当 $p < 1$ 时，由于

$$n^p < n,\ 即\ \frac{1}{n^p} > \frac{1}{n},$$

根据定理 2，当 $p < 1$ 时级数 $\sum_{n=1}^{\infty}\frac{1}{n^p}$ 发散，由此得到重要的结论：

当 $p > 1$ 时，级数 $\sum_{n=1}^{\infty}\frac{1}{n^p}$ 收敛；当 $p \leqslant 1$ 时，级数 $\sum_{n=1}^{\infty}\frac{1}{n^p}$ 发散。

例 3 利用 $p-$ 级数的敛散性以及比较审敛法，判别下列级数的敛散性。

(1) $\sum_{n=1}^{\infty}\frac{1}{n^2}$； (2) $\sum_{n=1}^{\infty}\frac{1}{\sqrt{n}}$； (3) $\sum_{n=1}^{\infty}\frac{1}{\sqrt{n}(n+1)}$.

解 (1) $\sum_{n=1}^{\infty}\frac{1}{n^2}$：$p = 2 > 1$，所以级数 $\sum_{n=1}^{\infty}\frac{1}{n^2}$ 收敛；

(2) $\sum_{n=1}^{\infty}\frac{1}{\sqrt{n}}$：$p = \frac{1}{2} < 1$，所以级数 $\sum_{n=1}^{\infty}\frac{1}{\sqrt{n}}$ 发散；

(3) $\sum_{n=1}^{\infty}\frac{1}{\sqrt{n}(n+1)}$：$\frac{1}{\sqrt{n}(n+1)}\leqslant\frac{1}{\sqrt{n}\cdot n}=\frac{1}{n^{\frac{3}{2}}}$，$p=\frac{3}{2}>1$，故级数 $\sum_{n=1}^{\infty}\frac{1}{n^{\frac{3}{2}}}$ 收敛；根据比较审敛法，级数 $\sum_{n=1}^{\infty}\frac{1}{\sqrt{n}(n+1)}$ 也收敛。

例 4　用比较审敛法判别以下级数的敛散性：(1) $\sum_{n=1}^{\infty}\pi^{n}\sin\frac{1}{4^{n}}$；(2) $\sum_{n=1}^{\infty}\frac{1}{2^{n}}\sin^{2}\sqrt{n}$.

解　(1)利用不等式 $|\sin x|\leqslant|x|$，$|x|\leqslant\frac{\pi}{2}$；有 $\pi^{n}\sin\frac{1}{4^{n}}\leqslant\frac{\pi^{n}}{4^{n}}=(\frac{\pi}{4})^{n}$，由于级数 $\sum_{n=1}^{\infty}(\frac{\pi}{4})^{n}$ 是公比为 $|q|=\frac{\pi}{4}<1$ 的等比级数，是收敛的，根据比较审敛法，级数 $\sum_{n=1}^{\infty}\pi^{n}\sin\frac{1}{4^{n}}$ 也收敛；

(2)由于 $\frac{1}{2^{n}}\sin^{2}\sqrt{n}\leqslant\frac{1}{2^{n}}$，所以等比级数 $\sum_{n=1}^{\infty}\frac{1}{2^{n}}$ 是收敛的，根据比较审敛法，级数 $\sum_{n=1}^{\infty}\frac{1}{2^{n}}\sin^{2}\sqrt{n}$ 也收敛。

推论　(比较审敛法的极限形式)设正项级数 $\sum_{n=1}^{\infty}u_{n}$、$\sum_{n=1}^{\infty}v_{n}$，且 $\lim_{n\to\infty}\frac{u_{n}}{v_{n}}=l$，则

(1)当 $0<l<+\infty$ 时，$\sum_{n=1}^{\infty}u_{n}$、$\sum_{n=1}^{\infty}v_{n}$ 的敛散性相同；

(2)当 $l=0$ 时，由 $\sum_{n=1}^{\infty}v_{n}$ 收敛可以得到 $\sum_{n=1}^{\infty}u_{n}$ 也收敛；

(3)当 $l=+\infty$ 时，由 $\sum_{n=1}^{\infty}v_{n}$ 发散可以得到 $\sum_{n=1}^{\infty}u_{n}$ 也发散。

证明　(1)设 $\lim_{n\to\infty}\frac{u_{n}}{v_{n}}=l\ (0<l<+\infty)$，由极限的定义知：$\forall\varepsilon>0$，$\exists N$，当 $n>N$ 时，$|\frac{u_{n}}{v_{n}}-l|<\varepsilon$，去绝对值有 $l-\varepsilon<\frac{u_{n}}{v_{n}}<l+\varepsilon$，即 $(l-\varepsilon)v_{n}<u_{n}<(l+\varepsilon)v_{n}$；

如果 $\sum_{n=1}^{\infty}v_{n}$ 收敛，不妨设 $\varepsilon<\frac{l}{2}$，则 $u_{n}<(l+\varepsilon)v_{n}<\frac{3l}{2}v_{n}$，当 $n>N$ 时，有 $u_{n}<\frac{3l}{2}v_{n}$，由比较审敛法可知，级数 $\sum_{n=N}^{\infty}u_{n}$ 也收敛；

如果 $\sum_{n=1}^{\infty}v_{n}$ 发散，不妨设 $\varepsilon<\frac{l}{2}$，则 $\frac{l}{2}v_{n}<v_{n}(l-\varepsilon)<u_{n}$，当 $n>N$ 时，有 $\frac{l}{2}v_{n}<u_{n}$，由比较审敛法可知，级数 $\sum_{n=N}^{\infty}u_{n}$ 也发散。

(2)当 $l=0$ 时，不妨取 $\varepsilon_{0}<\frac{l}{2}$，则由 $u_{n}<\varepsilon_{0}v_{n}$ 可得，当 $\sum_{n=1}^{\infty}v_{n}$ 收敛时就有 $\sum_{n=1}^{\infty}u_{n}$ 也收敛；

(3)当 $l=+\infty$ 时，由无穷大的定义知 $\forall M>0$，$\exists N$，当 $n>N$ 时，$|\frac{u_n}{v_n}|>M$，即有 $u_n>Mv_n$ 可得，当 $\sum_{n=1}^{\infty}v_n$ 发散时就有 $\sum_{n=1}^{\infty}u_n$ 也发散。

例 5 讨论级数 $\sum_{n=1}^{\infty}\sin\frac{1}{n}$ 与 $\sum_{n=1}^{\infty}\ln(1+\frac{1}{n^2})$ 敛散性。

解 注意到当 $x\to 0$ 时，有 $\sin x\sim x$，$\ln(1+x)\sim x$，于是

$$\lim_{n\to\infty}\frac{\sin\frac{1}{n}}{\frac{1}{n}}=1\text{，及}\lim_{n\to\infty}\frac{\ln(1+\frac{1}{n^2})}{\frac{1}{n^2}}=1\text{，}$$

$\sum_{n=1}^{\infty}\sin\frac{1}{n}$ 与 $\sum_{n=1}^{\infty}\frac{1}{n}$ 同敛散，因为 $\sum_{n=1}^{\infty}\frac{1}{n}$ 发散，故 $\sum_{n=1}^{\infty}\sin\frac{1}{n}$ 也发散；

$\sum_{n=1}^{\infty}\ln(1+\frac{1}{n^2})$ 与 $\sum_{n=1}^{\infty}\frac{1}{n^2}$ 同敛散，因为 $\sum_{n=1}^{\infty}\frac{1}{n^2}$ 收敛，故 $\sum_{n=1}^{\infty}\ln(1+\frac{1}{n^2})$ 也收敛。

例 6 判别级数 $\sum_{n=1}^{\infty}\frac{1}{1+a^n}$ $(a>0)$ 的敛散性。

解 当 $0<a<1$ 时，$\lim_{n\to\infty}u_n=\lim_{n\to\infty}\frac{1}{1+a^n}=1\neq 0$；当 $a=1$ 时，$\lim_{n\to\infty}u_n=\lim_{n\to\infty}\frac{1}{1+1}=\frac{1}{2}\neq 0$，

由级数收敛的必要条件，即如果有 $\lim_{n\to\infty}u_n\neq 0$，则 $\sum_{n=0}^{\infty}u_n$ 必发散，因此，当 $0<a\leqslant 1$ 时，$\sum_{n=1}^{\infty}\frac{1}{1+a^n}$ 发散。

当 $a>1$ 时，取级数 $\sum_{n=1}^{\infty}v_n=\sum_{n=1}^{\infty}\frac{1}{a^n}$，这是 $q=\frac{1}{a}<1$ 的等比级数，因此 $\sum_{n=1}^{\infty}v_n$ 是收敛的，又由于 $\lim_{n\to\infty}\frac{u_n}{v_n}=\lim_{n\to\infty}\frac{a^n}{1+a^n}=1$，所以由比较审敛法的极限形式知，级数 $\sum_{n=1}^{\infty}u_n=\sum_{n=1}^{\infty}\frac{1}{1+a^n}$ 也收敛。

综上，有 $0<a\leqslant 1$ 时，$\sum_{n=1}^{\infty}\frac{1}{1+a^n}$ 发散；$a>1$ 时，$\sum_{n=1}^{\infty}\frac{1}{1+a^n}$ 收敛。

定理 3 （比值审敛法，达朗贝尔判别法）设 $\sum_{n=1}^{\infty}u_n$ 是正项级数，$\lim_{x\to+\infty}\frac{u_{n+1}}{u_n}=\rho$，则当

(1) $\rho<1$ 时，级数收敛；

(2) $\rho>1$（或 $\lim_{x\to+\infty}\frac{u_{n+1}}{u_n}=\infty$）时，级数发散。

证明 $\lim_{n\to\infty}\frac{u_{n+1}}{u_n}=\rho$，由极限的定义：

$\forall \varepsilon > 0$, $\exists N$, $n > N$时, $\left|\dfrac{u_{n+1}}{u_n} - \rho\right| < \varepsilon$, 或$n > N$时, $\rho - \varepsilon < \dfrac{u_{n+1}}{u_n} < \rho + \varepsilon$;

(1) $\rho < 1$时, 可以选择ε, 使得$\rho + \varepsilon = a < 1$, 从而$u_{n+1} < au_n$, $n > N$时, 即

$$u_{N+1} < au_N, u_{N+2} < au_{N+1} < a^2u_N, u_{N+3} < a^3u_N, \cdots$$

级数$\sum_{n=1}^{\infty} a^n u_N = u_N \sum_{n=1}^{\infty} a^n$是公比$a < 1$的等比级数, 从而$\sum_{n=1}^{\infty} a^n u_N$收敛, 根据比较审敛法, 级数$u_{N+1} + u_{N+2} + u_{N+3} + \cdots$收敛, 由性质级数$\sum_{n=1}^{\infty} u_n$收敛。

(2) $\rho > 1$时, 可以选择ε, 使得$\rho - \varepsilon > 1$, $\exists m$, $n > m$时, 有$\dfrac{u_{n+1}}{u_n} > \rho - \varepsilon > 1$, 从而$u_{n+1} > u_n$, 所以当$n > m$时, 级数的一般项$u_n$是逐渐增大的, 从而$\lim\limits_{n\to\infty} u_n \neq 0$, 根据级数收敛的必要条件, 可知级数$\sum_{n=1}^{\infty} u_n$发散。同理可证当$\lim\limits_{x\to+\infty} \dfrac{u_{n+1}}{u_n} = \infty$时, 级数$\sum_{n=1}^{\infty} u_n$发散。

注: (1)用比值审敛法时, 必须首先求出比值的极限ρ, 再根据ρ进行判别;

(2)如果$\rho = 1$, 则比值审敛法失效, 可改用定理1或2进行判别。

例7　讨论级数(1) $\sum_{n=1}^{\infty} \dfrac{2^n n!}{n^n}$和(2) $\sum_{n=1}^{\infty} \dfrac{n-1}{n(n+1)}$的敛散性。

解　(1)对于级数$\sum_{n=1}^{\infty} \dfrac{2^n n!}{n^n}$, 记$u_n = \dfrac{2^n n!}{n^n}$, $u_{n+1} = \dfrac{2^{n+1}(n+1)!}{(n+1)^{n+1}}$, 因为

$$\lim_{n\to\infty} \frac{u_{n+1}}{u_n} = \lim_{n\to\infty} \frac{2^{n+1}(n+1)!}{(n+1)^{n+1}} \cdot \frac{n^n}{2^n n!} = \lim_{n\to\infty} \frac{2n^n}{(n+1)^n} = 2\lim_{n\to\infty} \frac{1}{\left(1+\frac{1}{n}\right)^n} = \frac{2}{e} < 1,$$

所以级数$\sum_{n=1}^{\infty} \dfrac{2^n n!}{n^n}$收敛;

(2)对于级数$\sum_{n=1}^{\infty} \dfrac{n-1}{n(n+1)}$, 记$u_n = \dfrac{n-1}{n(n+1)}$, $u_{n+1} = \dfrac{n}{(n+1)(n+2)}$, 因为

$$\lim_{n\to\infty} \frac{u_{n+1}}{u_n} = \lim_{n\to\infty} \frac{n}{(n+1)(n+2)} \cdot \frac{n(n+1)}{n-1} = \lim_{n\to\infty} \frac{n^2}{(n-1)(n+2)}$$

$$= \lim_{n\to\infty} \frac{1}{\left(1-\frac{1}{n}\right)\left(1+\frac{2}{n}\right)} = 1,$$

所以比值法失效, 改用比较审敛法的极限形式判别:

取级数$\sum_{n=1}^{\infty} v_n = \sum_{n=1}^{\infty} \dfrac{1}{n}$, 这是调和级数, 因此$\sum_{n=1}^{\infty} v_n$是发散的, 又由于

$$\lim_{n\to\infty} \frac{u_n}{v_n} = \lim_{n\to\infty} \frac{n-1}{n(n+1)} \cdot \frac{n}{1} = 1,$$

所以级数$\sum_{n=1}^{\infty} \dfrac{n-1}{n(n+1)}$与$\sum_{n=1}^{\infty} \dfrac{1}{n}$的敛散性相同, 也是发散的。

注: 在上面的比值法中, 如果这样做是错误的:

$$\frac{u_{n+1}}{u_n}=\frac{n^2}{(n-1)(n+2)}=\frac{n^2}{n^2+n-2}=1-\frac{n-2}{n^2+n-2}<1,$$

故 $\sum_{n=1}^{\infty}\frac{n-1}{n(n+1)}$ 收敛。

错误的原因在于没有首先求出比值的极限 ρ，再根据 ρ 进行判别。

定理 4(根值审敛法，柯西判别法)　设 $\sum_{n=1}^{\infty}u_n$ 是正项级数，$\lim_{x\to+\infty}\sqrt[n]{u_n}=\rho$，则当

(1) $\rho<1$ 时，级数收敛；

(2) $\rho>1$ 时(或 $\lim_{x\to+\infty}\sqrt[n]{u_n}=\infty$)时，级数发散。

注：(1)可以证明，如果 $\lim_{x\to+\infty}\frac{u_{n+1}}{u_n}=1$，则必有 $\lim_{x\to+\infty}\sqrt[n]{u_n}=1$，表明比值审敛法失效时不可再用根值审敛法；

(2)以上的各种判别法，只适用于正项级数，且各自有一定的适用范围，但也有其局限性。可以进一步建立更为有效的审敛法，此过程可以不断地进行下去，但判别的过程也将越发复杂。

二、绝对收敛与条件收敛

对于级数的项 u_n 的取值符号没有限制的常数项级数称为任意项级数。对任意项级数的敛散性的判别，我们首先考虑的是任意项级数 $\sum_{n=1}^{\infty}u_n$ 所对应的正项级数 $\sum_{n=1}^{\infty}|u_n|$ 的敛散性,并根据下述定理给出原任意项级数的敛散性。

定义　设 $\sum_{n=1}^{\infty}u_n$ 为任意项级数，如果正项级数 $\sum_{n=1}^{\infty}|u_n|$ 收敛，则称级数 $\sum_{n=1}^{\infty}u_n$ 为绝对收敛；

如果正项级数 $\sum_{n=1}^{\infty}|u_n|$ 发散，但级数 $\sum_{n=1}^{\infty}u_n$ 本身收敛，则称级数 $\sum_{n=1}^{\infty}u_n$ 为条件收敛。

例 8　讨论 $\sum_{n=1}^{\infty}\frac{\sin n\alpha}{2^n}$ 是否绝对收敛。

解　级数 $\sum_{n=1}^{\infty}\frac{\sin n\alpha}{2^n}$ 是一个任意项级数。对于正项级数 $\sum_{n=1}^{\infty}\left|\frac{\sin n\alpha}{2^n}\right|$，因为有 $\left|\frac{\sin n\alpha}{2^n}\right|\leqslant\frac{1}{2^n}$，而 $\sum_{n=1}^{\infty}\frac{1}{2^n}$ 收敛，根据正项级数的比较审敛法可知，$\sum_{n=1}^{\infty}\left|\frac{\sin n\alpha}{2^n}\right|$ 收敛，从而由绝对收敛的定义可知，级数 $\sum_{n=1}^{\infty}\frac{\sin n\alpha}{2^n}$ 为绝对收敛。

定理 5　如果级数 $\sum_{n=1}^{\infty}|u_n|$ 收敛，则级数 $\sum_{n=1}^{\infty}u_n$ 一定收敛，即绝对收敛的级数其自身一定收敛。

证明　构造级数 $\sum_{n=1}^{\infty}v_n$，其中 $v_n=\frac{1}{2}(|u_n|+u_n)=\begin{cases}u_n, & u_n>0\\0, & u_n\leqslant 0\end{cases}$，则 $v_n\leqslant|u_n|$，且

$\sum\limits_{n=1}^{\infty} v_n$ 是正项级数；因为级数 $\sum\limits_{n=1}^{\infty} |u_n|$ 收敛，故由正项级数的比较审敛法可知，级数 $\sum\limits_{n=1}^{\infty} v_n$ 收敛，从而 $\sum\limits_{n=1}^{\infty} 2v_n$ 收敛；根据性质"收敛级数的逐项和构成的级数仍然收敛"，可知级数 $\sum\limits_{n=1}^{\infty}(2v_n - |u_n|)$ 收敛，也即 $\sum\limits_{n=1}^{\infty} u_n$ 收敛。

注：(1)根据定理5，对于绝对收敛的级数，只需要使用正项级数的审敛法即可，从而相当的一类任意项级数的敛散性的讨论可以转为正项级数敛散性的讨论。

(2)如果 $\sum\limits_{n=1}^{\infty} |u_n|$ 发散，一般推不出级数 $\sum\limits_{n=1}^{\infty} u_n$ 一定发散；但是如果 $\sum\limits_{n=1}^{\infty} |u_n|$ 的发散性是用根值法或比值法确定的，此时可以由 $\sum\limits_{n=1}^{\infty} |u_n|$ 发散推出 $\sum\limits_{n=1}^{\infty} u_n$ 发散。以比值法为例，因为 $\lim\limits_{n\to\infty}\dfrac{|u_{n+1}|}{|u_n|} = \rho > 1$，所以 $\sum\limits_{n=1}^{\infty} |u_n|$ 发散，则 $\forall \varepsilon > 0$，$\exists N$，当 $n > N$ 时，$\left|\dfrac{|u_{n+1}|}{|u_n|} - \rho\right| < \varepsilon$，即 $\rho - \varepsilon < \dfrac{|u_{n+1}|}{|u_n|} < \rho + \varepsilon$；由于 $\rho > 1$，可以取适当的 ε，使得 $\rho - \varepsilon > 1$，即 $\dfrac{|u_{n+1}|}{|u_n|} > \rho - \varepsilon > 1$，或 $|u_{n+1}| > |u_n|$，从而 $n > N$ 时，$\{|u_n|\}$ 单调增加，因此 $\lim\limits_{n\to\infty} |u_n| \neq 0$，必有 $\lim\limits_{n\to\infty} u_n \neq 0$，由级数收敛的必要条件知 $\sum\limits_{n=1}^{\infty} u_n$ 发散。

(3)绝对收敛的级数的许多性质是条件收敛的级数所不具备的，如任意调整原级数中项的位置后所得到的新级数仍然收敛，且和不变；两个绝对收敛的级数的柯西乘积所组成的新级数仍然绝对收敛，且其和为原来的两个级数的和的乘积。

三、交错级数审敛法

级数 $u_1 - u_2 + u_3 - u_4 + \cdots + (-1)^{n-1}u_n + \cdots = \sum\limits_{n=1}^{\infty}(-1)^{n-1}u_n$，其中 $u_n > 0$，$n = 1, 2, \cdots$，称为交错级数。交错级数有如下审敛法：

定理6　(交错级数的莱布尼兹审敛法)设交错级数为 $\sum\limits_{n=1}^{\infty}(-1)^{n-1}u_n$ ($u_n > 0$)满足条件：

(1) $u_n > u_{n+1}$，$\forall n$；

(2) $\lim\limits_{n\to\infty} u_n = 0$.

则 $\sum\limits_{n=1}^{\infty}(-1)^{n-1}u_n$ 收敛，若其和为 s，则 $s \leqslant u_1$，余项 $|r_n| \leqslant u_{n+1}$.

证明　由定义要证明级数 $\sum\limits_{n=1}^{\infty}(-1)^{n-1}u_n$ 收敛，只要证明极限 $\lim\limits_{n\to\infty} S_n$ 存在。由于 $u_n > u_{n+1}$，则 $u_{2n} - u_{2n+2} > 0$，从而，

$$S_{2n+2} = S_{2n} + (u_{2n+1} - u_{2n+2}) > S_{2n},$$

表明数列 $\{S_{2n}\}$ 单调递增，且

$$S_{2n}=u_1-(u_2-u_3)-(u_4-u_5)-\cdots-(u_{2n-2}-u_{2n-1})-u_{2n}<u_1\ ,$$

表明数列 $\{S_{2n}\}$ 有上界，从而 $\lim\limits_{n\to\infty}S_{2n}=s\leqslant u_1$；由条件(2) $\lim\limits_{n\to\infty}u_n=0$，则有

$$\lim_{n\to\infty}S_{2n+1}=\lim_{n\to\infty}(S_{2n}+u_{2n+1})=s\leqslant u_1\ ,$$

可得 $\lim\limits_{n\to\infty}S_n=s\leqslant u_1$，且有

$$|r_n|=|u_{n+1}-u_{n+2}+u_{n+3}-\cdots|=|u_{n+1}-(u_{n+2}-u_{n+3})-\cdots|\leqslant u_{n+1}\ .$$

注：交错级数属于非正项级数，因此交错级数的敛散性判别不能够直接使用正项级数的审敛法。讨论非正项级数的收敛性时应指出是绝对收敛，还是条件收敛。首先讨论是否绝对收敛。当不是绝对收敛时，再讨论是否条件收敛，或者是发散。

例 9 讨论交错级数 $\sum\limits_{n=1}^{\infty}(-1)^n\dfrac{\ln n}{\sqrt[3]{n}}$ 的敛散性。

解 先讨论正项级数 $\sum\limits_{n=1}^{\infty}\dfrac{\ln n}{\sqrt[3]{n}}$，由于 $\lim\limits_{n\to\infty}\dfrac{\ln n}{\sqrt[3]{n}}\Big/\dfrac{1}{\sqrt[3]{n}}=\lim\limits_{n\to\infty}\ln n=+\infty$，且级数 $\sum\limits_{n=1}^{\infty}\dfrac{1}{\sqrt[3]{n}}$ 发散，

从而级数 $\sum\limits_{n=1}^{\infty}\dfrac{\ln n}{\sqrt[3]{n}}$ 发散，表明 $\sum\limits_{n=1}^{\infty}(-1)^n\dfrac{\ln n}{\sqrt[3]{n}}$ 不是绝对收敛的。

对于交错级数 $\sum\limits_{n=1}^{\infty}(-1)^n\dfrac{\ln n}{\sqrt[3]{n}}$，记 $u_n=\dfrac{\ln n}{\sqrt[3]{n}}$，满足 $\lim\limits_{n\to\infty}u_n=\lim\limits_{n\to\infty}\dfrac{\ln n}{\sqrt[3]{n}}=0$. 其次为说明 $u_n>u_{n+1}$，考虑 $f(x)=\dfrac{\ln x}{\sqrt[3]{x}}$，由于 $f'(x)=\dfrac{1}{\sqrt[3]{x^2}}\left(\dfrac{1}{x}\cdot\sqrt[3]{x}-\dfrac{1}{3}x^{-\frac{2}{3}}\ln x\right)=\dfrac{1}{3\sqrt[3]{x^4}}(3-\ln x)$，

当 $x>e^3$(即 $3-\ln x<0$)时，有 $f'(x)<0$，即 $f(x)=\dfrac{\ln x}{\sqrt[3]{x}}$ 在 $(e^3,+\infty)$ 上单调递减，从而当 $n>27>e^3$ 时，$u_n=f(n)=\dfrac{\ln n}{\sqrt[3]{n}}$ 单调递减，即 $u_n>u_{n+1}$，故由交错级数的莱布尼兹审敛法可知，交错级数 $\sum\limits_{n=1}^{\infty}(-1)^n\dfrac{\ln n}{\sqrt[3]{n}}$ 收敛，且为条件收敛。

例 10 讨论交错级数 $\sum\limits_{n=1}^{\infty}(-1)^{n-1}\dfrac{1}{n^p}$ 的敛散性。

解 先讨论对应的正项级数 $\sum\limits_{n=1}^{\infty}\dfrac{1}{n^p}$，当 $p>1$ 时收敛，故原级数在 $p>1$ 时绝对收敛；当 $p\leqslant 1$ 时 $\sum\limits_{n=1}^{\infty}\dfrac{1}{n^p}$ 发散，故讨论交错级数 $\sum\limits_{n=1}^{\infty}(-1)^{n-1}\dfrac{1}{n^p}$ 的敛散性，记 $u_n=\dfrac{1}{n^p}$，

(1) $0<p\leqslant 1$ 时，$n^p<(n+1)^p$，$\dfrac{1}{n^p}>\dfrac{1}{(n+1)^p}$，且 $\lim\limits_{n\to\infty}u_n=\lim\limits_{n\to\infty}\dfrac{1}{n^p}=0$，故 $\sum\limits_{n=1}^{\infty}(-1)^{n-1}\dfrac{1}{n^p}$ 收敛；

(2) $p\leqslant 0$ 时，$\lim\limits_{n\to\infty}u_n=\lim\limits_{n\to\infty}\dfrac{1}{n^p}\neq 0$，故级数 $\sum\limits_{n=1}^{\infty}(-1)^{n-1}\dfrac{1}{n^p}$ 发散；

所以原级数在 $p>1$ 时绝对收敛，$0<p\leqslant 1$ 时条件收敛，$p\leqslant 0$ 时发散。

例 11　讨论级数 $\sum_{n=1}^{\infty}(-1)^{n-1}\frac{2^{n^2}}{n!}$ 的敛散性。

解　记 $u_n=\frac{2^{n^2}}{n!}=\frac{(2^n)^n}{n!}=\frac{2^n}{n}\cdot\frac{2^n}{n-1}\cdots\frac{2^n}{2}\cdot\frac{2^n}{1}>\frac{2^n}{n}$，而 $\lim\limits_{n\to\infty}\frac{2^n}{n}=+\infty$，故 $\lim\limits_{n\to\infty}\frac{2^{n^1}}{n!}=+\infty$，从而 $\lim\limits_{n\to\infty}(-1)^{n-1}\frac{2^{n^1}}{n!}\neq 0$，根据必要条件知，级数 $\sum_{n=1}^{\infty}(-1)^{n-1}\frac{2n^2}{n!}$ 发散。

§3　幂级数

一、函数项级数的概念

设 $u_1(x)$，$u_2(x)$，…，$u_n(x)$，…是定义在同一区间 I 上的函数，由这无穷多项函数构成的表达式

$$u_1(x)+u_2(x)+\cdots+u_n(x)+\cdots=\sum_{n=1}^{\infty}u_n(x)$$

称为定义在区间 I 上的函数项级数，区间 I 称为函数项级数的定义域。函数项级数 $\sum_{n=1}^{\infty}u_n(x)$ 也简称为级数。

$\forall x_0\in I$，级数 $u_1(x_0)+u_2(x_0)+\cdots+u_n(x_0)+\cdots=\sum_{n=1}^{\infty}u_n(x_0)$ 是一个常数项级数，如果该级数收敛，则称 x_0 为级数 $\sum_{n=1}^{\infty}u_n(x)$ 的收敛点；若该级数发散，则称 x_0 为级数 $\sum_{n=1}^{\infty}u_n(x)$ 的发散点；收敛点的全体的集合 D 称为级数 $\sum_{n=1}^{\infty}u_n(x)$ 的收敛域，而发散点的集合 $\tilde{D}$ 称为级数 $\sum_{n=1}^{\infty}u_n(x)$ 的发散域，且 $D\subset I$，$\tilde{D}\subset I$，$D\cup\tilde{D}=I$.

在收敛域 D 内任意一点 x，级数 $\sum_{n=1}^{\infty}u_n(x)$ 均收敛，也就是说，对所取的点 x，有唯一确定的级数的和 s 与之对应，这样，函数项级数的和 s 是 x 的函数，记作 $s=s(x)$，通常称 $s(x)$ 为级数的和函数，即 $\sum_{n=1}^{\infty}u_n(x)=s(x)$，$x\in D$；级数 $\sum_{n=1}^{\infty}u_n(x)$ 的和函数的定义域为级数的收敛域 D.

级数的前项和 $S_n(x)=u_1(x)+u_2(x)+\cdots+u_n(x)$，把 $S_n(x)$ 称为函数项级数的部分和，则在级数的收敛域上有

$$\lim_{n\to\infty}S_n(x)=s(x).$$

我们仍然将 $r_n(x)=u_{n+1}(x)+u_{n+2}(x)+\cdots$ 称为函数项级数的余项，显然，只有在收敛域上 $r_n(x)$ 才有意义，于是在收敛点处，

$$\lim_{n\to\infty}r_n(x)=0.$$

二、幂级数及其收敛性

如果级数的每一项都是幂函数，则称级数为幂级数，其定义域为 $(-\infty, +\infty)$，一个关于 x 的幂级数形式如下，其中 a_0，a_1，a_2，…，a_n，… 称为幂级数的系数：

$$\sum_{n=0}^{\infty} a_n x^n = a_0 + a_1 x + a_2 x^2 + \cdots + a_n x^n + \cdots, x \in (-\infty, +\infty), \quad (1)$$

一个关于 $x - x_0$ 的幂级数形式为：

$$\sum_{n=0}^{\infty} a_n (x - x_0)^n = a_0 + a_1 (x - x_0) + a_2 (x - x_0)^2 + \cdots + a_n (x - x_0)^n + \cdots, x \in (-\infty, +\infty).$$

关于 $x - x_0$ 的幂级数，我们如果做代换 $t = x - x_0$，就可以把它化成一个关于 t 的幂级数，所以接下来只取 (1) 式来讨论，并不会影响一般性。

下面主要以幂级数 $\sum_{n=0}^{\infty} a_n x^n$ 为例，研究其收敛域及发散域，即幂级数在哪些点 x 处是收敛的，哪些点 x 处是发散的，这就是幂级数的收敛性问题。

关于幂级数我们主要讨论两个方面的问题：第一，幂级数的收敛域，以及求级数的和函数；第二，如何将函数展开成幂级数。

先来看下面的一个例子。

例 1 讨论幂级数 $1 + x^2 + x^3 + \cdots + x^n + \cdots = \sum_{n=0}^{\infty} x^n$ 的敛散性。

解 该幂级数也是一个等比级数，其定义域为 $(-\infty, +\infty)$，由第一节例 2 知，当 $|x| < 1$ 时，此等比级数收敛于和 $\frac{1}{1-x}$；当 $|x| \geqslant 1$ 时，此级数发散。

应当注意到两点：①此幂级数的和函数 $s(x) = \frac{1}{1-x}$ 的定义域仅仅为 $|x| < 1$；②此幂级数的收敛点集中分布在一个关于原点对称的区间内。

定理 1 (阿贝尔(Abel)定理)设幂级数为 $\sum_{n=0}^{\infty} a_n x^n$，则

(1)若 $x = x_0$ 时，级数 $\sum_{n=0}^{\infty} a_n x_0^n$ 收敛，则对于一切满足不等式 $|x| < |x_0|$ 的所有的 x，级数 $\sum_{n=0}^{\infty} a_n x^n$ 均收敛，且为绝对收敛；

(2)若 $x = x_1$ 时，级数 $\sum_{n=0}^{\infty} a_n x_1^n$ 发散，则对于一切满足不等式 $|x| > |x_1|$ 的所有的 x，级数 $\sum_{n=0}^{\infty} a_n x^n$ 均发散。

证明 (1)因为级数 $\sum_{n=0}^{\infty} a_n x_0^n$ 收敛，则 $\lim_{n\to\infty} a_n x_0^n = 0$，存在正数 M，使得 $|a_n x_0^n| \leqslant M$；对于满足不等式 $|x| < |x_0|$ 的 x，有：

$$|a_nx^n|=|a_nx_0^n\cdot\frac{x^n}{x_0^n}|=|a_nx_0^n||\frac{x^n}{x_0^n}|\leqslant M|\frac{x^n}{x_0^n}|;$$

由于 $|x|<|x_0|$ ，则 $|\frac{x}{x_0}|<1$，故等比级数 $\sum_{n=0}^{\infty}M|\frac{x}{x_0}|^n$ 收敛，根据比较审敛法，级数 $\sum_{n=0}^{\infty}|a_nx^n|$ 收敛，即 $\sum_{n=0}^{\infty}a_nx^n$ 为绝对收敛。

(2)的证明用反证法即可。

注：①在阿贝尔定理中，必有 $|x_1|>|x_0|$. 即如果幂级数在 $x=x_0$ 处收敛，则在开区间 $(-|x_0|, |x_0|)$ 内的任何点 x 处，幂级数都收敛；如果幂级数在 $x=x_1$ 处发散，则在闭区间 $[-|x_1|, |x_1|]$ 之外的任何点 x 处，幂级数都发散。

②设所给幂级数在数轴上既有收敛点(不仅仅是原点)，也有发散点。那么从原点出发沿着数轴向两边走，最初只遇到收敛点，在某一位置开始，就只遇到发散点。在这个位置处，级数可能收敛，也可能发散。这个位置到原点的距离是一样的，把它记做 R ，这个位置即 $x=R$ ，或者为 $x=-R$. 阿贝尔定理告诉我们，对于一个幂级数，总存在一个正数 R ，使得当 $|x|<R$ 时，级数 $\sum_{n=0}^{\infty}a_nx^n$ 收敛且绝对收敛；当 $|x|>R$ 时，级数 $\sum_{n=0}^{\infty}a_nx^n$ 发散；称 R 为幂级数的收敛半径，幂级数的收敛区间为 $(-R, R)$.

③需要注意到，收敛区间指的是开区间 $(-R, R)$ ，关键是求出收敛半径 R ，无须涉及在收敛区间端点 $x=\pm R$ 的敛散性。如果另行讨论了端点 $x=\pm R$ 的敛散性后，则可得幂级数的收敛域，收敛域为四种情况之一：$(-R, R)$ 、$[-R, R]$ 、$(-R, R]$ 、$[-R, R)$.

④若幂级数 $\sum_{n=0}^{\infty}a_nx^n$ 只有唯一的收敛点 $x=0$，可规定收敛半径 $R=0$；若幂级数 $\sum_{n=0}^{\infty}a_nx^n$ 在定义域 $(-\infty, +\infty)$ 内都收敛时，规定 $R=+\infty$ ，收敛域为 $(-\infty, +\infty)$.

关于幂级数的收敛半径的求法，有下面的定理。

定理 2　设幂级数 $\sum_{n=0}^{\infty}a_nx^n$ ，且 $\lim_{n\to\infty}\frac{|a_{n+1}|}{|a_n|}=\rho$ ，则

(1)当 $\rho\neq 0$ 时，$R=\frac{1}{\rho}$ ；

(2)当 $\rho=0$ 时，$R=+\infty$ ；

(3)当 $\rho=+\infty$ 时，$R=0$.

证明　(1)对于每个确定的 x ，$\sum_{n=0}^{\infty}|a_nx^n|$ 是正项级数，根据比值审敛法，由于

$$\lim_{n\to\infty}\frac{|a_{n+1}x^{n+1}|}{|a_nx^n|}=|x|\lim_{n\to\infty}\frac{|a_{n+1}|}{|a_n|}=|x|\rho,$$

所以 $|x|\rho<1$ 时，$\sum_{n=0}^{\infty}|a_nx^n|$ 收敛，$|x|\rho>1$ 时，$\sum_{n=0}^{\infty}|a_nx^n|$ 发散；即 $|x|<\frac{1}{\rho}$ 时，级数 $\sum_{n=0}^{\infty}a_nx^n$ 为绝对收敛；$|x|>\frac{1}{\rho}$ 时，$\sum_{n=0}^{\infty}|a_nx^n|$ 发散(注意此时 $\sum_{n=0}^{\infty}|a_nx^n|$ 的发散是利

用正项级数的比值审敛法判定的，从而通项不趋于零)，由此可以推出，级数 $\sum_{n=0}^{\infty} a_n x^n$ 发散；即 $|x| < \frac{1}{\rho}$ 时，$\sum_{n=0}^{\infty} a_n x^n$ 为绝对收敛；$|x| > \frac{1}{\rho}$ 时，级数 $\sum_{n=0}^{\infty} a_n x^n$ 发散；按照定义，$R = \frac{1}{\rho}$.

(2) $\rho = 0$ 时，$\lim_{n\to\infty} \frac{|a_{n+1}x^{n+1}|}{|a_n x^n|} = |x| \lim_{n\to\infty} \frac{|a_{n+1}|}{|a_n|} = |x| \rho \equiv 0 < 1$，即对所有的 x，级数 $\sum_{n=0}^{\infty} |a_n x^n|$ 均收敛，从而 $R = +\infty$.

(3) $\rho = +\infty$ 时，要使 $\lim_{n\to\infty} \frac{|a_{n+1}x^{n+1}|}{|a_n x^n|} = |x| \lim_{n\to\infty} \frac{|a_{n+1}|}{|a_n|} < 1$，只有 $x = 0$，表明级数 $\sum_{n=0}^{\infty} a_n x^n$ 仅仅有一个收敛的点 $x = 0$，从而 $R = 0$.

例 2　求幂级数 $\frac{2}{2}x + \frac{2^2}{5}x^2 + \frac{2^3}{10}x^3 + \cdots + \frac{2^n}{n^2+1}x^n + \cdots$ 的收敛域。

解　级数 $\frac{2}{2}x + \frac{2^2}{5}x^2 + \frac{2^3}{10}x^3 + \cdots + \frac{2^n}{n^2+1}x^n + \cdots = \sum_{n=1}^{\infty} \frac{2^n}{n^2+1}x^n$，记 $a_n = \frac{2^n}{n^2+1}$，由定理 2 有

$$\rho = \lim_{n\to\infty} \frac{|a_{n+1}|}{|a_n|} = \lim_{n\to\infty} \frac{2^{n+1}}{(n+1)^2+1} \cdot \frac{n^2+1}{2^n} = 2\text{，故 } R = \frac{1}{2}\text{；}$$

当 $x = \frac{1}{2}$ 时，级数为 $\sum_{n=1}^{\infty} \frac{1}{n^2+1}$，这是收敛的 p 级数；当 $x = -\frac{1}{2}$ 时，级数为 $\sum_{n=1}^{\infty} \frac{(-1)^n}{n^2+1}$，绝对收敛；故原级数的收敛域为 $\left[-\frac{1}{2}, \frac{1}{2}\right]$.

例 3　求幂级数 $\sum_{n=1}^{\infty} \frac{2^{2n-1}}{n\sqrt{n}}(x+1)^n$ 的收敛域。

解　由题可知 $a_n = \frac{2^{2n-1}}{n\sqrt{n}}$，于是

$$\rho = \lim_{n\to\infty} \frac{|a_{n+1}|}{|a_n|} = \lim_{n\to\infty} \frac{2^{2n+1}}{(n+1)\sqrt{n+1}} \cdot \frac{n\sqrt{n}}{2^{2n-1}} = 4\text{，}$$

故收敛半径 $R = \frac{1}{4}$；又因为当 $x + 1 = -\frac{1}{4}$ 时，即 $x = -\frac{5}{4}$ 时，原级数为 $\sum_{n=1}^{\infty} \frac{(-1)^n}{2n\sqrt{n}}$，它对应的正项级数是收敛的，故它本身是绝对收敛的；当 $x + 1 = \frac{1}{4}$ 时，即 $x = -\frac{3}{4}$ 时，原级数为 $\sum_{n=1}^{\infty} \frac{1}{2n\sqrt{n}}$，也收敛；所以原级数的收敛域为 $\left[-\frac{5}{4}, -\frac{3}{4}\right]$.

注：(1) $\sum_{n=0}^{\infty} a_n x^n$ 的收敛区间关于 $x = 0$ 对称；而 $\sum_{n=0}^{\infty} a_n (x - x_0)^n$ 的收敛区间关于 $x = x_0$ 对称；

(2)必须要注意，如果幂级数中 x 的幂次有缺项的情况，不能用以上的方法求 R，而是直接利用比值法，由 $\lim\limits_{n\to\infty}\dfrac{|u_{n+1}(x)|}{|u_n(x)|}<1$ 解出 $|x|<R$，如下例。

例 4　求幂级数 $\sum\limits_{n=0}^{\infty}\dfrac{(2n)!}{(n!)^2}x^{2n+1}$ 的收敛半径。

解　由于级数缺少偶数次幂的项，所以定理 2 不能用，可以根据比值法来求收敛半径，记 $u_n(x)=\dfrac{(2n)!}{(n!)^2}x^{2n+1}$，则：

$$\lim_{n\to\infty}\frac{|u_{n+1}(x)|}{|u_n(x)|}=\lim_{n\to\infty}\left|\frac{(2n+2)!\ x^{2n+3}}{[(n+1)!]^2}\cdot\frac{(n!)^2}{(2n)!\ x^{2n+1}}\right|$$
$$=x^2\lim_{n\to\infty}\frac{(2n+1)(2n+2)}{(n+1)^2}=4x^2,$$

当 $4x^2<1$ 时，即 $|x|<\dfrac{1}{2}$ 时，级数收敛；当 $|x|>\dfrac{1}{2}$ 时，级数发散，所以收敛半径 $R=\dfrac{1}{2}$.

三、幂级数的运算

若幂级数 $\sum\limits_{n=0}^{\infty}a_nx^n$，$\sum\limits_{n=0}^{\infty}b_nx^n$ 分别在 $(-R_1, R_1)$、$(-R_2, R_2)$ 内收敛，则在 $(-R, R)$ 内可以进行以下的四则运算，其中 $R=\min\{R_1, R_2\}$：

$$\sum_{n=0}^{\infty}a_nx^n\pm\sum_{n=0}^{\infty}b_nx^n=\sum_{n=0}^{\infty}(a_n\pm b_n)x^n,$$

$$\left(\sum_{n=0}^{\infty}a_nx^n\right)\cdot\left(\sum_{n=0}^{\infty}b_nx^n\right)=\sum_{n=0}^{\infty}(a_0b_n+a_1b_{n-1}+\cdots+a_nb_0)x^n.$$

幂级数的商可以利用幂级数的乘法来计算，做商运算之后所得级数的收敛区间可能比原来级数的收敛区间小的多。

定理 3　设幂级数为 $\sum\limits_{n=0}^{\infty}a_nx^n$，收敛半径为 R，和函数为 $s(x)$，则和函数满足：

(1) $s(x)$ 在收敛域上连续；

(2) $s(x)$ 在收敛域上可积，而且有逐项积分公式如下，即

$$\int_0^x s(x)\mathrm{d}x=\int_0^x\sum_{n=0}^{\infty}a_nx^n\mathrm{d}x=\sum_{n=0}^{\infty}\int_0^x a_nx^n\mathrm{d}x=\sum_{n=0}^{\infty}\frac{a_n}{n+1}x^{n+1};$$

(3) $s(x)$ 在收敛区间$(-R, R)$内可导，而且有逐项求导公式如下，即

$$s'(x)=\left(\sum_{n=0}^{\infty}a_nx^n\right)'=\sum_{n=0}^{\infty}(a_nx^n)'=\sum_{n=1}^{\infty}a_nx^{n-1},\ (-R, R).$$

例 5 求幂级数 $\sum_{n=0}^{\infty}\frac{1}{n+1}x^n$ 的和函数。

解 先求收敛域。因为收敛半径

$$R=\lim_{n\to\infty}\frac{|a_n|}{|a_{n+1}|}=\lim_{n\to\infty}\frac{n+1}{n}=1,$$

又因为当 $x=-1$ 时，级数为 $\sum_{n=0}^{\infty}\frac{(-1)^n}{n+1}$，这个交错级数是收敛的；当 $x=1$ 时，级数为 $\sum_{n=0}^{\infty}\frac{1}{n+1}$，是发散的；故原级数的收敛域为 $[-1,1)$.

设其和函数为 $s(x)$，即有 $s(x)=\sum_{n=0}^{\infty}\frac{1}{n+1}x^n$，$x\in[-1,1)$，于是

$$xs(x)=\sum_{n=0}^{\infty}\frac{1}{n+1}x^{n+1},$$

利用定理 3，逐项求导有

$$[xs(x)]'=\sum_{n=0}^{\infty}\left(\frac{1}{n+1}x^{n+1}\right)'=\sum_{n=0}^{\infty}x^n,$$

右端由等比级数的收敛结果可知，

$$\sum_{n=0}^{\infty}x^n=\frac{1}{1-x},\quad(-1<x<1),$$

从而有，

$$[xs(x)]'=\frac{1}{1-x},\quad(-1<x<1),$$

$$xs(x)=\int_0^x[xs(x)]'\mathrm{d}x=\int_0^x\frac{1}{1-x}\mathrm{d}x=-\ln(1-x),\quad(-1\leqslant x<1),$$

于是，当 $x\neq 0$ 时，有 $s(x)=-\frac{1}{x}\ln(1-x)$.

而 $s(0)$ 可由原级数得：$s(0)=a_0=1$；或者也可以由和函数在 $x=0$ 处的连续性得到，即

$$s(0)=\lim_{x\to 0}s(x)=\lim_{x\to 0}\left[-\frac{1}{x}\ln(1-x)\right]=1,$$

所以

$$s(x)=\begin{cases}-\frac{1}{x}\ln(1-x), & x\in[-1,0)\cup(0,1),\\ 1, & x=0.\end{cases}$$

例 6 求幂级数 $\sum_{n=2}^{\infty}\frac{1}{n(n-1)}(x-2)^n$，$x\in[1,3)$ 的和函数 $s(x)$，并求级数 $\sum_{n=2}^{\infty}\frac{(-1)^n}{n(n-1)}$ 的和。

解 由题意有 $s(x)=\sum_{n=2}^{\infty}\frac{1}{n(n-1)}(x-2)^n$，$x\in[1,3)$，逐项求导两次有：

$$s'(x)=\sum_{n=2}^{\infty}\frac{1}{n-1}(x-2)^{n-1},$$

$$s''(x)=\sum_{n=2}^{\infty}(x-2)^{n-2}=1+(x-2)+(x-2)^2+\cdots\frac{1}{1-(x-2)}=\frac{1}{3-x},\ |x-2|<1,$$

再做两次积分，注意积分限是由 2 到 x，并且 $s(2)=0$，$s'(2)=0$，

$$s'(x)=s'(x)-s'(2)=\int_2^x s''(x)\mathrm{d}x=\int_2^x\frac{1}{3-x}\mathrm{d}x=-\ln(3-x)\big|_2^x=-\ln(3-x),$$

$$s(x)=s(x)-s(2)=\int_2^x s'(x)\mathrm{d}x=\int_2^x\ln(3-x)\mathrm{d}(3-x)$$

$$=(3-x)\ln(3-x)\big|_2^x+\int_2^x\mathrm{d}x=(3-x)\ln(3-x)+x-2,$$

即 $\sum_{n=2}^{\infty}\frac{1}{n(n-1)}(x-2)^n=s(x)=(3-x)\ln(3-x)+x-2$，$x\in[1,3)$；

取　$x=1\in[1,3)$，则有

$$\sum_{n=2}^{\infty}\frac{(-1)^n}{n(n-1)}=s(1)=(3-1)\ln(3-1)+1-2=2\ln2-1.$$

§4　函数展开成幂级数

前面主要讨论了幂级数的收敛域及其和函数的问题。幂级数在收敛区间内不仅运算简单，而且有良好的分析性质。我们在应用中经常遇到相反的问题，就是对给定的函数 $f(x)$，能否找到一个幂级数，满足此幂级数收敛，且其和恰好是函数 $f(x)$，我们称之为函数 $f(x)$ 可以展开成幂级数。本节将讨论以下 3 个问题：①能否将一个函数用幂级数表示？②表示的唯一性如何？收敛性如何？③怎样将一个函数用幂级数表示？

在第三章我们学习过泰勒公式，设函数 $f(x)$ 在 x_0 的某邻域内有直到 $n+1$ 阶的导数，则对于邻域中的任意一点 x，有

$$f(x)=f(x_0)+f'(x_0)(x-x_0)+\frac{f''(x_0)}{2!}(x-x_0)^2+\cdots+\frac{f^{(n)}(x_0)}{n!}(x-x_0)^n+R_n(x),$$

其中余项 $R_n(x)=\frac{f^{(n+1)}(\xi)}{(n+1)!}(x-x_0)^{n+1}$，$\xi$ 介于 x_0 与 x 之间。

泰勒公式可以简写为：

$$f(x)=S_{n+1}(x)+R_n(x),$$

若做近似计算 $f(x)\approx S_{n+1}(x)$，误差 $|R_n(x)|=|f(x)-S_{n+1}(x)|$.

假设函数 $f(x)$ 在 x_0 的某邻域内有任意阶的导数，则可以写出幂级数：

$$f(x_0)+f'(x_0)(x-x_0)+\frac{f''(x_0)}{2!}(x-x_0)^2+\cdots+\frac{f^{(n)}(x_0)}{n!}(x-x_0)^n+\cdots,\tag{1}$$

称此幂级数为函数 $f(x)$ 的泰勒级数，也可以简写作：

$$\sum_{n=0}^{\infty}\frac{f^{(n)}(x_0)}{n!}(x-x_0)^n.$$

若取 $x_0=0$，则 $f(x)$ 在 $x_0=0$ 的泰勒级数为

$$f(0)+f'(0)x+\frac{f''(0)}{2!}x^2+\cdots+\frac{f^{(n)}(0)}{n!}x^n+\cdots=\sum_{n=0}^{\infty}\frac{f^{(n)}(0)}{n!}x^n, \tag{2}$$

称 (2) 式为$f(x)$的麦克劳林级数。

今后我们也称麦克劳林级数为$f(x)$ 关于x的幂级数(或称作标准幂级数)，称泰勒级数为$f(x)$ 关于 $x-x_0$ 的幂级数(或称作一般幂级数)。

问题：

①$f(x)$ 的泰勒级数 $\sum\limits_{n=0}^{\infty}\frac{f^{(n)}(x_0)}{n!}(x-x_0)^n$ 是否一定收敛于$f(x)$，即是否一定有：

$$f(x)=\sum_{n=0}^{\infty}\frac{f^{(n)}(x_0)}{n!}(x-x_0)^n;$$

②$f(x)$满足什么条件时，或者在什么范围内，上面的等式成立?

下面我们来讨论等式成立的条件。

定理(泰勒级数的收敛性定理)　函数$f(x)$的泰勒级数在x_0的某邻域内收敛于$f(x)$的充分必要条件是$f(x)$的泰勒公式的余项$R_n(x)$满足$\lim\limits_{n\to\infty}R_n(x)=0$.

因为$R_n(x)=f(x)-S_{n+1}(x)$，不难证明此定理。

根据此定理，只要验证了泰勒公式的余项$R_n(x)$满足$\lim\limits_{n\to\infty}R_n(x)=0$，就有

$$\lim_{n\to\infty}S_{n+1}(x)=f(x),$$

即

$$\sum_{n=1}^{\infty}\frac{f^{(n)}(x_0)}{n!}(x-x_0)^n=f(x).$$

例 1　设$f(x)=e^x$，写出$f(x)$ 在 $x_0=0$ 的泰勒级数，并讨论其收敛性。

解　$f(x)=\mathrm{e}^x, f^{(n)}(x)=\mathrm{e}^x$，$x_0=0$ 时，$f^{(n)}(0)=1$；所以$f(x)=\mathrm{e}^x$ 在 $x_0=0$ 的泰勒级数为：

$$\begin{aligned}&f(0)+f'(0)x+\frac{f''(0)}{2!}x^2+\cdots+\frac{f^{(n)}(0)}{n!}x^n+\cdots\\&=1+x+\frac{1}{2!}x^2+\frac{1}{3!}x^3+\cdots+\frac{1}{n!}x^n+\cdots=\sum_{n=0}^{\infty}\frac{1}{n!}x^n,\end{aligned}$$

泰勒公式的余项 $R_n(x)=\frac{f^{(n+1)}(\xi)}{(n+1)!}(x-x_0)^n=\frac{\mathrm{e}^{\xi}}{(n+1)!}x^n$，$\xi$ 介于0，x 之间。

$$|R_n(x)|=\frac{\mathrm{e}^{\xi}}{(n+1)!}|x^n|\leqslant\frac{\mathrm{e}^{|\xi|}}{(n+1)!}|x|^n\leqslant\frac{\mathrm{e}^{|x|}}{(n+1)!}|x|^n,$$

因为级数 $\sum\limits_{n=0}^{\infty}\frac{|x|^n}{(n+1)!}$ 的收敛半径为 $R=+\infty$，故收敛区间 $(-\infty,+\infty)$；即 $\forall x\in(-\infty,+\infty)$，$\sum\limits_{n=0}^{\infty}\frac{|x|^n}{(n+1)!}$ 均收敛；根据级数收敛的必要条件可知级数的通项必趋于零，即 $\lim\limits_{n\to\infty}\frac{|x|^n}{(n+1)!}=0$，则 $\lim\limits_{n\to\infty}\frac{|x|^n\mathrm{e}^{|x|}}{(n+1)!}=0$；根据夹逼准则，$\lim\limits_{n\to\infty}|R_n(x)|=0$，从而 $\lim\limits_{n\to\infty}R_n(x)=0$，从而$f(x)=\mathrm{e}^x$ 在 $x_0=0$ 的泰勒级数，即 $f(x)=\mathrm{e}^x$ 的麦克劳林级数收敛于

$f(x)=e^x$，即：

$$e^x=1+x+\frac{1}{2!}x^2+\frac{1}{3!}x^3+\cdots+\frac{1}{n!}x^n+\cdots,(-\infty,+\infty).$$

注：利用与例 1 相同的方法，可以得到以下常用的几个函数的麦克劳林级数($x_0=0$)：

$$e^x=1+x+\frac{1}{2!}x^2+\frac{1}{3!}x^3+\cdots+\frac{1}{n!}x^n+\cdots=\sum_{n=0}^{\infty}\frac{1}{n!}x^n,(-\infty,+\infty);$$

$$\sin x=x-\frac{1}{3!}x^3+\frac{1}{5!}x^5-\cdots+(-1)^n\frac{1}{(2n+1)!}x^{2n+1}+\cdots$$

$$=\sum_{n=0}^{\infty}\frac{(-1)^n}{(2n+1)!}x^{2n+1},(-\infty,+\infty);$$

$$\cos x=1-\frac{1}{2!}x^2+\frac{1}{4!}x^4-\cdots+(-1)^n\frac{1}{(2n)!}x^{2n}+\cdots$$

$$=\sum_{n=0}^{\infty}\frac{(-1)^n}{(2n)!}x^{2n},(-\infty,+\infty);$$

$$(1+x)^\alpha=1+\alpha x+\frac{\alpha(\alpha-1)}{2!}x^2+\cdots+\frac{\alpha(\alpha-1)\cdots(\alpha-n+1)}{n!}x^n+\cdots=1+\sum_{n=1}^{\infty}C_\alpha^n x^n,$$

$(-1,1)$，($x=\pm1$ 的收敛性视 α 而定)，特别地，当 $\alpha=-1$ 时有：

$$\frac{1}{1+x}=1-x+x^2-\cdots+(-1)^n x^n+\cdots=\sum_{n=0}^{\infty}(-1)^n x^n,(-1,1).$$

利用上一节中，幂级数在收敛区间内的四则运算性质，以及定理 3 所给出的和函数的连续性、可导性、可积性，对一些已知的幂级数展开式进行运算后，可得到所求函数的幂级数展开式。此外，还必须熟悉上面给出的几个常用的幂级数展开式，这样就能更加方便地把函数展开成为所需要的幂级数。

例 2　将函数 e^{-x}，$\cosh x$，$\dfrac{1}{1-x^2}$ 分别展开成关于 x 的幂级数。

解　因为：

$$e^x=1+x+\frac{1}{2!}x^2+\frac{1}{3!}x^3+\cdots+\frac{1}{n!}x^n+\cdots=\sum_{n=0}^{\infty}\frac{1}{n!}x^n,x\in(-\infty,+\infty),$$

所以

$$e^{-x}=\sum_{n=0}^{\infty}\frac{(-x)^n}{n!}=\sum_{n=0}^{\infty}\frac{(-1)^n}{n!}x^n,x\in(-\infty,+\infty);$$

$$\cosh x=\frac{e^x+e^{-x}}{2}=\frac{1}{2}\left[\sum_{n=0}^{\infty}\frac{x^n}{n!}+\sum_{n=0}^{\infty}\frac{(-1)^n}{n!}x^n\right]$$

$$=\frac{1}{2}\sum_{n=0}^{\infty}\frac{1+(-1)^n}{n!}x^n=\sum_{n=0}^{\infty}\frac{1}{(2n)!}x^{2n},x\in(-\infty,+\infty);$$

又因为

$$\frac{1}{1+x}=\sum_{n=0}^{\infty}(-1)^n x^n,x\in(-1,1),$$

所以

$$\frac{1}{1-x^2}=\sum_{n=0}^{\infty}(-1)^n(-x^2)^n=\sum_{n=0}^{\infty}x^{2n}\ ,x\in(-1,1).$$

例 3 将函数$f(x)=x\arctan x$展开成麦克劳林级数。

解 因为$(\arctan x)'=\dfrac{1}{1+x^2}$，而$\dfrac{1}{1+x^2}=\sum\limits_{n=0}^{\infty}(-1)^n x^{2n}\ ,x\in(-1,1)$；两边积分有

$$\int_0^x(\arctan x)'\mathrm{d}x=\int_0^x\frac{1}{1+x^2}\mathrm{d}x=\sum_{n=0}^{\infty}(-1)^n\int_0^x x^{2n}\mathrm{d}x\ ,\text{即}$$

$$\arctan x=\sum_{n=0}^{\infty}\frac{(-1)^n}{2n+1}x^{2n+1}\ ,x\in[-1,1]\ ,$$

所以

$$f(x)=x\arctan x=x\sum_{n=0}^{\infty}\frac{(-1)^n}{2n+1}x^{2n+1}=\sum_{n=0}^{\infty}\frac{(-1)^n}{2n+1}x^{2n+2}\ ,x\in[-1,1].$$

注：经过逐项求导或逐项积分后，收敛半径不变，但收敛区间端点的收敛性可能变化。

例 4 设$f(x)=\sin x$，试将函数展开成关于$x-\dfrac{\pi}{4}$的泰勒级数。

解 可以利用$\sin x$和$\cos x$的麦克劳林级数展开式：

$$\sin x=x-\frac{1}{3!}x^3+\frac{1}{5!}x^5-\cdots+(-1)^n\frac{1}{(2n+1)!}x^{2n+1}+\cdots=\sum_{n=0}^{\infty}\frac{(-1)^n}{(2n+1)!}x^{2n+1}\ ,$$

$$\cos x=1-\frac{1}{2!}x^2+\frac{1}{4!}x^4-\cdots+(-1)^n\frac{1}{(2n)!}x^{2n}+\cdots=\sum_{n=0}^{\infty}\frac{(-1)^n}{(2n)!}x^{2n}\ ,$$

又由于$\sin x=\sin\left[\left(x-\dfrac{\pi}{4}\right)+\dfrac{\pi}{4}\right]$，令$t=x-\dfrac{\pi}{4}$，则

$$\begin{aligned}\sin x&=\frac{\sqrt{2}}{2}(\sin t+\cos t)=\frac{\sqrt{2}}{2}\left[\sum_{n=0}^{\infty}\frac{(-1)^n}{(2n+1)!}t^{2n+1}+\sum_{n=0}^{\infty}\frac{(-1)^n}{(2n)!}t^{2n}\right]\\&=\frac{\sqrt{2}}{2}\left[\sum_{n=0}^{\infty}\frac{(-1)^n}{(2n+1)!}\left(x-\frac{\pi}{4}\right)^{2n+1}+\sum_{n=0}^{\infty}\frac{(-1)^n}{(2n)!}\left(x-\frac{\pi}{4}\right)^{2n}\right]\\&=\frac{\sqrt{2}}{2}\left[1+\left(x-\frac{\pi}{4}\right)-\frac{1}{2!}\left(x-\frac{\pi}{4}\right)^2-\frac{1}{3!}\left(x-\frac{\pi}{4}\right)^3+\cdots\right],x\in(-\infty,+\infty).\end{aligned}$$

例 5 写出函数$f(x)=\dfrac{1}{x^2+3x-10}$在$x_0=-3$的泰勒级数。

解 $f(x)=\dfrac{1}{x^2+3x-10}=\dfrac{1}{(x-2)(x+5)}=\dfrac{1}{7}\left(\dfrac{1}{x-2}-\dfrac{1}{x+5}\right)$，

由于函数在$x_0=-3$的泰勒级数也就是关于$x+3$的幂级数，所以可做如下变换：

$$\frac{1}{x-2}=\frac{1}{(x+3)-5}=-\frac{1}{5}\cdot\frac{1}{1-\dfrac{x+3}{5}}\ ,$$

利用

$$\frac{1}{1-t}=1+t+t^2+\cdots+t^n+\cdots=\sum_{n=0}^{\infty}t^n\ ,t\in(-1,1)\ ,$$

令 $\frac{x+3}{5}=t$，可得

$$\frac{1}{x-2}=-\frac{1}{5}\sum_{n=0}^{\infty}\left(\frac{x+3}{5}\right)^n，\frac{x+3}{5}\in(-1,1)，即 x\in(-8,2)；$$

同理，

$$\frac{1}{x+5}=\frac{1}{(x+3)+2}=\frac{1}{2}\cdot\frac{1}{1+\frac{x+3}{2}},$$

令 $\frac{x+3}{2}=t$，由 $\frac{1}{1+t}=\sum_{n=0}^{\infty}(-1)^n t^n$ 可得

$$\frac{1}{x+5}=\frac{1}{2}\sum_{n=0}^{\infty}(-1)^n\left(\frac{x+3}{2}\right)^n=\sum_{n=0}^{\infty}\frac{(-1)^n}{2^{n+1}}(x+3)^n,$$

且 $\left|\frac{x+3}{2}\right|<1$，即 $x\in(-5,-1)$；

所以有

$$\frac{1}{x^2+3x-10}=\frac{1}{7}\left(\frac{1}{x-2}-\frac{1}{x+5}\right)=\frac{1}{7}\left[-\sum_{n=0}^{\infty}\frac{1}{5^{n+1}}(x+3)^n-\sum_{n=0}^{\infty}\frac{(-1)^n}{2^{n+1}}(x+3)^n\right]$$

$$=-\frac{1}{7}\sum_{n=0}^{\infty}\left[\frac{1}{5^{n+1}}+\frac{(-1)^n}{2^{n+1}}\right](x+3)^n,\ -5<x<-1.$$

习题九

1. 填空题：

(1) 部分和数列 $\{S_n\}$ 有界，是正项级数 $\sum_{n=1}^{+\infty}u_n$ 收敛的__________条件；

(2) 对级数 $\sum_{n=0}^{\infty}u_n$，$\lim_{n\to\infty}u_n=0$ 是它收敛的__________条件；

(3) 级数 $\sum_{n=1}^{\infty}u_n$ 称为条件收敛是指级数 $\sum_{n=1}^{\infty}|u_n|$ __________，但级数 $\sum_{n=1}^{\infty}u_n$ __________。

2. 根据级数收敛与发散的定义判别下列级数的收敛性，并求出其中收敛级数的和：

(1) $\sum_{n=1}^{\infty}\frac{1}{\sqrt{n+1}+\sqrt{n}}$；　　(2) $\sum_{n=1}^{\infty}\frac{1}{n(n+1)}$；

(3) $\sum_{n=1}^{\infty}\frac{1}{2^n}$；　　(4) $\sum_{n=1}^{\infty}(\sqrt{n+2}-2\sqrt{n+1}+\sqrt{n})$.

3. 判别下列级数的收敛性：

(1) $\sum_{n=1}^{\infty}\frac{n}{2n-1}$；　　(2) $\sum_{n=1}^{\infty}\frac{2}{5n+3}$；

(3) $\sum_{n=1}^{\infty}\frac{1}{n\sqrt{n+2}}$；　　(4) $\sum_{n=1}^{\infty}\frac{1}{2+a^n}$，$(a>0)$；

(5) $\sum_{n=1}^{\infty}\sin\frac{1}{n}$;

(6) $\sum_{n=1}^{\infty}\frac{1}{(n+1)\sqrt[n]{n}}$;

(7) $\sum_{n=1}^{\infty}\ln(1+\frac{1}{n})$;

(8) $\sum_{n=1}^{\infty}(1-\cos\frac{2}{n})$;

(9) $\frac{4}{1\cdot 3}+\frac{4^2}{2\cdot 3^2}+\cdots+\frac{4^n}{n\cdot 3^n}+\cdots$;

(10) $\sum_{n=1}^{\infty}\frac{n+1}{2^n}$;

(11) $\sum_{n=1}^{\infty}\frac{x^n}{n^2}(x>0)$;

(12) $\sum_{n=1}^{\infty}\frac{6^n}{7^n-5^n}$;

(13) $\sum_{n=1}^{\infty}n\tan\frac{\pi}{2^{n+1}}$;

(14) $\sum_{n=1}^{\infty}(\frac{n}{2n+1})^{n+1}$;

(15) $\sum_{n=1}^{\infty}\frac{2^{-n}}{n^2}$;

(16) $\sum_{n=1}^{\infty}\frac{3^n}{2^n(\arctan n)^n}$;

(17) $\sum_{n=1}^{\infty}\frac{n\sin^{2n}\frac{n\pi}{5}}{2^n}$;

(18) $\sum_{n=1}^{\infty}\frac{3^n n!}{n^2}$.

4. 判定下列级数的收敛性，若收敛，是绝对收敛还是条件收敛?

(1) $\sum_{n=1}^{\infty}\frac{(-1)^{n-1}\cdot 3}{(n+1)^2}$;

(2) $\sum_{n=1}^{\infty}(-1)^{n-1}\ln\frac{n+1}{n}$;

(3) $\sum_{n=1}^{\infty}(-1)^n(\sqrt{n+1}-\sqrt{n})$.

5. $\sum_{n=1}^{\infty}(a_{n+1}-a_n)$ 收敛的充分必要条件是数列 a_n 的极限存在。

6. 已知级数 $\sum_{n=1}^{\infty}a_n^2$ 和 $\sum_{n=1}^{\infty}b_n^2$ 都收敛，证明级数 $\sum_{n=1}^{\infty}a_nb_n$ 绝对收敛。

7. 设级数 $\sum_{n=1}^{\infty}(a_{n+1}-a_n)$ 收敛，$\sum_{n=1}^{\infty}b_n$，$b_n>0$ 收敛，证明：$\sum_{n=1}^{\infty}a_nb_n$ 绝对收敛。

8. 设 $x_1=2$，$x_{n+1}=\frac{1}{2}(x_n+\frac{1}{x_n})$，证明：(1) $\lim_{n\to\infty}x_n$ 存在；(2) $\sum_{n=1}^{\infty}(\frac{x_n}{x_{n+1}}-1)$ 收敛。

9. 求下列幂级数的收敛域：

(1) $\sum_{n=1}^{\infty}\frac{3^n+5^n}{n}x^n$;

(2) $\sum_{n=1}^{\infty}(-1)^n\frac{x^{2n}}{2^n}$;

(3) $\sum_{n=1}^{\infty}\frac{x^n}{n\cdot 3^n}$;

(4) $\sum_{n=1}^{\infty}\frac{(x-2)^n}{2^n}$.

10. 求下列幂级数的和函数：

(1) $\sum_{n=1}^{\infty}n(x-1)^{n-1}$;

(2) $\sum_{n=0}^{\infty}(n+2)x^{n+3}$;

(3) $\sum_{n=1}^{\infty}\frac{2n-1}{2^n}x^{2n-2}$;

(4) $\sum_{n=0}^{\infty}(-1)^n\frac{n+1}{(2n+1)!}x^{2n+1}$.

11. 求下列数项级数的和：

(1) $\sum_{n=1}^{\infty} \frac{2n-1}{2^n}$；　(2) $\sum_{n=1}^{\infty} \frac{1}{n \cdot 3^n}$；　(3) $\sum_{n=0}^{\infty} (-1)^n \frac{n+1}{(2n+1)!}$.

12. 将下列函数展开成幂级数：

(1)将 $f(x)=2^x$ 展开成 x 的幂级数；

(2)将 $f(x)=\frac{1}{(2-x)^2}$ 展开成 x 的幂级数；

(3)将 $f(x)=\ln(3+x)$ 展开成 $x-2$ 的幂级数；

(4)将 $f(x)=\frac{1}{x^2+3x+2}$ 展开成 $x-1$ 的幂级数；

(5)将 $f(x)=\arctan x$ 展开成 x 的幂级数。

第十章 微分方程与差分方程

人们在确定反映客观事物之间的联系的数量关系，即确定变量之间的函数关系时，往往根据实际情况，列出含有所求函数导数的函数关系式，这种关系式就是微分方程。当微分方程建立之后，需要利用一定的数学方法求出满足该方程的函数，这就是求解微分方程。也有很多变量是离散型变量，例如很多经济变量是随时间离散变化的，描述离散型变量关系的数学模型称为离散型模型。差分方程正是一类最常见的离散型模型。

本章主要介绍微分方程及差分方程的一些基本概念，以及几种可求解的方程的具体解法。

§1 微分方程的基本概念

一、引例

例 1 一曲线经过点 $(2, 2)$，且曲线上任意一点 (x, y) 处的切线的斜率等于该点的横坐标，试确定此曲线的方程。

解 由题意及导数的几何意义，有

$$y' = x \tag{1}$$

且满足

$$x = 2 \text{ 时}, y = 2, \tag{2}$$

两端对(1)式积分可得

$$y = \frac{x^2}{2} + c, \tag{3}$$

其中 c 是任意常数。把(2)式代入(3)式中，可得 $c = 0$，因此所求曲线的方程为：

$$y = \frac{x^2}{2}. \tag{4}$$

例 2 在真空中，一物体自静止状态自由下落，求此物体运动的微分方程。

解 自由下落时，物体所受到的外力为 $F = mg$，根据牛顿第二定律有

$$mg = ma,$$

由导数的意义知 $a = \frac{\mathrm{d}v}{\mathrm{d}t} = \frac{\mathrm{d}^2 s}{\mathrm{d}t^2}$，则此物体自由下落运动规律的函数 $s = s(t)$ 应满足

$$\frac{\mathrm{d}^2 s}{\mathrm{d}t^2} = g, \tag{5}$$

此外，函数还满足下面的条件：

$$t = 0 \text{ 时}, s = 0, v = \frac{\mathrm{d}s}{\mathrm{d}t} = 0, \tag{6}$$

对(5)式做两次积分后，分别有

$$v=\frac{\mathrm{d}s}{\mathrm{d}t}=gt+c_1\ , \tag{7}$$

$$s=\frac{1}{2}gt^2+c_1t+c_2\ , \tag{8}$$

其中 c_1、c_2 是任意常数。将(6)式代入上面两式中，可以得到 $c_1=c_2=0$，因此所求物体的运动方程为：

$$s(t)=\frac{1}{2}gt^2\ . \tag{9}$$

二、微分方程的基本概念

微分方程：含有未知函数的导数或高阶导数的方程，称为微分方程。如上两例中的方程(1)与方程(5). 当未知函数是一元函数的，称为常微分方程；未知函数是多元函数的，称为偏微分方程。本章只讨论常微分方程。

微分方程的阶：微分方程中所出现的未知函数最高阶导数的阶数，称为微分方程的阶；例如，方程(1)是一阶微分方程，方程(5)是二阶微分方程，方程 $y^{(n)}=1$ 是 n 阶微分方程。

微分方程的解：如果在某区间 I 上，存在函数满足微分方程，即将这个函数代入方程中，使得方程成为恒等式，就称该函数为微分方程在区间 I 上的解。

微分方程的通解：如果微分方程的解中含有相互独立的任意常数，并且任意常数的个数与微分方程的阶数相同，就称这个解为微分方程的通解。例如(3)式就是方程(1)的通解，(8)式就是方程(5)的通解。

微分方程的初始条件：用来确定微分方程通解中任意常数的条件，就称为初始条件。例如(2)式是方程(1)的初始条件，(6)式就是方程(5)的初始条件。带有初始条件的微分方程称为初值问题。

微分方程的特解：利用初始条件确定了微分方程通解中任意常数的值，所得到的解称为微分方程的特解。例如(4)式是方程(1)的特解，(9)式是方程(5)的特解。

微分方程解的几何意义：微分方程的解的图形是一条曲线，称为微分方程的积分曲线。通解的图形是一族积分曲线，特解的图形是根据初始条件所确定的积分曲线族中的一条特定曲线。

线性常微分方程：未知函数及其各阶导数的次数均为一次的常微分方程，就称为线性常微分方程。例如，

$$y'+x^2y=x^3$$

是线性微分方程；而

$$y''+y^2y'+x=0$$

是非线性微分方程。

§2　可分离变量的微分方程

我们在接下来的几节内容，先来讨论一阶微分方程中可求解的类型。一阶微分方程的一般形式为：

$$F(x, y, y') = 0;$$

若记 $y' = \frac{dy}{dx}$，且 y' 可解出，一阶微分方程的一般形式可以写成：

$$\frac{dy}{dx} = f(x, y),$$

有时也写成对称形式：

$$p(x, y)dx + q(x, y)dy = 0.$$

如果一阶微分方程可以写成：

$$p(x)dx = q(y)dy,$$

则称微分方程为可分离变量的微分方程。

可以通过两端积分得到它的通解。我们假定 $p(x)$ 和 $q(y)$ 都是连续的，两端积分可得

$$\int p(x)dx = \int q(y)dy,$$

设 $P(x)$ 和 $Q(y)$ 分别为 $p(x)$ 和 $q(y)$ 的原函数，上式即

$$P(x) = Q(y) + c,$$

在 $Q(y) \neq 0$ 的条件下，由此式确定了 y 关于 x 的隐函数 $y = y(x)$，且有

$$\frac{dy}{dx} = y'(x) = \frac{P'(x)}{Q'(y)} = \frac{p(x)}{q(y)},$$

即

$$p(x)dx = q(y)dy,$$

这说明，当 $Q(y) \neq 0$ 时，由 $P(x) = Q(y) + c$ 确定的隐函数 $y = y(x)$ 就是原微分方程的解。称 $P(x) = Q(y) + c$ 为微分方程的隐式通解。

当 $P(x) \neq 0$ 时，由 $P(x) = Q(y) + c$ 确定的隐函数 $x = x(y)$ 也是原方程的通解，

注：求解可分离变量微分方程的方法是：分离变量、两边分别积分。

例 1 求微分方程 $y' = -\lambda y$ 的通解。

解 $\frac{dy}{dx} = -\lambda y$，首先分离变量得

$$\frac{1}{y}dy = -\lambda dx,$$

再两边积分有：

$$\ln|y| = -\lambda x + c_1,$$

即 $|y| = e^{-\lambda x + c_1} = e^{c_1} \cdot e^{-\lambda x}$，从而 $y = \pm e^{c_1} \cdot e^{-\lambda x}$，记 $\pm e^{c_1} = c$，则方程通解为：$y = ce^{-\lambda x}$.

注：事实上对于 $\frac{1}{y}dy = -\lambda dx$，积分后得：$\ln|y| = -\lambda x + \ln|c|$，有 $y = ce^{-\lambda x}$.

例 2 求微分方程 $\frac{dy}{dx} = \frac{x(1+y^2)}{y(1+x^2)}$ 满足初始条件 $y(0) = 1$ 的特解。

解 分离变量有

$$\frac{y}{1+y^2}dy = \frac{x}{1+x^2}dx,$$

两边积分得

$$\frac{1}{2}\ln(1+y^2) = \frac{1}{2}\ln(1+x^2) + \frac{1}{2}\ln c,$$

即 $\ln(1+y^2)=\ln c(1+x^2)$，因此方程的通解为：$(1+y^2)=c(1+x^2)$．代入初始条件 $y(0)=1$，可得 $c=2$，所求特解为：$(1+y^2)=2(1+x^2)$ 或 $2x^2-y^2+1=0$.

例 3　设 $y=f(x)(x\geqslant 0)$ 连续可微且 $f(0)=1$，已知曲线 $y=f(x)$、x 轴、x 轴上过原点及 x 点的两条垂线所围成的图形的面积值与曲线 $y=f(x)$ 的这一段弧长相等，求 $f(x)$.

解　由条件有 $\int_0^x f(x)\mathrm{d}x=\int_0^x\sqrt{1+[f'(x)]^2}\mathrm{d}x$，两边求导得 $f(x)=\sqrt{1+[f'(x)]^2}$，即 $y=\sqrt{1+[y']^2}$，整理后为 $y'=\pm\sqrt{y^2-1}$，这是可分离变量的微分方程：

$$\frac{\mathrm{d}y}{\mathrm{d}x}=\pm\sqrt{y^2-1},$$

分离变量可得

$$\frac{1}{\sqrt{y^2-1}}\mathrm{d}y=\pm\mathrm{d}x,$$

积分得 $\ln(y+\sqrt{y^2-1})=\pm x+c$，又 $y(0)=1$，则 $c=0$；所求特解为：

$$\ln(y+\sqrt{y^2-1})=\pm x,$$

或 $y+\sqrt{y^2-1}=\mathrm{e}^{\pm x}$，或 $y=\frac{1}{2}(\mathrm{e}^x+\mathrm{e}^{-x})=\cosh x$.

例 4　求微分方程 $\frac{\mathrm{d}y}{\mathrm{d}x}=\frac{1}{x-y}+1$ 的通解。

解　作代换令：$x-y=u$，两边对 x 求导有 $1-\frac{\mathrm{d}y}{\mathrm{d}x}=\frac{\mathrm{d}u}{\mathrm{d}x}$，

代入方程有：

$$1-\frac{\mathrm{d}u}{\mathrm{d}x}=\frac{1}{u}+1,\ 即\ \frac{\mathrm{d}u}{\mathrm{d}x}=-\frac{1}{u},$$

分离变量有

$$u\mathrm{d}u=-\mathrm{d}x,$$

积分得：$\frac{u^2}{2}=-x+\frac{1}{2}c$，$u^2=-2x+c$，因此通解为 $(x-y)^2=-2x+c$.

§3　齐次方程

一、齐次方程

如果一阶微分方程 $F(x,y,y')=0$ 可以写成如下形式：

$$\frac{\mathrm{d}y}{\mathrm{d}x}=f(\frac{y}{x})$$

则称之为齐次方程。齐次方程可以利用变量代换，化成可分离变量的微分方程。

采用代换：$u=\frac{y}{x}$，则 $y=xu$，$\frac{\mathrm{d}y}{\mathrm{d}x}=u+x\frac{\mathrm{d}u}{\mathrm{d}x}$，代入方程有：

$$u+\frac{\mathrm{d}u}{\mathrm{d}x}=f(u),\ 即\ \frac{\mathrm{d}u}{\mathrm{d}x}=f(u)-u,$$

这是可分离变量的微分方程，分离变量可得 $\frac{1}{f(u)-u}\mathrm{d}u=\frac{1}{x}\mathrm{d}x$.

例 1 求微分方程 $\frac{\mathrm{d}y}{\mathrm{d}x}=\frac{x+y}{x-y}$ 的通解。

解 原方程可化为

$$\frac{\mathrm{d}y}{\mathrm{d}x}=\frac{1+\frac{y}{x}}{1-\frac{y}{x}},$$

这是齐次方程，令 $\frac{y}{x}=u$，$y=xu$，$\frac{\mathrm{d}y}{\mathrm{d}x}=u+x\frac{\mathrm{d}u}{\mathrm{d}x}$ 代入方程，有

$$u+x\frac{\mathrm{d}u}{\mathrm{d}x}=\frac{1+u}{1-u},$$

即
$$x\frac{\mathrm{d}u}{\mathrm{d}x}=\frac{1+u}{1-u}-u=\frac{1+u^2}{1-u},$$

分离变量得

$$\frac{1-u}{1+u^2}\mathrm{d}u=\frac{1}{x}\mathrm{d}x,$$

积分得
$$\arctan u-\frac{1}{2}\ln(1+u^2)=\ln x+\ln c,$$

即
$$\arctan u=\ln cx\sqrt{1+u^2},$$

或写为
$$\mathrm{e}^{\arctan u}=cx\sqrt{1+u^2},$$

将 $u=\frac{y}{x}$ 代回，得原方程的通解为：$\mathrm{e}^{\arctan\frac{y}{x}}=c\sqrt{x^2+y^2}$.

例 2 求微分方程 $x\frac{\mathrm{d}y}{\mathrm{d}x}+y=2\sqrt{xy}$ 满足 $y(1)=0$ 的特解。

解 原方程可化为齐次方程

$$\frac{\mathrm{d}y}{\mathrm{d}x}+\frac{y}{x}=2\sqrt{\frac{y}{x}},$$

作代换，令 $u=\frac{y}{x}$，则 $\frac{\mathrm{d}y}{\mathrm{d}x}=u+x\frac{\mathrm{d}u}{\mathrm{d}x}$，可得

$$x\frac{\mathrm{d}u}{\mathrm{d}x}=2(\sqrt{u}-u),$$

这是可分离变量的微分方程，有

$$\frac{1}{\sqrt{u}-u}\mathrm{d}u=\frac{2}{x}\mathrm{d}x,$$

积分得
$$\int\frac{1}{\sqrt{u}-u}\mathrm{d}u=2\int\frac{1}{x}\mathrm{d}x,$$

即
$$\int\frac{1}{1-\sqrt{u}}\mathrm{d}(1-\sqrt{u})=-\int\frac{1}{x}\mathrm{d}x,$$

有 $\ln(1-\sqrt{u})=-\ln x+\ln c$，也即 $x(1-\sqrt{u})=c$，所以原方程的通解为 $x(1-\sqrt{\frac{y}{x}})=c$.

再利用初始条件 $y(1)=0$，可得 $c=1$，则所求特解为：$x(1-\sqrt{\frac{y}{x}})=1$.

二、经变量代换可化为齐次方程的方程*

如果一阶微分方程可化为形如：

$$\frac{dy}{dx}=\frac{a_1x+b_1y+c_1}{a_2x+b_2y+c_2},$$

则一定可以化为齐次方程，这是因为：

①当 $c_1=c_2=0$ 时，就是齐次方程；

②当 c_1、c_2 不同时为零时，不是齐次方程。此时可作代换：

$$x=X+h,\ y=Y+k,$$

只要选取适当的 h、k，就可以使该方程变为齐次方程。

例 3　求微分方程 $(x-y-1)dx+(x+4y-1)dy=0$ 的通解。

解　原方程可整理成为 $\frac{dy}{dx}=-\frac{x-y-1}{x+4y-1}$，属于情形②的类型，

作代换令：$x=X+h$，$y=Y+k$，则 $\frac{dy}{dx}=\frac{dY}{dX}$，且

$$\frac{dY}{dX}=-\frac{(X+h)-(Y+k)-1}{(X+h)+4(Y+k)-1}，即 \frac{dY}{dX}=-\frac{X-Y+h+k-1}{X+4Y+h+4k-1},$$

令 $\begin{cases}h-k-1=0\\h+4k-1=0\end{cases}$，解得：$h=1$，$k=0$；即 $x=X+1$，$y=Y$，可得

$$\frac{dY}{dX}=-\frac{X-Y}{X+4Y},$$

这是齐次方程：

$$\frac{dY}{dX}=-\frac{1-\frac{Y}{X}}{1+4\frac{Y}{X}},$$

作代换令：$\frac{Y}{X}=u$，则 $\frac{dY}{dX}=u+X\frac{du}{dX}$，代入上式，有

$$u+X\frac{du}{dX}=-\frac{1-u}{1+4u},$$

分离变量有

$$\frac{1+4u}{1+4u^2}du=-\frac{1}{X}dX,$$

积分得

$$\frac{1}{2}\arctan 2u+\frac{1}{2}\ln(1+4u^2)=-\ln X+\frac{1}{2}\ln c,$$

即

$$\arctan(2u)+\ln(1+4u^2)+\ln X^2=c,$$

于是有

$$\arctan(2\frac{Y}{X})+\ln(X^2+4Y^2)=c,$$

变量换回有 $\arctan\dfrac{2y}{x-1}+\ln[(x-1)^2+4y^2]=c$，即为原方程的通解。

例 4 求微分方程 $\dfrac{dy}{dx}=\dfrac{3x^2+y^2-6x+3}{2xy-2y}$ 的通解。

解 原方程可整理成为 $\dfrac{dy}{dx}=\dfrac{3x^2+y^2-6x+3}{2xy-2y}=\dfrac{3(x-1)^2+y^2}{2y(x-1)}$，

作代换令：$t=x-1$，则有 $\dfrac{dy}{dx}=\dfrac{dy}{dt}\cdot\dfrac{dt}{dx}=\dfrac{dy}{dt}$，

原方程即：$$\dfrac{dy}{dt}=\dfrac{3t^2+y^2}{2yt}=\dfrac{3}{2}\cdot\dfrac{t}{y}+\dfrac{1}{2}\cdot\dfrac{y}{t},$$

这是齐次方程，令：$u=\dfrac{y}{t}$，即 $y=tu$，则 $\dfrac{dy}{dt}=u+t\dfrac{du}{dt}$，

代入上面的齐次方程，整理可得：$t\dfrac{du}{dt}=\dfrac{3-u^2}{2u}$，

分离变量可得：$$\frac{2u}{3-u^2}du=\frac{1}{t}dt,$$

积分得：$$-\ln(3-u^2)=\ln t-\ln c,$$

即 $c=t(3-u^2)$，变量换回有 $(x-1)[3-(\dfrac{y}{x-1})^2]=c$，化简可得原方程的通解为：

$$3(x-1)^2-y^2=c(x-1).$$

当 $\dfrac{a_1}{a_2}=\dfrac{b_1}{b_2}$ 时，可作变量代换，化成可分离变量的方程。如下例。

例 5 求微分方程 $(x+y)dx+(3x+3y-4)dy=0$ 的通解。

解 原方程可整理成为 $\dfrac{dy}{dx}=-\dfrac{x+y}{3x+3y-4}$，由于 $\dfrac{a_1}{a_2}=\dfrac{b_1}{b_2}=\dfrac{1}{3}$，故作代换令：

$$u=x+y\text{，则有 }\frac{du}{dx}=1+\frac{dy}{dx},$$

代入上面方程后，得到可分离变量的方程：

$$\frac{du}{dx}=-\frac{u}{3u-4}+1=\frac{2u-4}{3u-4},$$

分离变量后可得 $$(\frac{3}{2}+\frac{1}{u-2})du=dx,$$

两端积分有 $\dfrac{3}{2}u+\ln|u-2|=x+c$，变量代回可得原方程的通解为：

$$\frac{x}{2}+\frac{3}{2}y+\ln|x+y-2|=x+c.$$

§4　一阶线性微分方程

一、一阶线性微分方程

如果一阶微分方程 $F(x, y, y')=0$ 可以写为：

$$y'+p(x)y=q(x),$$

则称之为一阶线性微分方程。所谓线性是指方程关于 y，y' 都是一次的。

1. 一阶线性齐次微分方程

$$y'+p(x)y=0, \tag{1}$$

这也是可分离变量的方程，容易求解

$$\frac{\mathrm{d}y}{y}=-p(x)\mathrm{d}x,$$

$$\ln y=-\int p(x)\mathrm{d}x+\ln c,$$

所以通解为 $y=c\mathrm{e}^{-\int p(x)\mathrm{d}x}$，其中不定积分 $\int p(x)\mathrm{d}x$ 只取一个原函数。

2. 一阶线性非齐次微分方程

$$y'+p(x)y=q(x),\ q(x)\neq 0 \tag{2}$$

可以使用常数变易法求其通解。步骤如下：

①首先求出线性齐次方程（1）的通解 $y=c\mathrm{e}^{-\int p(x)\mathrm{d}x}$；

②再将通解中的常数变易，即令其中的常数 $c=c(x)$，同时设 $y=c(x)\mathrm{e}^{-\int p(x)\mathrm{d}x}$ 是线性非齐次方程（2）的解，则可将 y，y' 代入非齐次方程（2）中，确定未知函数 $c(x)$，

$$y'=c'(x)\mathrm{e}^{-\int p(x)\mathrm{d}x}-c(x)p(x)\mathrm{e}^{-\int p(x)\mathrm{d}x},$$

代入非齐次方程（2）中，有

$$c'(x)\mathrm{e}^{-\int p(x)\mathrm{d}x}-c(x)p(x)\mathrm{e}^{-\int p(x)\mathrm{d}x}+p(x)c(x)\mathrm{e}^{-\int p(x)\mathrm{d}x}=q(x),$$

即
$$c'(x)\mathrm{e}^{-\int p(x)\mathrm{d}x}=q(x),$$

即
$$c'(x)=q(x)\mathrm{e}^{\int p(x)\mathrm{d}x},$$

两端积分可得
$$c(x)=\int q(x)\mathrm{e}^{\int p(x)\mathrm{d}x}\mathrm{d}x+c;$$

从而线性非齐次方程 $y'+p(x)y=q(x)$ 的通解为 $y=c(x)\mathrm{e}^{-\int p(x)\mathrm{d}x}$，即有通解公式：

$$y=\mathrm{e}^{-\int p(x)\mathrm{d}x}\left(\int q(x)\mathrm{e}^{\int p(x)\mathrm{d}x}\mathrm{d}x+c\right), \tag{3}$$

也可写成
$$y=\mathrm{e}^{-\int p(x)\mathrm{d}x}\int q(x)\mathrm{e}^{\int p(x)\mathrm{d}x}\mathrm{d}x+c\mathrm{e}^{-\int p(x)\mathrm{d}x}. \tag{4}$$

注：(1)求解一阶线性非齐次微分方程可以使用上面的常数变易法，也可以直接利用通解公式（3），即 $y=\mathrm{e}^{-\int p(x)\mathrm{d}x}\left[\int q(x)\mathrm{e}^{\int p(x)\mathrm{d}x}\mathrm{d}x+c\right]$，但前提是先要把方程化成标准形式 $y'+p(x)y=q(x)$，此外约定，通解公式中所有的不定积分只取一个原函数即可；

(2)记 $y^* = e^{-\int p(x)dx}\int q(x)e^{\int p(x)dx}dx$，$Y = ce^{-\int p(x)dx}$，则 y^* 是方程 $y' + p(x)y = q(x)$ 的一个解；而 Y 是对应的线性齐次方程的通解，故线性非齐次方程的通解可以表示为：$y = Y + y^*$.

例 1 求微分方程 $y'\cos x - y\sin x = 2x$ 的通解。

解 这是一阶线性非齐次方程，先将方程化为标准形式：

$$y' - y\tan x = \frac{2x}{\cos x},$$

即 $p(x) = -\tan x$，$q(x) = \frac{2x}{\cos x}$，代入通解公式（3），则方程的通解为

$$\begin{aligned} y &= e^{-\int p(x)dx}\left[\int q(x)e^{\int p(x)dx}dx + c\right] \\ &= e^{\int \tan x dx}\left(\int \frac{2x}{\cos x}e^{-\int \tan x dx}dx + c\right) \\ &= e^{-\ln\cos x}\left(\int \frac{2x}{\cos x}e^{\ln\cos x}dx + c\right) \\ &= \frac{1}{\cos x}\left(\int 2x dx + c\right) = \frac{1}{\cos x}(x^2 + c). \end{aligned}$$

例 2 求微分方程 $x^2y' + xy + 1 = 0$ 在 $y(2) = 1$ 时的特解。

解 将原方程化为标准形式：

$$y' + \frac{1}{x}y = -\frac{1}{x^2},$$

其中 $p(x) = \frac{1}{x}$，$q(x) = -\frac{1}{x^2}$，则其通解为：

$$\begin{aligned} y &= e^{-\int p(x)dx}\left[\int q(x)e^{\int p(x)dx}dx + c\right] \\ &= e^{-\int \frac{1}{x}dx}\left[\int \left(-\frac{1}{x^2}\right)e^{\int \frac{1}{x}dx}dx + c\right] \\ &= e^{-\ln x}\left[\int \left(-\frac{1}{x^2}\right)e^{\ln x}dx + c\right] \\ &= \frac{1}{x}\left[\int \left(-\frac{1}{x^2}\right)\cdot x dx + c\right] = \frac{1}{x}(-\ln x + c). \end{aligned}$$

由初始条件 $y(2) = 1$，即 $1 = \frac{-\ln 2 + c}{2}$，则有 $c = 2 + \ln 2$，因此满足初始条件的特解为

$$y = \frac{-\ln x + 2 + \ln 2}{x}.$$

例 3 求解微分方程 $y^2dx + (xy + 1)dy = 0$.

解 此方程出现 y^2，因此不是线性微分方程。若将方程改写为：

$$\frac{dx}{dy} + \frac{1}{y}x = -\frac{1}{y^2},$$

此时未知函数为 $x = x(y)$，则方程关于 x，x' 是线性的，这是一个一阶线性非齐次微分

方程的标准形式，且 $p(y)=\dfrac{1}{y}$，$q(y)=\dfrac{1}{y^2}$，

由通解公式：

$$x=e^{-\int p(y)dy}\left[\int q(y)e^{\int p(y)dy}dy+c\right],$$

容易得到方程的通解为：$x=\dfrac{-\ln y+c}{y}$.

注：在一阶微分方程中，x 和 y 的地位是同等的，通常视 y 为未知函数，x 为自变量；但是有时我们视 x 为未知函数，y 为自变量，可以使得求解更加方便。

例 4　设 $y=e^x$ 是微分方程 $xy'+p(x)y=x$ 的一个解，求此微分方程的通解。

解　将 $y=e^x$ 代入方程得：$xe^x+p(x)e^x=x$，则 $p(x)=xe^{-x}-x$；对应的一阶线性微分方程为：

$$xy'+(xe^{-x}-x)y=x\text{，即 } y'+(e^{-x}-1)y=1,$$

利用通解公式可得：

$$\begin{aligned}y&=e^{-\int p(x)dx}\left[\int q(x)e^{\int p(x)dx}dx+c\right]\\&=e^{-\int(e^{-x}-1)dx}\left[\int 1\cdot e^{\int(e^{-x}-1)dx}dx+c\right]\\&=e^{e^{-x}+x}\left(\int e^{-e^{-x}-x}dx+c\right)\\&=e^{e^{-x}+x}\left(\int e^{-e^{-x}}e^{-x}dx+c\right)\\&=e^{e^{-x}+x}\left(e^{-e^{-x}}+c\right)=e^x+ce^{e^{-x}+x}.\end{aligned}$$

二、伯努利方程

形如

$$y'+p(x)y=q(x)y^a,\ (a\neq 0,1) \tag{5}$$

的方程称为伯努利方程。

注：(1) $a=0$ 时，方程为：$y'+p(x)y=q(x)$，这是一阶线性微分方程；

(2) $a=1$ 时，方程为：$y'+p(x)y=q(x)y$，即 $y'+[p(x)-q(x)]y=0$，这是可分离变量的微分方程。

当 $a\neq 0$, 1 时，(5) 式为伯努利方程，可按照下述步骤处理：

首先两边同除 y^a，有 $y^{-a}y'+p(x)y^{1-a}=q(x)$，

再令：$z=y^{1-a}$，则 $\dfrac{dz}{dx}=(1-a)y^{-a}\dfrac{dy}{dx}$，代入方程整理可得

$$\frac{dz}{dx}+(1-a)p(x)z=(1-a)q(x),$$

这是关于 z, z' 的一阶线性微分方程，求出其通解后，再以 y^{1-n} 换 z 即可得到伯努利方程的通解。

例 5　求微分方程 $(y^4-3x^2)dy+xydx=0$ 的通解。

解　以 x 为未知函数将方程整理为：

$$\frac{dx}{dy}-\frac{3}{y}x=-y^3x^{-1},$$

这是伯努利方程，两端同除 x^{-1}，再令 $z=x^2$，可化为一阶线性微分方程：

$$\frac{dz}{dy}-\frac{6}{y}z=-2y^3,$$

其中 $p(y)=-\frac{6}{y}$，$q(y)=-2y^3$，利用通解公式可得

$$\begin{aligned}z&=e^{-\int p(y)dy}\left[\int q(y)e^{\int p(y)dy}dy+c\right]\\&=e^{\int\frac{6}{y}dy}\left[\int(-2y^3)e^{\int-\frac{6}{y}dy}dy+c\right]\\&=e^{6\ln y}\left[\int(-2y^3)e^{-6\ln y}dy+c\right]\\&=y^6\left[\int(-2y^{-3})dy+c\right]=y^4+cy^6,\end{aligned}$$

所以原方程的通解为 $x^2=y^4+cy^6$.

例 6 求微分方程 $x\ln x\cos y\cdot y'+x\sin^2y-\sin y=0$ 的通解。

解 将方程整理为：

$$\frac{\cos y}{\sin^2y}\cdot y'-\frac{1}{x\ln x}\cdot\frac{1}{\sin y}=-\frac{1}{\ln x},$$

即

$$-\left(\frac{1}{\sin y}\right)'-\frac{1}{x\ln x}\cdot\frac{1}{\sin y}=-\frac{1}{\ln x},$$

令 $u=\frac{1}{\sin y}$，方程变为：

$$u'+\frac{1}{x\ln x}u=\frac{1}{\ln x},$$

其中 $p(x)=\frac{1}{x\ln x}$，$q(x)=\frac{1}{\ln x}$，则由通解公式可得

$$\begin{aligned}y&=e^{-\int p(x)dx}\left[\int q(x)e^{\int p(x)dx}dx+c\right]\\&=e^{-\int\frac{1}{x\ln x}dx}\left(\int\frac{1}{\ln x}e^{\int\frac{1}{x\ln x}dx}dx+c\right)\\&=e^{-\ln\ln x}\left(\int\frac{1}{\ln x}e^{\ln\ln x}dx+c\right)\\&=\frac{1}{\ln x}\left(\int\frac{1}{\ln x}\cdot\ln x dx+c\right)=\frac{1}{\ln x}(x+c).\end{aligned}$$

§5 可降阶的高阶微分方程

二阶及二阶以上的微分方程统称为高阶微分方程。对于有些高阶微分方程，可以通过变量代换化为低阶的微分方程进行求解。本节讨论三种容易降阶求解的微分方程。

一、$y^{(n)}=f(x)$（n 阶微分方程）

原方程即为：

$$\frac{\mathrm{d}y^{(n-1)}}{\mathrm{d}x}=f(x),$$

这是可分离变量的方程，两端积分可得

$$\int \mathrm{d}y^{(n-1)}=\int f(x)\mathrm{d}x,$$

即
$$y^{(n-1)}=\int f(x)\mathrm{d}x+c_1;$$

依此类推，连续积分 n 次后，可得 n 阶微分方程 $y^{(n)}=f(x)$ 的通解，通解含有 n 个任意常数。

例 1　求三阶微分方程 $y'''=\mathrm{e}^x+x^2$ 满足初始条件 $y(0)=1$，$y'(0)=0$，$y''(0)=3$ 的特解。

解　对所给方程接连积分三次，得

$$y''=\mathrm{e}^x+\frac{1}{3}x^3+c_1,$$

$$y'=\mathrm{e}^x+\frac{1}{12}x^4+c_1x+c_2,$$

$$y=\mathrm{e}^x+\frac{1}{60}x^5+\frac{1}{2}c_1x^2+c_2x+c_3,$$

上式即为原微分方程的通解。将初始条件 $y''(0)=3$，$y'(0)=0$，$y(0)=1$ 代入通解中可得 $c_1=2$，$c_2=-1$，$c_3=0$，于是所求特解为 $y=\mathrm{e}^x+\frac{1}{60}x^5+x^2-x$.

二、$y''=f(x,y')$（二阶微分方程）

这是一种可降阶求解的二阶微分方程，特点是：方程中不显含 y.

作代换，令：$y'=p$，则 $y''=p'=\frac{\mathrm{d}p}{\mathrm{d}x}$，代入原方程后原方程变为：

$$\frac{\mathrm{d}p}{\mathrm{d}x}=f(x,p),$$

这是以 $p=p(x)$ 为未知函数的一阶微分方程。

例 2　求微分方程 $x^2y''+xy'=1$ 的通解。

解　方程中不显含 y，属于 $y''=f(x,y)$ 型，故代换 $y'=p$，则 $y''=\frac{\mathrm{d}p}{\mathrm{d}x}$，原方程变为：

$$x^2p'+xp=1,$$

或
$$p'+\frac{1}{x}p=\frac{1}{x^2},$$

这是一阶线性非齐次微分方程，用通解公式求得其通解为：

$$p=\mathrm{e}^{-\int\frac{1}{x}\mathrm{d}x}\left(\int\frac{1}{x^2}\mathrm{e}^{\int\frac{1}{x}\mathrm{d}x}\mathrm{d}x+c_1\right)$$

$$= e^{-\ln x}\left(\int \frac{1}{x^2}e^{\ln x}dx + c_1\right)$$

$$= \frac{1}{x}\left(\int \frac{1}{x}dx + c_1\right) = \frac{\ln x + c_1}{x},$$

即 $p = \frac{\ln x + c_1}{x}$，把变量换回得：

$$\frac{dy}{dx} = \frac{\ln x + c_1}{x},$$

分离变量后，再对两边积分可得原方程的通解为：

$$y = \frac{1}{2}(\ln x)^2 + c_1\ln x + c_2 .$$

例 3 求解微分方程 $y'' = 1 + y'$.

解法 1 方程中不显含 y，作代换，令：$y' = p$，则 $y'' = p' = \frac{dp}{dx}$，方程成为：

$$\frac{dp}{dx} = 1 + p,$$

分离变量，并两端积分可得 $p = c_1e^x - 1$，

即 $\frac{dy}{dx} = c_1e^x - 1$，积分可得 $y = c_1e^x - x + c_2$.

解法 2 原方程即

$$(y' - y)' = 1,$$

两边积分可得

$$y' - y = x + c_1,$$

这是一阶线性微分方程，由通解公式得

$$y = e^{-\int(-1)dx}\left(\int(x + c_1)e^{\int(-1)dx}dx + c_2\right)$$

$$= e^x\left(\int(x + c_1)e^{-x}dx + c_2\right)$$

$$= -(x + c_1) - 1 + c_2e^x = c_2e^x - x + c_3，其中 c_3 = -c_1 - 1.$$

解法 3 原微分方程是二阶常系数线性非齐次方程，将在下一节中介绍。

三、$y'' = f(y, y')$（二阶微分方程）

这是又一类可降阶求解的二阶微分方程，其特点是：方程中不显含 x.

作代换，令：$y' = p$，则

$$y'' = p' = \frac{dp}{dx} = \frac{dp}{dy}\cdot\frac{dy}{dx} = p\frac{dp}{dy},$$

带入原方程后原方程变为

$$p\frac{dp}{dy} = f(y, p),$$

这是以 $p = p(y)$ 为未知函数的一阶微分方程。

例 4　求微分方程 $yy''-(y')^2=0$ 的通解。

解　方程中不显含 x，故作代换，令：$y'=p$，则 $y''=p\dfrac{\mathrm{d}p}{\mathrm{d}y}$，则原方程变为：

$$yp\frac{\mathrm{d}p}{\mathrm{d}y}-p^2=0,$$

或

$$(y\frac{\mathrm{d}p}{\mathrm{d}y}-p)p=0;$$

①若 $p=0$，即 $y'=0$，方程的解为 $y=c$；

②若 $p\neq 0$，则 $y\dfrac{\mathrm{d}p}{\mathrm{d}y}-p=0$，这是可分离变量的微分方程，容易求得通解为

$$p=c_1y,$$

即

$$y'=c_1y,$$

分离变量得

$$\frac{\mathrm{d}y}{y}=c_1\mathrm{d}x,$$

两端积分可得：

$$\ln y=c_1x+\ln c_2,$$

也即

$$\ln\frac{y}{c_2}=c_1x,$$

整理可得

$$y=c_2\mathrm{e}^{c_1x},$$

所以原方程的通解为 $y=c_2\mathrm{e}^{c_1x}$，显然方程的解 $y=c$ 含于其中。

例 5　求微分方程 $yy''+(y')^2=1$ 的通解。

解法 1　因为此方程中不显含 x，可作代换令 $y'=p$，则 $y''=p\dfrac{\mathrm{d}p}{\mathrm{d}y}$，原方程变为：

$$yp\frac{\mathrm{d}p}{\mathrm{d}y}+p^2=1,$$

分离变量得

$$\frac{p\mathrm{d}p}{1-p^2}=\frac{\mathrm{d}y}{y},$$

积分可得

$$-\frac{1}{2}\ln(1-p^2)=\ln y+\ln c_1,$$

即

$$1-p^2=\frac{1}{c_1^2y^2},$$

因此

$$p=\pm\sqrt{1-\frac{1}{c_1^2y^2}}=\pm\sqrt{\frac{c_1^2y^2-1}{c_1^2y^2}},$$

即

$$\frac{\mathrm{d}y}{\mathrm{d}x}=\pm\sqrt{\frac{c_1^2y^2-1}{c_1^2y^2}},$$

分离变量得

$$\frac{c_1 y}{\sqrt{c_1^2 y^2 - 1}} \mathrm{d}y = \pm \mathrm{d}x ,$$

两边积分有

$$\frac{1}{c_1}\sqrt{c_1^2 y^2 - 1} = \pm (x + c_2) ,$$

整理可得原方程的通解为:

$$y^2 = (x + c_2)^2 + c_3 ,\text{其中 } c_3 = -\frac{1}{c_1^2} .$$

解法 2 利用导数的知识可以知道，方程左边即 $yy'' + (y')^2 = (yy')'$，故原方程可以写为:

$$(yy')' = 1 ,$$

即

$$\frac{\mathrm{d}(yy')}{\mathrm{d}x} = 1 ,$$

两边积分得

$$yy' = x + c_1 ,$$

即

$$y\frac{\mathrm{d}y}{\mathrm{d}x} = x + c_1 ,$$

分离变量，并积分可得

$$\frac{y^2}{2} = \frac{(x + c_1)^2}{2} + \frac{c_2}{2} ,$$

通解为 $y^2 = (x + c_1)^2 + c_2$.

注：在求解某些微分方程时，除了常规的解法外，应注意观察方程的特点，寻找更加简便的求解方法。

§6 高阶线性微分方程

n 阶线性微分方程的一般形式为:

$$y^{(n)} + p_1(x)y^{(n-1)} + p_2(x)y^{(n-2)} + \cdots + p_{n-1}(x)y' + p_n(x)y = f(x) ,$$

所谓线性是指关于未知函数 y 及其各阶导数都是一次的，其中 $f(x)$ 称为自由项。

若自由项 $f(x) = 0$，称为 n 阶线性齐次微分方程，否则称为 n 阶线性非齐次微分方程。特别地，我们主要讨论二阶线性微分方程:

二阶线性齐次微分方程:

$$y'' + p(x)y' + q(x)y = 0 , \tag{1}$$

二阶线性非齐次微分方程:

$$y'' + p(x)y' + q(x)y = f(x) . \tag{2}$$

一、二阶线性齐次微分方程的解的结构

利用求导运算的线性性质，容易证明下面的定理。

定理 1　设 y 是二阶线性齐次微分方程 (1) 的解，则对任意常数 c，cy 也是方程 (1) 的解。

定理 2　设 y_1，y_2 是二阶线性齐次微分方程 (1) 的解，则对任意常数 c_1，c_2，线性组合 $c_1y_1+c_2y_2$ 也是方程 (1) 的解。

在定理 2 中，$y=c_1y_1+c_2y_2$ 是方程 (1) 的解，那么这个解是否一定是方程 (1) 的通解？例如方程 $y''-y=0$，容易验证：$y_1=e^x$，$y_2=2e^x$ 均为此方程的解，由定理 2 可知，$y=c_1y_1+c_2y_2=(c_1+2c_2)e^x$ 也是方程的解，但实际上此解为 $y=ce^x$，不可能是方程 $y''-y=0$ 的通解。为了说明这个问题，我们引入函数的线性无关的概念。

定义　若存在一组不全为零的常数 k_1，k_2，…，k_n，使得定义在区间 I 上的函数 y_1，y_2，…，y_n 的线性组合为零，即 $k_1y_1+k_2y_2+\cdots+k_ny_n\equiv 0$，则称 y_1，y_2，…，y_n 区间 I 上为线性相关的；否则称为线性无关。

注：由定义不难得出，两个函数 y_1，y_2 线性相关的充要条件是 y_1，y_2 的比值是常数；y_1，y_2 线性无关的充要条件是 y_1，y_2 的比值不恒为常数，或者说，二者的比值是函数。例如，$\sin x$ 与 $\cos x$ 是线性无关的，x 与 x^2 是线性无关的，e^x 与 e^{-x} 是线性无关的。

定理 3　设 y_1，y_2 是二阶线性齐次微分方程 (1) 的两个线性无关的解，则 $c_1y_1+c_2y_2$ 是方程 (1) 的通解，其中 c_1，c_2 是任意常数。

例如方程 $y''-y=0$，容易看出 $y_1=e^x$、$y_2=e^{-x}$ 是方程的两个解，由于 y_1，y_2 线性无关，则由定理 3 可知，$c_1y_1+c_2y_2=c_1e^x+c_2e^{-x}$ 一定是方程 $y''-y=0$ 的通解。

二、二阶线性非齐次微分方程解的结构

定理 4　若 y^* 是二阶线性非齐次微分方程 (2) 的一个解，而 Y 是对应的齐次微分方程 (1) 的通解，则 $Y+y^*$ 是方程 (2) 的通解。

证明　若 y^* 是方程 (2) 的一个解，Y 是方程 (1) 的通解，则分别代入两个方程中有

$$(y^*)''+p(x)(y^*)'+q(x)y^*=f(x),$$

$$Y''+p(x)Y'+q(x)Y=0,$$

将上面两式相加，可得：

$$(y^*+Y)''+p(x)(y^*+Y)'+q(x)(y^*+Y)=f(x),$$

这说明，$Y+y^*$ 是方程 (2) 的解，又由于 Y 是对应的齐次微分方程 (1) 的通解，即 Y 中必含有两个独立的任意常数，于是 $Y+y^*$ 中也含有两个独立的任意常数，因此，$Y+y^*$ 是方程 (2) 的通解。

定理 5　设二阶线性非齐次微分方程

$$y''+p(x)y'+q(x)y=f_1(x)+f_2(x), \tag{3}$$

且有 y_1、y_2 分别是方程

$$y''+p(x)y'+q(x)y=f_1(x)$$

和

$$y''+p(x)y'+q(x)y=f_2(x)$$

的特解，那么 y_1+y_2 是原方程 (3) 的特解。

定理 5 通常称为非齐次线性微分方程解的叠加原理。

定理 6　若 y_1，y_2 是二阶线性非齐次微分方程 (2) 的两个解，则 y_1-y_2 是对应的线性齐次方程 (1) 的解。

例1 已知二阶线性非齐次微分方程 $y''+p(x)y'+q(x)y=f(x)$ 的三个解为 y_1, y_2, y_3，且 y_2-y_1 与 y_3-y_1 线性无关，证明 $(1-c_1-c_2)y_1+c_1y_2+c_2y_3$ 是原方程的通解。

证明 由定理6可知，函数 y_2-y_1 与 y_3-y_1 均为原方程对应的齐次方程的解，并且由条件知 y_2-y_1 与 y_3-y_1 线性无关，从而 $c_1(y_2-y_1)+c_2(y_3-y_1)$ 是对应的齐次方程的通解，记做 $Y=c_1(y_2-y_1)+c_2(y_3-y_1)$；

取 $y^*=y_1$，则 y^* 是线性非齐次方程 $y''+p(x)y'+q(x)y=f(x)$ 的一个特解，从而由定理4可知 $Y+y^*$ 是原二阶线性非齐次微分方程的通解，且

$$
\begin{aligned}
Y+y^* &= c_1(y_2-y_1)+c_2(y_3-y_1)+y_1 \\
&= (1-c_1-c_2)y_1)+c_1y_2+c_2y_3.
\end{aligned}
$$

§7 常系数线性齐次微分方程

本节我们先来讨论二阶常系数线性齐次微分方程的解法，再把解法推广到 n 阶方程。二阶常系数线性齐次微分方程的一般形式可设为

$$y''+py'+qy=0, \tag{1}$$

其中 p，q 为常数。

根据解的结构定理3，只要能得到方程（1）的两个线性无关的解 y_1、y_2，就可以得到方程（1）的通解 $c_1y_1+c_2y_2$.

为了得到方程 $y''+py'+qy=0$ 的解，我们考虑函数 $y=\mathrm{e}^{rx}$，由于 $y=\mathrm{e}^{rx}$ 及其各阶导数都只相差一个常数因子，因此我们尝试把 $y=\mathrm{e}^{rx}$ 代入方程中，其中 r 可用待定系数法确定，对 $y=\mathrm{e}^{rx}$ 求导有

$$y'=r\mathrm{e}^{rx}, \quad y''=r^2\mathrm{e}^{rx},$$

代入方程 $y''+py'+qy=0$ 中有：

$$r^2\mathrm{e}^{rx}+pr\mathrm{e}^{rx}+q\mathrm{e}^{rx}\equiv 0,$$

即得

$$r^2+pr+q=0, \tag{2}$$

称为特征方程。由特征方程解出特征根 r_1，r_2，则函数 $y_1=\mathrm{e}^{r_1x}$，$y_2=\mathrm{e}^{r_2x}$ 均为方程 $y''+py'+qy=0$ 的解。特征根 r_1，r_2 可能出现三种情况，分别对应 y_1 和 y_2 的三种情况如下：

①若 $p^2-4q>0$，则特征方程 $r^2+pr+q=0$ 有两个不等的实根：

$$r_{1,2}=\frac{-p\pm\sqrt{p^2-4q}}{2}\ (r_1\neq r_2),$$

则 $\dfrac{y_1}{y_2}=\dfrac{\mathrm{e}^{r_1x}}{\mathrm{e}^{r_2x}}=\mathrm{e}^{(r_1-r_2)x}\neq c$，即 $y_1=\mathrm{e}^{r_1x}$，$y_2=\mathrm{e}^{r_2x}$ 线性无关，从而方程 $y''+py'+qy=0$ 的通解为：

$$c_1y_1+c_2y_2=c_1\mathrm{e}^{r_1x}+c_2\mathrm{e}^{r_2x};$$

②若 $p^2-4q<0$，则特征方程 $r^2+pr+q=0$ 有一对共轭复根：

$$r_{1,2}=\frac{-p\pm\sqrt{p^2-4q}}{2}=\frac{-p\pm i\sqrt{4q-p^2}}{2}=\alpha\pm i\beta,\ (r_1\neq r_2)$$

此时得到方程的两个复函数形式的解

$$y_1 = e^{(\alpha+i\beta)x}、y_2 = e^{(\alpha-i\beta)x},$$

并且一定是线性无关的，方程的复函数形式的通解为：

$$y = c_1 e^{(\alpha+i\beta)x} + c_2 e^{(\alpha-i\beta)x}.$$

我们可以进一步利用欧拉公式，将上述两个复函数形式的解转化成两个线性无关的实函数形式的解。欧拉公式：

$$e^{ix} = \cos x + i\sin x,$$

则

$$y_1 = e^{(\alpha+i\beta)x} = e^{\alpha x}e^{i\beta x} = e^{\alpha x}(\cos\beta x + i\sin\beta x),$$

$$y_2 = e^{(\alpha-i\beta)x} = e^{\alpha x}e^{i(-\beta x)} = e^{\alpha x}(\cos\beta x - i\sin\beta x),$$

根据解的性质，

$$\begin{cases} y_1^* = \dfrac{1}{2}(y_1 + y_2) = e^{\alpha x}\cos\beta x \\ y_2^* = \dfrac{1}{2i}(y_1 - y_2) = e^{\alpha x}\sin\beta x \end{cases}$$

仍然是方程的解，并且线性无关，从而方程的实函数形式的通解为：

$$y = c_1 y_1^* + c_2 y_2^* = e^{\alpha x}(c_1\cos\beta x + c_2\sin\beta x);$$

③若 $p^2 - 4q = 0$，则特征方程 $r^2 + pr + q = 0$ 有两个相等的实根：$r = r_1 = r_2 = \dfrac{-p}{2}$，因此只能得到方程的一个解 $y_1 = e^{rx} = e^{-\frac{p}{2}x}$.

如果另有方程的一个解 y_2，并且与 y_1 线性无关，则需满足二者比值不为常数，即必有

$$y_2 = c(x)y_1 = c(x)e^{rx},$$

则

$$y_2' = [c'(x) + rc(x)]e^{rx},$$

$$y''_2 = [c''(x) + 2rc'(x) + r^2c(x)]e^{rx},$$

代入方程中，确定出 $c(x)$：

$$[c''(x) + 2rc'(x) + r^2c(x)]e^{rx} + p[c'(x) + rc(x)]e^{rx} + qc(x)e^{rx} = 0,$$

因为 $e^{rx} \neq 0$，故有：

$$[c''(x) + 2rc'(x) + r^2c(x)] + p[c'(x) + rc(x)] + qc(x) = 0,$$

整理可得

$$c''(x) + (2r + p)c'(x) + (r^2 + pr + q)c(x) = 0,$$

因为 r 是特征根，且 $r = -\dfrac{p}{2}$，故 $r^2 + pr + q = 0$，$2r + p = 0$，上式变为 $c''(x) = 0$，只要取 $c(x) = x$ 即可，从而 $y_2 = c(x)e^{rx} = xe^{rx}$，此时方程的通解

$$y = c_1y_1 + c_2y_2 = c_1e^{rx} + c_2xe^{rx} = (c_1 + c_2x)e^{rx} = (c_1 + c_2x)e^{-\frac{p}{2}x}.$$

将上述三种情形总结如表 10-1 所示。

表 10-1

特征方程 $r^2+pr+q=0$ 的特征根 r_1、r_2	微分方程 $y''+py'+qy=0$ 的通解形式
不等实根 $r_1 \neq r_2$	$y=c_1e^{r_1x}+c_2e^{r_2x}$
共轭复根 $r_{1,2}=\alpha \pm i\beta$	$y=e^{\alpha x}(c_1\cos\beta x+c_2\sin\beta x)$
相等实根 $r_1=r_2=r$	$y=(c_1+c_2x)e^{rx}$

注：可以将表 10-1 中的通解推广到 n 阶常系数线性齐次微分方程，n 阶常系数线性齐次微分方程的一般形式为：

$$y^{(n)}+p_1y^{(n-1)}+p_2y^{(n-2)}+\cdots+p_{n-1}y'+p_ny=0.$$

①若特征方程有一个单重实根 $r=r_0$，则对应通解中必然含有一项 ce^{r_0x}；

②若特征方程有一个 k 重实根 $r=r_1$，则对应通解中必然含有 k 项：

$$(c_1+c_2x+\cdots+c_kx^{k-1})e^{r_1x};$$

③若特征方程有一对单重共轭复根 $r_{1,2}=\alpha \pm i\beta$，则对应通解中必然有两项：

$$e^{\alpha x}(a\cos\beta x+b\sin\beta x);$$

④若特征方程有一对 k 重共轭复根 $r_{1,2}=\alpha \pm i\beta$，则对应通解中必然有 $2k$ 项：

$$e^{\alpha x}[(a_1+a_2x+\cdots+a_kx^{k-1})\cos\beta x+(b_1+b_2x+\cdots+b_kx^{k-1})\sin\beta x],$$

其中 a，b，c，a_i，b_i，$c_i(i=1,\cdots,k)$ 均为任意常数。

例 1 求下列二阶微分方程的通解：

(1) $y''+3y'+2y=0$；　(2) $y''+2y'+y=0$；　(3) $y''+2y'+3=0$.

解 (1)特征方程为 $r^2+3r+2=0$，特征根 $r_1=-1$，$r_2=-2$，方程的通解为

$$y=c_1e^{-x}+c_2e^{-2x};$$

(2)特征方程为 $r^2+2r+1=0$，特征根 $r_1=r_2=-1$，方程的通解为

$$y=(c_1+c_2x)e^{-x};$$

(3)特征方程为 $r^2+2r+3=0$，特征根为 $r_{1,2}=-1 \pm i\sqrt{2}$，方程的通解为

$$y=e^{-x}(c_1\cos\sqrt{2}x+c_2\sin\sqrt{2}x).$$

例 2 求下列高阶微分方程的通解：

(1) $y'''-2y''-y'+2y=0$；　(2) $y^{(5)}+y^{(4)}+2y'''+2y''+y'+y=0$.

解 (1)特征方程为 $r^3-2r^2-r+2=0$，整理可得 $(r^2-1)(r-2)=0$，于是特征根为：$r_1=1$，$r_2=-1$，$r_3=2$，则原方程的通解为：

$$y=c_1e^{x}+c_2e^{-x}+c_3e^{2x};$$

(2)特征方程为 $r^5+r^4+2r^3+2r^2+r+1=0$，整理可得 $(r+1)(r^2+1)^2=0$，即得特征根为一个单重实根 $r_1=-1$，和一对二重共轭复根 $r_{2,3,4,5}=\pm i$，因此原方程通解为

$$y=c_1e^{-x}+(c_2+c_3x)\cos x+(c_4+c_5x)\sin x.$$

例 3 设某 9 阶常系数线性齐次微分方程的特征方程为 $(r-3)(r-2)^2(r^2+3)^3=0$，试写出该方程的通解。

解 由于特征方程为 $(r-3)(r-2)^2(r^2+3)^3=0$，可得 $r=3$ 为一个单重实根，因此通解中含有 c_1e^{3x}；而 $r=2$ 为一个二重实根，则通解中含有两项 $(c_2+c_3x)e^{2x}$；又由于 $r=\pm$

$i\sqrt{3}$ 为一对三重共轭复根，因此通解中含有如下 6 项：

$$(c_4 + c_5x + c_6x^2)\cos\sqrt{3}x + (c_7 + c_8x + c_9x^2)\sin\sqrt{3}x\ ;$$

故该 9 阶常系数线性齐次方程的通解为：

$$y = c_1e^{3x} + (c_2 + c_3x)e^{2x} + (c_4 + c_5x + c_6x^2)\cos\sqrt{3}x + (c_7 + c_8x + c_9x^2)\sin\sqrt{3}x\ .$$

§8　二阶常系数线性非齐次微分方程

二阶常系数线性非齐次微分方程的一般形式为：

$$y'' + py' + qy = f(x)\ . \tag{1}$$

其中 p，q 为常数，且 $f(x)$ 不恒为零。

根据线性微分方程解的结构定理，其通解为 $y = Y + y^*$，其中 Y 是相应的线性齐次方程 $y'' + py' + qy = 0$ 的通解，而 y^* 则是 $y'' + py' + qy = f(x)$ 的一个特解。

关于线性齐次微分方程 $y'' + py' + qy = 0$ 的通解的计算问题在上节已经解决，因此本节主要讨论 $y'' + py' + qy = f(x)$ 的一个特解的计算方法。

求线性非齐次微分方程的特解的一个常用的有效方法是待定系数法。其基本思想是，用与方程（1）中右端项 $f(x)$ 形式相同，但含有待定系数的函数作为特解，也可称之为试解函数。然后，将试解函数代入方程（1）中待定其系数，从而求出方程（1）的一个特解。

通常，方程（1）的右端项 $f(x)$ 形式有如下两类：

① $f(x) = p_m(x)e^{\lambda x}$ ；

② $f(x) = e^{\lambda x}[p_m(x)\cos\omega x + q_n(x)\sin\omega x]$.

其中 $p_m(x)$ 是一个 m 次多项式，$q_n(x)$ 是一个 n 次多项式。λ，ω 是常数。

对于第一类，可设试解函数为

$$y = x^kQ_m(x)e^{\lambda x}\ , \tag{2}$$

其中，若 λ 不是特征根则 $k = 0$；λ 是单根则 $k = 1$；λ 是重根则 $k = 2$. $Q_m(x)$ 是需要待定的一个 m 次多项式，一般地，可设

$$Q_m(x) = a_mx^m + a_{m-1}x^{m-1} + \cdots + a_1x + a_0\ ,$$

a_m，a_{m-1}，$\cdots$，a_1，a_0 为需要待定的 m 次多项式的系数。

对于第二类，可设试解函数为

$$y^* = x^ke^{\lambda x}[R_l(x)\cos\omega x + S_l(x)\sin\omega x]\ , \tag{3}$$

其中，如果 $\lambda + i\omega$ 不是特征根，则 $k=0$；如果 $\lambda + i\omega$ 是特征根，则 $k = 1$；$R_l(x)$ 与 $S_l(x)$ 是需要待定系数的 l 次的多项式，$l = \max\{m, n\}$.

例 1　求方程 $y'' - 2y' - 3y = 3x + 1$ 的一个特解。

解　由特征方程：$r^2 - 2r - 3 = 0$，可解得特征根为 $r_1 = -1$，$r_2 = 3$；

微分方程右端的自由项为 $p_m(x)e^{\lambda x} = (3x + 1)e^{0\cdot x}$，则 $m = 1$，$\lambda = 0$，而 $\lambda = 0$ 不是特征根，故 $k = 0$，从而方程的一个特解为 $y = x^kQ_m(x)e^{\lambda x} = Q_1(x) = ax + b$ ；

把 $y = ax + b$，$y' = a$，$y'' = 0$ 代入原方程 $y'' - 2y' - 3y = 3x + 1$ 可得：

$$-3ax - 2a - 3b = 3x + 1\ ,$$

比较得：$a = -1$，$b = \dfrac{1}{3}$，因此方程的一个特解为 $y = -x + \dfrac{1}{3}$.

例 2 求方程 $y''-2y'-3y=xe^{-x}$ 的通解，以及满足初始条件 $y(0)=1$，$y'(0)=\dfrac{15}{16}$ 的一个特解。

解 首先，求相应的齐次方程 $y''-2y'-3y=0$ 的通解 Y，由特征方程 $r^2-2r-3=0$，有 $r_1=-1$，$r_2=3$，则通解 $Y=c_1e^{-x}+c_2e^{3x}$；

再求原方程 $y''-2y'-3y=xe^{-x}$ 的一个特解 y^*，由方程右端的自由项知 $m=1$，$\lambda=-1$，故应有 $k=1$，可设

$$y^*=x^kQ(x)e^{-\lambda x}=x(ax+b)e^{-x}=(ax^2+bx)e^{-x}.$$

为了确定 a，b，对 y^* 求导有：

$$\begin{aligned}(y^*)'&=(2ax+b-ax^2-bx)e^{-x}\\&=[-ax^2+(2a-b)x+b]e^{-x},\\(y^*)''&=[-2ax+(2a-b)+ax^2-(2a-b)x-b]e^{-x}\\&=[ax^2-(4a-b)x+2a-2b]e^{-x},\end{aligned}$$

代入方程有：

$$[ax^2-(4a-b)x+2a-2b]e^{-x}-2[-ax^2+(2a-b)x+b]e^{-x}-3(ax^2+bx)e^{-x}=xe^{-x},$$

即
$$-8a+x+2a-4b=x,$$

比较可得：

$$-8a=1,\ 2a-4b=0,$$

即
$$a=-\frac{1}{8},\ b=-\frac{1}{16},$$

故
$$y^*=(-\frac{1}{8}x^2-\frac{1}{16}x)e^{-x}=-\frac{1}{16}(2x^2+x)e^{-x};$$

最后，根据解的结构写出原方程 $y''-2y'-3y=xe^{-x}$ 的通解

$$y=Y+y^*=c_1e^{-x}+c_2e^{3x}-\frac{1}{16}(2x^2+x)e^{-x}.$$

接下来计算在所给定的初始条件 $y(0)=1$，$y'(0)=\dfrac{15}{16}$ 下的特解，首先对通解求导有：

$$y'=-c_1e^{-x}+3c_2e^{3x}-\frac{1}{16}(-2x^2+3x+1)e^{-x},$$

将初始条件代入 y 和 y' 有：

$$c_1+c_2=1,\ -c_1+3c_2-\frac{1}{16}=\frac{15}{16},$$

解得
$$c_1=c_2=\frac{1}{2},$$

从而 $y''-2y'-3y=xe^{-x}$ 满足所给初始条件的特解为：

$$y=\frac{1}{2}e^{-x}+\frac{1}{2}e^{3x}-\frac{1}{16}(2x^2+x)e^{-x}.$$

例 3 写出下列方程的特解（不必计算多项式的系数）：

(1) $y''+10y'+25y=(x^3+1)e^{-5x}$；　　(2) $y''+2y'-3y=x^2e^{-3x}$；

(3) $y'' + y' - y = (x^4 - x + 1)e^{\frac{-1+\sqrt{5}}{2}x}$；　　(4) $y'' + 3y' + 2y = x^2e^{2x}$.

解　本题中方程右端的自由项均为$f(x) = p_m(x)e^{\lambda x}$的形式，故求解如下：

(1)特征方程 $r^2 + 10r + 25 = 0$，解得特征根 $r_1 = r_2 = -5$，由于右端自由项中包含 e^{-5x}，而 $\lambda = -5$ 是重根，因此 $k = 2$，方程的一个特解形如：

$$y = x^2(a_0x^3 + a_1x^2 + a_2x + a_3)e^{-5x};$$

(2)特征方程 $r^2 + 2r - 3 = 0$，解得 $r_1 = -3$，$r_2 = 1$；由于右端自由项中包含 e^{-3x}，而 $\lambda = -3$ 是单根，因此 $k = 1$，方程的一个特解形如：

$$y = x(a_0x^2 + a_1x + a_2)e^{-3x};$$

(3)特征方程 $r^2 + r - 1 = 0$，解得 $r_{1,2} = \dfrac{-1 \pm \sqrt{5}}{2}$；由右端项可知 $\lambda = \dfrac{-1 + \sqrt{5}}{2}$ 是单根，因此 $k = 1$，方程的一个解形如：

$$y = x(a_0x^4 + a_1x^3 + a_2x^2 + a_3x + a_4)e^{\frac{1+\sqrt{5}}{2}x};$$

(4)特征方程 $r^2 + 3r + 2 = 0$，解得 $r_1 = -1$，$r_1 = -2$；由于右端自由项中包含 e^{2x}，而 $\lambda = 2$ 不是特征根，故 $k = 0$，方程的一个解形如：

$$y = (a_0x^2 + a_1x + a_2)e^{2x}.$$

例 4　求微分方程 $y'' - y = x\cos x$ 的一个特解。

解　方程右端的自由项 $f(x) = x\cos x$，属于第二类，即

$$f(x) = e^{\lambda x}[p_m(x)\cos\omega x + q_n(x)\sin\omega x],$$

比较可知：

$$m = 1, n = 0, \lambda = 0, \omega = 1, \text{ 即 } \lambda + i\omega = i.$$

故原方程的一个特解 y^* 具有形式为：

$$y^* = x^ke^{\lambda x}[R_l(x)\cos\omega x + S_l(x)\sin\omega x],$$

容易知道，原方程的特征方程 $r^2 - 1 = 0$，特征根 $r_{1,2} = \pm 1$，因此 $\lambda + i\omega = i$ 不是特征根，故 $k = 0$；$l = \max\{m, n\} = \max\{1, 0\} = 1$，因此上式即：

$$y^* = (ax + b)\cos x + (cx + d)\sin x.$$

为了待定系数 a，b，c，d，求导有

$$y_1' = (cx + d + a)\cos x + (-ax - b + c)\sin x,$$
$$y''_1 = (-ax - b + 2c)\cos x + (-cx - d - 2a)\sin x,$$

代入原方程 $y'' - y = x\cos x$ 中，有

$$(-2ax - 2b + 2c)\cos x + (-2cx - 2d - 2a)\sin x = x\cos x,$$

比较两端可得：

$$-2ax - 2b + 2c = x, -2cx - 2d - 2a = 0,$$

等式两边比较 x 的系数可得：

$$a = -\frac{1}{2} = -d, b = c = 0,$$

因此，原方程的一个特解为

$$y_1 = -\frac{1}{2}x\cos x + \frac{1}{2}\sin x.$$

例 5 求方程 $y''-y=e^x+x\cos x$ 的通解。

解 首先求对应的齐次线性微分方程通解 Y. 由特征方程 $r^2-1=0$ 解得特征根为 $r=\pm 1$，故 $Y=c_1e^x+c_2e^{-x}$；

其次对于方程 $y''-y=e^x$，设其一个特解为

$$y_1=x^kae^x=axe^x,$$

容易求得 $a=\frac{1}{2}$，则方程 $y''-y=e^x$ 的一个特解为 $y_1=\frac{1}{2}xe^x$；

还需要求出方程 $y''-y=x\cos x$ 的一个特解 y_2，由例 4 可知：

$$y_2=-\frac{1}{2}x\cos x+\frac{1}{2}\sin x,$$

所以原方程的通解为：

$$y=Y+y_1+y_2=c_1e^x+c_2e^{-x}+\frac{1}{2}xe^x-\frac{1}{2}(x\cos x-\sin x).$$

§9 常微分方程的应用

例 1 质量为 m 的质点在力 $F(t)$ 的作用下，沿 x 轴作直线运动，$F(0)=F_0$，且随着时间 t 的增加，力 $F(t)$ 均匀减小。当 $t=T$ 时，$F(T)=0$；起始时质点位于坐标原点，初速度为零，求质点的运动方程。

解 设质点运动方程为 $x=x(t)$，根据题意，

$$F(t)=F_0-\frac{F_0}{T}t,$$

由牛顿第二定律，

$$F=ma\Rightarrow F(t)=m\cdot x''(t),$$

有
$$F_0-\frac{F_0}{T}t=m\cdot x''(t),\ 0\leqslant t\leqslant T;$$

这是一个可降阶的微分方程，并且 $x(0)=0$，$x'(0)=0$.
连续作两次积分可分别得

$$x'=\frac{F_0}{m}\int\left(1-\frac{1}{T}t\right)dt=\frac{F_0}{m}\left(t-\frac{1}{2T}t^2\right)+c_1,$$

由 $x'(0)=0$，可得 $c_1=0$；

$$x=\frac{F_0}{m}\int\left(t-\frac{1}{2T}t^2\right)dt=\frac{F_0}{m}\left(\frac{1}{2}t^2-\frac{1}{6T}t^3\right)+c_2,$$

由 $x(0)=0$，可得 $c_2=0$；

所求质点的运动方程为：

$$x=\frac{F_0}{m}\left(\frac{1}{2}t^2-\frac{1}{6T}t^3\right).$$

例 2 一曲线经过点 (1, 4)，且在两坐标轴之间的切线段被切点平分，求此曲线的方程。

解　设切点为 (x, y)，由题意有：

$$y' = \tan\alpha = \tan(\pi - \theta) = -\tan\theta = -\frac{y}{x},$$

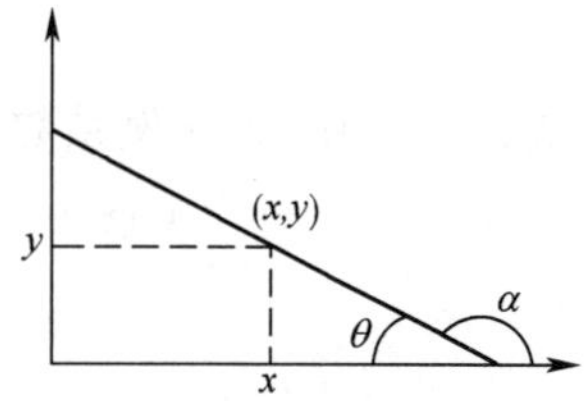

图 10-1

即　$y' = -\frac{y}{x}$，$y(1) = 4$；

属于可分离变量的微分方程，有

$\frac{1}{y}\mathrm{d}y = -\frac{1}{x}\mathrm{d}x$，$\Rightarrow \ln y = -\ln x + \ln c$，即 $xy = c$，

由 $y(1) = 4$，$c = 4$；所求曲线为 $xy = 4$.

例 3　（价格调整模型）在完全竞争的市场条件下，商品的价格由市场的供求关系决定，即商品的价格 P 与供给量 S 及需求量 D 有关。设需求函数和供给函数分别为：

$$D = a - bP,\ S = -a_1 + b_1P, \tag{1}$$

其中 a，b，a_1，b_1 均为正的常数。当市场上这种商品处于供需平衡状态，即 $D = S$ 时，可得供需平衡时的价格为

$$P_e = \frac{a + a_1}{b + b_1} > 0,$$

称 P_e 为该商品的均衡价格。

而在市场条件下，商品价格总是随着时间变化的，即价格 P 是时间 t 的函数 $P(t)$，由商品的价格与供求之间的关系可得如下的调节方程：

$$\frac{\mathrm{d}P(t)}{\mathrm{d}t} = k(D - S), \tag{2}$$

其中 $D - S$ 也称为超额需求量，k 为正的常数，它反映了价格的调整速度。

将 (1) 式代入 (2) 式，可得

$$\begin{aligned}\frac{\mathrm{d}P(t)}{\mathrm{d}t} &= k(D - S)\\ &= k[(a + a_1) - (b + b_1)P]\\ &= k(b + b_1)(P_e - P)\\ &\triangleq \mu(P_e - P),\end{aligned} \tag{3}$$

方程 (3) 为一阶线性方程，其通解为：

$$P(t) = C\mathrm{e}^{-\mu t} + P_e,$$

设初始价格 $P(0) = P_0$，代入上式可得 $C = P_0 - P_e$，于是

$$P(t) = (P_0 - P_e)\mathrm{e}^{-\mu t} + P_e,$$

由 $\mu > 0$ 可知，

$$\lim_{t\to\infty} P(t) = P_e,$$

这表明，商品的实际价格 $P(t)$ 最终将趋向于均衡价格 P_e，也就是说，市场上这种商品最终会达到供需平衡状态。这就是亚当·斯密提出的著名的“看不见的手”调节市场的思想。

例 4　（产品推广模型）设有某种新产品要推向市场。t 时刻的销量为 $x(t)$，t 时刻产品销量增长率 $\frac{\mathrm{d}x}{\mathrm{d}t}$ 与 $x(t)$ 成正比。又考虑到产品销售存在一定的市场容量 N，统计表明，$\frac{\mathrm{d}x}{\mathrm{d}t}$

与尚未购买该产品的顾客潜在的销售数量 $N - x(t)$ 也成正比。从而

$$\frac{dx}{dt} = kx[N - x(t)], \tag{4}$$

其中常数 $k > 0$，为比例系数。

方程 (4) 是一个 Logistic 模型，它是一阶可分离变量的微分方程，容易求解得到方程的解为：

$$x(t) = \frac{N}{1 + Ce^{-kNt}},$$

其中 $C = e^{-C_1 N}$.

例 5 设幂级数 $\sum_{n=0}^{\infty} a_n x^n$ 的和函数为 $S(x)$，已知 $a_0 = 3$，$a_1 = 1$，且当 $n > 1$ 时成立 $a_{n-2} - n(n-1)a_n = 0$，求 $S(x)$.

解 $S(x) = \sum_{n=0}^{\infty} a_n x^n = \sum_{n=2}^{\infty} a_{n-2} x^{n-2}$，$S''(x) = \sum_{n=2}^{\infty} n(n-1)a_n x^{n-2}$，两式相减，得

$$S''(x) - S(x) = \sum_{n=2}^{\infty} [n(n-1)a_n - a_{n-2}]x^{n-2} = 0,$$

这是一个二阶常系数线性齐次微分方程，其通解为

$$S(x) = c_1 e^{-x} + c_2 e^{x},$$

由于 $S(0) = a_0 = 3$，$S'(0) = a_1 = 1$，得 $c_1 = 1$，$c_2 = 2$，所以

$$S(x) = e^{-x} + 2e^{x}.$$

§10 差分方程简介

在经济管理及其他实际问题中，多数变量是以等间隔时间周期进行统计的，因此这些变量是以定义在整数集上的数列形式变化的。例如，银行中的定期存款按所设定的时间等间隔计息，国家财政预算按年制定等。通常称这类变量为离散型变量。对这类变量，我们可以得到在不同取值点上的各离散变量之间的关系，如递推关系等。描述各离散变量之间关系的数学模型称为离散型模型，求解这类模型就可以得到各离散型变量的运行规律。

在经济学和管理科学中最常见的一种离散型数学模型就是差分方程，本节将介绍差分方程的一些基本内容。

一、差分的概念及性质

一般地，在连续变化的时间范围内，变量 y 关于时间 t 的变化率是用 $\frac{dy}{dt}$ 来刻画的；对离散型的变量 y，我们常取在规定的时间区间上的差商 $\frac{\Delta y}{\Delta t}$ 来刻画变量 y 的变化率。如果选择 $\Delta t = 1$，则

$$\Delta y = y(t+1) - y(t),$$

可以近似表示变量 y 的变化率。由此我们给出差分的定义。

定义 1　设函数 $y_t = y(t)$，称改变量 $y_{t+1} - y_t$ 为函数 y_t 的差分，也称为函数 y_t 的一阶差分，记做 Δy_t，即

$$\Delta y_t = y_{t+1} - y_t \text{ 或 } \Delta y(t) = y(t+1) - y(t).$$

类似地，一阶差分的差分称为二阶差分，记做 $\Delta^2 y_t$，即

$$\begin{aligned}\Delta^2 y_t &= \Delta(\Delta y_t) = \Delta y_{t+1} - \Delta y_t \\ &= (y_{t+2} - y_{t+1}) - (y_{t+1} - y_t) \\ &= y_{t+2} - 2y_{t+1} + y_t,\end{aligned}$$

同样的，可以定义三阶差分：

$$\begin{aligned}\Delta^3 y_t &= \Delta(\Delta^2 y_t) \\ &= \Delta^2 y_{t+1} - \Delta^2 y_t \\ &= (y_{t+3} - 2y_{t+2} + y_{t+1}) - (y_{t+2} - 2y_{t+1} + y_t) \\ &= y_{t+3} - 3y_{t+2} + 3y_{t+1} - y_t,\end{aligned}$$

以及四阶差分 $\Delta^4 y_t = \Delta(\Delta^3 y_t)$ 等。一般地，函数 y_t 的 $n-1$ 阶差分的差分称为 n 阶差分，记为 $\Delta^n y_t$，即

$$\begin{aligned}\Delta^n y_t &= \Delta^{n-1} y_{t+1} - \Delta^{n-1} y_t \\ &= \sum_{i=0}^{n} (-1)^i C_n^i y_{t+n-i},\end{aligned}$$

二阶及二阶以上的差分统称为高阶差分。

差分的性质：

① $\Delta C = 0$；

② $\Delta(Cy_t) = C\Delta y_t$，$C$ 为常数；

③ $\Delta(y_t \pm z_t) = \Delta y_t \pm \Delta z_t$；

④ $\Delta(y_t \cdot z_t) = z_t \Delta y_t + y_{t+1} \Delta z_t$；

⑤ $\Delta\left(\dfrac{y_t}{z_t}\right) = \dfrac{z_t \Delta y_t - y_t \Delta z_t}{z_{t+1} \cdot z_t}$，$(z_t \neq 0)$.

二、差分方程的概念

定义 2　含有未知函数 y_t 的差分的方程称为差分方程。

差分方程的一般形式：

$$F(t, y_t, \Delta y_t, \Delta^2 y_t, \cdots, \Delta^n y_t) = 0,$$

或

$$G(t, y_t, y_{t+1}, y_{t+2}, \cdots, y_{t+n}) = 0.$$

差分方程中所含未知函数差分的最高阶数称为该差分方程的阶。差分方程的不同形式可以互相转化。

定义 3　满足差分方程的函数称为该差分方程的解。

如果差分方程的解中含有相互独立的任意常数的个数恰好等于方程的阶数，则称这个解为该差分方程的通解。

我们往往要根据系统在初始时刻所处的状态对差分方程附加一定的条件，这种附加条件称为初始条件，满足初始条件的解称为特解。

定义 4　若差分方程中所含未知函数及未知函数的各阶差分均为一次的，则称该差分

方程为线性差分方程。

线性差分方程的一般形式是

$$y_{t+n}+a_1(t)y_{t+n-1}+\cdots+a_{n-1}(t)y_{t+1}+a_n(t)y_t=f(t),$$

线性是指 y_{t+n}，y_{t+n+1}，…，y_t 都是一次的。

当右端项 $f(t)\neq 0$ 时，称为线性非齐次差分方程。当右端项 $f(t)=0$ 时，称为线性齐次差分方程。

在理论经济学研究中，通常假设所研究的经济变量是连续变量，以便于利用微积分、微分方程等数学工具来进行研究。然而在实际经济活动中，不可能对经济变量进行连续观察，各种经济变量的观察值只能是该经济变量在一定时期(周、月、年)的取值。也就是说，大多数实际可观察的经济变量都可以认为是离散变量。因此，对一个实际经济系统进行实证研究时，经常用差分近似微分，用差分方程代替微分方程来建立该经济系统的数学模型。此时，变量的下标 t 表示时间，带下标的变量表示这些变量在时刻 t 的取值。

对于一般的差分方程，求其通解非常困难，没有一般方法。接下来仅介绍在经济和管理科学研究中最常见的几类差分方程。

线性差分方程的解具有如下性质：

定理 1 线性齐次差分方程的解的线性组合仍然是解。

定理 2 设 y_t^* 为线性非齐次差分方程

$$y_{t+n}+a_1(t)y_{t+n-1}+\cdots+a_{n-1}(t)y_{t+1}+a_n(t)y_t=f(t)$$

的一个特解，$\bar{y}_t$ 为相应的线性齐次差分方程

$$y_{t+n}+a_1(t)y_{t+n-1}+\cdots+a_{n-1}(t)y_{t+1}+a_n(t)y_t=0$$

的通解，则 $y_t=\bar{y}_t+y_t^*$ 为线性非齐次差分方程的通解。

定理 3 设 $y_1(t)$，$y_2(t)$ 分别为线性非齐次差分方程

$$y_{t+n}+a_1(t)y_{t+n-1}+\cdots+a_{n-1}(t)y_{t+1}+a_n(t)y_t=f_1(t),$$

$$y_{t+n}+a_1(t)y_{t+n-1}+\cdots+a_{n-1}(t)y_{t+1}+a_n(t)y_t=f_2(t),$$

的特解，则 $y_t=y_1(t)+y_2(t)$ 为方程

$$y_{t+n}+a_1(t)y_{t+n-1}+\cdots+a_{n-1}(t)y_{t+1}+a_n(t)y_t=f_1(t)+f_2(t)$$

的特解。

定理 2 通常称为线性常系数非齐次差分方程解的结构定理。

根据上述定理，线性常系数非齐次差分方程的通解由它的一个特解加上对应齐次差分方程的通解组成。因此，求解线性常系数非齐次差分方程的通解通常分两部分：一部分是求对应齐次差分方程的通解；另一部分是求它自己的一个特解。

三、一阶线性常系数差分方程

一阶线性常系数差分方程的一般形式为：

$$y_{t+1}-Py_t=f(t), \tag{1}$$

其中，P 为非零常数，$f(t)$ 为已知函数。如果 $f(t)=0$，则方程变为：

$$y_{t+1}-Py_t=0, \tag{2}$$

方程 (1) 称为一阶线性常系数非齐次差分方程，相应地，方程 (2) 称为一阶线性常系数齐次差分方程。

接下来将介绍一阶线性常系数齐次差分方程（2）通解的解法。一阶非齐次差分方程特解的求法与上一节线性常系数非齐次微分方程的特解的求法类似。

将方程（2）改写成：

$$y_{t+1} = Py_t \text{，} t = 0, 1, 2, \cdots \text{，}$$

则有

$$y_1 = Py_0 \text{，} y_2 = Py_1 = P^2y_0 \text{，} y_3 = Py_2 = P^3y_0 \text{，}$$

一般地，设 $y_0 = C$，则有方程（2）的通解为：

$$y_t = P^ty_0 = CP^t \text{，} t = 0, 1, 2, \cdots .$$

接下来，我们利用待定系数法，给出线性非齐次差分方程（1）的一个特解，具体见表10-2。

表 10-2　　待定特解的形式

$f(t)$ 的形式	定特解的条件	待定特解的形式
$\mu^tR_m(t)$，① $\mu \neq 0$，常数	$\mu \neq P$	$\mu^tQ_m(t)$，②
	$\mu = P$	$t\mu^tQ_m(t)$，②
$\mu^t(A\cos\omega t + B\sin\omega t)$，$\mu \neq 0$，$A$、$B$ 不同时为零	$\Delta \neq 0$ ③	$\mu^t(C\cos\omega t + D\sin\omega t)$
	$\Delta = 0$ ③	$t\mu^t(C\cos\omega t + D\sin\omega t)$
注	① $R_m(t)$ 为给定的 m 次多项式；② $Q_m(t)$ 为待定的 m 次多项式；③ $\Delta = \left(\frac{-P}{\mu} + \cos\omega\right)^2 + \sin^2\omega$	

例 1　求下列一阶线性常系数齐次差分方程的通解：

① $y_{t+1} - 2y_t = t3^t$；　　② $y_{t+1} - 2y_t = t2^t$.

解　①对应的齐次方程 $y_{t+1} - 2y_t = 0$ 的通解为

$$\bar{y}_t = P^ty_0 = C2^t .$$

由于右端项 $f(t) = \mu^tR_m(t)$，即 $R_m(t) = t$，$\mu = 3$，$P = 2$，故设非齐次方程的特解为：

$$y_t^* = (at + b)3^t \text{，}$$

代入非齐次方程，有

$$y_{t+1}^* = [a(t + 1) + b] \cdot 3^{t+1} \text{，}$$

所以

$$\begin{aligned} y_{t+1} - 2y_t &= [a(t + 1) + b] \cdot 3^{t+1} - 2 \cdot (at + b)3^t \\ &= 3^t(at + 3a + b) \text{，} \end{aligned}$$

与右端项比较可得：

$$a = 1 \text{，} b = -3 \text{，}$$

从而特解为：

$$y_t^* = (t - 3) \cdot 3^t \text{，}$$

因此，原方程的通解为

$$y_t = C2^t + (t - 3) \cdot 3^t .$$

②对应的齐次方程的通解仍然为

$$\bar{y}_t = P^ty_0 = C2^t .$$

由于右端项$f(t)=\mu^t R_m(t)$，即$R_m(t)=t$，$\mu=2$，$P=2$，故设非齐次方程的特解为：

$$y_t^*=t(at+b)2^t,$$

代入非齐次方程，有

$$y_{t+1}^*=[a(t+1)^2+b(t+1)]2^{t+1},$$

所以

$$y_{t+1}-2y_t=[a(t+1)^2+b(t+1)]2^{t+1}-2t(at+b)2^t$$
$$=2^{t+1}(2at+a+b),$$

与右端项比较可得：

$$a=\frac{1}{4},\ b=-\frac{1}{4},$$

从而特解为：

$$y_t^*=\frac{1}{4}(t^2-t)2^t,$$

因此，原方程的通解为

$$y_t=C2^t+\frac{1}{4}(t^2-t)2^t=2^t(\frac{1}{4}t^2-\frac{1}{4}t+C).$$

例2 求下列一阶线性常系数齐次差分方程的通解：

① $y_{t+1}-3y_t=2^t\cdot\cos\pi t$； ② $y_{t+1}+3y_t=3^t\cdot\cos\pi t$.

解 ①对应的齐次方程$y_{t+1}-3y_t=0$的通解为

$$\bar{y}_t=P^t y_0=C3^t.$$

设非齐次方程的特解为：

$$y_t^*=\mu^t(C\cos\omega t+D\sin\omega t)=2^t(C\cos\pi t+D\sin\pi t),$$

代入非齐次方程，比较方程两边有

$$2^t\cdot(-5C\cos\pi t-5D\sin\pi t)=2^t\cdot\cos\pi t,$$

可解得：

$$C=-\frac{1}{5},\ D=0,$$

于是方程的特解为

$$y_t^*=-\frac{1}{5}\cdot2^t\cos\pi t,$$

因此，原方程的通解为

$$y_t=C3^t-\frac{1}{5}\cdot2^t\cos\pi t.$$

②对应的齐次方程$y_{t+1}+3y_t=0$的通解为

$$\bar{y}_t=P^t y_0=C\cdot(-3)^t.$$

由于$\mu=3$，$P=-3$，$\omega=\pi$，按照待定特解的形式可知：

$$\Delta=(\frac{-P}{\mu}+\cos\omega)^2+\sin^2\omega=0,$$

故应设非齐次方程的特解为：

$$y_t^*=t\cdot\mu^t(C\cos\omega t+D\sin\omega t)=t\cdot3^t(C\cos\pi t+D\sin\pi t),$$

代入非齐次方程，比较方程两边，可解得：

$$C=-\frac{1}{3}\ ,\ D=0\ ,$$

于是方程的特解为

$$y_t^*=-t\cdot 3^{t-1}\cos\pi t\ ,$$

因此，原方程的通解为

$$y_t=C\cdot(-3)^t-t\cdot 3^{t-1}\cos\pi t\,.$$

四、二阶线性常系数差分方程

二阶线性常系数差分方程的一般形式为：

$$y_{t+2}+ay_{t+1}+by_t=f(t)\ ,\tag{3}$$

其中，a，b 为已知常数，且 $b\neq 0$，$f(t)$ 为已知函数。如果 $f(t)=0$，则方程变为：

$$y_{t+2}+ay_{t+1}+by_t=0\ ,\tag{4}$$

方程（3）称为二阶线性常系数非齐次差分方程。相应地，方程（4）称为二阶线性常系数齐次差分方程。

根据本节的定理 2，线性非齐次差分方程（3）的通解等于它的一个特解再加上对应齐次差分方程（4）的通解组成。因此，下面分别讨论齐次差分方程的通解和非齐次差分方程的特解的求解方法。

对于齐次差分方程（4），根据本节的定理 1，线性齐次差分方程的解的线性组合仍然是解，可知方程（4）是由它的两个线性无关的特解线性组合而成。为此，首先设方程（4）有特解为：

$$y_t^*=\lambda^t\ ,\ \lambda\neq 0\ ,$$

代入齐次差分方程（4）中，可得：

$$\lambda^t(\lambda^2+a\lambda+b)=0\ ,$$

故 $y_t^*=\lambda^t$ 为特解的充分必要条件为：

$$\lambda^2+a\lambda+b=0\ ,\tag{5}$$

式（5）称为方程（3）和方程（4）的特征方程，特征方程的根称为特征根或特征值。由于特征方程是二次代数方程，根据判别式的三种可能情况，可得通解分别为：

$$\bar{y}_t=\begin{cases}C_1\lambda_1^t+C_2\lambda_2^t, & \Delta>0\\ (C_1+C_2t)\lambda_1^t, & \Delta=0\ ,\\ r^t(C_1\cos\omega t+C_2\sin\omega t), & \Delta<0\end{cases}\tag{6}$$

其中

$$\begin{cases}\lambda_1=\dfrac{-a-\sqrt{\Delta}}{2},\ \lambda_2=\dfrac{-a+\sqrt{\Delta}}{2},\\ r=\sqrt{b}\ ,\ \tan\omega=-\dfrac{\sqrt{-\Delta}}{2},\ \omega\in(0,\ \pi).\end{cases}$$

对于齐次差分方程（3）的特解，常用方法仍然是待定系数法。表 10-3 列出了 $f(t)$ 的常见形式，以及相应的特解的条件和形式。

表 10-3

<table>
<tr><th>$f(t)$ 的形式</th><th>定特解的条件</th><th>待定特解的形式</th></tr>
<tr><td rowspan="3">$f(t)=\mu^tR_m(t)$，
$\mu\neq 0$，常数，
$R_m(t)$ 为已知的 m 次多项式</td><td>μ 不是特征根</td><td>$\mu^tQ_m(t)$ ①</td></tr>
<tr><td>μ 是单特征根</td><td>$t\mu^tQ_m(t)$ ①</td></tr>
<tr><td>μ 是重特征根</td><td>$t^2\mu^tQ_m(t)$ ①</td></tr>
<tr><td rowspan="3">$f(t)=\mu^t(A\cos\omega t+B\sin\omega t)$，
$\mu\neq 0$，A、B 不同时为零，常数</td><td>ρ 不是特征根②</td><td>$\mu^t(C\cos\omega t+D\sin\omega t)$ ③</td></tr>
<tr><td>ρ 是单特征根②</td><td>$t\mu^t(C\cos\omega t+D\sin\omega t)$ ③</td></tr>
<tr><td>ρ 是重特征根②</td><td>$t^2\mu^t(C\cos\omega t+D\sin\omega t)$ ③</td></tr>
<tr><td>注</td><td colspan="2">① $Q_m(t)$ 为待定的 m 次多项式；② $\rho=\mu(\cos\omega+i\sin\omega)$；③ C、D 为待定常数</td></tr>
</table>

例 3 求差分方程 $y_{t+2}-4y_t=1$ 的通解。

解 特征方程为 $\lambda^2-4=0$，则特征根为 $\lambda_1=-2$，$\lambda_2=2$，而 $f(t)=\mu^tR_m(t)=1$ 可知，$\mu=1$，$R_m(t)=1$，因为 $\mu=1$ 不是特征根，故可设特解为

$$y_t^*=A,$$

其中 A 为待定常数，代入原方程可得

$$A-4A=1,$$

则

$$A=-\frac{1}{3},$$

即特解为

$$y_t^*=-\frac{1}{3}.$$

由公式 (6) 可知，对应的齐次方程的通解为：

$$\bar{y}_t=C_1(-2)^t+C_2 2^t,$$

从而原方程的通解为：

$$y_t=C_1(-2)^t+C_2 2^t-\frac{1}{3}.$$

例 4 求差分方程 $y_{t+2}-4y_{t+1}+4y_t=2^t(3t+1)$ 的通解。

解 特征方程为 $\lambda^2-4\lambda+4=0$，则特征根为 $\lambda_1=\lambda_2=2$，而由

$$f(t)=\mu^tR_m(t)=2^t(3t+1)$$

可知，$\mu=2$，$R_m(t)=3t+1$，因为 $\mu=2$ 是重特征根，故可设特解为

$$y_t^*=t^2\cdot 2^t(at+b),$$

其中 a，b 为待定常数，代入原方程，整理可得：

$$2^t(24at+24a+8b)=2^t(3t+1),$$

则有

$$a=\frac{1}{8},\ b=-\frac{1}{4},$$

即特解为

$$y_t^* = t^2 \cdot 2^t(\frac{1}{8}t - \frac{1}{4}) = 2^t(\frac{1}{8}t^3 - \frac{1}{4}t^2).$$

由公式（6）可知，对应的齐次方程的通解为：

$$\bar{y}_t = (C_1 + C_2 t)2^t,$$

从而原方程的通解为：

$$y_t = (C_1 + C_2 t)2^t + 2^t(\frac{1}{8}t^3 - \frac{1}{4}t^2)$$

$$= (\frac{1}{8}t^3 - \frac{1}{4}t^2 + C_2 t + C_1)2^t.$$

例 5　求差分方程 $y_{t+2} - 4y_{t+1} + 4y_t = 25\sin\frac{\pi}{2}t$ 的通解。

解　由上例可知，对应齐次方程的通解为

$$\bar{y}_t = (C_1 + C_2 t)2^t,$$

由于右端项

$$f(t) = \mu^t(A\cos\omega t + B\sin\omega t) = 25\sin\frac{\pi}{2}t,$$

可知 $\mu = 1$，$\omega = \frac{\pi}{2}$，$\rho = \mu(\cos\omega + i\sin\omega) = i$，因为 $\rho = i$ 不是特征根，故可设特解为

$$y_t^* = \mu^t(C\cos\omega t + D\sin\omega t)$$

$$= C\cos\frac{\pi}{2}t + D\sin\frac{\pi}{2}t,$$

其中 C，D 为待定常数，代入原方程，整理可得：

$$(3C - 4D)\cos\frac{\pi}{2}t + (4C + 3D)\sin\frac{\pi}{2}t = 25\sin\frac{\pi}{2}t,$$

则有

$$C = 4, D = 3,$$

即特解为

$$y_t^* = 4\cos\frac{\pi}{2}t + 3\sin\frac{\pi}{2}t.$$

从而原方程的通解为：

$$y_t = (C_1 + C_2 t)2^t + 4\cos\frac{\pi}{2}t + 3\sin\frac{\pi}{2}t.$$

例 6　求差分方程 $y_{t+2} - 4y_{t+1} + 4y_t = 2^t(3t + 1) + 25\sin\frac{\pi}{2}t$ 的通解。

解　由上面两例可知，对应齐次方程的通解为

$$\bar{y}_t = (C_1 + C_2 t)2^t,$$

此外，上面两例也已经分别求出方程

$$y_{t+2} - 4y_{t+1} + 4y_t = 2^t(3t + 1)$$

$$y_{t+2} - 4y_{t+1} + 4y_t = 25\sin\frac{\pi}{2}t$$

各自的特解为：

$$y_t^{*1} = 2^t(\frac{1}{8}t^3 - \frac{1}{4}t^2),$$

$$y_t^{*2} = 4\cos\frac{\pi}{2}t + 3\sin\frac{\pi}{2}t,$$

于是，根据本节的定理 3 可知，原方程的特解为：

$$y_t^* = y_t^{*1} + y_t^{*2}$$

从而原方程的通解为：

$$\begin{aligned} y_t &= (C_1 + C_2 t)2^t + 2^t(\frac{1}{8}t^3 - \frac{1}{4}t^2) + 4\cos\frac{\pi}{2}t + 3\sin\frac{\pi}{2}t \\ &= (\frac{1}{8}t^3 - \frac{1}{4}t^2 + C_2 t + C_1)2^t + 4\cos\frac{\pi}{2}t + 3\sin\frac{\pi}{2}t. \end{aligned}$$

§11　差分方程在经济学中的简单应用

本节将介绍差分方程在经济学中几个简单的应用例题。

例 1 （存款模型）设 S_t 为 t 期期末的存款总额，S_0 为最初存入的资金总额，r 为存款利率，则按照复利计息，就可以得到 S_t 与 r 之间的关系如下：

$$S_{t+1} = S_t + rS_t = (1+r)S_t,\ t = 0, 1, 2, \cdots$$

这是一个一阶常系数线性齐次差分方程，容易求得其通解为：

$$S_t = (1+r)^t S_0,\ t = 0, 1, 2, \cdots$$

即 t 时期取款所获取的收益。

如果各期的利率可以不同，t 时期存款利率为 r_t，则上述模型就成为：

$$S_{t+1} = (1+r_t)S_t,\ t = 0, 1, 2, \cdots$$

经过迭代，可以得到其通解为：

$$S_t = (1+r_{t-1})S_{t-1} = (1+r_0)(1+r_1)\cdot\cdots\cdot(1+r_{t-1})S_0,\ t = 0, 1, 2, \cdots.$$

在日常生活中，无论是企业还是个人，存款模型都是经常遇到的一类模型，例如，个人住房贷款、企业贷款投资等贷款行为，都可以使用到这类模型。

例如，设银行 3 年定期存款利率 $r = 2.75\%$，最初存款额 $S_0 = 10000$ 元，$t = 3$，则第 3 年的收益为：

$$S_3 = 10000\cdot(1+0.0275)^3 = 10847.9(\text{元}).$$

例 2 （价格调整模型）在第 9 节中，我们介绍了价格调整模型，曾假定一种商品的需求量与供给量都是由当期价格所决定。但是实际上，许多商品从生产到销售都有一个固定的生产周期。如果以这个生产周期作为时间单位，那么，生产者作供给决策时的价格 P_t 就是对下一期价格的预期值，此时，需求函数和供给函数为：

$$D_t = a - bP_t,\ S_t = -a_1 + b_1 P_t, \tag{1}$$

其中 a, b, a_1, b_1 均为正的常数。均衡条件为 $D_t = S_t$.

对于上述系统，还需要设定预期价格 P_t^*，在此，我们采用传统预期，即 $P_t^* = P_{t-1}$，其意义为，用第 $t-1$ 期的实际价格作为第 t 期的预期价格。于是可以得到如下的模型：

$$\begin{cases} D_t = a - bP_t \\ S_t = -a_1 + b_1 P_t^* \\ D_t = S_t \\ P_t^* = P_{t-1} \end{cases} \tag{2}$$

模型 (2) 通常也称作蛛网模型。

由模型 (2) 可得:

$$a - bP_t = -a_1 + b_1 P_{t-1},$$

即

$$P_t + \frac{b_1}{b} P_{t-1} = \frac{a + a_1}{b}, \tag{3}$$

这是一阶线性常系数非齐次差分方程。它对应的齐次方程的通解为:

$$\overline{P_t} = C\left(-\frac{b_1}{b}\right)^t,$$

设非齐次差分方程 (3) 的一个特解为:

$$\hat{P}_t = A,$$

代入方程 (3) 可得:

$$\hat{P}_t = A = \frac{a + a_1}{b + b_1} = P_e,$$

P_e 是第 9 节例 3 中的均衡价格。所以, 方程 (3) 的通解为:

$$P_t = C\left(-\frac{b_1}{b}\right)^t + P_e,$$

若设初始价格为 P_0, 则 $C = P_0 - P_e$, 从而得到:

$$P_t = (P_0 - P_e)\left(-\frac{b_1}{b}\right)^t + P_e.$$

例 3　(筹措教育经费模型) 假设某家庭为了孩子以后的高等教育筹措教育经费, 从孩子出生时开始每月固定存入一笔资金 a 元, 并计划 T 个月后将该笔资金全部用于孩子的教育, 届时每月支取 b 元, 且在 t_0 个月内用完账户上的资金。那么 T 个月内每月需要存入多少资金? T 个月后可以筹措到多少资金? 假设投资的月利率为 r.

设 T 个月后可以筹措到的资金为 A 元, 第 t 个月账户上的资金为 S_t, 则有:

$$S_{t+1} = (1 + r)S_t - b,$$

且 $S_0 = A$, $S_{t_0} = 0$, 解方程可得其通解为:

$$S_t = C(1 + r)^t - \frac{b}{1 - (1 + r)} = C(1 + r)^t + \frac{b}{r}.$$

其中 C 为任意常数。

例如, 取 $T = 240$, $t_0 = 120$, $b = 1000$, $r = 0.5\%$, 则由上面通解可得:

$$S_{t_0} = C(1 + r)^t + \frac{b}{r},$$

则有

$$S_{120}=C(1.005)^{120}+200000,$$

及

$$S_0=C+200000=A,$$

从而可得可以筹措到的资金为：

$$A=200000-\frac{200000}{1.005^{120}}\approx 90073.45.$$

从孩子出生时开始，第 t 个月账户上的资金为 S_t，则有：

$$S_{t+1}=(1+r)S_t+a,$$

且 $S_0=0$，$S_{240}=90073.45$，解方程可得其通解为：

$$S_t=C(1+r)^t+\frac{a}{1-(1+r)}=C(1+r)^t-\frac{a}{r},$$

代入初始条件可得：

$$90073.45=C(1.005)^{240}-200a \text{ 和 } C-200a=0,$$

从而有：

$$a\approx 194.95$$

即要达到预期投资目标，每月需要存入 194.95 元。

习题十

1. 填空题：

(1) 设线性无关的函数 y_1，y_2，y_3 都是方程 $y''+p(x)y'+q(x)y=f(x)$ 的解，C_1，C_2 是任意常数，则该方程的通解是__________；

(2) 已知某二阶线性常系数齐次微分方程的通解是 $y=(C_1+C_2x)e^x$，则该微分方程为__________；

(3) 微分方程 $y'+3y=4e^x$ 的通解是__________；

(4) 差分方程 $y_{t+1}-3y_t=4$ 满足初始条件 $y_0=1$ 的特解为__________。

2. 求下列微分方程的通解：

(1) $x\frac{dy}{dx}=y\ln\frac{y}{x}$；　　(2) $\frac{dy}{dx}-y=xy^5$；

(3) $y'=\frac{y^2}{y^2+2xy-x}$；　　(4) $\frac{dy}{dx}=\frac{1}{x+y}$.

3. 求下列微分方程满足所给初始条件的特解：

(1) $\frac{dy}{dx}+\frac{y}{x}=\frac{\sin x}{x}$，　$y|_{x=\pi}=1$；

(2) $xyy'=x^2+y^2$，$y|_{x=1}=2$；

(3) $y''=2y^3$，　$y|_{x=3}=1$，　$y'|_{x=3}=1$.

4. 已知连续函数 $f(x)$ 满足条件 $f(x)=\int_0^{3x}f(\frac{t}{3})dt+e^{2x}$，求 $f(x)$.

5. 求下列微分方程的通解：

(1) $y''-3y'+2y=0$；　　(2) $y''+4y=0$；

(3) $y'' - 4y' + 5y = 0$；　(4) $y^{(4)} + 3y'' - 4y = 0$；

(5) $2y'' + y' - y = 2e^x$；　(6) $y'' + y = x + \cos x$.

6. 设函数 $\varphi(x)$ 连续，且满足 $\varphi(x) = e^x + \int_0^x t\varphi(t)\,dt - x\int_0^x \varphi(t)\,dt$，求 $\varphi(x)$.

7. 求下列差分方程的通解或满足所给初始条件的特解：

(1) $y_{t+1} - 5y_t = 3$；　(2) $y_{t+1} + y_t = 2^t$；

(3) $y_{t+1} + 2y_t = t + 3$；　(4) $y_{t+1} - 2y_t = 3^t \cos \pi t$；

(5) $y_{t+1} - 3y_t = -2$，$y_0 = 2$；　(6) $y_{t+1} - 2y_t = 3t^2$，$y_0 = -8$.

8. 求下列二阶差分方程的通解：

(1) $y_{t+2} - 7y_{t+1} + 12y_t = 0$；　(2) $y_{t+2} + 4y_{t+1} + 4y_t = 0$；

(3) $y_{t+2} - \frac{1}{9}y_t = 1$；　(4) $y_{t+2} - 2y_{t+1} + 4y_t = 3t + 6$.

附录Ⅰ　几种常见的曲线

(1)三次抛物线

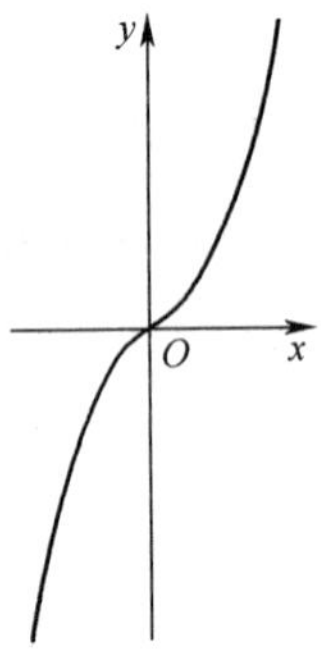

$y=ax^3$

(2)半立方抛物线

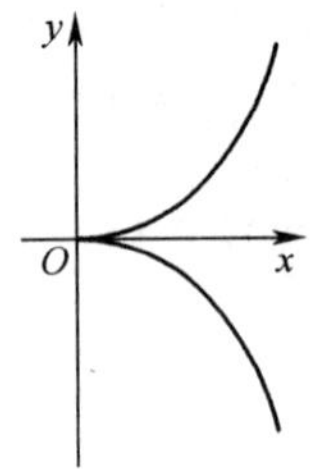

$y^2=ax^3$

(3)概率曲线

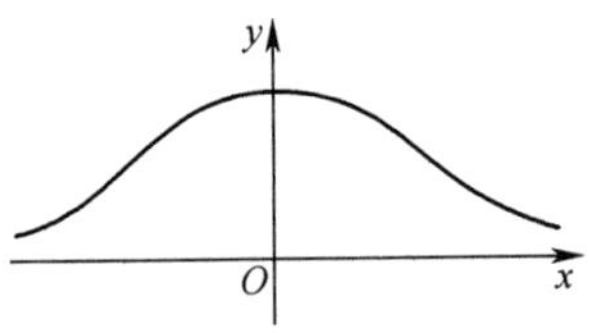

$y=e^{-x^2}$

(4)箕舌线

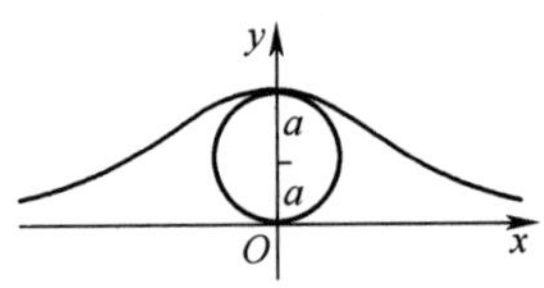

$y=\frac{8a^3}{x^2+4a^2}$

(5)蔓叶线

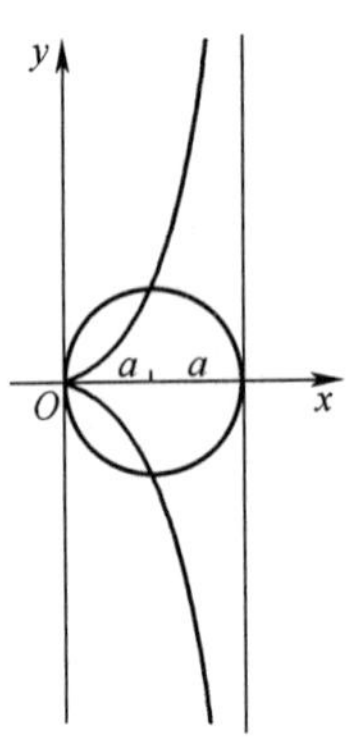

$y^2(2a-x)=x^3$

(6)笛卡儿叶形线

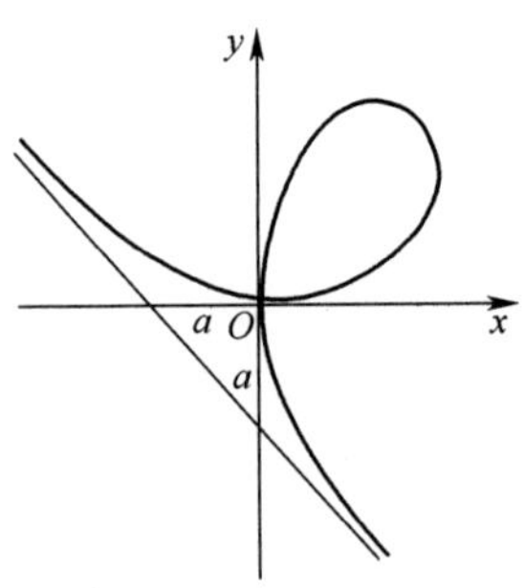

$x^3+y^3-3axy=0$

$x=\frac{3at}{1+t^3},y=\frac{3at^2}{1+t^3}$

(7) 星形线(内摆线的一种)

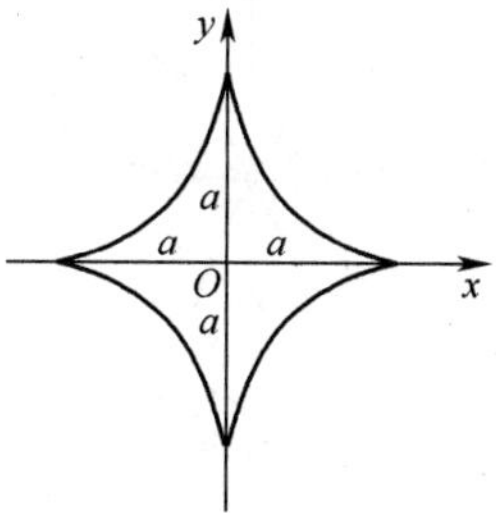

$$x^{\frac{2}{3}}+y^{\frac{2}{3}}=a^{\frac{2}{3}}$$

$$\begin{cases}x=a\cos^3\theta\\y=a\sin^3\theta\end{cases}$$

(8) 摆线

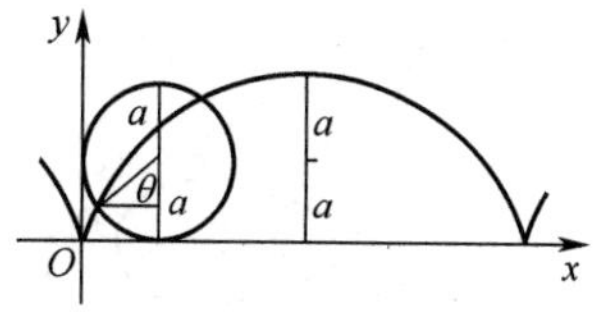

$$\begin{cases}x=a(\theta-\sin\theta)\\y=a(1-\cos\theta)\end{cases}$$

(9) 心形线(外摆线的一种)

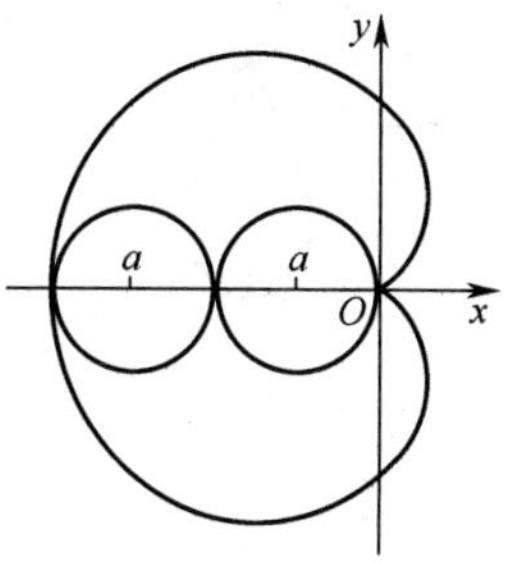

$$x^2+y^2+ax=a\sqrt{x^2+y^2}$$

$$\rho=a(1-\mathrm{coa}\,\theta)$$

(10) 阿基米德螺线

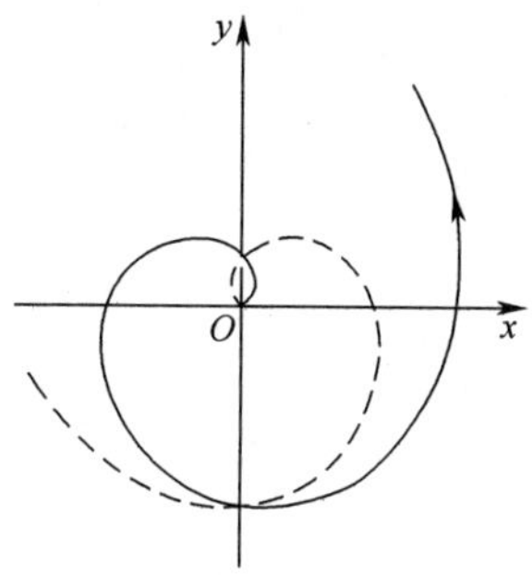

$$\rho=a\theta$$

(11) 对数螺线

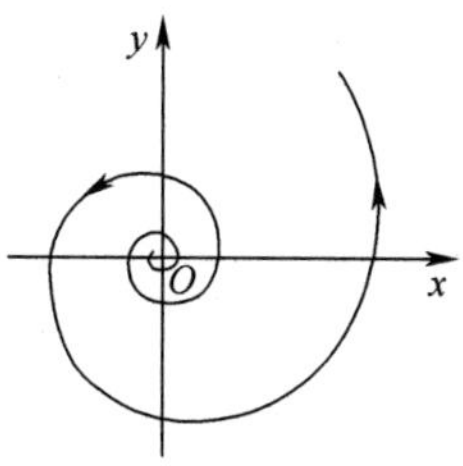

$$\rho=\mathrm{e}^{a\theta}$$

(12) 双曲螺线

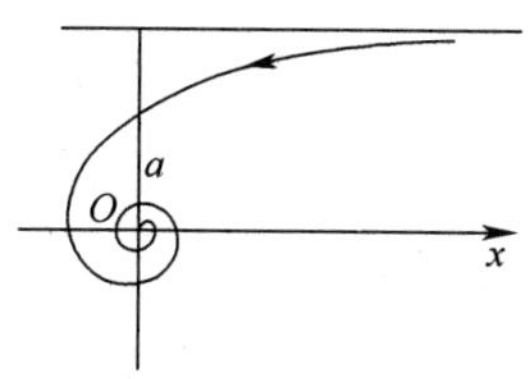

(13) 伯努利双纽线

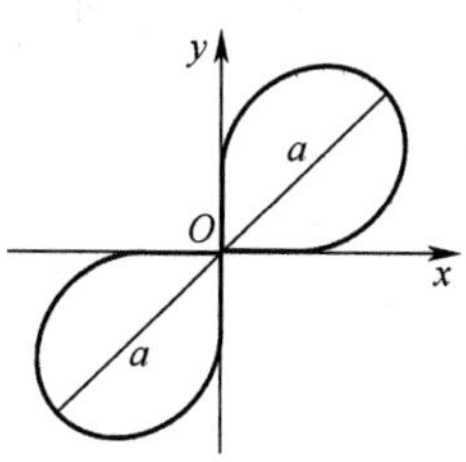

$$(x^2+y^2)^2=2a^2xy$$

$$\rho^2=a^2\sin2\theta$$

(14) 伯努利双纽线

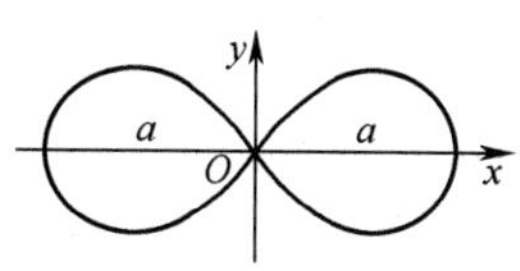

$$(x^2+y^2)^2=a^2(x^2-y^2)$$

$$\rho^2=a^2\cos2\theta$$

(15) 三叶玫瑰线

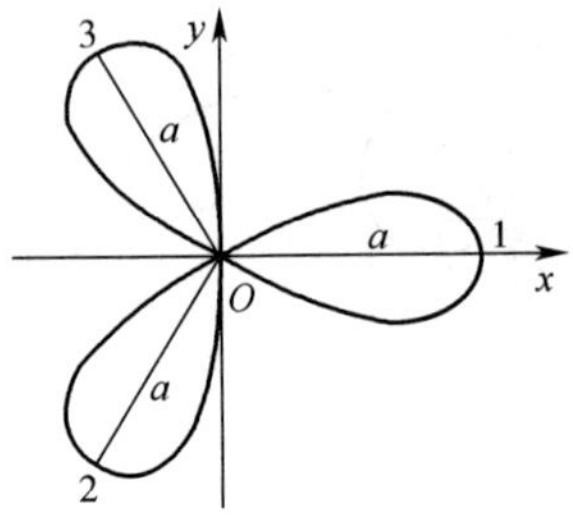

$\rho = a\cos 3\theta$

(16) 三叶玫瑰线

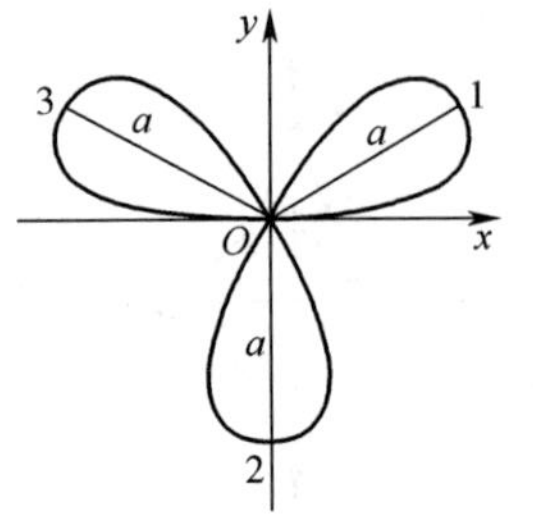

$\rho = a\sin 3\theta$

(17) 四叶玫瑰线

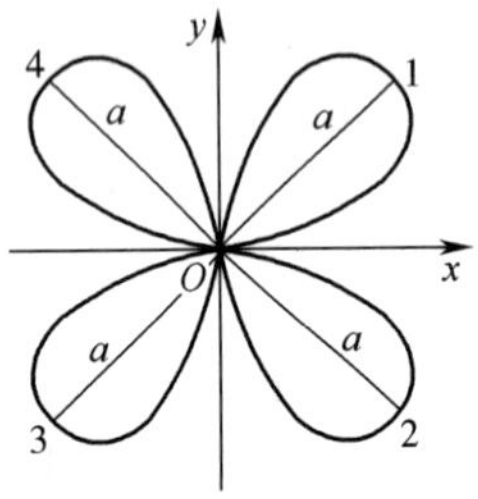

$\rho = a\sin 2\theta$

(18) 四叶玫瑰线

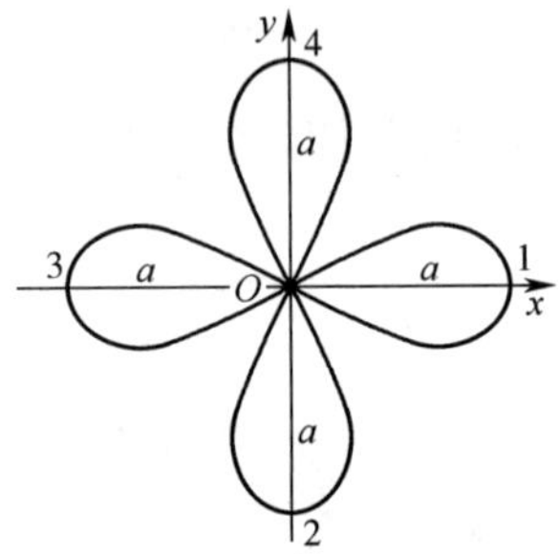

$\rho = a\cos 2\theta$

附录Ⅱ　习题答案

习题一答案

1. (1) $0 < |x| < 1$；(2) $x < -a$ 或 $x \geqslant 1-a$.

2. (1)不同；　(2)不同；(3)不同.

3. (1)奇函数；(2)偶函数。

4. (1) $f(x-2)=x^2-10x+29$；(2) $f(x)=\ln(x-1)$，$x>1$；　(3) $f(x)=x^2-2$，$|x|\geqslant 2$.

5. $f[g(x)]=\begin{cases}1 & x<0\\ 0 & x=0\\ -1 & x>0\end{cases}$；　　$g[f(x)]=\begin{cases}e & |x|<1\\ 1 & x=0\\ e^{-1} & |x|>1\end{cases}$.

6. 略

7. (1) $-\dfrac{1}{2}$；(2) $-\dfrac{1}{2}$；(3) $2x$；(4) 1；(5) $\dfrac{1}{2}$；(6) ∞；(7) 0；(8) 0；(9) $\dfrac{1}{2}$；(10) 1.

8. (1) 2^{20}；(2) 0；(3) -4；(4) $-\dfrac{1}{2}$；(5) 3.

9. $a=-7$，$b=6$.

10. $a=1$，$b=2$.

11. (1) $a=0$ 时为 0，$a\neq 0$ 时为 a；(2) $\dfrac{3}{2}$；(3) $\cos a$；(4) 2；(5) x；(6) -1.

12. (1) e^{-1}；(2) $\dfrac{1}{e^2}$；(3) e^6；(4) $\dfrac{1}{e}$；(5) e^{-1}；(6) e^6.

13. 略

14. (1) 1 阶，$2x$；(2) 2 阶，x^2；(3) $\dfrac{2}{3}$ 阶，$\dfrac{1}{2}x^{\frac{2}{3}}$；(4) 2 阶，$x^2$；(5) $\dfrac{2}{3}$ 阶，$\dfrac{1}{2}x^{\frac{2}{3}}$.

15. (1) $\dfrac{1}{2}$；(2) $\ln a$；(3) 4；(4) $\dfrac{\pi^2}{2}$；(5) -1；(6) $\dfrac{1}{2}$；(7) -1.

16. (1) $x=1$ 是可去间断点，补充定义 $f(1)=\dfrac{1}{2}$；$x=-1$ 是无穷间断点；

(2) $x=0$ 是跳跃间断点；

(3) $x=0$ 是可去间断点，补充定义 $f(0)=1$；$x=k\pi+\dfrac{\pi}{2}$　$k\in Z$ 是无穷间断点；

(4) $x=0$ 是无穷间断点，$x=1$ 是跳跃间断点；(5) $x=\pm 1$ 是跳跃间断点。

17. $a=0$.

18. $a=0$，$b=1$.

19. $a=\frac{1}{\sqrt{2}}$，$b=-1$.

20~26. 略

习题二答案

1. (1)$f'(a)$； (2)$f'(a)$； (3)$2f'(a)$； (4) $\frac{1}{2}f'(a)$.

2. (1) $\frac{1}{2}x^{-\frac{1}{2}}$； (2) $\frac{16}{5}x^{\frac{11}{5}}$；(3) $-\frac{1}{2}x^{-\frac{3}{2}}$；(4) $-\frac{16}{5}x^{-\frac{18}{5}}$.

3. (1) $\begin{matrix} x+y-2=0 \\ x-y=0 \end{matrix}$； (2) $\begin{matrix} \frac{\sqrt{3}}{2}x+y-\frac{1}{2}(1+\frac{\sqrt{3}}{3}\pi)=0 \\ x-\frac{\sqrt{3}}{2}y-(\frac{\pi}{3}-\frac{\sqrt{3}}{4})=0 \end{matrix}$.

4. 略

5. 略

6. $f'_+(0)=0, f'_-(0)=1$.

7. $f'_+(c)=2c$，当 $ac+b\neq c^2$ 不连续，当 $ac+b=c^2$ 连续，当 $a=2c$，$b=-c^2$ 时可导。

8. $f'(x)=\begin{cases}\cos x & x<0 \\ 1 & x\geqslant 0.\end{cases}$

9. (1)$4x^3+6x$；(2) $\frac{1}{5}(3x^2-2x)$；(3) $\frac{\sqrt{3}}{2\sqrt{x}}+\frac{1}{3\sqrt[3]{x^2}}-\frac{1}{x^2}$；(4)$10x^4+3x^2+4x$；

(5) $\frac{2x}{(1+x^2)^2}$；(6)$x\cos x$；(7)$1+\ln x$；(8)$\tan x+x\sec^2x+\csc^2x$；(9) $\frac{1-x\ln 4}{4^x}$；

(10)$(2+x)xe^x$；(11)$\arcsin x+\frac{x}{\sqrt{1-x^2}}$；(12) $\frac{1}{x^2}(\frac{x}{1+x^2}-\arctan x)$；

(13)$(x\cos x-\sin x)(\frac{1}{x^2}-\frac{1}{\sin^2x})$；(14)$2x\arccos x-\frac{x^2}{\sqrt{1-x^2}}$；(15) $\frac{1-\ln x}{x^2}$；

(16) $\frac{2}{(1+x)^2}$；(17) $\frac{3x^2-18x+3}{(x^2-1)^2}$.

10. (1)$8x(2x^2-3)$；(2) $\frac{x}{\sqrt{x^2-a^2}}$；(3) $\frac{1}{(1-x)\sqrt{1-x^2}}$；

(4) $\frac{1}{2\sqrt{x+\sqrt{x+\sqrt{x}}}}[1+\frac{1}{2\sqrt{x+\sqrt{x}}}(1+\frac{1}{2\sqrt{x}})]$；(5)$2\cos x-3\sin 3x$；

(6)$a\sec^2(ax+b)$；(7)$2\cos 2x\cos 3x-3\sin 2x\sin 3x$；(8) $-10\cot 5x\csc^2 5x$；

(9)$\cot x$；(10) $-2\tan x$；(11) $\frac{\sqrt{x^2+a^2}}{x^2}$；(12)$4e^{4x+5}$；(13) $\frac{a}{2\sqrt{x}}e^{\sqrt{x}}$；

(14) $\frac{2\arcsin x}{\sqrt{1-x^2}}$；(15) $\frac{2x}{1+(1+x^2)^2}$；(16) $\frac{x}{(1-x^2)^{\frac{3}{2}}}$.

11. $y' = \dfrac{f(x)f'(x) + g(x)g'(x)}{\sqrt{f^2(x) + g^2(x)}}$.

12. (1) $2xf'(x^2)$; (2) $\sin 2x[f'(\sin^2 x) - g'(\cos^2 x)]$.

13. (1) $\dfrac{3x}{(1-x^2)^{\frac{5}{2}}}$; (2) $-2e^{-t}\cos t$; (3) $\dfrac{(1+2x^2)\arcsin x + 3x\sqrt{1-x^2}}{(1-x^2)^{\frac{5}{2}}}$;

(4) $\dfrac{6x(2x^3-1)}{(1+x^3)^3}$; (5) $-\dfrac{x}{(1+x^2)^{\frac{3}{2}}}$.

14. (1) $e^{-x}f'(e^{-x}) + e^{-2x}f''(e^{-x})$; (2) $\dfrac{f(x)f''(x) - [f'(x)]^2}{f^2(x)}$.

15. (1) $[(-1)^n n!]\left(\dfrac{1}{(x-1)^{n+1}} - \dfrac{1}{x^{n+1}}\right)$; (2) $y^{(n)} = \begin{cases} 1 + \ln x & n = 1 \\ \dfrac{(-1)^{(n)}(n-2)!}{x^{(n-1)}} & n \geqslant 2 \end{cases}$;

(3) $2^{n-1}\sin(2x + \dfrac{n-1}{2}\pi)$.

16. (1) $-\dfrac{\sin(x+y)}{1+\sin(x+y)}$; (2) $\dfrac{-e^y}{1+xe^y}$; (3) $\dfrac{\sqrt{x}y\ln y - 2y\sqrt{y}}{x\sqrt{y}\ln x - 2x\sqrt{x}}$.

17. (1) $\dfrac{6(x^2+y^2-xy)}{(x-2y)^3}$; (2) $\dfrac{2(x^2+y^2)}{(x-y)^2}$; (3) $\dfrac{-2\cos^3(x+y)}{\sin^5(x+y)}$.

18. (1) $\left(\dfrac{x}{1+x}\right)^x\left(\ln\dfrac{x}{1+x} + \dfrac{1}{1+x}\right)$; (2) $(\sin x)^{\cos x}\left(\dfrac{\cos^2 x}{\sin x} - \sin x\ln\sin x\right)$.

19. 略

20. (1) $-\dfrac{2t}{1+t}$; (2) $-\dfrac{b}{a}\tan t$.

21. (1) $\dfrac{(1+t)(6t+5)}{t}$; (2) $\dfrac{1}{f''(t)}$.

22. (1) $dy = x(2\sin x + x\cos x)dx$; (2) $dy = \ln x dx$; (3) $\dfrac{2}{\sin 2x}dx$; (4) $\dfrac{-x}{|x|\sqrt{1-x^2}}dx$.

23. 96, 0, −4.

24. $-2P$.

25. (1) $-1.39P$; (2) -13.9.

习题三答案

1. 3 个根，分别位于区间 (1, 2), (2, 3), (3, 4).

2~6. 略

7. (1) $\cos a$; (2) 1; (3) $-\dfrac{1}{2}$; (4) $\dfrac{1}{2}$; (5) $-\dfrac{e}{2}$; (6) 1; (7) $e^{-\frac{1}{6}}$; (8) 1; (9) $\dfrac{2}{\pi}$.

8. 先用洛必达法则，再用导数定义。

9. $f(x)$ 在 $x = 0$ 处连续。

10. (1) $2+\frac{1}{4}(x-4)-\frac{1}{64}(x-4)^2+\frac{1}{512}(x-4)^3+o((x-4)^3)$；(2) $x+\frac{1}{3}x^3+o(x^3)$.

11. (1) $\frac{1}{1+x}=1-x+x^2-\cdots+(-1)^n x^n+\frac{(-1)^{n+1}}{(1+\theta x)^{n+2}}x^{n+1}(0<\theta<1)$；

(2) $xe^x=x+x^2+\frac{x^3}{2!}+\cdots+\frac{x^n}{(n-1)!}+\frac{\theta x+n+1}{(n+1)!}e^{\theta x}x^{n+1}(0<\theta<1)$.

12. 略

13. (1) $\frac{7}{360}$； (2) $\frac{1}{3}$.

14. (1)单调增加；(2)单调增加。

15. (1)在 $[-1, 3]$ 单调减少，在 $(-\infty, -1] \cup [3, +\infty)$ 单调增加；

(2)在 $(-\infty, -2] \cup [0, +\infty)$ 单调增加，在 $[-2, -1) \cup (-1, 0]$ 单调减少；

(3)在 $(-\infty, +\infty)$ 单调增加。

16. 略

17. 略

18. (1)凸区间 $(-\infty, -1) \cup (1, +\infty)$，凹区间 $(-1, 1)$；

(2)凸区间 $\left(-\frac{\sqrt{2}}{2}, \frac{\sqrt{2}}{2}\right)$，凹凸区间 $\left(-\infty, \frac{\sqrt{2}}{2}\right)$ 及 $\left(\frac{\sqrt{2}}{2}, +\infty\right)$.

19. 略

20. $a=1$, $b=-3$, $c=-24$, $d=16$.

21. $\alpha=-\frac{20}{3}$, $\beta=\frac{4}{3}$.

22. $a>\frac{1}{e}$，无实根；$a=\frac{1}{e}$，一个实根；$0<a<\frac{1}{e}$，两个实根。

23. (1) $y(-1)=10$ 为极大值，$y(3)=-22$ 为极小值；

(2) $y\left(\frac{3}{4}\right)=\frac{5}{4}$ 为极大值；

(3) $y(-1)=1$ 为极大值；$y(0)=0$ 为极小值。

24. $a=2$, $f\left(\frac{\pi}{3}\right)=\sqrt{3}$ 为极大值。

25. (1) $y(3)=11$ 为最大值；$y(2)=-14$ 为最小值；

(2) $y\left(\frac{3}{4}\right)=\frac{5}{4}$ 为最大值；$y(-5)=-5+\sqrt{6}$ 为最小值。

26. 略

习题四答案

1. (1)C；(2)D；(3)B.

2. (1) $-\frac{1}{x}+c$；(2) $2\sqrt{x}+c$；(3) $\frac{1}{3}x^3+\frac{3}{2}x^2+x+c$；

(4) $\sqrt{\dfrac{2h}{g}}+c$；(5) $e^x-2\sqrt{x}+c$；(6) $x-\arctan x+c$；(7) $-\dfrac{1}{x}+\arctan x+c$；

(8) $\tan x-\sec x+c$；(9) $\arcsin x+c$；(10) $\dfrac{4^x}{\ln 4}+2\dfrac{6^x}{\ln 6}+\dfrac{9^x}{\ln 9}+c$；

(11) $-\cot x-\tan x+c$；(12) $\dfrac{1}{2}(x-\sin x)+c$.

3. (1) $\dfrac{1}{22}(2x+5)^{11}+c$；(2) $-\dfrac{1}{3}e^{-3x}+c$；(3) $-\dfrac{1}{3}\ln|1-3x|+c$；(4) $-2\cos\sqrt{x}+c$；

(5) $-\dfrac{1}{2}e^{-x^2}+c$；(6) $-\dfrac{1}{3}\sqrt{2-3x^2}+c$；(7) $-\dfrac{1}{\arcsin x}+c$；

(8) $2\sqrt{1+\ln x}+c$；(9) $\sin x-\dfrac{1}{3}\sin^3x+c$；(10) $\arctan e^x+c$；

(11) $-\cot x+\csc x+c$；(12) $\dfrac{1}{2}\arcsin(2x)-\dfrac{1}{4}\sqrt{1-4x^2}+c$；(13) $\dfrac{1}{2\cos^2x}+c$；

(14) $\ln|\tan x|+c$；(15) $\dfrac{x^2}{2}-\dfrac{9}{2}\ln(x^2+9)+c$；(16) $\dfrac{1}{2}\cos x-\dfrac{1}{10}\cos 5x+c$；

(17) $\dfrac{1}{3}\sec^3x-\sec x+c$；(18) $\dfrac{3}{2}\sqrt[3]{(\sin x-\cos x)^2}+c$；(19) $\dfrac{1}{2}\arctan(\sin^2x)+c$；

(20) $-\ln\left|\cos\sqrt{1+x^2}\right|+c$；(21) $(\arctan\sqrt{x})^2+c$；

(22) $\dfrac{x}{\sqrt{1+x^2}}+c$；(23) $\dfrac{a^2}{2}\left(\arcsin\dfrac{x}{a}-\dfrac{x}{a^2}\sqrt{a^2-x^2}\right)+c$；

(24) $\arcsin x-\dfrac{x}{1+\sqrt{1-x^2}}+c$.

4. $\dfrac{1}{x}+c$.　　5. $-\dfrac{1}{3}\sqrt{(1-x^2)^3}+c$.

5. 略

6. (1) $-\dfrac{x}{2}e^{-2x}-\dfrac{1}{4}e^{-2x}+c$；(2) $-\dfrac{x}{5}\cos 5x+\dfrac{1}{25}\sin 5x+c$；

(3) $x(\ln x-1)+c$；(4) $x\arccos x-\sqrt{1-x^2}+c$；(5) $\dfrac{1}{2}e^{-x}(\sin x-\cos x)+c$；

(6) $-e^{-x}(x^2+5)+c$；(7) $\dfrac{1}{2}(x^2-1)\ln(x-1)-\dfrac{1}{4}x^2-\dfrac{1}{2}x+c$；

(8) $x\arctan(2x)-\dfrac{1}{4}\ln(1+4x^2)+c$；

(9) $x\ln(1+x^2)-2x+2\arctan x+c$；(10) $x\arcsin^2x+2\sqrt{1-x^2}\arcsin x-2x+c$；

(11) $-\dfrac{1}{2}x^2+x\tan x+\ln\cos x+c$；(12) $\dfrac{1}{2}[\cos\ln x+\sin\ln x]+c$；

(13) $x\ln(x+\sqrt{1+x^2})-\sqrt{1+x^2}+c$；(14) $e^x\ln x+c$.

7. (1) $\frac{1}{4}\ln|x|-\frac{1}{8}\ln(4+x^2)+c$；(2) $\ln|x^2+3x+1|+c$；(3) $\frac{1}{8}\ln\frac{x^8}{1+x^8}+c$；

(4) $\frac{1}{3}x^3-\frac{3}{2}x^2+9x-27\ln|x+3|+c$；

(5) $\ln|x|-\frac{2}{x-1}+c$; (6) $\frac{1}{2}\arctan x+\frac{1}{4}\ln\left|\frac{1+x}{1-x}\right|+\frac{1}{4}\ln|1-x^4|+c$;

(7) $\frac{1}{x+1}+\frac{1}{2}\ln|x^2-1|+c$; (8) $\frac{3}{2}\sqrt[3]{(1+x)^2}-3\sqrt[3]{x+1}+3\ln\left|1+\sqrt[3]{x+1}+c\right|$；

(9) $2\sqrt{x}-4\sqrt[4]{x}+4\ln(\sqrt[4]{x}+1)+c$；(10) $\ln\left|\frac{\sqrt{1-x}-\sqrt{1+x}}{\sqrt{1-x}+\sqrt{1+x}}\right|+2\arctan\sqrt{\frac{1-x}{1+x}}+c$；

(11) $2(\frac{1}{3}\sqrt{(e^x+1)^3}-\sqrt{1+e^x})+c$; (12) $\ln\left|\frac{\sin x}{1+\sin x}\right|+c$;

(13) $2\tan x+2\sec x-x+c$; (14) $\frac{2}{3}\tan^3x+\tan x+c$; (15) $\frac{1}{\sqrt{2}}\arctan\frac{\tan\frac{x}{2}}{\sqrt{2}}+c$;

(16) $\ln\left|1+\tan\frac{x}{2}\right|+c$.

习题五答案

1. (1) $\int_0^{\pi}\sin x\mathrm{d}x$；(2) $\int_0^{\frac{\pi}{2}}\cos x\mathrm{d}x-\int_{\frac{\pi}{2}}^{\pi}\cos x\mathrm{d}x$.

2. (1) $\frac{3}{2}$; (2) $\frac{5}{2}$; (3) $\frac{1}{4}\pi a^2$; (4)0.

3. (1) $\frac{2}{3}(2\sqrt{2}-1)$；(2) $\frac{1}{p+1}$.

4. (1) $\pi\leqslant\int_{\frac{\pi}{4}}^{\frac{5}{4}\pi}(1+\sin^2x)\mathrm{d}x\leqslant 2\pi$;　(2) $-2e^2\leqslant\int_2^0 e^{x^2-x}\mathrm{d}x\leqslant -2e^{-\frac{1}{4}}$.

5. (1) $\cos(x^2+1)$；(2) $2x\ln(1+x^2)$；(3) $-xe^{-x}$；(4) $-\sin x\cdot e^{\cos^2x}-e^{\sin^2x}\cos x$;

(5) $\cot\frac{t}{2}$; (6) $-2t^2$; (7) $\frac{-y\cos(xy)}{e^y+x\cos(xy)}$.

6. $f_{\min}(0)=0$, $f_{\max}(1)=\frac{\pi}{4}+\ln 2$.

7. (1) $-\frac{1}{6}$; (2) $\frac{1}{3}$; (3)12; (4)2.

8. (1)28; (2) $\frac{\pi}{2}$; (3) $1-\frac{\pi}{4}$; (4)1; (5) $\frac{8}{15}+\frac{4}{15}\sqrt{2}$; (6) $\frac{\pi}{6}+\frac{3}{8}$; (7)4

9. 略

10. 略

11. $\phi(x)=\begin{cases}\frac{1}{2}(1-\cos x) & 0\leqslant x\leqslant \pi;\\ 1 & x>\pi;\\ 0 & x<0.\end{cases}$

12. 略

13. 略

14. (1) $\frac{7}{72}$；　(2) $\pi-\frac{4}{3}$；　(3) $\frac{3}{2}$；　(4) $\sqrt{2}-\frac{2}{3}\sqrt{3}$；　(5) $(\pi+2)\sqrt{2}$；

(6) $(\sqrt{3}-1)a$；　(7) $1-2\ln2$；　(8) $\frac{4}{3}$；　(9) $2\sqrt{2}$；　(10) $\frac{7}{3}-\frac{1}{e}$.

15. (1)2000；　(2) $\frac{\pi^2}{324}$；　(3)0.

16~20. 略

21. (1) π；(2) $2-\frac{2}{e}$；　(3) $\frac{\pi}{4}-\frac{1}{2}$；　(4) $\frac{e^{\pi}-2}{5}$.

22. $\frac{9}{4}$.

23. $2-\frac{6}{e^2}$.

24. $1-\cos1$.

25. (1)0；(2) $\frac{9}{4}\pi$；(3) π；(4)0.

26. 略

27. (1) $\frac{1}{4}$；(2)发散；(3) $1-\ln2$；(4) $\frac{\sqrt{5}}{5}\pi$；(5)2；

(6) $\frac{1}{2}$（提示：先求 $e^{-x}\sin x$ 的原函数）；(7)发散；(8)1；(9) $\frac{8}{3}$；(10)发散。

28. (1)当 $p>1$ 时，收敛；当 $p\leqslant1$ 时，发散。　(2) 当 $k<1$ 时，收敛；当 $k\geqslant1$ 时，发散。

29. $I_n=nI_n=\cdots=n!$.

习题六答案

1. $\frac{3}{2}\ln2-\frac{1}{2}$.

2. $\frac{1}{3}$.

3. $\frac{\pi-1}{4}a^2$.

4. $\frac{1}{30}\pi$, $\frac{\pi}{2}$.

5. $2\pi(1-\frac{e}{3})$.

6. $5\pi^2a^3$, $6\pi^3a^3$.

7. $1+\frac{1}{2}\ln\frac{3}{2}$.

8. $6a$.

9. ① $-\frac{5}{8}$；② 4；③ $C(x)=\frac{x^2}{8}+4x+1$, $L(x)=-\frac{5x^2}{8}+5x-1$.

习题七答案

1. (1)关于 xoy 平面 $(a, b, -c)$；关于 yoz 平面 $(-a, b, c)$；关于 zox 平面 $(a, -b, c)$.

(2)关于 x 轴 $(a, -b, -c)$；关于 y 轴 $(-a, b, -c)$；关于 z 轴 $(-a, -b, c)$；(3)关于坐标原点 $(-a, -b, -c)$.

2. (1)到 x, y, z 轴的距离分别为 $\sqrt{34}$, $\sqrt{41}$, 5；(2) $(0, 1, -2)$.

3. (1) $(xy)^{x+y}+(x+y)^{xy}$；(2) xy.

4. (1) $\{(x, y)\mid x+y>1, x\geqslant 0, x^2+y^2\neq 1\}$；(2) $\{(x, y)\mid x^2-2y+1>0\}$；

(3) $\{(x, y)\mid |x|+|y|<1\}$.

5. (1)1；(2) $-\frac{1}{4}$；(3)3；(4) 0；(5)2；(6)0.

6. (1) $y=x$, (2) $y^2=2x$.

7. (1) $\frac{\partial z}{\partial x}=3x^2y+y^2$, $\frac{\partial z}{\partial y}=x^3+2xy$；(2) $\frac{\partial z}{\partial x}=-\frac{y}{x^2+y^2}$, $\frac{\partial z}{\partial y}=\frac{x}{x^2+y^2}$；

(3) $\frac{\partial z}{\partial x}=\frac{1}{\sqrt{x^2+y^2}}$, $\frac{\partial z}{\partial y}=\frac{y}{x^2+y^2+x\sqrt{x^2+y^2}}$；

(4) $z_x=\frac{1}{y}\cos\frac{x}{y}\cos\frac{y}{x}+\sin\frac{x}{y}\sin\frac{y}{x}\cdot\frac{y}{x^2}$

$z_y=-\frac{x}{y^2}\cos\frac{x}{y}\cos\frac{y}{x}-\sin\frac{x}{y}\sin\frac{y}{x}\cdot\frac{1}{x}$；

(5) $\frac{\partial u}{\partial x}=-ze^{x^2z^2}$, $\frac{\partial u}{\partial y}=ze^{y^2z^2}$, $\frac{\partial u}{\partial z}=ye^{y^2z^2}-xe^{x^2z^2}$；

(6) $\frac{\partial u}{\partial x}=\frac{y}{z}x^{\frac{y}{z}-1}$, $\frac{\partial u}{\partial y}=\frac{1}{z}x^{\frac{y}{z}}\ln x$, $\frac{\partial u}{\partial y}=-\frac{y}{z^2}x^{\frac{y}{z}}\ln x$；

(7) $z_x=(1+xy)^{x+y}[\ln(1+xy)+\frac{(x+y)y}{1+xy}]$

$z_y=(1+xy)^{x+y}[\ln(1+xy)+\frac{(x+y)x}{1+xy}]$；

(8) $u_\theta=e^{\theta+\varphi}(\cos(\theta-\varphi)-\sin(\theta-\varphi))$

$u_\varphi=e^{\theta+\varphi}(\cos(\theta-\varphi)+\sin(\theta+\varphi))$.

8. (1) $z_x|_{(0, 1)}=0$；(2) $z_y|_{(1, 0)}=1$.

9. (1) $\frac{\partial^2 z}{\partial x^2}=\frac{2xy}{(x^2+y^2)^2}$, $\frac{\partial^2 z}{\partial x\partial y}=\frac{y^2-x^2}{(x^2+y^2)^2}$, $\frac{\partial^2 z}{\partial y^2}=\frac{-2xy}{(x^2+y^2)^2}$;

(2) $z_{xx}=-2\cos(2x+4y)$, $z_{xy}=-4\cos(2x+4y)$, $z_{yy}=-8\cos(2x+4y)$;

(3) $z_{xx}=-e^x+e^{x^2+y^2}(2+4x^2)$, $z_{xy}=4xye^{x^2+y^2}$.

10. 0; 4.

11. 略

12. 略

13. (1) $\frac{x\mathrm{d}x+y\mathrm{d}y}{x^2+y^2}$; (2) $-\frac{y}{x^2}e^{\frac{y}{x}}\mathrm{d}x+\frac{1}{x}e^{\frac{y}{x}}\mathrm{d}y$;

(3) $y^{\sin x}\cos x\ln x\mathrm{d}x+y^{\sin x-1}\sin x\mathrm{d}y$; (4) $\frac{(x^2+y^2)\mathrm{d}z-z(x\mathrm{d}x+y\mathrm{d}y)}{(x^2+y^2)^{\frac{3}{2}}}$;

(5) $e^{x(x^2+y^2+z^2)}((3x^2+y^2+z^2)\mathrm{d}x+2yz\mathrm{d}y+2zx\mathrm{d}z)$; (6) $x^{yz}(\frac{yz}{x}\mathrm{d}x+z\ln x\mathrm{d}y+y\ln x\mathrm{d}z)$.

14. $\Delta z=-0.119$, $\mathrm{d}z=-0.125$.

15. A.

16. (1) $e^{\sin t-2t^3}(\cos t-6t^2)$; (2) $\frac{3(1-4t^2)}{\sqrt{1-(3t-4t^3)^2}}$; (3) $\frac{e^x(1+x)}{1+x^2e^{2x}}$;

(4) $e^{ax}\sin x$.

17. (1) $z_x=4x$, $z_y=4y$;

(2) $z_s=\frac{2x\ln y}{t}+\frac{3x^2}{y}$, $z_t=-\frac{2xs\ln y}{t^2}-\frac{2x^2}{y}$.

18. (1) $z_x=2xf'_1+ye^{xy}f'_2$, $z_y=-2yf'_1+xe^{xy}f'_2$;

(2) $z_x=yf'_1$, $z_y=xf'_1+f'_2$;

(3) $z_x=-\frac{2xyf'}{f^2}$, $z_y=\frac{2y^2f'}{f^2}+\frac{1}{f}$;

(4) $z_x=2xf'$, $z_y=2yf'$.

19. $u_x=f'_1+yf'_2+yzf'_3$, $u_{xz}=xyf''_{13}+xy^2f''_{23}+xy^2zf''_{33}+yf'_3$.

20. $z_x=f-\frac{y}{x}f'+2\varphi'(\frac{x}{y})$, $z_{xy}=-\frac{y}{x^2}f''-\frac{2x}{y^2}\varphi''$.

21. $\frac{\partial^2 z}{\partial x\partial y}=f'_1-\frac{1}{y^2}f'_2+xyf''_{11}-\frac{x}{y^3}f''_{22}-\frac{1}{x^2}g'-\frac{y}{x^3}g''$.

22. (1) $\frac{2x+y}{e^y-x}$; (2) $\frac{y^2-e^x}{\cos y-2xy}$.

23. (1) $\frac{\partial z}{\partial x}=\frac{2z}{3z^2-2x}$, $\frac{\partial z}{\partial y}=\frac{-1}{3z^2-2x}$; (2) $\frac{\partial z}{\partial x}=\frac{z}{x+z}$, $\frac{\partial z}{\partial y}=\frac{z^2}{y(x+z)}$;

(3) $\frac{\partial z}{\partial x}=-1$, $\frac{\partial z}{\partial y}=-2$; (4) $\frac{\partial z}{\partial x}=\frac{ze^{-x^2}}{1+z}$, $\frac{\partial z}{\partial x}=-\frac{ze^{-y^2}}{1+z}$.

24. 略

25. −2.

26. (1) $\frac{dy}{dx}=-\frac{x(6z+1)}{2y(3z+1)}, \frac{dz}{dx}=\frac{x}{3z+1}$;

(2) $\frac{\partial u}{\partial x}=\frac{\sin v}{e^u(\sin v-\cos v)+1}, \frac{\partial u}{\partial y}=\frac{-\cos v}{e^u(\sin v-\cos v)+1}$,

$\frac{\partial v}{\partial x}=\frac{\cos v-e^u}{u[e^u(\sin v-\cos v)+1]}, \frac{\partial v}{\partial y}=\frac{\sin v+e^u}{u[e^u(\sin v-\cos v)+1]}$.

27. 略

28. (1)极小值:$f(\frac{1}{2}, -1)=-\frac{e}{2}$;(2)极大值:$f(0, 0)=2$, 极小值:$f(0, 2)=-2$.

29. (1)最大值:$f(\frac{4}{\sqrt{17}}, \frac{1}{2\sqrt{17}})=\frac{\sqrt{17}}{2}$, 最小值:$f(-\frac{4}{\sqrt{17}}, -\frac{1}{2\sqrt{17}})=-\frac{\sqrt{17}}{2}$;

(2)最大值:$\frac{2}{\sqrt{3}}$, 最小值:$-\frac{2}{\sqrt{3}}$.

30. 当两直角边都为$\frac{l}{\sqrt{2}}$时, 可得最大的周长$(1+\sqrt{2})l$.

31. 最小距离$d=2$.

32. $\frac{7}{8}\sqrt{2}$.

33. 最大值:$\frac{87500+2500\sqrt{10}}{27}$, 最小值:$\frac{87500-2500\sqrt{10}}{27}$.

习题八答案

1. (1) $\frac{20}{3}$; (2) e^6-9e^2-4; (3) $\frac{3\cos 1+\sin 1-\sin 4}{2}$; (4) 1.

2. (1) $\int_0^4 dx\int_x^{\sqrt{4x}} f(x, y)dy$, $\int_0^4 dy\int_{\frac{y^2}{4}}^{y} f(x, y)dx$;

(2) $\int_0^2 dx\int_{x^{-1}}^{x} f(x, y)dy$, $\int_{\frac{1}{2}}^{1} dy\int_{\frac{1}{y}}^{2} f(x, y)dx+\int_1^2 dy\int_y^2 f(x, y)dx$.

3. (1) $\int_0^4 dx\int_{\frac{x}{2}}^{\sqrt{x}} f(x, y)dy$; (2) $\int_0^1 dy\int_{2-y}^{1+\sqrt{1-y^2}} f(x, y)dx$; (3) $\int_0^1 dy\int_{e^y}^{e} f(x, y)dx$;

(4) $\int_{-1}^{1} dx\int_0^{\sqrt{1-x^2}} f(x, y)dy$; (5) $\int_0^2 dx\int_{x-2}^{4-x^2} f(x, y)dy$.

4. (1) $\frac{1}{2}(e-1)$; (2) $\frac{1}{2}$.

5. $xy+\frac{1}{8}$.

6. 52π.

7. (1) $\int_{-\frac{\pi}{2}}^{\frac{\pi}{2}} d\theta\int_0^{2\cos\theta} f(\rho\cos\theta, \rho\sin\theta)\rho d\rho$; (2) $\int_0^{\frac{\pi}{2}} d\theta\int_0^{\frac{1}{\cos\theta+\sin\theta}} f(\rho\cos\theta, \rho\sin\theta)\rho d\rho$.

8. (1) $\int_0^{\frac{\pi}{4}} d\theta \int_0^{\tan\theta\sec\theta} \rho^{\frac{1}{2}} d\rho = \sqrt{2} - 1$; (2) $\int_0^{\frac{\pi}{3}} d\theta \int_0^{a\sec\theta} \rho^2 d\rho = \frac{a^3}{6}[2\sqrt{3} + \ln(2+\sqrt{3})]$;

(3) $\int_0^{\frac{\pi}{2}} d\theta \int_0^{a} \rho^3 d\rho = \frac{\pi a^4}{8}$.

9. (1) $\frac{\pi}{4}(2\ln 2 - 1)$; (2) $\frac{3}{64}\pi^2$.

10. (1) $\frac{9}{4}$; (2) $2 - \frac{\pi}{2}$; (3) $\frac{a^3}{3}(\frac{\pi}{2} - \frac{2}{3})$; (4) 0.

11. π.

12. $\frac{\pi}{3}(2 - \sqrt{2})$.

习题九答案

1. (1)充分必要; (2)必要; (3)发散, 收敛。

2. (1)发散; (2)收敛 $s = 1$; (3)收敛 $s = 1$; (4)收敛 $s = -\frac{1}{1+\sqrt{2}}$.

3. (1)发散; (2)发散; (3)收敛; (4) $a \leqslant 1$ 发散; $a > 1$ 收敛; (5)发散; (6)发散; (7)发散; (8)收敛; (9)发散; (10) 收敛; (11) $0 < x \leqslant 1$ 收敛; $x > 1$ 发散; (12)收敛; (13)收敛; (14)收敛; (15)收敛; (16)收敛; (17)收敛; (18) 发散。

4. (1)绝对收敛; (2)条件收敛; (3)条件收敛。

5~8. 略

9. (1) $[-\frac{1}{5}, \frac{1}{5})$; (2) $(-\sqrt{2}, \sqrt{2})$; (3) $[-3, 3)$; (4) $(0, 4)$.

10. (1) $\frac{1}{(2-x)^2}$, $x \in (0, 2)$; (2) $\frac{x^2}{(1-x)^2} - x^2 - 2x^3$, $x \in (-1, 1)$;

(3) $\frac{2+x^2}{(2-x^2)^2}$, $x \in (-\sqrt{2}, \sqrt{2})$; (4) $\frac{\sin x + x\cos x - 2x}{2}$ $x \in (-\infty, +\infty)$.

11. (1) 3; (2) $\ln\frac{3}{2}$; (3) $\frac{\sin 1 + \cos 1}{2} - 1$.

12. (1) $2^x = \sum_{n=0}^{\infty} \frac{(\ln 2)^n}{n!} x^n$, $x \in (-\infty, +\infty)$;

(2) $\frac{1}{(2-x)^2} = \sum_{n=1}^{\infty} \frac{n}{2^{n+1}} x^{n-1}$, $x \in (-2, 2)$;

(3) $\ln(3+x) = \ln 5 + \sum_{n=1}^{\infty} \frac{(-1)^{n-1} \cdot (x-2)^n}{n \cdot 5^n}$, $x \in (-3, 7]$;

(4) $\frac{1}{x^2 + 3x + 2} = \sum_{n=0}^{\infty} (-1)^n \cdot (\frac{1}{2^{n+1}} - \frac{1}{3^{n+1}}) \cdot (x-1)^n$, $x \in (-1, 3)$;

(5) $\arctan x = \sum_{n=0}^{\infty} \frac{(-1)^n \cdot x^{2n+1}}{2n+1}$, $x \in [-1, 1]$.

习题十答案

1. (1) $C_1(y_2-y_1)+C_2(y_3-y_1)+y_1$; (2) $y''-2y'+y=0$;

   (3) $y=e^x+Ce^{-3x}$; (4) $3^{t+1}-2$.

2. (1) $\ln\frac{y}{x}=cx+1$; (2) $\frac{1}{y^4}=-x+\frac{1}{4}+ce^{-4x}$; (3) $x=cy^2e^{\frac{1}{y}}+y^2$;

   (4) $x=ce^y-(1+y)$.

3. (1) $y=\frac{1}{x}(-\cos x+\pi-1)$; (2) $\frac{1}{2}\left(\frac{y}{x}\right)^2=\ln x+2$; (3) $\frac{1}{y}=x-2$.

4. $f(x)=3e^{3x}-2e^{2x}$.

5. (1) $y=c_1e^x+c_2e^{2x}$; (2) $y=c_1\sin 2x+c_2\cos 2x$; (3) $y=e^{2x}(c_1\sin x+c_2\cos x)$;

   (4) $y=c_1e^x+c_2e^{-x}+c_3\sin 2x+c_4\cos 2x$; (5) $y=c_1e^{-x}+c_2e^{\frac{1}{2}x}+e^x$;

   (6) $y=c_1\cos x+c_2\sin x+x+\frac{x}{2}\sin x$.

6. $\varphi(x)=c_1\cos x+c_2\sin x+\frac{e^x}{2}$, $c_1=c_2=\frac{1}{2}$.

7. (1) $y_t=-\frac{4}{3}+c5^t$; (2) $y_t=\frac{1}{3}\cdot 2^t+c(-1)^t$; (3) $y_t=\frac{3t+8}{9}+c(-2)^t$;

   (4) $y_t=c2^t-\frac{1}{5}3^t\cos\pi t$; (5) $y_t^*=1+3^t$; (6) $y_t^*=2^t-3t^2-6t-9$.

8. (1) $y_t=c_1e^{3t}+c_2e^{4t}$; (2) $y_t=(c_1+c_2t)e^{-2t}$;

   (3) $y_t=c_1\left(\frac{1}{3}\right)^t+c_2\left(-\frac{1}{3}\right)^t+\frac{8}{9}$; (4) $y_t=2^t\left(c_1\cos\frac{\pi}{3}t+c_2\sin\frac{\pi}{3}t\right)+t+2$.